"博学而笃志，切问而近思。"

（《论语》）

博晓古今，可立一家之说；

学贯中西，或成经国之才。

主编简介

蔡守秋，湖南东安县人。分别于1989年、1993年去美国俄勒冈大学法学院、华盛顿大学法学院学习研究各一年。现任武汉大学、华中科技大学、福州大学、湖南大学教授、博士生导师，中国环境资源法学研究会会长。历任中国法学会第二届、第三届、第五届、第六届理事，中国国土资源法研究会副理事长，中国西部开发法律研究会副会长，国家环境保护总局武汉大学环境法研究所所长。国家环保总局环境影响评价专家，中国法律咨询中心专家委员会委员。2006年，被聘为由中共中央宣传部、中共中央政法委员会、司法部、中国法学会组织的“百名法学家百场报告会”的报告专家，被中共中央宣传部、中华人民共和国司法部、中国法学会聘为“五五”普法国家中高级干部学法讲法讲师团成员。

长期从事环境资源法律和政策、国际环境资源法律和政策、可持续发展法和政策的研究和教学工作。曾参加《环境保护法》等10多项环境资源法律、法规的立法起草研究工作。曾主持、承担国家社会科学基金“六五”、“八五”、“九五”规划法学重点项目，世界银行和亚洲银行科研项目等40余项科研课题。已发表200多篇论文、20多部著作或教材。是教育部批准的首批普通高等学校人文社会科学国家重点研究基地（国家环境保护局武汉大学环境法研究所）和国家重点学科（环境资源法学）的学术带头人，湖北省有突出贡献的中青年专家。多次获司法部、湖北省、武汉市社会科学和法学优秀成果奖。国家环境保护总局于2000年12月授予“环境保护杰出贡献者”荣誉称号。

Huanjingfa Anli Jiaocheng

博學 法学系列

蔡守秋 主编

环境法案例教程

复旦大學出版社
www.fudanpress.com.cn

内容提要

《环境法案例教程》是复旦大学博学法学系列中的一种，定位为本科生教材。本教材吸收了近十几年来我国环境资源法制建设的丰富经验与国内外环境资源法学研究的最新理论研究成果和最新案例，不少章节涉及我国环境资源法制建设的发展方向和环境资源法学研究的前沿领域。全书共有十二章、三个附录、近100个环境法案例，其主要内容包括：环境的概念与特点，环境资源问题与环境资源保护，环境法的发展概况，环境法的特点、目的与基本理念，环境法的基本原则，环境监督管理体制与监督管理制度，环境污染防治法，自然资源法，生态保护与建设法，公众参与环境保护管理的法律制度，环境行政责任，环境民事责任与环境民事纠纷的解决，环境刑事责任和国际环境法。本教材较好地体现了案例教学的特点，在全面介绍我国现行环境资源法律法规、环境资源法学基础知识的同时，结合现实需要突出了环境资源法实用知识的介绍，注重运用环境资源法学的基本理论解决实际问题能力的培养，注重培养适用法律的能力。本书可以作为普通高等学校法学专业的教科书，也可供其他专业选用和社会读者阅读。

主　编：蔡守秋

副主编：罗　吉　文同爱

撰稿人：（按姓氏笔画排列）

文同爱　王秀卫　王清军　冯　琳

吴贤静　宋　蕾　陈叶兰　罗　吉

高　敏　郭红欣　蔡守秋

前言 Foreword

环境、生态和自然资源是人类赖以生存的基本条件，是社会经济发展的物质基础。人与人的关系、人与自然的关系是人类社会面临的基本矛盾和永恒主题。随着经济社会的发展和科学技术的进步，环境污染、生态破坏和资源危机等环境资源问题已经成为当代举世瞩目的一个严重的社会问题，环境资源保护作为一项新兴的伟大事业越来越受到各国政府和民众的重视。环境资源法（简称环境法）作为合理利用、保护环境资源，保障经济、社会和环境的协调发展和可持续发展，促进人与人和谐共处和人与自然和谐共处的法律规范体系和法律保障系统，已经发展成为一个新兴的、独立的、具有重要地位的法律部门。与此相适应，以环境资源法为主要研究对象的环境资源法学（简称环境法学）正在发展成为一门新兴的、边缘性的独立学科。

我国自20世纪70年代末实行改革开放政策以来，环境法和环境法学一直是法律界和法学界最为活跃的一个领域，目前已经初步形成具有特色的规范体系、概念体系和理论框架。根据国务院学位委员会和国家教育委员会1997年6月颁布的《授予博士、硕士学位和培养研究生的学科、专业目录》（1997年），法学专业即法学一级学科共分为如下十大二级学科：法学理论；法律史；宪法学与行政法学；刑法学；民商法学；诉讼法学；经济法学；环境与资源保护法学；国际法学（含国际公法、国际私法、国际经济法）；军事法学。2007年3月，教育部高校法学学科教学指导委员会全体委员会议将环境与资源保护法增列为法学学科核心课程之一。这说明环境与资源保护法学即环境法学专业（学科）已经得到国家主管部门的正式认可，将环境法学作为法学本科教学主干必修课已成为环境法学教育发展的必然方向。近十年来，各高等院校纷纷加强环境法的教学和科研工作，目前已有几十所大学的法学院设立了环境资源法硕士点，已有北京大学、武汉大学、中国人民大学、中国政法大学、重庆大学、福州大学、中国海洋大学等十多所大学招收环境资源法博士生,绝大多数法律院系都开设了环境资源法课程,不少大专院校的文科、理科和工科专业也相继开设了环境资源法课程。另一方面,自2006年4月国务院召开第六次全国环境保护会议以来,我国的环境保护及环境法治建设开始进入实现历史性转变的关键阶段。温家宝总理在第六次全国环境保护会议上强调:"强化法治是治理污染、保护生态最有效的手段,要把环境保护真正纳入法治化轨道。加强环境立法,健全和完善环境法律体系。建立完备的环境执法监督体系,坚决做到有法必依、执法必严、违法必究,严厉查处环境违法行为和案件。深入开展整治违法排污企业、保障群众健康专项行动,决不允许违法排污的行为长期进行下去,决不允许严重危害群众利益的环境违法者逍遥法外。"①在这种形势下,我们推出这部《环境法案例教程》,相信对于促进环境法学这门核心课程的进一步建设具有重要的意义。

我国环境保护要实现历史性转变,最重要的是要依靠法治,依靠环境保护法的有效实施。在一个法治国家,首先要有体现人民意志、遵循客观规律的"良法",接着是要保障"良法"的有效实施。法律是否有效、可行,应该由公民守法、行政依法和司法部门司法来保障,特别是来自法院的保障。在某种意义上可以认为,法是规定人们的外部行为并由法院适用的社会规则的总和,环境法律应该是由法院确认并由法院执行的规则,应该成为司法机关办案的主要根据;或者说,法院是维护环境法治、环境法律权威和环境公平正义的基本的、有效的、最终的保障。司法对环境法律的保障,主要体现在司法机关对环境违法行为的监督、审查和制裁,对被侵权者的司法救济,对环境法律实施问题的司法解释等方面;而环境法案例,则是司法机关实践的结晶。

目前,案例的作用日益增强,判例法已经成为许多国家法律体系的一个重要组成部分,案例借鉴和评析已经成为促进立法和执法的重要手段。"例以辅律,非以破律",案例对审判工作的指导意义和参考价值已被我国各级法院所重视。《最高人民法院公报》每期都载有由最高人民法院批准、或者经最高人民法院审判委员会讨论通过的案例,要求各级法院在审判工作中加以参考;从2000年开始,最高人民法院向社会公开裁判文书。因此,作为一个法律系的学生和法律工作者,要理解、掌握环境法,必须理解、掌握由司法部门、环境行政部门在环境法治建设中所形成的环境法案例。这也是我们为什么要编写《环境法案例教程》的目的之一。

---

① 温家宝:《全面落实科学发展观 加快建设环境友好型社会》,《光明日报》2006年4月24日。

为了适应环境法治建设和环境法学教育的需要，我们尝试编写了这部《环境法案例教程》。本书中的环境法案例是一种广义的案例，包括国内外各级政府、各级政府的环境资源行政主管部门，法院、检察院和公安部门，仲裁机构和非政府组织，以及国际法院、国际仲裁机构和其他国际组织等所处理的各种环境资源纠纷案例，还包括重要的、典型的环境事件或环境争论。为了突出重点，本书对国内外一些著名案例和事件，给予较多的篇幅加以专门评析，而对某些简单的案例或事件只做一般介绍，不做专门评析。在选择案例时，本书特别注意精选那些有代表性、有广泛影响的案例，例如：世界著名的八大公害事件，国际环境法发展初期的四大著名案例，世界史上最大的环境污染灾难——1984 年博帕尔中毒事件，对推动可持续发展战略具有重大影响的盖巴斯科夫—拉基玛洛大坝案，美国著名的田纳西流域管理局诉希尔案，前苏联著名的切尔诺贝利核电站核污染事故；我国著名的松花江污染案，四川沱江水污染案，“塔斯曼海”油轮海洋环境污染案等。与环境法律的综合性、跨部门性相适应，环境法案例也具有综合性和跨部门性。一个个案例虽然是独立的、在内容上有所侧重的，但是我们在研究、学习它们时，必须把它们联系起来看，进行综合分析。

编写环境法案例教材是一件创造性的工作，它不能仅仅是环境法案例的堆积或简单分类，而应该在保障学生全面掌握环境法学知识的基础上辅之以案例说明。为了克服以往环境法案例教材缺乏系统性而比较零散的缺陷，我们在编写本教材时力求将环境立法与环境法的实施结合起来，将传统的环境法学教材体例与新型的环境法案例教材体例相结合，尽量实现环境法学教材的理论性与案例教材的实践性的统一。

本书由蔡守秋教授任主编，罗吉、文同爱任副主编，具体编写分工如下：

第一章、第二章由蔡守秋教授撰写；

第三章由武汉大学吴贤静博士撰写；

第四章由武汉大学法学院、环境法研究所罗吉副教授撰写；

第五章由中南财经政法大学经济法学院郭红欣博士撰写；

第六章由昆明理工大学法学院副教授宋蕾博士撰写；

第七章由华东师范大学法律系副教授王清军博士撰写；

第八章由湖南农业大学人文学院副教授陈叶兰博士撰写；

第九章由华南农业大学法律系高敏博士撰写；

第十章由海南大学法学院王秀卫博士撰写；

第十一章由(西安)空军工程大学理学院社科系副教授冯琳博士撰写;

第十二章由湖南师范大学法学院副教授文同爱博士撰写。

全书由蔡守秋教授统稿。

编写环境法案例教材不仅需要理论功底和实践技能的高度结合,并且需要对大量案例资源的精细加工和提炼,而我们在这些方面都还有很多不足,加之我们能力所限,本教程还存在不少需要进一步探讨、改进之处。敬请使用该书的师生和广大读者批评指正,期望通过案例式、探讨式教学,在教学实践中进一步修改、完善本教程,以便共同促进环境法学教学的深入发展。

蔡守秋
于2009年6月18日

目录
Contents

第1章

概 论

本章要求掌握：环境的概念与特点，环境、自然资源、生态等相关概念的联系与区别，重点是理解环境与生态的区别，环境与民法、物权法中的物的联系与区别；环境资源问题的概念、类型、危害、特点和原因，环境资源保护的概念、内容、特点和意义，要求结合环境、环境资源问题的特点去理解和掌握环境保护的方法和途径；外国和中国环境法的发展阶段及其特点。

第一节 环境的概念与特点

2005年1月，钱正英、沈国舫、刘昌明三位院士在联名写出并提交给中央领导的《建议逐步改正"生态环境建设"一词的提法》一文中提出，"生态是与生物有关的各种相互关系的总和，不是一个客体，而环境则是一个客体，把环境与生态叠加使用是不妥的。'生态环境'的准确表达应当是'自然环境'，外文没有'生态环境'或'生态的环境'的说法，《中国大百科全书》中将'生态环境'译为'ecological environment'，是中国人的造词，未见于国外的科学著作。"①随后，国务院即要求全国科学技术名词审定委员会对该文组织讨论，提出意见。2005年5月17日，该委员会邀请在京的生态学、环境科学有关专家共同讨论"生态环境建设"的内涵、用法和翻译等问题，专家学者贡献了许多真知灼见。有关讨论结果刊登在该委员会主办的《科技术语研究》2005年第2期"热点词·难点词纵横谈"专栏里。

上述事件提出了对环境法中的一个基本概念即"环境"的理解问题，也涉及环境与生态相关概念的关系问题。

---

① 钱正英、沈国舫、刘昌明：《建议逐步改正"生态环境建设"一词的提法》，《科技术语研究》2005年第2期，第20～21页。

一、环境的概念

(一) 环境的概念

一般认为,环境总是相对于某个中心而言的,人们把这个中心称为主体,把围绕着中心的周围世界称为环境。中心不同,环境的内容也有所不同。如果以整个人类为中心,那么围绕整个人类的周围世界就是人类环境。通常所说的人类环境就是指以整个人类为中心、除人类以外的非人类世界即自然环境。

自然环境是一个复杂庞大、多层次、多单元的系统。我们把组成自然环境的各个成分叫做环境因素或环境介质。由于环境因素很多,我们将重要的环境因素叫做环境要素。自然环境是由各种环境因素或环境要素组成的统一体。根据需要,有时将某种环境要素或某些环境因素的组合称为某种环境,如由水、水生物和水底组成的水环境,由城市、乡村、社区和不同生活功能区组成的生活环境,包括城市环境和农村环境。

法律对环境的定义主要有概括式和列举式两种,有时也将概括式与列举式结合起来。《中华人民共和国环境保护法》(1989 年)①第 2 条规定:"本法所称环境,是指影响人类生存和发展的各种天然的和经过人工改造的自然因素的总体,包括大气、水、海洋、土地、矿藏、森林、草原、野生生物、自然遗迹、人文遗迹、自然保护区、风景名胜区、城市和乡村等。"

(二) 环境与资源的关系

资源是指对人有用或有使用价值的某种东西。广义的资源包括自然资源、经济资源、人力资源等各种资源;狭义的资源则仅指自然资源。环境资源法(简称环境法)领域的资源主要指自然资源,自然资源是自然形成的可供人类利用的一切物质和能量的总称。

从资源分布空间的角度可以将资源分为地下资源和地表资源;从资源是否可再生的角度可将资源分为可再生资源、不可再生资源和恒定资源。环境法主要涉及大气(气候)、土地、水、海洋、森林、草原、湿地、矿产、生物、风景名胜(旅游)等自然资源。

环境和资源是从不同角度、有不同侧重点并相互交叉的概念。人类环境是指在人周围且对人有影响的各种自然因素的总称,自然资源是指对人有用且能为人所利用的自然因素。人类环境由环境因素组成,而各种环境因素在一定条件下均可成为对人有用和能用的物质和能量(即自然资源);从这个意义上讲,人类环境由不同种类的自然资源构成,各种自然资源均存在于环境之中。环境概念强调整体性、生态联系性,人类环境无国界;资源概念强调使用价值、可开发利用性,自然资源是财源。

环境法律和环境法学中的环境和资源概念,其实际和具体的内容都是指自然因素(包括各种自然物质、自然力和自然条件)。

环境法学中的"环境资源"概念包括环境与自然资源两个方面,是环境与自然资源的总称,不仅仅是指"环境容量、环境净化能力或环境美也是一种资源"这种狭义的环境资源。

---

① 本书以后引用中国法律时,省略"中华人民共和国"这 7 个字。

（三）环境与生态、生态系统的关系

生态(eco-)一词源于古希腊文字，意指家(house)。生态就是指一切生物的生存状态，以及它们之间和它们与环境之间的环环相扣的关系。生态系统有小有大，人类生态学中的生态系统是指人类生态系统。“生态系统这个概念是一元论的，它将植物、动物、人类社会以及环境整合在一起，以这样的方式可以将它们之间的相互作用在一个单一的框架内加以分析。它主要强调一个完整或整体系统的功能，而不是将各组分分割开来。”①生态系统最基本的特征是它的整体性，它表明生态系统各种因素的普遍联系和相互作用。生物与其环境统一的原理被称为生态学的第一原理，也是当前研究人与自然的关系、环境与发展的关系必须遵循的第一原理。现代生态学把自然界看作是生态系统，这是对生物界的新看法；把世界看作是“人—社会—自然”复合生态系统，这是对世界的新看法。生态或生态系统是当代生态法的基本概念。联合国大会1982年通过的《世界自然宪章》宣布“人类是自然的一部分”。

目前我国环境法律将环境中的自然生态系统称为生态环境，将生态环境和生态系统都理解为以人为中心的环境要素或环境要素的组合。也就是说，我国现行环境法律中的生态或生态系统概念还不完全是当代生态学或人类生态学中的生态概念或人类生态系统概念。

二、环境的特点

明确环境的特点是培育环境法基本理念、掌握环境权的性质和理解环境法与民商法等其他法律部门的区别与联系的基本前提。从法学角度看，环境法中的环境具有如下特点。

第一，环境概念首先和直接反映的是人与自然的关系。环境不是与人无关的自然物，而是与人有关、对人有影响的自然界。在各国环境法律和环境法学中的各种“环境”概念，无论是从人类中心主义出发还是从生态中心主义出发，大都肯定了人与环境的相互作用和影响，表明了人与自然的密切关系，包括人对环境的影响(包括直接影响和间接影响)和环境对人的影响。例如，澳大利亚1979年的《环境规划与评估法》将环境定义为“影响人类、个人或人的社会群体之周围事物的所有方面”。

第二，人类环境既具有整体不可分割性，又具有相对可分区性。基于水、气、动物、能量等自然因素的流动性和各种环境要素的地理联系性和生态关联性，整体人类环境是不可分割的，人类只能共享一个地球，环境问题无国界。但是，环境是由各种环境要素构成的，在一定的空间、时间范围内和设定的条件下，人类整体环境可以相对地划分为不同的区域，不同国家、区域有程度不同、各具特色的环境问题，环境管理具有区域性特点。

第三，人类环境既具有无限性，又具有有限性。从总体上看，人类环境没有边界，自然资源取之不尽、用之不竭，自然界和广阔的宇宙蕴藏着无穷的资源、能量、潜力、价值和奥妙。但是，在一定的时间、区域和经济科学技术条件下，人类环境的承载力、环境容量和环境自净能力是有限的，某些自然资源是有限的，在一定的条件下某些自然资源和环境要素、环境容

---

① 〔英〕E·马尔特比等编著：《生态系统管理——科学与社会问题》，康乐、韩兴国等译，科学出版社2003年版，第2页。

量可以成为稀缺资源、稀缺物品。

第四,环境法中的环境与民法中的物和财产既有明显区别,又存在一定的联系。在民法等传统法律中一直有物和财产的概念而没有环境的概念,为了将环境法中的环境、资源与传统法律中的物、财产既联系起来又区别开来,《日本公害对策法》(1967年)和日本《环境基本法》(1993年)第2条均规定:"本法所称'生活环境',是指与人类生活有密切关系的财产,与人类生活有密切关系的动物和植物,以及这些动植物的生存环境。"可见环境法中的环境不同于传统民商法中的财产,环境中的某些要素或成分(如土地、森林)可以成为民商法中的物或财产;但它还包括不一定属于民法中的物或财产的动物和植物,以及大气、水、土地等动植物的生存环境和作为自然状态的自然环境。从广义上或哲学上讲,自然环境和自然资源是物,是财富的源泉或本身就是财富;但民法等法律中的物或财产是由法律定义并有特定法律含义的,是指能够为人所控制并能为特定人所独占的东西。由于动物、水流、海洋、大气等自然环境因素和自然资源是不能够为人所控制并不能为特定人所独占的东西,作为整体性的环境具有公共性、不能独占性、消费不排他性等特点,所以它们无法纳入传统民法的物或财产的范畴。曾任日本滋贺大学校长、日本环境会议理事的宫本宪一教授在《环境经济学》一书中认为:"环境是人类生存、生活的基本条件,是人类的共同财产……环境是公共物品"①;"环境既具有共同性,又具有非排他性"②。美国J·L·萨克斯教授在《环境保护——市民的法律战略》中将环境定义为公共物品,认为环境公共物品理论建立在如下三个相关原则的基础上:"第一,由于像大气及水这种一定的利益对全体市民来说是至关重要的,所以将其视为私有权的对象是不明智的。第二,与其说大气及水是每个企业的私有财产,不如说更多的是大自然的恩惠,因此,不论个人的经济地位如何,所有的市民都应该对其进行自由的使用。"③目前德国、奥地利、瑞士等国的民法典已经明确规定动物不是物,至于动植物的生存环境和人类整体环境(大气、海洋、水流)一般不属于传统民法中物或财产的范畴。明确环境法律上的环境与其他法律(民法、商法、经济法等法律)上的物或财产的联系与区别,对于掌握环境法与其他法的联系与区别具有重要意义。

案情简介

生 态 环 境

对上述钱正英、沈国舫、刘昌明三位院士有关"生态环境建设"一词的理解和建议,侯甬坚教授在其《"生态环境"用语产生的特殊时代背景》一文中,以史证的方式详细考察了"生态环境"用语在我国产生、使用的背景④。他认为,从"生态环境一词在人大常委会产生过程的基本事实判断",生态环境属于具有相对独立性的政府用

---

① 〔日〕宫本宪一著,朴玉译:《环境经济学》,生活·读书·新知三联出版社2004年4月版,第60页。
② 同上注,第63页。
③ 同上注,第66~67页。
④ 侯甬坚:《"生态环境"用语产生的特殊时代背景》,2006年12月21日载于"中国经济史论文"网站(http://economy.guoxue.com/article.php/11629)。

语(法定名词),而非严格的科技名词,主要使用于国家行政管理层面,而学术研究中则主要是尊重学者自己的理解和创作。1982年12月4日五届人大五次会议通过的我国第四部宪法,第26条规定"国家保护和改善生活环境和生态环境","这里表明的是一种国家立场,被保护和改善的对象是并列的'生活环境和生态环境','生活环境'是就人民的生活条件而言,'生态环境'一词的含义(此处没有解释),显然是侧重于人民生存于其中的自然环境的生态质量——需要补充的是,该条的文字表述及其内容,在1982年后对本部宪法个别条款和部分内容的四次修改和完善中(1988、1993、1999、2004年),均未触及。"

案例评析

本案例是一个颇能反映环境和生态的性质、特点和相互关系,以及人们对当代环境、生态问题不同理解的一个典型争论。从本案例可知:

第一,中心不同,环境的内容也不同。生物中心主义的环境以生物(包括人和动植物、微生物)为中心,生态中心主义的环境以生态或生态系统(包括生物与其赖以生存发展的非生命物质)为中心。环境法律和政策中的环境概念大都以人为中心,例如《阿拉伯联盟环境与发展宣言》(1986年)明确指出:"环境乃指环绕人周围的一切。"如果以一个人或一群人为中心,那么围绕这个人或这群人的周围世界大体上可以为两个部分:一是主要由其他人及其生活物质条件形成的社会环境,二是社会环境以外的物质世界即自然环境。所以《辞海》将环境概括为"周围的境况。如自然环境,社会环境"。《联合国人类环境宣言》(1972年)、《美国国家环境政策法》(1969年)等环境政策文件和法律都将环境分为天然环境和人为环境两个方面。天然环境是早于人类出现之前就已经存在的或非人工培育的环境,如大气、海洋、山岭、荒野等。人为环境,是人类在天然环境的基础上加工、创制的物质环境,是人工生态系统与自然生态系统的综合。

从生态学和环境学的角度看,环境与生态是一个既相互联系又有所区别的概念。生态或生态系统是生态学的、以生态为中心的一个概念,人类生态系统包括人,人类生态系统表示人与自然的关系是一种有机整体的关系,人与自然都是人类生态系统的组成要素。环境是以人为中心的一个概念,环境与人有关,但环境不包括人,环境表示人与自然的关系是一种中心与外围的关系,环境是指人周围的物质世界。

但是,环境的概念也可以发展,有的学者主张对环境作扩大化解释,"多年来,(环境法)这个生机勃勃的领域记录了关于环境变化的理念:从简单地以自然保护和人类健康为中心转向一个更为整体的和综合的观点"①。"任何一个环境的一般定义最好完整地包括所有的影响地球上的有生命的和无生命的因素以及它们之间的互相作用。它包括有生命的和无生命的部分。有生命的资源包括动物(其中包括人类)、植物和微生物。无生命的资源由两部分组成。其一是行星的物质生命支持系统,如地球、水文、大气、物质和能源。其二是包括人造环境在内的历史的、文化

① 联合国环境规划署:《环境法教程》,王曦主编译,法律出版社2002年版,第22页。

的、社会的和美学的成分。”①我国也有人主张对“环境”概念进行新的解释或定义，例如，清华大学学生王功伟在《何谓环境?》一文中认为：“环境乃是生命体之间及其与非生命体之间基于生存的安全与持续而形成的关系状态。人的环境是人类与所有的生命体以及非生命体之间基于生存安全与持续而建立的关系状态。”②显然，在这种环境概念中已经没有“人是中心”的意思。

第二，法律上的概念与学科中的概念既有联系也有区别。法律既可以采用甚至照搬学科中的概念，也可以对学科中的相关概念进行加工、提炼和修改，还可以赋予某些概念以新意。例如，在环境科学中或人们日常生活中的固体是不同于液体的两个不同概念，但我国《固体废物污染环境防治法》(2004 年)却规定：“固体废物，是指在生产、生活和其他活动中产生的丧失原有利用价值或者虽未丧失利用价值但被抛弃或者放弃的固态、半固态和置于容器中的气态的物品、物质以及法律、行政法规规定纳入固体废物管理的物品、物质”(第 88 条)；“液态废物的污染防治，适用本法；但是，排入水体的废水的污染防治适用有关法律，不适用本法”(第 89 条)。也就是说，《固体废物污染环境防治法》所防治的固体废物包括固态废物和某些液态和气态废物。同理，我国宪法和《环境保护法》规定的“生态环境”也可以不同于生态学中的“生态”和“生态系统”。从我国现行环境法律的角度看，“生态环境”是人类环境的一种类型，是指由各种形式的生态系统组成的环境，是不包括人在内的生态系统。我国宪法和《环境保护法》中的“保护生态环境”就是保护人周围的生态系统，即保护自然环境。因此，不能简单地以生态学上的“生态”和“生态系统”的概念来否定我国法律上的“生态环境”概念。

第三，虽然不宜说我国法律上的“生态环境”概念是一个错误的概念，但却应该承认“生态环境”的法律规定反映了我国立法机关或某些法律起草者所持有的不同于当代生态学(特别是人类生态学)的理念。或者说，我国 1982 年宪法关于保护和改善生态环境的规定，反映了当时我国学术界及立法部门在对“生态”、“生态系统”和“生态平衡”等生态学概念的理解上还没有达到当代生态学的程度，虽然这在当时是很难避免的，并且至今仍然存在争论。现代生态学理论在我国传播开来后，我国一些学者用传统的“主、客二分法”研究范式理解生态、生态系统的含义，将原本反映“主、客一体化”研究范式和生态中心主义的生态、生态系统概念改造成反映“主、客二分法”研究范式和人类中心主义的中国式“生态环境”，将不属于传统民法中的“物”和“客体”简单地等同于传统民法中的“物”和“客体”，从而导致了一系列对生态和人类生态系统的“误解”，并对我国“环境法”向“生态法”、甚至中国整个法律生态化的进程产生了某种影响。

课堂讨论

江苏首例家装污染案③

2001 年 11 月，栗某为结婚需要与被告 A 公司达成装修协议，由 A 公司对栗某住房进行装修，装修工程于 2002 年 1 月上旬完工。2002 年 1 月中旬原告搬入新房

① 联合国环境规划署：《环境法教程》，王曦主编译，法律出版社 2002 年版，第 6 页。
② 蔡守秋：《调整论——对主流法理学的反思与补充》，高等教育出版社 2003 年版，第 45 页。
③ 张梓太、于宇飞：《从江苏首例家装污染案看环境侵权特殊规则的司法适用》，《科技与法律》2004 年第 1 期。

居住后，于4月份原告出现头晕、全身乏力等症状，后其母也出现类似症状，经诊断为血液病。同年8月，经南京市环境监测中心站对其居室内空气质量检测，室内空气中甲醛、氨、TVOC（综合指标）含量分别超过Ⅰ类民用建筑工程室内环境污染物限量标准21倍、12.6倍、3.3倍。同时，经南京市产品质量监督检验所对用于装修的细木工板的检测，该木板甲醛释放量为13.9个单位，超过了国家规定的标准。由此，原告认为由于被告公司在装修过程中使用劣质材料，造成有毒气体的产生，导致原告患上血液病，要求被告A公司承担环境侵权损害赔偿责任。

被告对原告主张的环境损害赔偿不予认可，认为栗某住房室内不属于环境保护法中的环境，室内污染不属于环境污染，原告提供的因装修行为造成法律所称"环境污染"的证据不成立。

2003年7月18日，南京市玄武区人民法院就该案件做出一审判决：被告A公司承担环境污染损害责任，限期拆除全部装修，消除污染，并赔偿原告医疗费等各项损失费用50 065元、精神损害抚慰金9 000元。判决认为：该案件构成环境污染侵权；本案中个人家庭居室内"私人化"小环境是组成总体环境的一个部分；该案表面看似乎仅仅是一个装修产品质量问题，实质上原告人身受到的损害并非直接源于产品质量，而是源于成为媒介的、被污染的空气，因此，该案是由于装修行为造成的空气这一生态自然环境因素被污染，然后因被污染空气造成人体生命健康受到危害的环境污染侵权行为。

讨论题：1. 如何理解环境法中的环境的内涵和特点？
2. 本案中的室内环境能否纳入环境法中的环境范畴？
3. 如何认识环境的整体联系性和相对分割性？
4. 试分析环境的公共物品性质及其对环境法律的影响。

第二节 环境资源问题与环境资源保护

在20世纪，特别是在第二次世界大战以后，以"八大公害"案件为代表的一类新型社会问题开始引起人们的注意，这就是以环境污染为代表的环境问题。这八大公害案件是指1930年比利时马斯河谷大气污染事件，1948年美国多诺拉镇烟雾事件，20世纪40年代初美国洛杉矶光化学烟雾事件，1952年伦敦烟雾事件，1961年日本四日市哮喘病事件，20世纪50—60年代的日本水俣病事件，1955—1972年的日本骨痛病事件，1968年日本米糠油事件。现简介如下①：

① 本案例主要参考资料是："外国环境纠纷及公害事件"，载于曾昭度主编的《环境纠纷案件实例》，武汉大学出版社1989年版。

(1) 1930 年马斯河谷烟雾事件

比利时马斯河谷工业区位于狭窄的盆地中，在这个狭窄的河谷里有炼油厂、金属厂、玻璃厂等许多工厂。1930 年 12 月 1 日至 5 日，河谷上空出现了很强的逆温层，致使 13 个大烟囱排出的烟尘无法扩散，大量有害气体和煤烟粉尘积累在近地大气层，对人体造成严重伤害。一周内有 60 多人丧生，其中心脏病、肺病患者死亡率最高，许多牲畜死亡。这是 20 世纪最早记录的公害事件。

(2) 1943 年洛杉矶光化学烟雾事件

洛杉矶位于美国西南海岸。早期这里仅仅是一个牧区的小村，自从加利福尼亚州发现金矿和 1936 年在洛杉矶开发石油以来，人口剧增，很快成为闻名遐迩的美国第三大城市(仅次于纽约和芝加哥)。1943 年，该市 250 万辆汽车每天燃烧掉1 100吨汽油，每年 5—8 月，在强烈阳光的照射下，汽油燃烧后产生的碳氢化合物等在太阳紫外光线照射下引起化学反应，形成浅蓝色烟雾，使该市大多市民患上眼红、头疼病。后来人们称这种污染为光化学烟雾。1955 年和 1970 年洛杉矶又两度发生光化学烟雾事件，前者有 400 多人因五官中毒、呼吸衰竭而死，后者使全市四分之三的人患病。

(3) 1948 年多诺拉烟雾事件

多诺拉是美国宾夕法尼亚州某河谷中的小镇，镇里有许多大型炼铁厂、炼锌厂和硫酸厂。1948 年 10 月 26 日至 30 日期间，这里大部分地区受反气旋逆温控制，且持续有雾，工厂排出的有害气体扩散不出去，全镇 43%的人口，即 5 910 人相继暴病，症状为：喉痛、流鼻涕、干渴、四肢酸乏、咳痰、胸闷、呕吐、腹泻等症状，死亡 17 人。分析认为，二氧化硫及其氧化作用的产物同大气中的尘粒接合是致害因素。

(4) 1952 年伦敦烟雾事件

自 1952 年以来，伦敦发生过 12 次大的烟雾事件，祸首是燃煤排放的粉尘和二氧化硫。在 1952 年 12 月 5 日至 8 日期间，伦敦又被浓雾笼罩。事件期间尘粒浓度最高达 4.46 毫克/米^3，为平时的 10 倍，二氧化硫浓度最高达平时的 6 倍。烟雾逼迫所有飞机停飞，汽车白天开灯行驶，行人走路都困难，使呼吸疾病患者猛增。四天中，死亡人数较常年同期增加 4 000 多人，死亡者以 45 岁以上最多，约是平时死亡人数的 3 倍，1 岁以下的死亡较平时增加 1 倍。两个月内又有 8 000 多人死去。

(5) 1955 年至 1972 年骨痛病事件

在日本富山平原上有一条河叫神东川。多年来，两岸人民用河水灌溉农田，使万亩稻田飘香。自从三井矿业公司在神东川上游开设了炼锌厂后，发现有死草现象。1955 年以后，富山县就流行一种不同于水俣病的怪病：病人骨骼严重畸形、剧痛，身长缩短，骨脆易折；对死者解剖发现全身多处骨折，有的达 73 处，身长也缩短了 30 厘米。这种起初不明病因的疾病就是骨痛病。直到 1963 年，方才查明，骨痛病与三井矿业公司炼锌厂的废水有关。原来，炼锌厂成年累月向神东川排放的废水中含有金属镉，废水在河流中积累了重金属“镉”，农民引河水灌溉，便把废水中的镉转到土壤和稻谷中，两岸农民饮用含镉之水，食用含镉之米，便使镉在体内积存，最终导致骨痛病。有报道说，到1972年3月，骨痛病患者已达到230人，死亡34人，并有一部分人出现可疑症状。

(6) 1961年日本四日市哮喘病事件

四日市位于日本东部海湾。1955年这里相继兴建了十多家石油化工厂，化工厂终日排放的含二氧化硫的气体和粉尘，使昔日晴朗的天空变得污浊不堪。1961年，呼吸系统疾病开始在这一带发生，并迅速蔓延。据报道患者中慢性支气管炎占25%，哮喘病患者占30%，肺气肿等占15%。1964年这里曾经有3天烟雾不散，哮喘病患者中不少人因此死去。1967年一些患者因不堪忍受折磨而自杀。1970年患者达500多人。1972年全市哮喘病患者871人，死亡11人。据报道，事件期间四日市每年二氧化硫和粉尘排放量达13万吨之多，大气中二氧化硫浓度超过标准5至6倍，烟雾厚达500米，其中含有害的气体和金属粉尘，它们相互作用生成硫酸等物质，是造成哮喘病的主要原因。

该事件发生后，有9名患者提起诉讼，被告是电力公司、化学公司、石油提炼公司等六家企业。经地方法院四日市分院1972年7月24日判决，原告有关损害赔偿的诉讼请求得到承认，对赔偿1亿5千万日元的请求、判决损害赔偿8 800万日元。法院对患者的呼吸器官疾病“类似哮喘的症状”首次采用了被称为“集团疫学因果关系认定”的判断方法。这种方法将住在四日市的人和住在污染较少的其他地区的人进行比较，如果四日市有很多的患者，就可推定这一地区的患者可能受到大气污染的影响。该判决作为日本“四大公害判决”之一，在日本确立了公害健康损害补偿制度，对后来的审判产生影响。

(7) 1968年日本米糠油事件

米糠油事件发生在日本九州爱知县一带。生产米糠油在脱臭的工艺中，使用多氯联苯作载体，由于生产的失误，致使米糠油中混入了多氯联苯，结果有1 400人食用后中毒。病人开始眼皮发肿，手掌出汗，全身起红疙瘩，接着肝功能下降，全身肌肉疼痛，咳嗽不止。4个月后，患者猛增到5 000余人，并有16人无故丧生。这期间实际受害人在13 000人以上，而且由于米糠油中的黑油做家禽饲料，造成数十万只鸡死去。这次事件曾使整个西日本陷入恐慌中。

(8) 1953年至1956年水俣病事件

一、环境问题

(一) 环境问题的概念

环境问题是指由于自然环境、自然资源的运动变化而给人类造成的一切有害影响和危害。

广义的环境问题包括第一类环境问题和第二类环境问题。第一类环境问题又称原生环境问题，主要是指由自然现象如火山爆发、地震、洪水、海啸所引起的环境问题。由人类活动作用于自然界并反过来对人类自身造成有害影响和危害的环境问题，是第二类环境问题，又称人为环境问题或次生环境问题。这两类环境问题有时交叉发生、协同作用，如大型水库往往诱发地震、滥伐森林往往引发和加剧水旱虫灾等。

在人与环境之间存在着相互的物质能量交流活动，人类既需要从环境中获取物质和能量，也需要向环境排放物质和能量，第二类环境问题主要是由于人类在其生产、生活活动中开展的与环境的物质能量交流活动不适当所引起的。第二类环境问题又可以分为两大类：一是投入性损害或污染性损害，简称环境污染，即由于人类不适当地向环境排放污染物或其他物质、能量（统称排污活动）所造成的对环境和人类的不利影响和危害，如工业“三废”污染、农药化肥污染、有毒化学品污染等；二是取出性损害或开发性损害，简称生态破坏或环境破坏，又称非污染性的损害，即由于人类不适当地从环境中取出或开发出某种物质、能源（统称非排污活动）所造成的对环境和人类的不利影响和危害，如滥捕野生动植物、滥伐森林、滥垦土地、滥采矿产资源、滥抽取地下水等。这两类环境损害有时同时发生在人类的同一项活动中，如开采矿产资源可能同时造成生态破坏和环境污染。

自然资源问题主要指资源污染、破坏、浪费、枯竭和紧缺等现象。环境问题也是资源问题，对环境的污染和破坏包括对自然资源的污染和破坏。环境问题主要是由于盲目发展、不合理开发利用资源而造成的环境质量退化以及资源的浪费、枯竭和破坏。本书中的环境资源问题（简称环境问题），是环境污染、生态破坏、资源危机等环境问题和资源问题的总称。

（二）环境问题的性质

关于环境问题的性质和特点，人们根据其产生的原因和影响，有不同的理解。概括起来，主要有如下几种观点：

一是认为环境问题主要是一个政治问题。

二是认为环境问题主要是一个经济问题。

三是认为环境问题主要是一个社会问题，包括社会历史、文化、教育、宗教、信仰、风俗、习惯、风气、道德等问题。

四是认为环境问题主要是一个科学技术问题。

五是认为环境问题主要是一个国际问题。

以上观点从不同角度、不同侧面揭露了环境问题产生的原因和问题的特点，都有一定的道理和事实根据。其实，环境问题就是环境问题，它由各种原因产生，又反过来对社会生产和生活的各个领域发生影响和作用；它与许多其他问题相关，但又不宜归入其他某个问题。从总体联系看，当代环境问题既是一个政治问题、经济问题、生态问题、技术问题、国际问题，也是一个道德问题，它与许多领域、部门、行业、学科和许多社会组织、团体、个人都有关联，更与自然环境的地理条件和生态系统有关，这就是当代环境问题的综合性、复杂性、广泛性、累积性、流动性、地域性、多样性和公害性。各种环境问题的实质，都是指人与自然的关系的失调、失衡和恶化。

(三)中国的环境问题

中国是一个环境资源大国,也是一个环境资源特点突出、环境资源问题相当严重的国家。中国从资源总量看是大国,从人均占有量看是小国,从资源利用效率看是弱国。中国资源种类全总量大,但资源分布不平衡、资源组合不够理想、后备资源不足、人均占有量少,资源相对紧缺、供需形势严峻。根据2006年3月16日国家统计局发布的全国人口抽样调查,到2005年11月1日,中国大陆人口为130 628万人,约占2006年世界总人口的20%。中国自然资源总量的综合排序虽然居世界前列,但人均占有资源量却仅占世界平均的1/3,其中土地不足1/3,森林与林地为1/6,草场为1/2,森林蓄积量为1/8,矿产资源为1/2,淡水资源为1/4。中国要以占世界总量8%的淡水、7%的土地养活占世界20%的人口,这是中国基本的国情。

根据《中国环境保护行动计划》(1993年9月,国务院原则批准):“中国目前还处在第一代环境污染和生态破坏的阶段。主要表现是,以燃煤排放的烟尘和二氧化硫为主要污染物的大气污染;以工业和生活排放有机物为主要污染物的水质污染;以植被破坏和水土流失为主的生态破坏。”根据近几年国家环境保护总局发布的中国环境状况公报:我国环境保护虽然取得了积极进展,但环境形势严峻的状况仍然没有改变;中国的局部环境质量虽有所改善,但整体环境在恶化、前景令人担忧;中国的环境问题突出地表现在两个方面,一是环境污染相当严重,二是环境破坏相当严重,以城市为中心的环境污染在发展,并向农村蔓延,生态破坏的范围仍在扩大;发达国家上百年工业化过程中分阶段出现的环境问题已在20多年里集中出现,污染治理和生态建设任务十分艰巨。

根据国务院新闻办于2006年6月6日发布的《中国环境保护(1996—2005)》白皮书、国家环保总局于2006年6月4日发布的《中国生态保护》及《2005年中国环境状况公报》:中国生态环境脆弱,生态环境脆弱区占国土面积的60%以上;生态环境压力大,中国人均资源占有量不到世界平均水平的一半,但单位GDP能耗、物耗大大高于世界平均水平;全国水土流失面积356万平方公里,占国土总面积的37.1%,全国因水土流失每年流失土壤50亿吨;全国荒漠化土地为263.62万平方公里,占国土面积的27%;沙化土地面积为173.97万平方公里,占国土面积的18%;全国天然草原面积约占国土面积的41%,但有90%的天然草原出现不同程度的退化。目前,中国每日耗水量世界第一,污水排放量世界第一,能源消费和二氧化碳排放量世界第二,二氧化硫排放总量居世界第一位,氟氯烃的排放总量也居世界第一位,列入世界濒危动植物目录中的动植物占该目录总数的1/4,酸雨面积已占中国大陆面积的1/3。据世界银行1997年完成的报告,仅测算中国大气污染和水污染带来的对人体健康、农林渔业及其他损失每年达540亿美元(约4 320亿元人民币)。在1994年,我国环境污染和生态破坏造成的经济损失达6 130亿元,约占国民生产总值的14%①。

① 王玉庆:《影响农业可持续发展有环境因素》,《环境工作通讯》1998年第10期,第23页。

二、环境保护

（一）环境保护的概念

对环境资源保护简称环境保护。广义的环境保护涵盖对环境或资源的合理开发、利用、保护和改善;狭义的环境保护是相对于环境的开发利用而言,即专指保护和改善环境。根据《中国大百科全书(环境科学)》,环境保护是“采取行政的、法律的、经济的、科学技术的多方面措施,合理地利用自然资源,防止环境污染和破坏,以求保持和发展生态平衡,扩大有用自然资源的再生产,保障人类社会的发展”①。

本书中的环境保护,在环境的保护与环境的合理开发、利用、改善、建设同时使用时,是指狭义的环境保护;在另外一些场合,可能是指广义的环境保护。广义的环境保护是指,为了协调人与自然的关系、促进人与自然的和谐共处、保障经济社会的可持续发展的目的,而实施的有关保护、改善和合理开发、利用环境资源,防治环境资源的污染和破坏的各种活动的总称;它包括环境资源的合理开发、利用、保护、改善及其管理的各种活动。

（二）环境保护的特点

环境保护的对象是环境和资源,环境保护的实质和根本特征,是利用各种手段和办法,协调人与自然的关系,解决人与环境的矛盾,促进人与自然的和谐共处。我们可以从环境和环境问题的特点来理解环境资源保护的主要特点。

(1) 公益性。由于环境问题的公害性、流动性、累积性,环境保护是一项公益性的事业,它关系到全人类的共同利益。保护地球环境不仅仅对当代人有利,也对子孙后代有利;不仅对本国有利,也对其他国家和所有居民有利。

(2) 综合性。由于环境问题的综合性、复杂性,环境保护也具有综合性、广泛性、跨部门跨学科性。环境保护是一项巨大的系统工程,保护对象广泛、保护手段多样,与每个人都有关系,与经济、社会、生产、科技、文化、卫生、教育等各项工作都有关。

(3) 基础性。环境是人类生存和发展的基本条件,是经济和社会发展的物质基础,环境保护是国家的一项基本职能、社会的一项基础性工作、人类的一项永久性的事业。这就是环境保护的长期性、战略性和基础性。

(4) 科学技术性。由于自然环境、生态系统和人类社会都有其固有的客观运动规律,环境问题要通过科学技术来解决。环境保护重视并依靠环境学、生态学等科学理论。科学技术是发展环境保护事业的支柱和动力,也是保护环境和合理开发利用资源的根本保证,这使得环境保护工作具有较强的科学性、技术性。从这个意义上讲,环境保护是一项强调遵循科学规律、运用科学技术手段的工作。

(5) 区域性。自然环境占有一定的空间和区域,不同地区的环境问题具有明显的地区

---

① 《中国大百科全书(环境科学)》,中国大百科全书出版社 1984 年版,第 155 页。

差别，环境保护工作必须因地制宜，这使得环境保护具有区域性和地方性的特点。

案情简介

水俣病案件

在日本南部九州湾熊本县有一个叫水俣的小镇，这里居住着4万居民，以渔业为生。从1939年开始，日本氮肥公司(TISSO株式会社)的合成醋酸厂开始生产氯乙烯，工厂的生产废水几乎不加任何处理地直接排放入水俣湾。该公司在生产氯乙烯和醋酸乙烯时，使用了含汞的催化剂，使废水中含有大量的汞。这些汞在海水、底泥和鱼类中富集，经过某些生物的转化形成甲基汞，又经过食物链使人中毒。当时，最先发病的是爱吃鱼的猫。中毒后的猫发疯痉挛，纷纷跳海自杀。没有几年，水俣地区连猫的踪影都不见了。1956年，出现了与猫的症状相似的病人。患者开始时，只是口齿不清，步履蹒跚，继而面部痴呆，全身麻木，耳聋眼瞎，最后变成精神失常，直至躬身狂叫而死。水俣病患者当中，有发病后一个月就死亡的重症患者，也有被视力减退、头疼、味觉嗅觉、健忘等症状困扰一生的慢性患者。开始，人们不知道为什么会产生这种病，也不了解环境污染的危害。目前尚未发现根治水俣病的治疗方法。因为开始病因不清，所以用当地地名命名。水俣病于1956年在熊本县被正式确认，日本国政府于1968年正式承认该病是由TISSO株式会社引起的环境公害。1991年，日本环境厅公布的中毒病人有2 248人，其中1 004人死亡。

已经正式提出水俣病认定申请的人，熊本、鹿儿两县约17 000人，至2000年10月31日止已被正式确认的水俣病患者(从老人到胎儿)为2 264人，其中死亡1 408人。另外，为救济尚未被认定为水俣病的患者，根据政府1995年的解决办法，由TISSO株式会社支付给一次性补偿金的人数为10 353人。因此，目前正式被认定受汞影响的患者为12 617人。此外，因存在正式确认之前死亡，因死亡而无法向医疗事业单位提出认定申请，以及由于各种原因没有申请的人，所以实际受害人数尚不清楚。

作为水力发电公司始建于明治末期的TISSO株式会社是日本重要的化工企业(该厂生产碳化钙、醋酸、盐化乙烯和化肥等产品)，由于该企业的发展使水俣市成为熊本有名的工业城市之一，该厂厂长担任该市市长，该市对该厂的依赖性很大。为此，水俣病患者与TISSO株式会社和有关政府部门展开了旷日持久的、艰苦卓绝的斗争，在富有正义感的学者、律师的支持下，水俣病患者终于在1973年3月取得胜诉，获得了应有的赔偿。根据患者和TISSO于1973年7月签订的补偿协定，被认定的水俣病患者从TISSO一次性领取1 600至1 800万日元的补偿金；此外，还支付年金、医疗费、护理费、丧葬费、温泉治疗费、针灸费等费用；另外从TISSO

设立的基金利息中支付婴儿补助、护理补助、按摩治疗及门诊交通费等费用。TISSO株式会社从1975年后已不能及时支付患者的补偿金；从1978年开始，日本国政府和熊本县政府通过发行县债进行金融支援，到2000年3月为止，发行的县债总额超过2 568亿日元(100日元约7元人民币)。为了治理水俣湾的淤泥污染，熊本县用14年时间花了485亿日元对其进行处理和填埋，在水俣湾造成了58公顷的填埋地。

为追究水俣病致害者的刑事责任，日本熊本县地方裁判所刑事二部于1979年3月23日上午10时对造成水俣病的原氮肥公司经理吉冈喜一(77岁)、原厂长西田荣一(69岁)进行公开审判。由右田实秀裁判长宣判：由于案件是因企业活动而引起的公害犯罪，必须严格追究组织上的责任者。该判决确认两被告对上村耕作(死于1973年6月)和船场岩藏(死于1971年12月)犯有过失致死罪。并根据两被告已是高龄等情况，分别判处他们有期徒刑二年，缓刑三年。

案例评析

水俣病案件是一起能够反映环境污染问题和环境保护特点的典型案例。本案说明：

第一，环境污染问题具有累积性、潜伏性、迁移性、危害严重性和广泛性、后果不易治理性等特点。

第二，防治环境污染和保护环境必须结合环境污染产生的原因和特点，综合采取各种措施。环境污染往往是伴随经济活动特别是生产活动的副产物，防治环境污染和保护环境必须结合经济和生产活动进行。

第三，防治环境污染和保护环境，应该采取包括加强环境管理(包括政府环境管理和企业环境管理)、工程技术措施(特别是污染源工厂的污染防治措施)、公众参与和公民诉讼、设立环境污染赔偿金、司法救济等措施。

案情简介

葛店化工区污染纠纷案①

葛店化工区位于湖北省武汉市与鄂州市(1985年前为鄂城县)交界处，是指葛店化工厂、武汉化工二厂等工厂所在地的周围地区。该化工区属武汉市管辖，是有名的“四重”地区，即重要经济区、严重污染区、重点治污工程区、严重污染纠纷区；其污

---

① 本案例曾被多次引用，请参看蔡守秋：《国土法的理论与实践》，“第五节　国土纠纷处理实例选评”，中国环境科学出版社1991年版，第323～338页；蔡守秋：《论跨行政区的水环境资源纠纷》，《江海学刊》2002年第4期；王灿发教授主编：《环境纠纷处理的理论与实践》，中国政法大学出版社2002年7月版。

染范围涉及鄂州市鸭儿湖水系13个子湖，重点污染区包括4个乡、镇的11个村，2.5万余人；其纠纷内容涉及水环境资源污染、农业灌溉用水分配、饮用水供应和渔业用水安全等问题。葛店化工厂对鸭儿湖水系的污染可以追溯到1958年建厂初期，自那时以来曾发生无数次的污染事故和污染纠纷。据统计，到1974年止，沿湖中毒的人达1 634人次，耕牛中毒345头(其中死亡122头)，牲畜中毒396头(其中死亡152头)，年产鱼量从200多万斤减少到几十万斤；葛店化工厂历年来发生中毒事件624人次，严重中毒达140人次；附近农民因饮用被污染的水和食物引起中毒的达620人。40多年来，要求防治污染、解决农业用水和饮用水问题、解决损害赔偿等纠纷的来信上访和冲突不绝。为了解决这一纠纷，采取了抓人关人、中央领导出面、主管部门协调、工厂赔偿损失、治理污染源、加强环境立法、建设引水工程、搬迁受污染居民、调整行政区划等各种手段、措施和方法，现择其要者简介如下。

第一，抓人关人，即当出现严重环境纠纷时，对纠纷一方即所谓“闹事者”采取逮捕、坐牢的办法。1964年，因工厂严重污染，忍无可忍的农民群众起来堵工厂的排水口，导致工人与农民发生械斗，当时的湖北省省长急忙派出武装人员将带头“闹事”的农民逮捕入狱，结果很快“解决”了纠纷。

第二，通过领导行政指示解决纠纷。面临葛店化工区的严重污染，受害者多次通过写信、上访等各种方式向上反映情况，要求政府解决纠纷。为此，当时的国务院副总理等中央党政领导曾于1975年、1976年、1979年多次下达指示，省、市(人大、政府)领导的指示、批示更多。领导指示、批示对促进污染源治理、解决污染纠纷起到了很好的作用。如李先念副总理于1975年作出“鸭儿湖污染到了非治不可的时候了”的指示后，国家计委等部门很快下达了葛店化工厂的治污工程项目。

第三，通过报刊电台等大众传播工具促进纠纷解决。有关葛店化工区污染纠纷及其相关事项的消息，从人民日报、湖北日报、中央和地方电台等国内的到海外的共十几种报刊电台，都曾关注和多次报道。

第四，通过纠纷当事人自行协商、有关人民政府协调等方式解决污染损害赔偿纠纷。环境污染损害发生后，受污染的农民或受污染的乡、村组织和葛店化工厂等工厂自行协商，或由湖北省、武汉市、鄂州市人民政府环保部门出面组织协调，由造成污染损害的工厂对受污染的农村组织和农民赔偿损失。据统计，从1975年至1981年，葛店化工厂仅因环境污染的农业赔款就达33万元。从1975年到1990年，葛店化工厂每年都要因污染赔偿农民损失几万元。

第五，治理污染源，兴建引水设施，从根本上消除产生环境资源纠纷的原因。水环境资源纠纷的存在，其根本原因是存在着造成水环境资源污染破坏的污染破坏源；因此，治理污染破坏源、兴建引水设施，是彻底解决纠纷的根本措施。几十年来，为治理葛店化工区污染付出了巨大的投资和劳力。1976年，国家投资890亿元兴建葛店化工厂“三废”治理工程，同时投资653万元兴建鸭儿湖氧化塘以净化、处理工厂排放的废水；为兴建鸭儿湖氧化塘，原鄂城县还投入了2万多民工、付出了600多万标工（劳动日）的义务劳动。为了解决因饮用水、农业用水所发生的纠纷，到1987年，武汉市和鄂州市共投资367万元兴建引长江水工程。这些治理污染源和兴建引水设施的措施，有力地缓解了葛店化工区的水环境资源纠纷。

第六，通过人民政府和人民代表大会等国家机关的政策文件解决纠纷。我国一般将人大通过的法律、国务院通过的行政法规、国务院各部委通过的规章、享有地方立法权的机关通过的地方法规、享有地方规章制定权的机关通过的地方规章，统称为广义的法律。而将除上述广义法律之外的其他政府性文件称为政策文件。为了解决葛店化工区纠纷，湖北省人大、政府及其有关部门制定了大量政策文件①，这些文件对解决葛店化工区环境纠纷发挥了重要作用。

第七，通过地方环境资源立法、加强环境资源管理来解决纠纷。面对年复一年存在且日益加剧的环境资源纠纷，受害方也曾想到通过法律手段解决纠纷。鄂州市（原鄂城县）曾通过法院解决葛店化工区的环境资源纠纷，但由于没有处理跨行政区环境资源纠纷的具体法规，法院不予受理。要依靠法律处理纠纷首先必须制定法律，鄂城县政府曾经通过湖北省环境保护局聘请国家环境保护局武汉大学环境法研究所研究起草《葛店化工污染区环境管理暂行条例》。武汉大学环境法研究所的教师经过近两年的努力，起草了一份《葛店化工污染区环境管理暂行条例（草稿）》②，由此引起了有关方面的注意和重视。

第八，通过调整行政区划来解决纠纷。面对无休止的武汉市与鄂州市之间因葛店化工区污染、饮用水等问题所产生的争吵和纠纷，湖北省人民政府决定通过调整纠纷当事人的行政区来解决纠纷。1986年1月8日湖北省人民政府发出了《关于武

---

① 现择其要者列举如下：《石油化学工业部、湖北省革命委员会关于解决葛店化工厂“三废”污染鸭儿湖问题的报告》（1975年12月19日）、《湖北省计划委员会印发国家计委〈关于防治鸭儿湖污染问题的批复〉的通知》（1976年10月15日）、《湖北省科学技术委员会、湖北省环境保护办公室关于转送湖北省水生生物研究所〈关于利用严家湖氧化塘净化农药废水取得显著效果的报告〉的报告》（1978年1月6日）、《湖北省环境保护局关于省革命委员会批准武化二厂立即停产治理的通知》（1979年10月30日）、湖北省石油化工局转载的《化学工业部关于葛店化工厂三废治理进度安排的批复》（1981年6月15日）、《湖北省基本建设委员会关于鄂城县鸭儿湖氧化塘工程竣工验收报告的批复》（1982年9月25日）、《湖北省人民政府办公厅关于落实省人大常委会领导同志要求全面治理葛店污染区情况的报告》（1985年11月29日）、《湖北省人民政府关于武汉市、鄂州市调整行政区划有关问题的通知》（1986年1月8日）、《湖北省人大常委会办公厅关于葛化污染区治理问题讨论纪要》（1986年3月8日）、《湖北省人民政府关于批转联合调查组解决葛化污染区饮用水的方案的通知》（1986年4月22日）、《湖北省人民政府办公厅关于原鄂州市左岭镇划归武汉市管辖几个具体问题的通知》（1986年9月15日）、《湖北省环境保护局关于鸭儿湖氧化塘污水管断裂污染经济补偿的处理意见》（1987年8月29日）、《湖北省环保局局长陈秉林关于武汉东湖和葛店化工区污染治理情况的报告》（1987年10月19日在湖北省第六届人民代表大会常务委员会第29次会议上）、《湖北省人民代表大会常务委员会关于抓紧治理武汉东湖和葛店化工区污染的决定》（1987年10月24日）等。

② 虽然湖北省环保局和鄂城县人民政府经过多方交涉努力，但由于种种原因，始终未能列入湖北省人大地方立法的议程。

汉市、鄂州市调整行政区划有关问题的通知》,1986年9月15日湖北省人民政府办公厅下发了《关于原鄂州市左岭镇划归武汉市管辖几个具体问题的通知》,决定将原属鄂州市管辖的左岭镇行政区(包括受污染的13个村、186个村民小组)全部划归武汉市管辖,葛店化工区污染的综合治理由武汉市统一规划。由于受严重污染、矛盾最突出的13个村、186个村民小组全部归武汉市管辖,很快就基本平息了长期存在的武汉市与鄂州市之间因葛店化工区污染、饮用水等问题所产生的纠纷。

案例评析

本案例是一个颇能反映环境问题性质、环境保护重要性和中华人民共和国环境保护发展历程的典型案例。从本案例可知:

第一,采取抓人关人的办法解决环境纠纷,表面上看起来快速、简单、有效,实际上是最原始、最简单、最无效而后患无穷的办法。这种纠纷处理办法是当时生产力不发达、经济和环保落后、环境保护意识和环境法治意识低的产物,它混淆了两类性质不同的矛盾,其本身就不具有合法性、正当性。抓人关人后,虽然一时平息了纠纷,但随后几十年的实践证明,矛盾和纠纷是长期存在且越演越烈。

第二,通过领导行政指示解决纠纷,是目前中国解决跨行政区环境纠纷的一个重要途径,领导级别越高越有效。它虽然不能等同于"人治",但毕竟是法治不健全的产物。如果地方各级人民政府及其环境保护行政主管部门对现有的环境保护法律置之不理、不依法办事,而一味等待上级指示,法律制度就会形同虚设。

第三,借助于报纸电台等社会舆论的办法,对葛店化工区污染纠纷的解决起到了强有力的促进作用。但是这种办法只有促进作用,真正解决环境纠纷还得靠有关方法依法办事。

第四,通过纠纷当事人自行协商、有关人民政府协调等方式解决污染损害赔偿纠纷,我国已有法律规定。但这种一年一度通过行政协调、自行协商的污染损害赔偿则颇具"中国特色",还存在进一步改进的余地。

第五,治理污染源是平息环境纠纷的根本途径,武汉市和鄂州市治理污染源和兴建引水设施的措施,有力地缓解了葛店化工区的水环境资源纠纷。事实说明,由于治理污染科学技术水平有限、技术能力有限、治污投资有限,加之生产规模的扩大和产品结构的调整,治污工程和引水设施也不可能一劳永逸,诸如鸭儿湖氧化塘之类治污工程还会产生二次污染、设施维护和工程报废等问题。

第六,通过人民政府和人民代表大会等国家机关的政策文件而不是依法解决环境纠纷,具有简便、快捷的优点,这虽然是中国处理环境纠纷的一个特色,但在某种意义上也是环境法制不够健全的产物。只有健全环境法制,才能及时有效地处理环境纠纷。

第七,通过地方环境资源立法、加强环境资源管理是解决环境纠纷的重要途径。但是,中国主要是一个实行中央集权制的国家,现实告诉我们,在中央没有制定有关处理跨行政区环境资源纠纷法规的前提下，在有关政府部门没有认识到处理跨行政区环境资源纠纷重要意义的情况下，企图通过地方立法解决跨行政区的环境资源纠纷问题，是一件非常困难的事情。

第八，通过调整行政区划来解决纠纷，可以说是我国处理跨行政水环境资源纠纷的一个"创举"，它基本符合解决外部不经济性的经济理论。由于我国法律规定水资源为全民所有，跨行政区水环境资源纠纷实际上是由"行政区内活动的外部不经济性"所形成的一种"公有水的悲剧"。通过调整行政区划，将原本属于两个不同行政区的纠纷当事人纳入到一个行政区内，实际上是通过行政区调整变外部不经济性为内部不经济性。这种解决纠纷的办法从表面上看、短期看，是缓和、平息、消除跨行政区环境资源纠纷的一个好办法。但从长远看、深层次看，这种处理办法实质上并没有真正解决纠纷，而只是将外部不经济性内部化、将外部纠纷变成内部纠纷、将跨行政区纠纷变成行政区内的纠纷，弄得不好，有可能掩盖、回避矛盾，不利于行政区内环境污染问题和水资源配置问题的彻底解决。事实上，葛店化工区至今仍然存在污染问题①。对原本存在于不同行政区而后划为同一行政区的环境纠纷，有关部门必须提高警惕、加强监督，继续采取解决行政区内环境纠纷的办法和措施。

第九，上述案例的意义远远超出了葛店化工区的地域范围，它告诉我们，要有效解决环境资源问题、进行环境资源保护、处理环境资源纠纷，应该注意如下几个方面：(1) 要准确掌握环境资源问题的性质和特点，环境污染问题是一个涉及政治、体制、经济、社会、科学技术、法律、行政管理的综合性问题。(2) 要充分认识环境保护的性质、特点和意义，环境保护是保障人民身心健康、生命财产安全、社会安定团结，改善城乡关系、工农关系，促进经济社会可持续发展的伟大事业。(3) 解决环境问题、保护环境要采取行政的、经济的、政治的、法律的、宣传教育的、公众参与的各种手段，不能仅仅依靠某一种手段，要全面考虑、统筹兼顾、综合防治、对症下药。(4) 中国的环境问题和环境保护是一个不断发展的历史过程，在不同时期有不同的特点，要注意环境保护和环境法制建设的分阶段性。

课堂讨论

1. 环境污染有哪些特点？环境问题属于何种性质的问题？
2. 环境保护属于何种性质的工作或活动？环境保护有什么意义和作用？
3. 防治环境污染和保护环境有哪些途径、手段和措施？
4. 有人认为环境问题是公有地的悲剧，解决环境问题的主要途径是采取经济手段，关键是明确环境和自然资源的产权，你如何看待这种观点？

---

① 据湖北省环境保护网(http://www.hbepb.gov.cn/show.aspx?id=12273，2008年3月24日)的"环保资讯快递"(楚天都市报特约记者王德华)报道，从鄂州市葛店镇、华容镇和葛店开发区排出的大量污水，流入该市五四湖，数万群众的生产和生活用水被污染。该市环保人员昨呼吁，再不能走先发展后治理的老路。

拓展阅读 从"公有地的悲剧"到"反公有地的悲剧"

1. 观点介绍

有关"公有地的悲剧"的各种观点又称"牧场理论",它包括"公有地的悲剧"、"铁丝网的发明与美国西部的繁荣"、"渔夫和牧民的谈判"和"反公有地的悲剧"等一系列案例。

第一,"公有地的悲剧"(又称"公地的悲剧"、"公有资源的灾难",tragedy of the commons)是由美国学者盖洛特・哈丁(又译为加勒特・哈丁,Garret Hardin)在1968年《科学》杂志上发表的论文《公有地的悲剧》①中提出的一个描述性模型,是一种涉及个人利益与公共利益(common good)对资源分配有所冲突的社会陷阱(social trap),后来成为环境问题、产权问题研究中的一个经典案例。哈丁在《公有地的悲剧》一文中以寓言的形式,给我们讲述了一个生动的故事:"一片草原上生活着一群聪明的牧人,他们各自勤奋工作,增加着自己的牛羊。畜群不断扩大,终于达到了这片草原可以承受的极限,每再增加一头牛羊,都会给草原带来损害。但每个牧人的聪明都足以使他明白,如果他们增加一头牛羊,由此带来的收益全部归他自己,而由此造成的损失则由全体牧人分担。于是,牧人们不懈努力,继续繁殖各自的畜群。最终,这片草原毁灭了。"这便是我们常说到的"公地的悲剧"。

第二,"反公有地的悲剧"。在"公有地的悲剧"论文发表30年之后,密歇根大学的黑勒教授和艾森伯格教授于1998年在《科学》杂志上发表了题为"反对公有地的悲剧"的论文。他们以生物科学研究领域为例,指出尽管知识的私有化(privatization)解决了"公有地的悲剧"问题,却同时产生了新的"反对公有地的悲剧"。在美国,生物领域的研究大部分是由联邦政府的研究机构、大学等非盈利机构进行的,过去曾有一段时间,它们的研究成果是任何人都可以利用的(public domain)。但在上游的基础性研究成果的私有化不断发展之后,发生了知识产权的"蔓延"(proliferation)现象。这种上游的基础研究部门的专利的滥用,抑制了下游最终产品的开发。由于上游的权利归属十分复杂,往往牵涉很多权利人,当事人之间的交易成本比较高,再加上有关人员之间不同的利害关系、对权利的评估的差异等因素,结果产生了所谓的"反对公有地的悲剧"即资源的过少利用。

2. 观点评析

第一,"公有地的悲剧"描述了一个向所有牧民开放的牧场的经营情况,警告人们在稀缺资源公有化的情况下可能产生的过度利用的危险性,使我们认识到为了提高资源的利用效率,私有化的重要性。如果将"公有地的悲剧"用到环境保护领域,就会出现如下情况。大气环境向所有排放大气污染物的企业开放。该大气环境是公有的,向

① G. Hardin, 1968, The tragedy of the commons, Science 162: 1243 - 1248.

大气环境排放大气污染物的企业是私有的(包括个人或某团体)。现实的自然法则是大气环境对大气污染物的承载力或自净力是有限的;现实的市场法则是每个企业都力求使自己的眼前利益最大化。从企业看,站在个人或团体利益立场上,企业会尽可能地增加自己的生产量即排污量,它将获得因此带来的全部收入。从大气环境看,每增加一些排污量都会给环境带来某种损害,但是这一损害由生活在大气环境中的全体人民分担。由于向公有的环境排放污染物是自由而免费的,作为"经济人"的企业,他们只考虑如何扩大自己的生产量即排污量以增加自己的收入,完全不考虑整个环境的污染和退化。也就是说,企业从增加排污量获得个人利益即内部经济性,而将其扩大排污量的外部不经济性留给其他人民。结果,在大气环境中的污染物越来越多,大气环境的污染和退化越来越厉害,最终导致大气环境质量差得使人无法生活,全体居民不得不从该地撤出或花大钱专门治理大气环境污染,从而酿成"公有环境污染的悲剧"。

在"公有地的悲剧"中,公地作为一项资源或财产有许多拥有者,他们中的每一个都有使用权,但没有权利阻止其他人使用,从而造成资源过度使用和枯竭。过度砍伐的森林、过度捕捞的渔业资源及污染严重的河流和空气,都是"公地悲剧"的典型例子。因此,"公地悲剧"的更准确的提法是:无节制的、开放式的、资源利用的灾难。对防治环境污染而言,由于治污需要成本,私人必定千方百计企图把企业成本外部化。这就是赫尔曼·E·戴利所称的"看不见的脚"。"看不见的脚"导致私人的自利不自觉地把公共利益踢成碎片。所以,我们必须清楚——"公地悲剧"源于公产的私人利用方式。针对如何防止公地的污染,哈丁提出的对策是共同赞同的相互强制、甚至政府强制,而不仅仅是私有化。哈丁后来认为他应该将他的论述标题改为——"未受规范的公地之悲剧"。

第二,"反公有地的悲剧"提醒我们如果机械地、不分条件地、过分地促进公共环境和公共自然资源的私有化,也有可能妨碍、阻碍我们对环境和自然资源的保护、合理开发与可持续利用。基于追求个人利益最大化的经济人理性而将公共环境和公共自然资源转化或界定为私权的客体,但个人利益和个人私欲也可能会使人失去理性、公允性和良心。产权明晰,责任和利益明确到团体乃至个人,有好处;但也要防止"所得归己,不顾别人,只顾自己,乃至损人利己"。因此,我们既要注意避免"公有地的悲剧",也要防范"反对公有地的悲剧"。

第三,"公有地的悲剧"和"反公有地的悲剧"各有其适用范围和局限性。将经济活动的外部不经济性和环境污染问题完全归结于公有制是不能完全解决环境问题的,因为私有制也会造成对资源的掠夺和浪费,也会造成严重的环境问题。另外,科斯定理只适用产权能够明确或界定的情况,运用科斯定理解决污染问题也存在某些实际障碍。由于环境从总体上看主要是一种公共资源即公共品(public goods,也译为公共物品、公共产品)①,公共物品是指非竞争性和非排他性的物品。所谓非竞争性,意指为另

① 公共品是指商品的效用扩展于他人的成本为零,因而不能排除他人共享的商品;是指那些不论个人是否愿意购买,都能使整个社会每一个成员获益的物品。

一个消费者提供这一物品所带来的边际成本为零。所谓非排他性，意指不能排除他人消费这一物品（不论他们是否付费）。有些环境资源，例如大气，很难确定大气的财产权属谁；也很难将大气的财产权进行公平分配；即使明确了财产权能否转让也是一个问题；即使允许转让，转让成本是否划算也是一个问题；分配产权是否会影响收入分配，而收入分配的变动可能会造成新的社会不公平。其实，把环境这种公共物当作私人品①，本身就是一种公私不分的表现。如果公共物可以作为私人品，公共物也就失去了其本身的特征和意义。“公地悲剧”的发生，人性的自私或不足只是一个必要的条件，而公产缺乏严格而有效的监管是另一个必要条件。所以，“公地悲剧”和“反公有地的悲剧”并非绝对地不可避免。

第四，有关“公有地的悲剧”的各种观点和“反公有地的悲剧”等一系列案例，其立论依据和解决办法都是基于对环境资源、环境资源问题和环境保护的性质和特点的分析。当代环境资源问题的形成和恶化是由各种原因造成的，包括市场失灵、政府（含政策法律）失灵、科学技术的消极作用、缺乏生态伦理和环境道德等。要解决环境资源问题，也要从政治、经济、文化、科学技术各个方面努力，采取行政命令、经济刺激、科学技术、宣传教育、法律调整各种措施和办法。

第三节 环境法的发展概况

一、国外环境法的发展概况

从历史发展的宏观角度，可以将人类社会环境法的发展分为三个时期：一是第一次工业革命之前的环境法，又称古代环境法；二是第一次工业革命（18 世纪末）至第二次世界大战结束（1945 年）时期的环境法，又称近代环境法；三是第二次世界大战结束之后的环境法，又称现代环境法。

第二次世界大战结束之后至今，是性质相似的环境法规形成行业性、部门性、专业性法规体系，并开始相互渗透、扩展形成更大、更综合的环境法规体系的时期，这个时期的环境法称为现代环境法。由于现代环境法的内容非常丰富，在 50 多年中的发展变化较大，一般将现代环境法分为如下两个阶段。

（一）“斯德哥尔摩时期”的环境法

从第二次世界大战结束至 20 世纪 80 年代末，是现代环境法逐步兴起、不平衡、多样化发展的阶段。从环境保护角度看，这个阶段以 1972 年斯德哥尔摩联合国人类环境会议为标志，故叫做“斯德哥尔摩时期”的环境法。概括起来，这个阶段环境法发展的特点主要表现在

① 私人品（private goods）是指那些可以分割、可以供不同人消费，并且对他人没有外部收益或成本的物品。

如下几个方面。

第一，环境法发展的不平衡性和差别性明显，主要表现是：工业发达国家和广大发展中国家的环境法的不平衡性和差别性很大；环境立法和环境执法方面的不平衡性和差别性相当明显；环境立法的目标和手段之间的不平衡性和差别性相当明显。

第二，同部门、同行业的环境法律走向系统化，环境法的子体系初步形成。比较成熟的、大的子体系主要有自然资源法体系、环境保护法体系、区域开发整治法体系、土地法体系和防治灾害法体系等。

第三，环境立法初现综合化趋势，环境法各子体系的相互交叉、渗透加强，跨子体系的法律或跨子体系的综合性的环境立法开始出现。

第四，环境法律开始重视设立统一的环境监督管理政府机构。

第五，环境标准和环境规划逐步成为环境法体系的一个重要组成部分。

第六，环境法的特色和特点逐步形成。环境法开始酝酿、形成突破传统法律理念的一些新理念，如环境正义、环境公平、环境安全、生态伦理、动物权利等；环境权理论、"公共资源"理论、"环境资源价值"理论开始形成并发展，污染损害赔偿的无过失责任原则、举证责任倒置原则、环境民主或公众参与原则等开始得到法律的承认，环境影响评价、排污许可和环境公益诉讼等开始上升为法律制度。

环境污染问题是推动这个时期环境法发展的一个重要原因，这个时期发生的世界"八大公害事件"对以防治环境污染为主的现代环境保护法起到了警示、推动和催化作用。

（二）"可持续发展时期"的环境法

从 20 世纪 80 年代末至今，是现代环境法全面、蓬勃发展的阶段。从环境保护角度看，这个阶段以 1992 年 6 月在巴西里约热内卢召开的联合国环境与发展会议为标志，其时代特征和历史背景是"可持续发展"、"和平发展"，故叫做"可持续发展时期"的环境法或"和平发展时期"的环境法。这个阶段的环境法主要呈现如下特点或发展趋势。

第一，立法指导思想发生新的变化，可持续发展成为环境法的指导思想和基本原则。环境法正在成为实施可持续发展的法律保障，环境法中的污染防治战略正在发生变化，环境法更加重视预防原则、全过程管理、清洁生产、源头控制、总量控制和循环经济，环境法正在向着可持续环境法的方向发展。具有特色的环境法基本理念(如人与自然和谐、环境正义、环境安全、环境秩序、环境公平、环境效益等)、基本原则(如风险预防、经济社会与环境保护协调发展、环境民主和环境责任等原则)日趋成熟。

第二，环境法涉及更加广泛的环境、资源问题和经济、社会可持续发展等跨领域问题，环境立法的综合化、一体化进一步加强。法国、瑞典等国家已经制定环境法典。

第三，以生态化方法或综合生态系统管理为特色，包括有关市场机制、行政机制和社会机制的环境法综合调整机制基本形成，环境法越来越多地采用经济手段、市场机制和公众参与措施，环境资源税费、绿色贸易壁垒和环境资源市场逐渐成熟。

第四，环境法与生态学、环境学的联系和互动逐渐法定化、制度化。环境法采用越来越多的科学技术手段和科学技术规范，环境标准制度、环境标志制度、环境监测制度、环境影响报告制度、生态补偿制度、应急措施制度、环境信息公开和交流制度、清洁生产制度等有关环境科学技术的法律制度逐步推广、越来越成熟。

第六,环境法的实施能力和执法效率大幅度提高。

第七,各国环境法之间以及国内环境法与国际环境法之间的协调日益增强。随着全球市场和国际环境保护事业的发展,国内环境法因越来越多地吸收国际环境法规范而出现了国内环境法国际化的现象;国际环境条约因越来越多地吸收传统上由国内环境法规调整的内容而出现了国际环境法国内法化的现象,各国环境法因相互之间的交流和合作的日趋加强而出现了相互协调的现象。这类现象被称为当代环境法的全球化、趋同化。

第八,发展中国家的环境法正在崛起。就最近十几年的情况看,大多数发展中国家的环境法较其以往任何时期的环境法的发展更快。

二、中国环境法的发展概况

中国环境法的发展史可以分为两个时期:一是中华人民共和国成立之前的环境法,二是中华人民共和国成立之后的环境法。中华人民共和国成立之后的环境法即中国现代环境法,可以分为三个阶段:一是建国初期的环境法,二是创业起步时期的环境法,三是改革开放或经济转型时期的环境法。其中第一和第二阶段是中国现代环境法缓慢发展和逐步兴起的时期,第三阶段是中国现代环境法蓬勃发展的时期。因此,真正现代意义的中国环境法是第三阶段的环境法。

(一) 建国初期的环境法

从1949年中华人民共和国成立至20世纪60年代末,属于中华人民共和国成立的初期,这个时期是中国环境法缓慢发展的阶段。

从总体上看,这个阶段环境法的特点如下:第一,这个阶段的环境法发展较慢,在环境立法形式和内容等方面受前苏联的环境法的影响较大。第二,环境法以自然资源法或自然保护立法为主,防治环境污染方面的法律较少。第三,除宪法中一些有关土地和自然资源的简单规定外,环境法规的效力等级或立法级别较低,主要是一些行政法规和行政规章。第四,环境法规比较零星分散,内容比较原则、粗糙,法规的可操作性、可执行性较差,很少正规化、程序化的环境保护法律制度,自然保护和污染防治之间缺乏有机联系,环境立法和执法还没有以现代环境科学理论和环境保护思想作指导。

(二) 创业起步时期的环境法

从20世纪60年代末至70年代中期,以防治环境污染为标志的、与世界环境保护运动相联系的现代环境保护和环境法开始在中国兴起,中国环境法开始进入艰难的创业时期,因此称为“创业时期”或“起步阶段”的环境法。

从总体上看,这个阶段的环境法具有如下特点:第一,以《关于保护和改善环境的若干规定》(1973年11月)为代表,确定了比较全面的环境资源保护目标,规定了比较综合的环境保护方针、原则,为我国环境法的全面、深入发展打下了比较宽广的基础。但是,这个时期的环境法缺乏环境法学研究和环境科学理论，某些环境政策打上了“左”倾错误思想的烙印，环境法治观念和环境立法计划性很差。第二，环境法缺乏宪法基础，环境法规的效力等级或立法级别较低，主要是一些行政法规、行政规章和会议纪要、领导批文等非法律性的政策文件。第三，环境法以防治污染立法为主，自然保护和资源保护方面的法律较少；防治污染以综合治理工业“三废”为主，环境管理制度不健全；污染防治以行政手段为主，法律手段和经济刺激手段较少。第四，环境法规的内容比较原则、笼统、粗糙，可操作性、可执行性较差，很少正规化、程序化的环境保护法律制度。

（三）经济转型时期的环境法

中国共产党于1978年召开的十一届三中全会，使中国进入了改革开放、从社会主义计划经济向社会主义市场经济转变的新时期。从1978年至今，是中国现代环境法迅速、全面发展的阶段，但这个阶段的环境法都具有经济转型时期甚至原始资本积累时期的性质和特点。在30年改革开放期间，中国环境法经过了三个阶段、掀起了三次立法高潮，从2006年起开始进入实现历史性转变的关键阶段。

第一阶段，这个阶段约有10年，主要由1979年颁布的《环境保护法(试行)》启动，在80年代中后期形成高潮，在《环境保护法》颁布的1989年达到本阶段的顶点。

1978年《宪法》第11条规定“国家保护环境和自然资源，防治污染和其他公害”，这是中国首次将环境保护工作列入国家根本大法，把环境保护确定为国家的一项基本职责，将自然保护和污染防治确定为环境保护和环境法的两大领域，从而奠定了中国环境法体系的基本构架和主要内容，并为中国环境保护进入法治轨道开辟了道路。同年召开的十一届三中全会，作出了将党的工作重点转移到经济建设上来的决定。会后中共中央批转的国务院环境保护领导小组的《环境保护工作汇报要点》，将加强环境法治建设、制定环境保护法律作为环境保护工作重点之一，由此拉开了中国环境法迅速发展的序幕。1979年9月，五届全国人大第十一次会议原则通过了《环境保护法(试行)》。该法将污染防治和自然保护确定为环境法的两大领域，规定了环境保护的对象、任务、方针和适用范围，规定了“谁污染谁治理”等原则，确定了环境影响评价、“三同时”、排污收费、限期治理、环境标准、环境监测等制度，标志着中国环境法律体系建设开始启动、中国环境管理开始走上法治道路。

《环境保护法(试行)》颁布后，我国先后制定了《海洋环境保护法》(1982年)、《水污染防治法》(1984年)、《大气污染防治法》(1987年)和《草原法》(1985年)、《矿产资源法》(1986年)、《水法》(1988年)、《野生动物保护法》(1988年)等污染防治和自然资源保护方面的法律、法规和规章。

1989年12月七届全国人大第十一次会议通过的《环境保护法》，是对《环境保护法(试行)》的修改和总结，也是第一次环境立法高潮的顶点。经过这次立法高潮，中国初步形成了环境法体系的框架；环境法开始成为中国环境保护工作的支柱和保障，成为中国社会主义法律体系中新兴的、发展最为迅速的一个组成部分。

第二阶段，这个阶段大约从1990年至2000年，在90年代中后期形成环境立法高潮。

在20世纪90年代，为了适应经济全球化和加入WTO的形势需要，我国及时调整了经济和环境保护发展战略。1992 年 6 月,在巴西里约热内卢召开的联合国环境与发展会议即里约会议,给我国环境保护带来了可持续发展等新的理念、战略、原则和观点。联合国环境与发展会议召开之后不久,党中央和国务院批准了外交部和国家环境保护局关于出席联合国环境与发展会议的报告(简称《中国环境与发展十大对策》),指出中国必须转变发展战略、走持续发展道路。1993 年 3 月,全国人民代表大会成立了环境与资源保护委员会(简称环资委,当时称环境保护委员会)这一专门委员会。1994 年 3 月,国务院批准了《中国 21 世纪议程——中国 21 世纪人口、环境与发展白皮书》,提出了实施可持续发展的总体战略、基本对策和行动方案,要求建立体现可持续发展的环境法体系。从 1994 年起,环资委的立法工作全面展开,由此形成了第二次环境立法高潮。

在第二次立法高潮中,我国先后修改、制定了一批环境资源法律、法规和行政规章,如《固体废物污染环境防治法》(1995 年 10 月)、《水污染防治法》(1996 年 5 月修改)、《环境噪声污染防治法》(1996 年 10 月)、《节约能源法》(1997 年 11 月)、《防震减灾法》(1997 年 12 月)、《海洋环境保护法》(1999 年 12 月修改)、《自然保护区条例》(1994 年 10 月)、《淮河流域水污染防治暂行条例》(1995 年 8 月)等。在 1997 年修改《刑法》时,增加了“破坏环境保护罪”和“环境保护监督管理失职罪”的规定。从总体上看,这次立法高潮主要是对原有法律的修改、补充,重点在于加强对环境资源的行政管理,地方环境立法在某些方面比中央环境立法更为活跃。

第三阶段,这个阶段大约从 2000 年初至 2006 年,在 2002 年至 2004 年形成了一次环境立法高潮。

进入 21 世纪后,我国于 2001 年 11 月加入了 WTO,为了迎接 21 世纪和中国加入 WTO 后的挑战,我国再一次加强了环境法治建设工作。2002 年 1 月,国务院召开了第五次环境保护会议,批复了《国家环境保护“十五计划”》。国家于 2000 年修订了《大气污染防治法》和《渔业法》;在 2001 年颁布了《防沙治沙法》、《海域使用管理法》;在 2002 年颁布了《清洁生产促进法》、《农村土地承包法》和《环境影响评价法》,修改了《水法》、《草原法》和《文物保护法》;2003 年颁布了《放射性污染防治法》;2004 年修改了《固体废物污染环境防治法》、《土地管理法》、《野生动物保护法》和《渔业法》;2005 年颁布了《可再生能源法》、《畜牧法》。在这个阶段,环境立法以修订原有的环境法律为主,也制定了几部新环境法律,借鉴了国外环境法的不少新做法,环境法的调整范围不断扩展。

实现历史性转变的关键阶段。经过前三个阶段和三次高潮,我国环境法的大致框架已经搭就,环境与资源保护利用的多数领域有了法律依据。但是,随着环境法律法规数量的增加,我国的环境质量并未得到相应提高,环境污染和生态破坏的恶化趋势没有得到有效遏制,我国环境法的正当性、有效性严重不足,科学发展观和可持续发展战略还未得到有效贯彻落实。改革开放的深入发展,社会主义市场经济体制的建设和完善,以及“五型社会”建设的启动,给环境保护既注入了新的活力和生机,又形成了严峻的挑战和困难。人民生活水平的提高和环境意识、民主意识、法治意识的增强,对环境保护提出了新的更高的要求,新的环境保护理念和生态文明思想不断冲击着旧的法律思想和规则体系。

从 2006 年起,我国环境保护开始进入历史性转变的关键阶段。2006 年 4 月 17 日至 18

日，国务院在北京召开第六次全国环境保护会议，提出做好新形势下的环保工作，关键在于加快实现“三个转变”：一是从重经济增长轻环境保护转变为保护环境与经济增长并重，在保护环境中求发展；二是从环境保护滞后于经济发展转变为环境保护和经济发展同步推进，做到不欠新账，多还旧账，改变先污染后治理、边治理边破坏的状况；三是从主要用行政办法保护环境转变为综合运用法律、经济、技术和必要的行政办法解决环境问题，自觉遵循经济规律和自然规律，提高环境保护工作水平。从此，我国环境保护法治建设开始进入实现历史性转变的关键阶段。2007 年党的十七大报告，将“经济增长的资源环境代价过大”列为当前我国经济社会建设中的主要“困难和问题”，要求深入贯彻落实科学发展观，强调“建设资源节约型、环境友好型社会”、“建设生态文明”，把环境保护摆上了重要的战略位置。2007 年制定了《物权法》、《城乡规划法》和《突发事件应对法》，修改了《城市房地产管理法》。2008 年 3 月，十一届全国人大一次会议表决通过组建环境保护部。接着，国务院审议批复了环境保护部的“三定”方案。环境保护部的成立，增强了我们加快推进环保历史性转变的力量，对加强我国环境保护工作，推动经济社会又好又快发展，具有重要意义。2008 年 8 月国家颁布了《循环经济促进法》。种种迹象表明，我国环境法治建设正处于实现历史性转变的关键阶段。

第2章

环境法的特点、目的与基本理念

本章要求掌握：环境法的概念及环境法的特殊性、综合性、科学技术性和公益性等特点，特别是准确理解环境法应该、能够和如何调整人与自然关系的道理；环境法的目的与作用，特别是理解环境法对“五型社会”建设的法律保护作用；环境正义、环境公平、环境安全、环境秩序、环境民主和环境效率(效益)等基本理念，重点是掌握人与自然和谐相处的理念。

第一节　环境法的概念与特点

在20世纪80年代，我国法学界曾展开过一场争论，即讨论有关环境法属于什么部门法律的问题，当时有不同学者分别提出过将环境法纳入行政法、民法和经济法的主张，而大部分研究环境法的学者都主张环境法是一个独立的法律部门①。到21世纪初，又有学者提出了将环境法纳入社会法的主张。但是，即使撇开学术争论，仅从现有教材和有关理论研究等实际情况看，现行政法学、民法学、经济法学和社会法学都很难包容环境法的目的、任务、指导思想、基本理念和基本法律制度等内容。大家可以讨论，环境法是不是一个独立的法律部门？

一、环境法的概念

本书所称环境法(环境资源法的简称)，是指关于环境资源的开发、利用、保护、改善及其管理的各种法律规范和法律表现形式的总和②。这个定义包括如下四层意思：(1) 环境法是法的一种；(2) 环境法不是指某一个法律规范、某项法律规定、某部环境法规或某种表现

① 请参考蔡守秋：《环境法是一个独立的法律部门》，《法学研究》1981年第3期。

② 本书这里采用的是法律形式的概念，而没有采用法律渊源的概念。关于法律表现形式和法律渊源的相互区别与联系，请参看张文显主编的《法理学》，高等教育出版社、北京大学出版社1999年版，第58页；陈金钊教授的《法律渊源的概念及其方法论意义》，引自北大法律信息网：http://article.chinalawinfo.com/article/ (转下页)

形式,而是具有共同宗旨、性质相似、相互关联的一系列法律规范、法律规定和其他有关法律表现形式的集合;(3)环境法调整的是一种因环境行为(环境行为是人的对环境有影响的各种行为或活动的总称)而产生的特定社会关系,即因环境问题或环境事务而产生的"环境社会关系",这种关系始终与环境有关;(4)正如和谐社会包括人与人的和谐和人与自然的和谐这两种和谐关系一样,环境社会关系也包括人与人的关系和人与自然的关系这两个方面。

二、环境法的特征

环境法作为一个新兴的独立的法律部门,除具有法律的共性外,还具有如下区别于其他法律部门的明显特征。

(一)调整对象的特殊性

环境法的调整对象是人与自然的关系以及和环境资源有关的人与人的关系①。这是对环境法这一新兴的、独立的法律部门的基本特征、功能、目标和调整对象的概括,是其作为一个独立的法律部门、区别于其他法律部门的基本标志,也是环境法具有综合性、科学技术性和公益性的基础。

环境法之所以能够调整人与自然的关系,是因为它是规制人的行为的行为规则,并且是具有法律强制力的行为规则。人的行为可以分为对人的行为和对自然(非人物)的行为,人对人的行为形成人与人的关系,人对自然(非人物)的行为形成人与自然的关系。环境法律既可以规定人对人的行为,也可以规定人对自然(非人物)的行为。因而法律既能够调整人与人的关系,也能够调整人与自然(非人物)的关系。从总体上看,调整人与自然的关系,是环境法这一独立的法律部门产生的基本原因、发展的决定因素、长期存在的根本目的;现代环境法的产生,主要是人与自然的矛盾的激化、人与环境的关系的不协调的结果。北京大学金瑞林教授强调:"环境法调整的虽然也是人们的社会关系,但其实质是通过调整人的社会关系来调整人同自然的关系。这是一般法律部门所不具有的。"②《法理学》③认为:环境法"是一个新兴的独立的法律部门,并具有其他法律所不具有的特殊性:在调整对象上,它既调整人与人的关系,也调整人与自然的关系";"事实上,环境资源法规范大部分都是由技术规范被国家赋予法律效力而成,本来就是调整人与自然关系的"。俄罗斯《联邦环境保护法》(1991年)第1条规定:"以保护自然资源和个人生活方式为目标、调整社会与自然的关系,是俄罗斯联邦环境立法的首要任务之一。"

(接上页) user/article_display. asp?ArticleID=23669。他们的基本观点是:法的渊源不宜代替法的形式,在汉语中,渊源指根源、来源、源流,这同法的表现形式是两回事;法律渊源是指法律几种特定法律形式的来源;在立法上把法律形式当成法律渊源实际上是颠倒了法律渊源与法律形式的逻辑关系,不是法律规范的表现形式是法律的根源,而是法律的形式来自何处是法律渊源。

① 关于环境法的调整对象,请参看蔡守秋著:《调整论——对主流法理学的反思与补充》,高等教育出版社2003年版。所谓调整论,是指有关环境资源法既调整人与自然的关系、又调整与环境资源有关的人与人的关系的各种观点。该书全面系统地阐明了法律应不应该、能不能够以及如何调整人与自然关系这三个层次的问题。

② 金瑞林编著:《环境法——大自然的护卫者》,时事出版社1985年版,第30页。

③ 张文显主编:《法理学》,高等教育出版社、北京大学出版社1999年版,第405~407页。

（二）综合性

环境法具有很强的综合性，它是在以往环境保护法、自然资源法、土地法、能源法、灾害防治法和区域开发整治法基础上的更高层次的综合。目前，整个环境法体系已经向涉及环境、经济、社会这三个领域的可持续环境法的方向发展，当代环境法正在成为“对所有环境、资源进行统一规划管理”、“着眼于环境、经济、社会可持续发展、协调发展的”、“面向系统型”的法律。环境问题的综合性、环境保护对象的广泛性和保护方法的多样性，决定了环境法是一个高度综合化的法律部门；相关法律部门的交叉和相关学科的渗透，则为这种综合性奠定了雄厚的基础。

环境法的综合性主要表现在以下几个方面：环境法既调整人与人的关系，又调整人与自然的关系；既保护有利于执政阶级的社会环境、社会秩序，又保护人类共享的自然环境、自然秩序，更强调保护人与自然和谐共处的关系和秩序。环境法调整的关系涉及各种错综复杂的行政关系、经济关系、社会关系、区域关系和生态关系；环境法律关系的主体广泛，客体丰富，权利义务涉及人类社会和自然环境、自然资源和社会资源、环境与经济社会发展等领域；环境法的调整机制包括有关市场机制、行政机制和社会机制等三大机制，它的法律措施涉及经济的、行政的、技术的、宣传教育的各种手段；环境法的法律规范是有关法律规范、技术规范和道德规范的综合，不但包括具有特色的环境法规范，而且包括有关的宪法规范、民法规范、行政法规范、刑法规范、经济法规范、诉讼法规范和国际法规范；环境法是环境实体法和程序法的结合，既有公法的某些性质又有私法的某些性质，还有社会法的某些性质，生态法则是环境法的进一步发展或者说生态法是环境法的一种高级形态。

（三）科学技术性

环境法具有很强的科学技术性，它不仅反映社会经济规律和自然生态规律，还反映人与自然相互作用的规律(有人称为环境规律)。现代环境保护工作是一种科学技术性很强的活动；旨在解决环境问题、为环境工作服务的环境法必须建立在科学理论和科学技术的基础上。环境法的目的和任务，是保障合理开发、利用、保护和改善环境，而自然界是按照自己所固有的客观规律发展的，不以人的意志为转移。因此，环境法必须遵循自然生态规律、依靠科学技术才能达到其目的。环境法的根本宗旨，是协调人与自然的关系，而人与自然的关系(即相互作用和影响)有其特定的规律，环境法必须遵循人与自然相互作用的规律。

作为环境法科学技术性的反映，是它重视运用综合生态系统管理方法或生态化方法并含有许多法定化的技术性规范和技术性政策，如环境标准、环境监测规程、合理开发利用环境资源的操作规程、防治环境污染和破坏的生产工艺技术要求等。环境法中的许多规定措施都来自环境科学研究成果，没有环境科学技术，就没有切实可行的环境法规。例如，《美国国家环境政策法》(1969年)第2节第2条规定，“在作出可能对人类环境产生影响的规划和决定时，采用一种能够确保综合自然科学和社会科学以及环境设计工艺的系统的多学科的方法”。概括地说，环境法的科学技术性特征主要根源于环境法具有调整人与自然关系的宗旨和功能，主要表现是许多环境法律规范兼有技术规范的特性。

（四）公益性

环境法主要解决人与自然的矛盾、协调人与自然的关系，这种矛盾和关系主要以人的整体为一方、以自然环境为另一方，而不是主要以一部分人为一方、以另一部分人为另一方。这是任何社会、国家都存在的基本矛盾、基本关系，不但社会主义国家和工人阶级面临这种矛盾和关系，资本主义国家和其他阶级也面临这一矛盾和关系。

环境法保护的环境，是人类生存、经济发展、社会繁荣的物质基础，整体环境不可能为某个阶级、阶层或个人独占。作为公有物的环境具有消费不排他性和不可独占性，保护好环境资源，既对工业发达国家、执政阶级、管理阶层和当代人有利，也对发展中国家、非执政阶级、被管理阶层和子孙后代有利。

环境法防治的环境污染和环境破坏，主要是一种伴随生产、生活活动产生的公害，无论是社会主义制度国家还是资本主义制度国家，只要生产和消费都有可能产生环境污染和破坏；许多环境污染和破坏具有流动性、累积性、复合性，它既对发展中国家也对发达国家、既对领导管理阶层也对劳动群众、既对当代人也对子孙后代产生危害；环境质量的恶化，不会仅对执政阶级、阶层有利而对其他阶级、阶层有害。

环境法所维护、支持、服务和保障的环境保护工作，是有利于全人类生存和可持续发展的公益事业，是人道主义性质的大业。解决环境问题，维护和创造人类共同生活的美好家园，是我国各族人民共同的愿望，也是全人类的共同要求。

作为公益性的表现形式和必然结果，是环境法的共同性；同其他法律相比，各国环境法有许多共同的、可以相互借鉴的内容，包括环境保护原则、手段、措施、标准、制度和程序方面的共同性。

另外，环境法在其基本理念、原则、调整机制、调整方法、法律制度以及产生发展的原因等方面也有其特殊性。

案情简介

打　狗　案①

甲某(人)在路上遇见一只狗，狗冲着他狂叫，他拾起一块砖头打伤了狗，这只狗是乙某的，由此引起了甲与乙的纠纷，并对“人打狗”这一现象引起了一场有关人与人的关系和人与狗的关系的尖锐的争论。

第一种人认为，甲某打狗是表面现象，实质上是欺乙，因为乙是狗的主人，即打狗是现象、欺主是实质。认为“甲某打狗”表面反映人与狗的关系，实质上反映人与人的关系，对甲某是否与狗发生了实际关系不作明确回答。

第二种人认为，甲某打狗是表面现象，实质上是打乙，因为乙是狗的主人，即打狗是现象、打主是实质。认为“甲某打狗”表面反映人与狗的关系，实质上反映人与

---

① 本案例请参看蔡守秋著：《调整论——对主流法理学的反思与补充》，高等教育出版社 2003 年版，第二章第三节“剖析‘人打狗’或‘打狗欺主’的案例”，第 211～217 页。

人的关系，对甲某是否与狗发生了实际关系不作明确回答。

第三种人认为，甲某打狗是表面现象，甲某不是打狗或没有打狗，实际上或实质上甲某是打人（乙），即甲某没有打狗、实际上或实质上是打人。认为"甲某打狗"，只反映人与人的关系，不反映人与狗的关系，断定"甲某没有打狗"，"甲某只是打了乙"。

第四种人认为，不管甲某与乙某存在何种关系，都不能否认甲某与狗的关系；甲某打狗是现象也是事实，甲某没有打乙，至于甲某是否是在欺乙，应该具体问题具体分析。如果实际上或实质上甲某是在有意欺侮乙，也不能否定甲某打狗的事实或现象，即本质或实质不能否定现象或事实，应该既承认甲某打狗，又承认甲某欺乙。如果甲某打狗仅仅是出于其本能反应（即担心狗咬他），或出于对狗叫的反感，他没有欺侮人（乙）的故意，或者甲某根本不知道乙某是狗的主人，则只能认定甲某打狗仅仅是他对狗的态度和对狗的关系，甲某实际上或实质上并没有欺侮乙的意思；此时认为甲某实际或实质上在欺侮乙的结论，仅仅是某些人的推测或臆想，是不能成立的；如果因为乙某是帝王将相而推导出甲某是犯上作乱的结论，则纯粹是一种"无限上纲"。至于那种认为甲某没有打狗、实际或实质是打人的结论，则是蛮不讲理。

案例评析

在打狗案中，第一、二种人还算尊重事实，因为他们毕竟承认甲某打了狗这个事实，尽管他们认为打狗的实质是欺侮或打狗的主人，但这里的实质不等于实际，实质只是人们的想象或推测，他们的实质也没有否定现象和事实；第三种人声称"甲某不是打狗或没有打狗"这是不顾和否定事实，他本意是想说明"甲某实际上或实质上是打乙"，但却犯了用本质否定现象的大忌，由于他否定了"甲某打狗"的现象和事实，他所谓的"甲打乙的实质或实际"也就成了无中生有的罪名；第四种人的观点比较合理。

在"人打狗"案中，存在着人（即甲和乙）、狗和打狗行为这三要素；由这三要素形成了甲与乙（即人与人）、人与狗、人与打狗行为、狗与打狗行为这四种直接关系；其中人与人、人与狗的关系是两种基本的关系，人打狗首先和直接反映的是人与狗的关系，间接反映的是人与人的关系；人们可以对人打狗这一现象进行"本质"分析，但决不能用所谓的本质或实质去否定现象，即得出"甲某没有打狗，甲某是打人"的结论。另外，所谓"本质"是因人而异的，例如在上述"人打狗"案例中，如果狗的主人是乙，人们会推导出欺乙或打乙的"本质"；如果狗的主人是无产阶级一员的工人，在"文化大革命"中有人会推导出向无产阶级、工人阶级进攻的"本质"；如果狗的主人是地主或资本家，有人会推导出与资产阶级作斗争的"本质"。如果将"人打狗"中的争执与目前关于环境法能否调整人与自然关系的争执比较，我们不难发现：某些人所谓的"环境法中规定的人与自然的关系是表面现象，实际上或实质上是人与人的关系；环境法中没有规定人与自然的关系，只规定了人与人的关系"、"环境法调整人与自然关系是表面现象，实际上或本质上是在调整人与人的关系；环境法没有调整人与自然的关系，只是调整人与人的关系"，与主张"甲某没有打狗，甲某是打人"的论点如出一辙；他们为了强调法律调整人与人的关系这个实质，竟然否定了环境法律调整人与自然关系这一客观事实，即为了维持“欺主”或“打狗”的本质结论竟然认为“甲某没有打狗而是在打人”。北京大学法学院教授尹田深有感触地指出：“与实际上作为相对纯粹的人际关系的交易关系不同，物权关系直接表现的是人与物的关系。尽管有众多的责难甚至于批判，但不可否认的是，物权规则的基本目的，事实上就是确定‘人’对‘物’的支配关系。至于因人与物的这种支配关系而‘产生’的人与人的关系，完全只是我们的想象。”①

课堂讨论

对“人与人的关系”与“人与自然的关系”的关系的争论②

A认为：“人与自然的关系”是现象，“人与人的关系”是本质；只有在“人与人的关系”的范围或前提下才有“人与自然的关系”；“人与人的关系”可以决定甚至代替“人与自然的关系”；只有通过调整“人与人的关系”才能调整“人与自然的关系”。

B认为：“人与自然的关系”和“人与人的关系”是相互联系、区别、影响和作用的两种不同性质和类型的关系，它们谁也不能包括谁、取代谁，不能用一种关系来否定另一种关系；不仅通过调整“人与人的关系”可以影响和改变“人与自然的关系”，也可以通过调整“人与自然的关系”影响和改变“人与人的关系”。

讨论题：1. 人与人的关系能否代替人与自然的关系？

2. 法律调整人与自然关系的含义是什么？法律是否应该、能够调整人与自然的关系？法律如何调整人与自然的关系？

拓展阅读　“人与人的关系”与“人与自然的关系”

有关“人与人的关系”与“人与自然的关系”的关系的争论，反映了“主、客二分法”与“主、客一体化”两种研究范式的争论。“范式”(paradigm)是美国科学哲学家、科学历史主义者托马斯·库恩(Thomas. S. Kuhn，1922—　)最早提出来的一个新概念，他“把形成某种科学特色的基本观点称为这种科学的范式(paradigms)”③。

---

① 尹田：《物权法的方法与概念法学》，登于吴汉东主编的《私法研究(创刊号)》，中国政法大学出版社 2002 年版，第 77 页。

② 本案例请参看蔡守秋著：《调整论——对主流法理学的反思与补充》，高等教育出版社 2003 年版，第八章环境资源法学的研究范式和研究方法。

③ 〔美〕艾尔·巴比著：《社会研究方法基础(第八版)》，邱泽奇译，华夏出版社 2002 年版，第 31 页。

近现代科学、近现代工业社会的研究范式是以笛卡儿、培根和牛顿为代表的“主、客二分法”(“subject-object dichotomy”),这种“主、客二分法”范式包括“人、物二分法”、“心、身二分法”和“人与人的关系、物与物的关系二分法”。“主、客二分法”研究范式的基本含义如下:(1) 将整个世界截然划分为人与物(或人类社会与自然界)、主体与客体这两大部分,不承认或不研究介于人与物、主体与客体之间的其他东西,不重视主体与客体、人与物之间的相互联系、转化和统一。将人截然划分为人的心(心灵、思想、精神、意志)和人的身(身体)这两个方面,不重视人心和人身之间的相互联系、转化和统一,不承认或不研究介于人心和人身之间的其他东西。将所有关系截然划分为人与人的关系和物与物的关系这两种关系,不承认或千方百计地化解介于人与人的关系、物与物的关系之间的人与物的关系或人与自然的关系。(2) 认为人是主体,人永远是主体,人不能是客体;物是客体,物永远是客体,物不能成为主体。(3) 认为人有内在价值和意志自由,有法律主体资格或法律主体地位、享有法律权利并承担法律义务;物没有内在价值和意志自由,物没有法律主体资格、法律主体地位、没有法律权利和法律义务。(4) 认为人是第一性的,物是第二性的;人的心(思想、精神或意志)形成物并决定物。认为人与人的关系决定人与物的关系,人与物的关系只能通过人与人的关系来体现和运作。特别需要注意的是,某些法学家所理解的“人、物二分法”研究范式中的“物”或他们所理解的民法中的“物”是指能够被人类所控制、所支配的东西。一些法学家认为:“主、客二分法”或“人、物二分法”是近现代民法的根基,也是以传统民法为代表的某些法学理论的研究范式。

“主、客一体化”(“subject-object integration”)的研究范式即整体论世界观或生态世界观范式,又称“人与自然关系和人与人关系相结合”的环境法学研究范式,是指将主体与客体或者主观与客观这两者联系起来、结合起来,进行综合考虑,就是综合的、全面的、辩证的考虑人与自然、主体与客体的问题以及它们之间的关系,即“既关注人,又关注自然,并且将人与自然联系起来;既研究人与人的关系,又研究人与自然的关系,并且将研究人与人的关系和研究人与自然的关系结合起来”。其要点如下:(1) 可以从“人与物”、“人与自然”、主体与客体的角度去认识、了解和研究世界或者法律世界,但首先要区别现实世界中的“人与物”和“主、客二分法”中的人与物(物权法中的物),要区别广义的物与受人控制和支配的物(物权法中的物)这两个概念。要注意和重视“人与物”或“人与自然”、主体与客体的相互联系、转化和统一;不宜绝对地认为除了人与物就没有其他什么,也不要将人等同于主体、物等同于客体。大千世界是纷繁复杂的,在人与物(特别是受人控制和支配的物)之间还存在其他东西或事物。可以将人相对划分为人的心(心灵、思想、精神、意志)和人的身(身体)这两个方面,但注意和重视它们的相互联系、转化和统一。主张从两种关系(人与人的关系,物与物的关系)扩展为三种关系甚至多种关系,即人与人的关系、物与物的关系和人与物的关系(或人与自然的关系)这三种关系和其他关系,并注意和重视它们的相互联系和作用。(2) 认为在现实世界以及法定关系、法律案件和法律控制的活动中，人主要是主体，经常是主体，但人也可以成为客体，人既是主体也是客体；物主要是、经常是客体，但在某些法律或情况下也可以是主体。一方面，从正面、积极的角度看，无论是个人还是组织，在对待别人或处理人与人的关系时，首先要将别人当作主体，要尊重别人的尊严、人格权利；另一方面，从消极、受侵害的角度看，应该承认存在着将人当作或视为客体的法律行为、法律事实和法律关系。一方面决不能仅仅将人当作客体、对象或手段，还应该将人当作主体、目的；另一方面应该承认，人既是主体也是客体、既是目的也是手段。(3) 认为人有内在价值和意志自由，有法律主体资格、法律主体地位、享有法律权利并承担法律义务；大自然特别是高级动物也有内在价值和自身目的，也可以有法律地位、法律主体资格甚至法律权利和法律义务。(4) 认为从本源上看，自然界是第一性的，人是第二性的，人由自然界产生；人的身体决定并形成人的心(思想、灵魂、精神或意志)。同时承认和重视人对自然的重要作用和影响，人的心(思想、灵魂、精神或意志)对人的身体的重要影响和作用；重视和承认人与自然、人心与人身的统一。认为人与自然关系的变化可以同时影响人与人的关系和物与物的关系，人与自然的关系是同人与人的关系同时存在的关系，这两种关系相互联系、相互影响、相互作用。

早在20世纪80年代初，美国学者海伦·M·英格拉姆和迪安·E·曼在总结美国环境政策的《环境保护政策》一文中指出，当代环境保护运动是一种范式变迁过程，是一种新的社会思潮。他俩指出，“环境保护主义所采取的是生态观点；对生态系统和人类在其中的地位，采取了统一的或‘总体的’观点。”①他俩已经意识到，“许多作者发现，环境运动是一个范式变迁过程；也就是说，它否定了工业革命两三百年来的那种盛行的范式。该范式是‘人类解放论’的，它是以人类自由、而不是以‘与自然共存’为中心。据说，那个时代的占绝对优势的社会、政治思想是，不顾自然环境，一味强调人类的优越，视之为一种‘天赐’，并把社会条件看成是对人类行为的主要约束。用政治学术语来说，这种流行范式摆脱了以前那种传统的强调善德，以及强调实现这种善德的内在限制的做法；并把自由压倒自然，作为首要的价值观。由于破坏了资源限制这一约束，因此，无论是在才智上还是在精神上，对权力和福利的追求也就肆无忌惮了。与环境运动相联系的新范式，把人类又重新放到自然环境当中去思考了；它认识到了人类行为的生态学限度，特别是反对那种认为能够无限增长和凭借社会组织或技术力量克服自然束缚的观点。……米尔布拉斯(Milbrath)考察了美国、英国和德国的社会名流和公众舆论，他发现，从盛行的社会范式向他所谓的新的环境范式的转变，得到了强有力的支持。新的环境范式的价值观是，强调热爱大自然，爱护公共产品，保护下一代，强调合作、最低生活水准及计划经济，强调环境保护优先于就业和增长。

---

① 〔美〕海伦·M·英格拉姆(Helen M. Ingram)、迪安·E·曼(Dean E. Mann)：《环境保护政策》，载于〔美〕斯图亚特·S·那格尔编著的《政策研究百科全书》，科学技术文献出版社1990年7月版，第534页。

这些观念同实利主义(materialism)观念形成了鲜明对照。"①20多年后,时任国家环保总局副局长的潘岳也认为,生态文明"首先是伦理价值观的转变。西方传统哲学认为,只有人是主体,生命和自然界是人的对象;因而只有人有价值,其他生命和自然界没有价值;因此只能对人讲道德,无需对其他生命和自然界讲道德。这是工业文明人统治自然的哲学基础。生态文明认为,不仅人是主体,自然也是主体;不仅人有价值,自然也有价值;不仅人有主动性,自然也有主动性;不仅人依靠自然,所有生命都依靠自然。因而人类要尊重生命和自然界,人与其他生命共享一个地球。"②

我们应该用唯物辩证的、综合的、历史的、发展的观点去正确认识"人与人的关系"与"人与自然的关系"的关系。"人与自然的关系"和"人与人的关系"是人类社会中两种最基本的关系,整个人类社会的发展史也就是人与人的关系和人与自然关系的发展史。在历史观中,没有比人与人的相互作用、人与自然的相互作用更根本的相互作用了;全部社会现象,包括意识现象中的各种相互作用,不仅来源于这两个根本的相互作用,而且归根到底只有通过这两个相互作用才得到正确的说明。人与自然的关系③,是指人与自然之间的相互联系、影响和作用的状态;这里的状态包括动态(运动状态)和静态(相对静止状态),因而人与自然的关系也指人与自然或"人与环境"这一综合体所呈现的各种状态。人与自然的关系是由人与自然这两个方面决定的关系,是伴随人和人类始终的一种客观存在的关系,是任何社会都存在的基本矛盾、基本关系和基本问题,是人类面临的永恒主题。马克思把"人类历史的第一个前提"确定为"有生命的个人的存在"和"他们与自然界的关系"④。"人与自然的关系"和"人与人的关系"是相互联系、区别、影响和作用的两种不同性质和类型的关系,它们谁也不能包括谁、取代谁;"人与人的关系"与"人与自然的关系"的关系不是"本质与现象的关系",不能用一种关系来否定另一种关系。马克思认为,人与自然的作用即人与自然的关系"表现为双重关系:一方面是自然关系,另一方面是社会关系"⑤。也就是说,人与自然关系既可以影响人与人的关系,也可以影响物与物的关系。时任国家环境保护总局副局长的潘岳认为:"人与人的关系与人与自然的关系互为中介,也互为制约。"⑥国家主席胡锦涛指出:"大量事实表明,人与自然的关系不和谐,往往会影响人与人的关系、人与社会的关系。如果生态环境受到严重破坏、人们的生产生活环境恶化,如果资源能源供应高度紧张、经济发展与资源能源矛盾尖锐,人与人的和谐、人与社会的和谐是

---

① 〔美〕海伦·M·英格拉姆(Helen M. Ingram)、迪安·E·曼(Dean E. Mann):《环境保护政策》,载于〔美〕斯图亚特·S·那格尔编著的《政策研究百科全书》,科学技术文献出版社1990年7月版,第533页。

② 潘岳:《社会主义与生态文明》,《中国环境报》2007年10月19日。

③ 人与自然的关系在不同场合也称人与自然环境的关系、人与环境资源的关系、人与环境的关系(人环关系)、人与自然物的关系(人与物的关系)等。

④ 《马克思恩格斯选集》第1卷,人民出版社1972年版,第24页。

⑤ 《马克思恩格斯全集》第3卷,人民出版社1965年版,第33页。

⑥ 潘岳:《和谐社会与环境友好社会型社会》,《环境经济》2006年第8期,第19页。

难以实现的。"①在法律和法治建设实践中，不仅通过调整"人与人的关系"可以影响和改变"人与自然的关系"，也可以通过调整"人与自然的关系"影响和改变"人与人的关系"。

为了明确"人与人的关系"与"人与自然的关系"的关系，应该准确理解马克思主义创始人关于"人们在生产中不仅仅同自然界发生关系。他们如果不以一定方式结合起来共同活动和互相交换其活动，便不能进行生产。为了进行生产，人们便发生一定的联系和关系；只有在这些社会联系和社会关系的范围内，才会有他们对自然界的关系，才会有生产"②这段话的含义。

有人认为，这句话的意思是"人与自然（环境）关系的产生是以人与人关系产生为前提"，即"人与人的关系是直接的，而人与自然的关系只能通过人与人的关系进行，因而只能是间接的"。这意味着法律只能通过调整人与人的关系来调整人与自然的关系。

本教材认为，这段话重点是讲"他们"即复数的人、而不是单个的人与自然的关系，是强调"人们在生产中不仅仅同自然界发生关系"，而且在人们内部也发生人与人的关系，即强调只有在人与人形成人们时才有人们与自然界的关系，丝毫没有否定具体人与自然关系存在的意思，更不是否定"劳动首先是人和自然之间的过程"这一观点。目前法律分析中所说的人与自然的关系，包括（单个）人与自然的关系和人们（复数人）与自然的关系，即自然人、法人、非法人组织，甚至人类社会等与自然的关系，如果讲人们（复数人）与自然的关系，显然必须首先肯定（单个）人与（单个）人之间的关系，因为没有（单个）人与（单个）人之间的联系和关系，就没有人们（即复数人）。同理，"单棵树木如果不以一定方式结合起来，便不能形成森林；只有在树木与树木的联系和物与物的关系的范围内，才会有人对森林的关系"；根据同样逻辑可以认为，"如果各种环境要素不结合成整体环境，即如果没有物与物的关系，也没有人与整体环境的关系"。准确地说，马克思主义创始人的那段话说明的是"只有通过（单个）人与（单个）人的联系和关系，形成人们后，才有人们与自然（环境）的关系"；而不是说"只有在（单个）人与（单个）人的关系产生后，才有（单个）人与自然（环境）的关系"。如果硬要将人与人的关系视为人与自然关系的前提，同样也可以将人与自然的关系视为人与人的关系的前提，正如马克思深刻分析的："人与自然的关系也就是人与人的关系，正像人与人的关系也是人与自然的关系一样。"③

---

① 胡锦涛：《在省部级主要领导干部提高构建社会主义和谐社会能力专题研讨班上的讲话》，载于《人民日报》2005年6月27日。

② 《马克思恩格斯全集》第6卷，人民出版社1961年版，第486页。在1891年的《雇佣劳动与资本》版本中，"不仅仅与自然界发生关系"改为"不仅仅影响自然界，而且也互相影响"，"对自然界的关系"改为"对自然界的影响"，见《马克思恩格斯全集》第6卷，人民出版社1961年版，第486页注1和注2。

③ 马克思：《1844年经济学—哲学手稿》，刘丕坤译，人民出版社1979年版，第82页。

第二节 环境法的目的与作用

在2004年，我国各报刊曾报道过有关怒江建梯级水坝的一场大辩论。8月13日，有关部门曾牵头召集几大电力公司和相关部委，讨论怒江流域水能资源进行投资开发与建设的规划。在这次会上，赞成在怒江开发建坝的意见占主流，专家们列举了怒江开发可能带来的诸多有利影响。9月3日，在北京举办了“怒江流域水电开发活动生态环境保护问题专家座谈会”，与会的大多数专家对怒江水电开发持反对意见，并从河流生态、地质地理、环境保护、文化保护、动植物种保护等方面进行分析，认为怒江的开发将弊大于利。10月20日，在云南昆明召开了怒江流域水电开发与生态环境保护问题专家座谈会，参加会议的有来自社会学、生物、动物、经济、环保、景观等学科的12位专家和云南省各部门的官员，两种意见在会上再次交锋，而且甚为激烈①。我国还先后发生过“长江三峡大坝”、“黄河三门峡水库”等争议②。这些争议都涉及对环境保护及环境法的目的和作用的认识问题。

一、环境法的目的

环境法的目的是指环境立法目的，或者说是指立法者在制定环境法律时的目的，即立法者希望其所制定的环境法律所达到的目标或实现的结果。

环境法的目的可分为具体目的、最终目的、直接目的、间接目的、价值目的等类型。环境法的具体目的是指环境法律法规条款中规定的目的，也称直接目的。人们通过分析环境法律法规的内容，特别是分析环境法的具体目的之后，抽象出来的目的称为最终目的、间接目的。环境法的价值目的、根本目的，是环境立法的基本出发点、基本归宿、基本法律理念和环境法律的具体目的的综合。有的人认为环境法律条文中规定的立法目的只是环境法的表面目的或具体目标，而环境法的隐藏的目的、最终目的则是维护统治阶级的利益；也有人认为，协调人与环境的关系是环境法的最终目的。金瑞林教授强调：“保护环境和资源，是环境立法的直接目的，这是不言而喻的”③；“调整人与人之间的关系也不是环境法的唯一目的，通过调整人与人的关系来防止人类活动造成对环境的损害，从而协调人与自然的关系，才是环

---

① 请参看2004年11月2日《云南日报》报道：《怒江欲建梯级水坝，各方意见针锋相对》；王灿发、常纪文主编：《环境法案例教程(高等学校法学系列教材)》中的“云南省怒江大坝工程暂缓事件”，清华大学出版社、北京交通大学出版社2008年版，第53～54页。

② 有专家调查后得出结论：三门峡水库建成后取得了很大效益，但这是以牺牲库区和渭河流域的利益为代价的；渭河变成悬河，主要责任就在于三门峡水库。2003年10月19日有关媒体以《渭河成悬河祸起三门峡》为题，率先报道了专家学者的上述结论，在社会上引起强烈反响。请参看宗边文章《陕西15名人大代表提出建议，三门峡水库应停止蓄水》，载于《中国环境报》2004年2月6日。

③ 金瑞林编著：《环境法——大自然的护卫者》，时事出版社1985年版，第25页。

境法的主要目的”,环境法的“最终目的却是为了保护环境,为了协调人同自然的关系”①。汪劲教授认为,环境立法的目的应当是在不排除保护人类自身权利与利益的前提下,确立“衡平世代间利益,实现经济社会的可持续发展”和“保护人类的‘环境权’与‘生态世界的自然的权利’”这两大目标②。不少学者认为,环境法的价值目的或根本目的是保护和合理利用人类赖以生存发展的环境和资源,调整好人与自然的关系,实现人与自然的和谐共处。对环境法目的的多种主张和多种表述方式,从另一个侧面说明了环境法的综合性。

不同的环境法律对其目的有不同的表述方法。例如,《美国国家环境政策法》(1969年)第2条将该法的目的规定为6项。《欧洲联盟条约》(1992年)第130r(1)规定:“共同体的环境保护政策应有助于达到下述目标:保持、保护和改善环境质量;保护人类健康;节约、合理地利用自然资源;促进处理区域性或世界性的环境问题的国际措施。”在我国,立法目的一般在该法的第1条以“为了……”的形式来表述。例如,《水污染防治法》(2008年修订)第1条规定了5项目的。本书所称环境法的目的,不是指某项具体环境法规陈述的目的,而是指各种环境法律规范或环境法规共同体现的目的,是对各种环境法规中的各项具体目的的概括。在中国,由于宪法级别高,《环境保护法》具有较强综合性,本书主要以它们的规定为依据,将环境法的具体目的概述为如下5个方面:保护和改善环境;防治污染和其他公害;合理开发、利用和可持续利用环境资源;保障人体健康;促进经济和社会的可持续发展。对上述5项目标是否分主次轻重和怎样分主次轻重,历来存在着不同的观点。有的人认为上述5项目标是从不同角度对环境法目的的规定,它们互相联系、相互补充,没有必要区分主次轻重。有人将前3项目标理解为环境法的任务,将后两项目标理解为环境法的目的。对保护环境、保障人体健康与发展经济等目标,有的人主张目的一元论,或认为“保障人体健康优先”,或认为“经济发展优先”,或认为“环境保护优先”;有的人认为环境保护与经济发展应该相协调;还有的人认为促进经济和社会的发展是经济法等其他法律的直接目的,不是环境法的直接目的。目前许多国家和专家都主张目的二元论或多元论,主张保护人体健康与保护环境、经济发展与环境保护的互惠共赢,即主张“经济、社会和环境保护的协调、持续发展”。

二、环境法的作用

环境法的作用亦称环境法的功能,它表示环境法存在的价值。环境法的作用可以从环境资源、环境保护和法律的重要性这三个方面来认识。环境立法是实现环境法治、建立人与自然和谐共处的法治秩序的前提。环境法最基本的作用是调整因环境资源开发、利用、保护、改善及其管理所发生的环境社会关系,包括人与自然的关系和人与人的关系。我国环境法的具体作用主要表现在如下几个方面。

(1) 环境法是国家进行环境管理的法律依据,是推动我国环境保护事业和环境资源工作发展的强大力量。

(2) 环境法是防治污染和其他公害、保护生活环境和生态环境、合理开发和利用环境资

① 金瑞林主编:《环境法学》,北京大学出版社1994年版,第38页。
② 汪劲著:《环境法律的理念与价值追求——环境立法目的论》,法律出版社2000年版,第212页。

源、保障人体健康的法律武器。

(3) 环境法是协调经济、社会发展和环境保护的重要调控手段。

(4) 环境法是提高公民环境意识和环境法治观念、促进公众参与环境管理、倡导良好的环境道德风尚、普及环境科学知识和环境保护政策的好教材。

(5) 环境法是处理我国与外国的环境关系、维护我国环境权益的重要工具。

案情简介

田纳西流域管理局诉希尔案①

1967年,美国联邦议会批准在小田纳西河上修建一座用于发电的水库,作为配套设施,美国联邦机构田纳西流域管理局开始在小田纳西河上修建泰利库大坝(又译为特里科水库,the Tellico Dam),以应对能源危机和地区经济萧条状况。1973年12月28日,《美国濒危物种法》经尼克松总统签署生效。1975年,生物学家发现小田纳西河有一种濒临灭绝的小鲈鱼(又译为鳔鲈鱼、蜗牛镖、蜗牛飞鱼、蜗牛鱼,the Snail Darter);同年,联邦内政部根据公民申请将其列入濒危物种名单,从而使其进入《美国濒危物种法》保护范围之内。当时人们认为泰利库大坝修建地是蜗牛镖的唯一栖息地②,内政部认为大坝的修建将会使蜗牛镖的栖息地遭到严重的破坏。在蜗牛镖被内政部列入濒临物种保护名单之后,国会仍继续为泰利库大坝拨款近2 900万美元,总统也签署了国会的拨款计划。在内政部宣布蜗牛镖的关键栖息地(critical habitat)将受到泰利库水库破坏之后,以希尔等为首的田纳西州两环保组织和一些公民以田纳西流域管理局为被告向联邦地方法院提起民事诉讼,认为TVA违反了《美国濒危物种法》的规定,要求法院确认其违法并终止泰利库大坝的修建。

在田纳西流域管理局一案中,原告认为田纳西流域管理局违反了第7条规定③。被告田纳西流域管理局认为自己并没有违反《美国濒危物种法》的规定。

联邦地方法院在初审时认为,虽然大坝的修建将会对蜗牛鱼的关键栖息地造成

---

① 参看陈冬著:《小鱼与大坝的对话——美国〈濒危物种法〉的实施及其引起的思考》,载《法学论坛》2003年第3期,第81~82页。

② 根据《美国濒危物种法》的规定,该法的执行机构是内政部下属的美国渔业和野生生物局(Fish and Wildlife Service)和商业部下属的国家海洋渔业局(National Marine Fisheries Service)。《美国濒危物种法》的大部分的实施职能由美国渔业和野生动物局承担,但法律规定美国渔业和野生动物局与国家海洋渔业局负有同样的义务。《美国濒危物种法》规定:把一物种列入濒危物种名单和标示出其关键栖息地是法律对美国渔业和野生动物局、国家海洋渔业局所规定的物种保护的首要义务,而且这也正是该法对濒危物种实施保护的第一步。

③ 《美国濒危物种法》第7条是田纳西流域管理局诉讼希尔一案所涉及的主要条款,该条款从实体性规范与程序性规范两方面规定了美国联邦机构在保护濒危物种方面所负之义务,任何违背该规定的联邦政府的行为都有可能受到法院的司法审查。第7条规定:"美国每一联邦机构都应该确保自己的任何行为都不可能危及任何濒危物种之持续存在,也不可能导致濒危物种之关键栖息地受到破坏或不利变更。"法律对"联邦行为"界定为:"由联邦机构所授权、拨款或执行的任何行为。"内政部的行政规章又进一步规定:"由联邦机构以任何形式所授权、拨款或执行的所有行为或活动,不论是整体性的还是部分性的,都属于联邦行为。"

不利影响和破坏，但大坝在该法案生效前七年就开始动工，当时TVA已经为鱼类的洄游采取了合理措施，到蜗牛镖被列入濒危物种名单时，大坝已经接近完工，以牺牲纳税人一亿多美元的利益为代价来保护一个微不足道、没有重大经济价值且生态价值也不明显的鱼种是很不明智的，因而驳回了原告诉讼请求，拒绝对一个将近完成的大坝工程下达停工禁令。

原告不服，将案件上诉至联邦第六巡回法院。巡回法院的法官认为，是否豁免被告遵守该法案，只有国会或内政部才能作出决定，而地方法院在其判决中作出了这种决定，滥用了其自由裁量权，因而判令地方法院禁止大坝继续完工，"除非国会通过适当立法豁免泰利库大坝遵循《美国濒危物种法》，或者蜗牛镖从濒危物种名单上取消或有新的关键栖息地生存"。联邦第六巡回法院撤销了地方法院的判决，并声称《美国濒危物种法》不允许进行衡平，必须将保护生物多样性置于绝对优先地位。

被告田纳西流域管理局不服，于1977年4月18日将案件上诉到联邦最高法院，要求撤销上诉法院的判决。原告希尔等人申请法庭在诉讼期间发出裁定，暂停大坝的修建，以免造成不可逆转的结果。最高法院于1978年6月15日作出终审判决，9位大法官以6∶3的优势支持希尔等人的诉求，裁定维持联邦第六巡回法院的判决，认为田纳西流域管理局违反了《美国濒危物种法》的规定，要求其中止泰利库大坝的修建以保护蜗牛镖。

首席大法官沃伦·伯格(Warren Burger)代表法庭出具了法庭意见书，宣布了两项决定：一是《美国濒危物种法》能够禁止大坝的修建，尽管大坝在该法通过之前以及在蜗牛镖列入濒危物种名单之前就已动工，也尽管国会在动工后每一年都会拨款；二是停工禁令(injunction)是最合适的救济手段。

在衡量"牺牲泰利库大坝所产生的损失与牺牲蜗牛镖所造成的损失"这两种利益时，法院认为："《美国濒危物种法》和宪法第3条都没有规定联邦法院有权作出如此的功利的计算。相反，《美国濒危物种法》明确清晰的语言及其立法史的支持都明确地表明国会视濒危物种之价值是'无法计算的'。显而易见，对一笔超过1亿美元的大数目所造成的损失与国会所宣称的'无法计算的价值'进行衡量，对于法院来讲是勉为其难，即使假定法院有权从事这样的衡量，我们也断然拒绝。"

案例评析

田纳西流域管理局诉希尔案是美国最高法院受理的第一起依据《美国濒危物种法》起诉的案件，它因掀起的一场有关"小鱼①与大坝"的争论而闻名于世。美国在2001年举行的一次由全国环境法教授决定美国最著名的十大环境法案例的网上投票中，该案名列榜首，其得票数几乎是位居第二位的两个案例的两倍。拥护该案判决的人很多，在联邦最高法院发布

① 蜗牛镖(the Snail Darter)，是一种体型极小的鲈鱼，田纳西河流域是其主要栖息地。

禁止令(injunction)中止修建大坝后，一家新闻传媒机构对这个问题进行了公众调查，90%以上的人认为停止大坝建设是对的。他们的理由很简单，发电站可以建在别处，而蜗牛鱼一旦灭绝就永远无法再生了。反对该案判决的人则认为这些环保人士愚蠢而无聊，为几条既没经济价值、生态价值也不明显的小鱼，竟要一座耗资1.16亿美元国家级大工程停工，显然是疯了①。该案由于充分反映了环境保护与经济发展之间的复杂关系以及社会各种力量对环境保护的综合作用而一直对美国社会产生着深远的影响，虽然已经过去三十余年，但是仍然是美国环境法上的经典案例，仍留给我们很多的思考。

该案告诉我们：

第一，包括《美国濒危物种法》在内的环境法律有其特有的性质、特点、目的、适用范围和基本理念。该案不仅比较全面地反映了《美国濒危物种法》的重点内容及其所面临的主要问题，而且反映了对环境法的目的、理念和价值观的不同理解。表面上看，在田纳西流域管理局诉希尔一案中，原被告双方争执的焦点是田纳西流域管理局在一个已受保护的濒危物种——蜗牛镖的关键栖息地上修建泰利库大坝的行为是否违反《美国濒危物种法》之规定，是一个对于法律条文理解的法律问题；实际上，是对“保护‘毫无价值的’、小小的蜗牛镖与保护已经开工修建且价值数千万美元的泰利库大坝”这两种利益孰重孰轻的态度问题，是环境保护法的目的问题，是人们关于正义、公平的价值和伦理观念问题。一种不为人所知的、不具有明显经济价值且生态价值无从准确衡量的小鱼竟然能阻止一项已耗资上亿美元的大型水利工程的修建，这对美国人的环境伦理意识产生了深远影响，也加深了美国人对包括《美国濒危物种法》在内的环境法的认识。正如打赢这场官司的原告律师 Zygmunt Plater 所言，“这场争论是新的、刚刚出现的环境价值观，与那些关于社会价值与经济重要性的根深蒂固的观念之间的一场经典性的交锋”②。

《美国濒危物种法》是美国20世纪60年代兴起的环境运动之产物，被认为是美国生物多样性保护法律体系中最重要的立法，是环境伦理学在当时的美国法律中得到的最强有力的体现。约瑟夫·皮图拉(J. Petulla)认为：“《海洋哺乳动物保护法》和《濒危物种法》体现这样一种法律理念：在美国，被列入保护名单中的非人类栖息者被赋予了某种特殊意义上的生命权和自由权。”③而另外一些人则认为这些物种并不拥有利益或权利。从总体上看，并与以往的法律相比较，该法还是为某些非人类存在物的生存权利提供了前所未有的法律保护。前纽约参议员詹姆斯·巴克利(J. L. Buckley)曾多次谈到这一点，他认为，“在人类认识其对完整的自然界的道德责任方面”，《美国濒危物种法》“代表的是一次巨大的飞跃”④。该法的颁布极大地鼓舞了那些维护大自然的权利的用法行为。该法规定任何人都可以针对物

① 据本案原告首席代理律师——波士顿大学法学院教授 Zygmunt J. B. Plater 所言，二十几年以来，由于媒体误导等多方面的原因，该案一直在公众和媒体心目中扮演着最“臭名昭著”(notorious)、最极端(extreme)的环境案例的角色。请参看：Zygmunt J. B. Plater, Law and the Fourth Estate: Endangered Nature, the Press, and the Dicey Game of Democratic Governance, 32 ENVIRONMENTAL LAW. 1-36 (2002).

② 〔美〕S·R·凯勒特：《生命的价值——生物多样性与人类社会》，王华、王向华译，知识出版社2001年版，第189～190页。

③ 约瑟夫·皮图拉：《美国的环境主义：价值观、策略与优先问题》(得克萨斯，州立大学，1980)，第51页。

④ 巴克利：《保护镖鲈鱼》，《华盛顿邮报》1979年9月4日，A20。

种的侵害而提起诉讼，其中包括以物种作为共同原告表示的诉讼；法院基于此种诉讼还作出了胜诉的判决。正如美国南加利福尼亚大学的法律哲学教授克里斯托夫·斯通(Christopher Stone)后来指出的那样，从1974年至1979年期间，许多公民以受污染的河流、沼泽、小溪、海滨、物种、树木的名义向法庭提交了许多诉状[1]。其中，有一个物种是夏威夷的一种小鸟，即帕里拉(palila)属鸟，它的栖息地急剧减少，只剩下芒那火山(Mauna Kea)的一小块斜坡。1978年1月27日，色拉俱乐部法律保护基金会和夏威夷奥杜邦协会代表仅存的几百只帕里拉属鸟提出了一份诉状，要求停止在该鸟类的栖息地上放牧牛、绵羊和山羊。该案的名称叫"帕里拉属鸟诉夏威夷土地与资源管理局"。1979年6月，一名联邦法官为帕里拉属鸟作出了裁决，要求夏威夷当局必须在两年内完成禁止在芒那火山放牧的工作[2]。这是美国法律史上一种非人类存在物(鸟类)第一次成为法庭中的原告，并且获得胜诉的案件。

第二，包括《美国濒危物种法》在内的环境法的目，以及人们(特别是法官)对环境法的目的的理解，对审理环境案件具有重要意义和影响。虽然保护环境和维护生态不是当代环境法的唯一目的，但从20世纪80年代至今，几乎所有的环境法律和国际环境保护条约都已经将保护环境(包括动物)和维护生态作为一项长期的目标、重要目的或直接目的，这已经成为不争的事实，也在本案中得到了体现。虽然不同的人对如何处理环境与发展的关系有所侧重，但当代社会已经认可协调环境与发展的必要性和重要性。在本案中，《美国濒危物种法》所确立的物种保护目的是维系该法律存在的精神根基和保障该法律良好实施之前提，法院优先考虑的是保护环境(物种)的目的。

第三，人们(包括国家立法机关、行政机关、司法机关和社会团体)所信奉的环境法理念或环境伦理价值观，对处理发展与环境保护的关系、审理环境案件具有重要作用和意义。不同的环境伦理价值观与不同的权力运行与分配方式对环境法的实施的影响是深刻的，这一点在本案中已经得到凸显。虽然不同的人对环境(包括动物)的价值的大小及重要程度还有不同的理解，但当代社会已经认可环境(包括动物)的价值；尽管在本案中法院极力声称自己无权也不能对"小鱼与大坝"之间的利益进行衡量，但在面对诸如"小鱼与大坝"这样的生态价值与经济公益价值或公民私益价值之间的严重冲突时，法律和法官都需要对这些不同的利益或价值进行衡量。这就提出了法律和法官"如何对这些不同的价值予以衡量？如何确立衡量的原则、标准或依据？法律在进行制度的选择时应该依据什么样的原则、价值或者采取何种具体的方法?"等问题。就该案而言，法院正是依据一种物种保护优先、生态优先和环境保护优先的环境伦理价值观行使了自己解释法律的职权，法院认为物种(蜗牛镖)的价值是无法计算的。

第四，该案的最终结果(即大坝也修了、鳔鲈鱼或蜗牛镖的保护也得到了充分的关注和重视)说明，法律、法官和立法机关应该调整、能够调整和可以调整好人与自然的关系(包括人与动物、河流生态系统的关系)。在本案中，尽管法院以严肃的法治观判决中止泰利库大坝的修建以保护蜗牛镖，然而国会在1979年通过的《1980年能源和水发展拨款法案》(*the Energy and Water Development Appropriations Act of 1980*)中附加了一个无关的条款，对《美国濒危物种

① 斯通：《地球及其伦理学文集》，第6页。参看《大自然的权利》第215页。
② 《最高法院记录》985(1979年)。参看《大自然的权利》第215页。

法》第7条给予立法豁免，田纳西流域管理局最终还是完成了泰利库大坝的修建。这说明，无论是国家立法机关、司法机关还是企业、社会组织和公民，在衡量直接眼前利益与间接长远利益、当代人与后代人的利益、人与自然体(包括动物、河流生态系统)的利益时，其态度和做法不仅不会完全一致，而且会因时因事而变化。那种一谈到法律、法官和立法机关考虑、调整人与自然关系，就认为要么是百分之百地考虑人的利益，要么是百分之百地考虑自然体的利益，是一种将人与自然、人的利益与自然体的利益截然分开、完全对立、水火不容的机械观点。法律调整人与人的关系和人与自然关系的正确做法应该是，在坚持法律正当性、合理性的基础上，依法调整、实事求是，同时考虑、兼顾不同人的利益以及人与自然体(包括动物、河流生态系统)的利益。

第五，该案对我们处理和反省类似的问题具有直接的参考价值甚至指导意义。从1936年美国科罗拉多河峡谷建起世界上第一座现代化大坝——胡佛坝，仅仅不到70年，已经有80多万座钢筋混凝土坝矗立在地球上不同区位的河谷中。水库、大坝等水利工程是一柄双刃剑，它们在为人类创造巨大经济效益和积极作用的同时，往往同时给人类带来各种消极的、负面的影响。

例如，埃及耗资15亿美元，于1970年在其南部荒漠地区建成了横跨尼罗河的阿斯旺大坝。该坝相当于世界最大的胡夫金字塔的17倍，迄今仍然是世界三大水坝之一。按照当时的计划，高坝截流后形成的水库可用于防洪、灌溉、发电、航运和养鱼，应该是一项综合效益显著的工程。但是，该坝竣工20多年来，其影响和作用却引起世界各国专家的广泛争议。一方面，它在防洪、灌溉、发电、航运和养殖等方面产生了较大的效益；另一方面，大坝使埃及的母亲河——尼罗河的生态环境产生了重大变化，因此带来了一系列难以应付的严重问题，甚至对全国的工农业生产和国民经济构成了威胁。人们在大坝建成后很快"发现"，由于阿斯旺高坝处于蒸发异常强烈的荒漠地区，大坝蓄水后宽阔的水面造成水资源因蒸发而大量浪费，纳塞尔水库的水位下降，不仅影响了发电，也减少了灌溉面积，使得大坝的经济效益迅速下降。大坝在生态环境方面的影响尤为深远。历史上，尼罗河水每年泛滥带出的淤泥为沿岸土地提供丰富的天然肥料，大坝建成后，下游的洪水灾害是减少了，但这些肥沃的淤泥也失去了惠泽两岸的机会，造成了下游农作物大面积歉收。由于夹带大量有机物的泥沙在大坝前沉淀下来，河口水质养分降低，在尼罗河汇入地中海处导致河口渔场严重退化，渔业捕获量大幅下降。此外，大坝还造成了上游的水涝和下游的土地盐碱化问题；尼罗河中多种传统的名贵洄游鱼类更是遭到灭顶之灾。综合看来，大坝工程对农业产生的效益已是负值，对生态环境和物种的影响更是深远①。

课堂讨论

在怒江修建水坝是利大于于弊，还是弊大于利？

中国水能资源居世界首位，到1995年，中国已有8.5万座。世界上最著名的水库群在美国田纳西河流域，在10.6万平方公里的流域面积内建大中小型水库37座，按建设密度来算我国已是其25倍以上，且水库密度分布极不合理，如北京地区

① 苏杨：《现代文明启示录——对人类征服自然环境的反思》，《环境经济》2005年第8期。

的水库总库容是总径流量的3.6倍。据长江水利委员会统计，长江流域已有水库4.8万座，还拟在上游主要干支流上兴建更多水库。2003年以来，国内几大发电集团聚集了约上千亿元资金，在西部各主要河流上密集兴建水电工程，被人们叫做“跑马圈水”：怒江仅中下游就规划了13级水电站，澜沧江14级，金沙江14级，岷江、大渡河上的水电站则更为密集。在全长仅34公里的四川石棉县小水河，已建成的和正在施工的水电站竟达17个，也就是说在平均每两公里河段就有一个水电站。在河流的上游建造大型水库，固然有航运、发电、防洪、灌溉等诸多好处，但它对整个流域自然生态平衡的改变也不容忽视。我国有些大型水利工程在建设前对生态风险没有足够的关注，在建设后也缺乏消除其带来的消极环境影响的措施，已经对我国的河流生态系统发生严重的不利影响。如何对待在大江大河上修建水坝等水资源开发问题，如何在科学发展、可持续发展和法治的前提下，实现人与水、人与河流的和谐共处，是一个值得我们大家认真对待和讨论的问题。

讨论题：1. 环境法的目的和作用是什么？
2. 如何认识目的一元论和目的多元论？
3. 如何认识“环保优先”和“以GDP增长为中心”？

第三节　环境法的基本理念

在20世纪50—70年代相继爆发的现代民权运动和现代环保运动的带动下，美国爆发了一场以有色人种为主角的新运动——环境正义运动。1982年，北卡罗米纳州华伦县的居民举行游行、示威①，抗议在阿夫顿社区附近建造的多氯联苯废物填埋场，500多名黑人示威者遭到逮捕，由此拉开了环境正义运动的序幕。由于许多黑人及其他少数民族纷纷要求实现“环境公平”，迫于反环境种族歧视的社会舆论，美国众议院政府运作委员会曾为这类问题专门举行听证会。1987年，联合基督教会种族正义委员会就少数民族和穷人社区面临的环境问题，展开了更加深入的调查②。1990

① 一本名为《必由之路：为环境正义而战》的28页小书，专门介绍了华伦县居民的示威活动。该书首次使用了“环境正义”(environmental justice)一词。

② 该委员会分析了美国所有邮区和县级行政单位有毒废物填埋场的分布情况，结果发现，“白人美国一直在把垃圾堆放在黑人的后院里”：在有色人种社区建造商业性有毒废物填埋场的可能性是白人社区的2倍；大约60%的非洲裔、西葡裔美国人生活在建有被禁有毒废物填埋场的社区；全国5个最大的有毒废物填埋场中的3个，容量占全国所有填埋场的40%，建在非洲裔美国人占绝大多数的社区里；1 500万非洲裔、800万西葡裔美国人生活在有一个以上有毒废物填埋场的社区；在有毒废物填埋场最多的6个城市中，黑人人口均大大多于白人人口，它们是：孟菲斯市(黑人占43.3%，173座)；圣·路易斯市(黑人27.5%，160座)；豪斯汀市(黑人23.6%，152座)；克利夫兰市(黑人23.7%，106座)，芝加哥市(黑人37.2%，103座)；亚特兰大市(黑人46.1%，94座)。

年，美国社会学家罗伯特·伯拉特(Robert Bullard)发表了《美国南部的倾废：种族、阶级和环境》(*Dumping in Dixie: Race, Class & Environmental*)这一环境正义名著；同年，哈佛大学法学院等法学院的学生，首次就环境正义问题举行了研讨会。1991年10月，在联合基督教会种族正义委员会的资助下，首届全国有色人种环境保护领导人峰会在华盛顿召开，通过了一个题为《环境正义原则》的声明，宣布了实现环境正义应遵循的17项原则，主要有：(1) 环境正义保证地球母亲的神圣、生态系统的统一、所有物种的相互依赖性和免受生态破坏的权利。(2) 环境正义要求公共政策必须以给予所有人民尊重和正义为基础，不得有任何形式的歧视和偏见。(3) 环境正义要求保护人民，使之免遭核试验、有毒或危险废物及毒药的危害，不使核试验威胁其享受清洁空气、土地、水和食物的基本权利。(4) 环境正义确保全体人民政治、经济、文化和环境自决的基本权利。(5) 环境正义要求停止生产各种有毒物品、危险废物和放射性物质，所有过去和当前的生产者，必须对人民极其负责，在生产现场消除毒性、抑制危害。(6) 环境正义要求全体人民享有作为平等的伙伴参与各个级别的决策的权利，这些决策包括需求评估的规划。1993年，阿肯色州颁布了《在强影响固体废物处理设施选址中实现环境公平法》。1994年，克林顿总统签署了《第12898号行政命令——在执行联邦行动时为少数民族居民和低收入居民实现环境正义》。上述事件引起了人们对环境法基本理念的思考。

一、环境法学基本理念的含义

所谓理念，是指具有理性的观念，不是指一般的观念。环境法学的基本理念，是指合乎自然生态规律、社会经济规律和环境规律(即人与环境相互作用规律)或者合乎人的本性(人的本性是人的自然性和社会性的统一)的基本观念。它是环境法学的灵魂，是构建环境法学理论体系和环境法律体系的出发点，是环境法治建设的指导思想。

环境法学的基本理念应该是能够反映环境法学这一新兴交叉部门法学的性质和特点的理念。一个学科基本理念的形成，实质上就是该学科成熟和定型的一个标志，所谓某学科的基本理念也就是从事该学科的学者共同体最基本的共同观念。从这个意义上讲，环境法学基本理念应该是环境法学目的、价值、研究范式和研究方法的反映。从法律和法学发展的总体联系和长远发展上可以认为，环境法学的基本理念也就是环境法的基本理念。

二、环境正义

法学是正义之学，维护和追求正义是法学的基本理念、基本价值取向。正义是法律永远追求的目标和秩序，有些学者把正义称之为法的标志、本质或灵魂。“正义是人类灵魂中最纯朴之物，社会中最根本之物，观念中最神圣之物，民众中最热烈要求之物。它是宗教的实质，同时又是理性的形式，是信仰的神秘客体，又是知识的始端、中间和末端。人类不可能想象得到比正义更普遍、更强大和更完善的东西。”①正如正义是法学的基本理念一样，维护和

① 参看翁文刚主编：《法理学论点要览》，法律出版社2001年版，第175页。引自〔比〕佩雷尔曼：《正义、法律和辩论》，D. Reidel出版公司1980年版，第1页。

追求环境正义(environmental justice)也是环境法学的基本理念。

环境正义的概念首先产生于美国。由环境正义这一基本理念推动的"环境正义运动",一直是推动美国环境保护运动和环境法向纵深发展的动力。随着环境正义运动的深入发展和环境正义理念的推广,环境正义的内容越来越丰富、意义越来越深远。第一,环境正义表示环境法应该合乎自然,即合乎自然生态规律、社会经济规律和环境规律(即人与自然相互作用的规律)。环境正义强调对自然资源的可持续利用,强调在不超越地球生态系统的承载力和环境容量的基础上发展经济。第二,环境正义既是将环境法学与整个法学联系起来的基本理念,也是将环境安全、环境公平、环境秩序、环境民主、环境效率和可持续发展等各种环境法学理念有机联系起来的基础性理念。从环境正义理念可以推导出环境安全、环境公平、环境秩序、环境民主、环境效益和可持续发展等环境法学理念。其中,维护生态安全或环境安全是对环境正义的起码要求;环境正义表示环境法应该维护和实现环境公平;维护和追求人与自然和谐共处、人与人和谐共处的环境秩序,是最能体现环境正义的特色观念、核心观念,环境正义表示环境法应该维护和追求人与自然和谐共处、人与人和谐共处的环境秩序;追求经济效益、社会效益和环境效益的最佳统一,追求环境民主和可持续发展,是实现环境正义的基本途径。第三,环境正义强调通过环境和资源这一天然纽带,将一国内部的人与人之间、国际社会的国家与国家之间、当代人和子孙后代之间的生存与发展问题,以及人与非人生命体之间的和谐共处问题紧密地联系在一起。环境正义是环境立法的指导原则,它要求从环境正义的角度对环境法律和政策的合法性(legitimacy)或正当性进行评价,既要考虑环境实体法又要考虑环境程序法方面的正义性、公平性。

三、环境安全

墨西哥法律哲学家路易斯・雷加森斯・西克斯(Luis Recasens Siches)认为,虽然法律的最高目标和终极目的乃是实现正义,但安全是法律的首要目标和法律存在的主要原因①。E・博登海默在《法理学:法律哲学与法律方法》一书中认为,"如果法律秩序不表现为一种安全的秩序,那么它根本就不能算是法律;而一个非正义的法律却仍然是一种法律。"②"秩序的核心是安全"③,而"安全"则是"秩序"所包含的实质性价值④。

广义的环境安全,是指人类赖以生存发展的环境的完整性和基本功能处于一种不受污染和破坏的威胁并且不威胁人类自身生存发展的安全状态,它既反映环境安全也反映人类安全。这种广义上的环境安全与生态安全具有基本相同的含义,它包括生活环境安全、生态环境安全、自然资源安全、能源安全、生物安全、食物安全、国际环境安全、国防环境安全等内容。

良好的环境秩序首先应该保障人和环境的安全,也就是说保障人与环境的安全是最起

---

① 〔美〕E・博登海默著:《法理学:法律哲学与法律方法》,邓正来译,中国政法大学出版社 1999 年版,第 196 页。

② 同上。

③ 张文显著:《法哲学范畴研究》,中国政法大学出版社 2001 年版,第 197 页。

④ 北京大学法学院编:《价值共识与法律合意》,法律出版社 2002 年版,第 122 页。

码的环境秩序，是人与人和谐、人与自然和谐的起码要求和最低标准，也是环境正义和可持续发展的基本要求。维护环境安全或生态安全是环境保护法和生态安全法的灵魂，是制定和实施环境保护法和生态安全法的指导思想，是构建生态安全法律体系和环境保护法律体系的出发点。《俄罗斯联邦宪法》将保障生态安全规定为俄罗斯及其各主体共同管辖的事项，《俄罗斯苏维埃联邦社会主义共和国自然环境保护法》将保障生态安全作为保证公民的生态权利得以实现的保障措施。2002年8月20日，在南非约翰内斯堡全球法官会议上通过的《全球法官会议关于法律的作用与可持续发展的原则》申明："我们确信，司法机关——在增进公众对于健康和安全环境的关注方面有着重要的作用。"

生态安全作为一项基本理念，贯穿在环境法整个体系之中，其中一个重要体现是有关环境安全或生态安全的专门法律。目前世界上绝大多数国家都已经制定包含生态安全和环境安全的内容的法律。随着环境问题的日益严重，一些国家已经将环境安全纳入本国的包括外交政策在内的国家安全政策范畴。为了加强对生态安全问题的国际法律调控，国际社会已经制定一些生态安全条约。例如，《关于职业安全、职业卫生与工作环境的公约》(1981年)、《石棉安全使用公约》(1986年)、《卡塔赫纳生物安全议定书》(2000年)等。

在中国，环境安全与国防安全、经济安全一样，是国家安全的重要组成部分。从某种意义上可以认为，环境安全问题是我国环境问题的核心和最高形式。目前，我国生态安全、环境安全、资源安全的形势相当严峻。2000年底国务院发布的《全国生态环境保护纲要》明确指出："(如果)生态环境继续恶化，将严重影响我国经济社会的可持续发展和国家环境安全。"如果中国不重视环境安全问题，人类历史上突发性环境危机对经济、社会体系的最大摧毁，将可能出现在中国①。

目前，我国政府已经制定与维护国家环境安全有关的环境外交政策，并已经制定诸如《化学危险物品安全管理条例》(1987年)、《矿山安全法》(1992年)、《基因工程安全管理办法》(1993年)、《农业转基因生物安全管理条例》(2001年)等有关环境安全的法律法规。自2003年发生非典型肺炎和禽流感以来，我国制定了一系列维护生物安全的法律。《防沙治沙法》首次在法律中规定了"生态安全"的立法目的，该法第1条明确宣布："为预防土地沙化，治理沙化土地，维护生态安全，促进经济和社会的可持续发展，制定本法。"《放射性污染防治法》第3条规定，国家对放射性污染防治，实行"安全第一的方针"。

四、环境公平

公平既是人类历史上最古老而又最恒久的法律价值之一，又是现代人类社会的一种基本法律价值②。公平原则是法的精髓。

公平问题是环境正义的核心问题之一。环境公平(environmental fairness)包括环境权利公平、环境机会公平、环境分配公平和环境人道主义公平等内容。环境权利公平，是指每

① 潘岳：《环境文化与民族复兴》，《中国环境报》2003年11月4日。
② 〔美〕E·博登海默著：《法理学：法律哲学与法律方法》，邓正来译，中国政法大学出版社1999年版，第4页。

一个人都具有平等的生存权、发展权、环境权和其他环境权益,主要是指公民环境权平等。环境机会公平,是指满足人对环境资源的不同层次的需要和不同的人对环境资源的不同层次的需要,以利于发挥每个人的潜能。环境分配公平,是指法律在配置环境资源时或政府在分配环境资源时,必须公平。环境人道主义公平,是指实行照顾弱者、扶持弱者的政策,为其生存发展提供基本的环境资源条件。

环境公平不同于传统公平之处是扩大了公平的范围,丰富了传统公平观的内涵和外延。法国著名国际法学家亚历山大·基斯认为,“最近产生的‘环境公平’思想可以被认为是一种综合,包括三方面的内容。首先,它意味着在分配环境利益方面今天活着的人之间的公平;其次,它主张代际之间尤其是今天的人类与未来的人类之间的公平;最后,它引入了物种之间公平的观念,即人类与其他生物物种之间的公平。”①

区际公平包括:第一,在国际上,发达国家、地区和发展中国家、地区之间要实现公平;西方国家和东方国家之间、北方国家和南方国家之间要实现公平。第二,在国内,东部沿海地区和中、西部地区之间要实现公平;城市和乡村之间要实现公平。

代内公平(intragenerational equity)是指,处于同一代的人们和其他生命形式对来自资源开发以及享受清洁和健康的环境这两方面的利益都有同样的权利。代内公平既体现在一个国家也体现在国际社会。在一个国家内,是指同一代的人公平地获得共有的自然资源、大气中的清洁空气、国家水流和领海中的清洁的水。在国际社会,代内公平是指公平地分配国际空气、水、海洋资源和其他公有资源。

代际公平(intergeneration equity)是指人类所有各代有权利继承与人类第一代所享受的同样的或改善的“地球的健康”和繁荣。代际公平观认为:当代人和后代人对其赖以生存发展的环境资源有相同的选择机会和相同的获取利益的机会;每一代人都有相同的地位和平等的权利,每一代人都希望能继承至少与他们之前的任何一代人一样良好的地球,并能同上代人一样获得地球的资源,没有理由偏袒当代人而忽视后代人;当代人有权使用环境并从中受益,也有责任为后代保护环境。代际公平体现了当代为后代代为保管、保存地球资源的观念。

种际公平观认为:人要尊重自然,热爱大地,保护环境;动物和其他非人生命体应该享有生存权利;人与非人类生命体物种之间要实现公平。种际公平是生物圈民主的精髓,其基础是尊重大自然,正如《全球法官会议关于法律的作用与可持续发展的原则》所申明的:“我们一致认为,司法机关可以发挥关键性的作用,通过在国际和国家各级加强法制,将联合国《千年宣言》中提出的自由、平等、团结、容忍、尊重大自然和共同承担责任等共同价值观变成行动,将上述人类价值观融入现代文明。”②原国家环境保护局局长、全国人大环境与资源保护委员会主任曲格平在香港城市大学发表演讲时强调:“从政治、法律和道德上看,要把对生命的尊重和对自然的生态系统的爱护纳入到政治、法律和道德体系中,把生命和自然生态系

---

① 〔法〕亚历山大·基斯著:《国际环境法》,张若思译,法律出版社2000年版,第3页。

② 《全球法官会议关于法律的作用与可持续发展的原则》于2002年8月18日至20日南非约翰内斯堡全球法官会议通过,载于国家环境保护总局政策法规司编:《中国环境保护法规全书(2002—2003)》,化学工业出版社2003年版;格平:《从斯德哥尔摩到约翰内斯堡的发展道路》,《中国环境报》2002年11月15日;卓泽渊:《法的价值论》,法律出版社1999年版,第607页。《千年宣言》于2000年9月由世界各国领导人在联合国大会通过。

统作为与'人'一样公正、公平对待的'主体',同自然平等相处,崇尚简朴的生活和有节制的物质消费,人类的需求不能超越地球生态系统的承载能力。"①

五、环境秩序——人与自然和谐相处

任何时代的法律都以秩序价值的维护为根本目标。"秩序是法的直接追求,其他价值是以秩序价值为基础的法的企望;没有秩序价值的存在,就没有法的其他价值。"②秩序是法的目的性价值,自由与安全、平等等法价值一道是保障秩序价值实现的工具。"秩序是指自然界和人类社会运动、发展和变化的规律性现象。某种程度的一致性、连续性和稳定性是它的基本特征。"③秩序是人类生存发展的基础和条件,每个人都生活在社会秩序和自然秩序中。

秩序包含着社会秩序和非社会秩序,传统的法学理论理认为法律所追求的是社会秩序,而将自然秩序以及人与自然之间的秩序(生态秩序或环境秩序)排除在外。环境正义主张的秩序是人与人的和谐、人与自然的和谐④,是人与自然和谐共处、和谐发展的环境秩序。环境秩序的核心是人与自然和谐相处。

较早宣示和谐理念的环境法律是美国1969年颁布的《国家环境政策法》,该法在国会的目的和政策宣言中申明:促进人类与环境之间的充分和谐;创造和保持人类与自然得以共处与和谐中生存的各种条件,满足当代国民及其子孙对于社会、经济以及其他方面的要求。《世界自然宪章》强调,"人类与大自然和谐相处,才有最好的机会发挥创造力和得到休息与娱乐"。秘鲁宪法第2条第22款规定,每个人都享有"和平、安宁、愉悦的休闲时光、休息以及有利于生存环境改善的和谐环境"的权利。胡锦涛总书记在阐明科学发展观时强调,"协调发展,就是要……统筹人与自然和谐发展……可持续发展,就是要促进人与自然的和谐","要牢固树立人与自然相和谐的观念"⑤。国家环境保护总局副局长潘岳强调:"人与自然的和谐是未来社会价值体系的核心概念。它将超越人类中心主义,促使人类重新审视自我,重新评估历史,重新定义幸福。……人类现代文明的最高表现是人性的进化,即人与自然的相融。人与自然的和谐必然促进人与人和谐,而人与人的和谐必然促进人与社会的和谐。"⑥

环境法学关于"人与自然和谐共处"这一基本理念是西方的自然法学理论、东方的天人合一观念与当代环境学、生态学、生态伦理学的综合,是人类现实利益与理性智慧、科学态度与道德精神相结合的产物。中华传统文化从来追求人与自然的和谐,追求天人合一。在中国传统文化中,"和谐"可以说是一种"道",也可以说是一种"术";它既可以表现为"法",也可以形成

---

① 曲格平:《从斯德哥尔摩到约翰内斯堡的发展道路》,《中国环境报》2002年11月15日。

② 卓泽渊:《法的价值论》,法律出版社1999年版,第185页。

③ 章若龙、李积桓主编:《新编法理学》,华中师范大学出版社1990年版,第206~207页。

④ 对"和谐(harmony)"这个词,《辞源》的解释是协调(《辞源》修订本,商务印书馆1988年缩印本,第273页)。从哲学范畴看,和谐是事物本质中差异面的统一,是事物存在和发展的一种有序状态,是矛盾同一性的一种表现形式,它反映矛盾统一体在其发展过程中对立面的统一性、完整性、一致性以及对立面冲突的有限性、平衡性和合乎规律性。

⑤ 胡锦涛:《在省部级主要领导干部提高构建社会主义和谐社会能力专题研讨班上的讲话》,《人民日报》2005年6月27日。

⑥ 潘岳:《环境保护与社会公平》,《中国环境报》2004年10月29日。

为“势”；奉和谐之道，行和谐之术，立和谐之法，造和谐之势，则政无不通，人无不和，国无不泰，民无不安。环境法学应该在新的环境道德和生态文化观念的基础上，运用“人与自然和谐相处”这一基本理念对传统法律系统进行重构和革命，建立人与人和谐、人与自然和谐的法律秩序。

和谐是人类的一种理想秩序，包括人与人的和谐和人与自然的和谐两个方面。所谓和谐社会就是指人与人和谐相处、人与自然和谐相处的社会。恩格斯把“人类整个进步”及“我们这个世纪面临的大变更”，即他心目中所追求的人与人的关系和人与自然的关系的主要内容，理解为“人类同自然的和解以及人类本身的和解”①，即人与自然的和谐及人与人的和谐这两个方面。人与自然、人与非人生命体只有处于和谐共处状态和秩序时，人类社会才能得到可持续发展。人与自然的和谐相处、和谐发展，建立在人与自然共生共荣共发展、人与自然双赢的理念上，强调“以人为本，以自然为根”②和“以人为主导，以自然为基础”的思想。环境法律的任务就是建立人与自然相和谐的秩序，把传统的人与人的对立和人与自然对立的发展机制改造成为人与人、人与自然双重和谐的发展机制；实现环境与经济、人与自然的协调发展。从这个意义上可以认为，和谐特别是“人与自然和谐共处”是环境法的主导精神之一，是环境法学具有特色和激情的基本理念，是最能体现环境法学内涵的特色观念、核心观念。

六、环境效率和效益

正义是法律分析的灵魂，效率是经济分析的精髓。随着法律经济学的发展，法制实践和法学理论越来越重视法的效率和效益，广泛运用法律经济分析方法、遵循利益衡平原则和追求法的效率和效益逐渐发展成为法学的重要理念。

效益是指某项活动所取得的效果和利益。法的效益一般是指法实施后取得的社会实际效果和利益，包括整个法律体系或某一法律部门、某一法律乃至某一法条、法律规范的效益。只有法律自身具有正当性，其产生符合正当程序，其影响深入人的情感和内心世界的时候，法律或法律制度才是有效的。效率原为机械和物理学的术语，指机械、电器等工作时，有用功占总功中的百分比。经济学上的效率(efficiency)是指投入与产出的比例。法的效率是指法律实施后所取得的社会实际效果与投入的社会资源之比，即法的效益与法的成本之比。

传统法学中的效率和效益主要是指经济效率、社会效率和经济效益、社会效益，很少考虑环境(生态)效率和环境(生态)效益。但是，环境法和环境法学所追求的效率和效益包括环境(生态)效率和效益，主张环境公平和环境效率(效益)的有机联系、辩证统一、兼顾结合和综合利益衡平，主张公平和效率、效益和效率相结合的一体化发展，主张经济效益、社会效益和环境(生态)效益的统一和整体效益的最优，在强调公平时不忘效率(效益)，在强调效率(效益)时不忘公平，在公平和效率(效益)发生矛盾和冲突时不忘两者的协调平衡和最佳统一，注意采取措施扩大正外部效益、减少负外部效益、努力实现整体效益(包括内部效益和外部效益)的统一和最优，追求的是综合效益(经济、社会和环境效益的统一)、总体效益(间接

---

① 恩格斯：《政治经济学批判大纲》，《马克思恩格斯全集》第1卷，人民出版社1956年版，第603页。

② 法国著名作家罗曼·加里(Gary Romain，1914—1980年，两届龚古尔奖获得者)在《天根》(法国二十世纪文学丛书·第五批，漓江出版社1992年版)一书中指出：“大自然是人类生存之根，是所有生命的根。”

和直接效益、局部和整体效益、眼前和长远效益、当代和后代效益的统一)和最佳效益(速度和效益、数量和质量、先进性和可行性的统一)。

案情简介

从孩子们的诉讼到代际公平

1993年,菲律宾的45名儿童由他们的监护人的代表安东尼奥代表他们这一代及其下一代向法院提起诉讼,指控菲律宾政府环境资源部门所签发的木材许可证合同超出了森林的采伐能力,要求停止大规模地出租供采伐的森林、特别是原始森林。菲律宾最高法院承认这45名儿童的诉讼权,承认他们作为自己和后代人的代表基于环境保护立场对政府提出的诉讼具有保护子孙后代环境的权利。戴维德法官在向法院的报告中指出:“我们发现没有任何困难判决他们(指儿童)能够为他们自己、他们的其他同代人以及后代提起诉讼。就生态平衡和健康的环境而言,他们代表后代提起诉讼的资格建立在几代人共同责任的基础上。”由于法院裁决认可了孩子们的诉讼权,迫使政府下达行政命令取消了65个出租森林的合同项目①。

案例评析

该案例说明,环境法的基本理念不仅重视当代人之间的环境公平和正义,也重视不同代之间的环境正义和公平。我们在进行经济建设、科学实验和社会建设中,不能只看到眼前利益、当代人的利益,还要为子孙后代着想,不能“吃祖宗饭,砸儿孙碗”,而应该珍惜祖宗留下的宝贵资源、为千秋万代积德。

课堂讨论

从美国政府强夺印第安人土地到《西雅图酋长宣言》

1851年,美国政府要求与印第安索瓜米西族签约,要以15万美元买下印第安人的200万英亩土地。印第安索瓜米西族(Suguamish)酋长西雅图②在美国华盛顿州的布格海湾发表了一篇动人心弦的演说即《西雅图酋长宣言》③,斥责企图购买

---

① 参看特德·艾伦:《菲律宾儿童案例:承认后代人的地位》,《乔治城国际法律评论》第713～719页;冈瑟·汉德尔编辑:《国际环境资源法年鉴》第4卷,1993年,第430页,牛津克莱伦顿出版社1994年出版。

② 之后华盛顿州的州政府便以他的名字定名州政府首府为西雅图。

③ 〔美〕西雅图酋长著:《西雅图酋长的宣言》,柯倩华译,河北教育出版社2007年12月版。《西雅图酋长的宣言》,也译为《西雅图宣言》。据查(http://www.synaptic.bc.ca/ejournal/SeattleSpeechVersion1.htm),其第一个版本于1887年10月29日在Seattle Sunday Star专栏上刊出,作者是Henry A. Smith教授,他清楚地表示这不是确切的版本,而是当时他尽其所能从各种摘录的笔记汇集而成的版本。

他们土地、破坏大自然的白人移民的行为，表达了原住民对大自然的敬爱与敬重，流露出原住民与土地之间有如家人般深厚的情感。但是，西雅图酋长最终接受了联邦政府的提议，同意不发动战争来反抗在力量上占绝对优势的政府，因为双方武装力量过于悬殊，反抗是注定要失败的。现摘取部分内容如下：

你怎能把天空、大地的温馨买下？我们不懂。

若空气失去了新鲜，流水失去了晶莹，你还能把它买下？

我们红人，视大地每一方土地为圣洁。

大地是我们的母亲，母子连心，融为一体。绿意芬芳的花朵是我们的姊妹，鹿、马、大鹰都是我们的兄弟，山岩峭壁、草原上的露水、人身上、马身上所散发出的体热，都是一家子亲人。

溪中、河里的晶晶流水不仅是水，是我们世代祖先的血。

湖中清水里的每一种映象，都代表一种灵意，映出无数的古迹，各式的仪式，以及我们的生活方式。流水的声音不大，但它说的话，是我们祖先的声音。

河流是我们的兄弟，它解我们的渴，运送我们的独木舟，喂养我们的子女。

在白人眼里，哪一块地都一样，可以趁夜打劫，各取所需，拿了就走。对白人来说，大地不是他的兄弟，大地是他的仇敌，他要一一征服。

白人可以把父亲的墓地弃之不顾。父亲的安息之地，儿女的出生之地，他可以不放在心上。在他看来，天、大地、母亲、兄弟都可以随意买下，甚至掠夺，或像羊群或串珠一样卖出。他贪得无厌，大口大口吞食土地之后，任由大地成为片片荒漠。

红人珍爱大气：人、兽、树木都有权分享空气，靠它呼吸。

我们珍爱大气，空气养着所有的生命，它的灵力，人人有份。

大地并不属于人；人，属于大地，万物相互效力。

讨论题：1.《西雅图酋长宣言》表明了印第安人的什么理念？
2. 环境法的基本理念有何作用？
3. 环境法有哪些基本理念？
4. 如何环境正义？
5. 如何理解人与自然和谐相处？

环境法的基本原则

本章要求掌握：经济、社会与环境协调发展的原则的内容，特别是可持续发展观在协调发展中的指导作用；预防为主、防治结合、综合治理的原则的主要内容，重点掌握防与治、“损害预防原则”与“风险预防原则”的关系；环境责任原则的主要内容，重点掌握污染者负责和政府环境责任的意义；环境民主原则的主要内容。

第一节　经济、社会与环境协调发展的原则

在人类社会经济发展的过程中，环境和人类社会经济发展的关系是逐步被认识的，经济、社会与环境协调发展的原则就是各国实践经验的总结。我国继《环境保护法》(1989年)第4条关于“使环境保护工作同经济建设和社会发展相协调”的规定后，国务院于2005年12月3日发布的《关于落实科学发展观加强环境保护的决定》进一步强调了“经济社会发展必须与环境保护相协调”的原则。为了解决如何协调的问题，环境法引进了可持续发展观，即将“经济、社会与环境协调发展的原则”上升到“经济、社会与环境的协调发展、可持续发展原则”。目前我国不少环境法律法规已经将可持续发展规定为立法的目的、指导思想或原则。

经济、社会与环境协调发展的原则反映了当代世界文明进步成果的不断积累和深化，是中国环境、经济、社会工作的基本出发点和战略方针，其主要内容如下。

一、该原则正确反映了环境保护同经济、社会发展的关系（简称环境与发展的关系）

环境与发展是互相制约、互相促进的对立统一关系。正如《关于环境与发展的里约宣言》所指出的，“和平、发展和保护环境是互相依存和不可分割的”。环境是资源，是生活条

件,是生产力的要素,是经济社会发展的物质基础和必要条件。保护环境就是保护生产力,就是保护经济、社会赖以发展的物质基础。环境问题是经济、社会发展中具有长期性、全局性的难题,环境和环境问题可以直接影响、制约经济、社会发展的方向和速度;只有搞好环境资源保护,经济、社会的发展才能持续。经济、社会发展对解决环境问题具有重要影响,环境问题主要是由于发展不当和不足造成的,也只有结合经济、社会发展过程才能防治。经济、社会发展,必须以可永续利用的自然资源和良好的环境为基础;环境资源保护所需要的人力、财力、物力和科学技术,只有通过经济、社会发展才能得到满足。因此,既不能离开发展,片面强调环境保护,也不能不顾环境资源的承受能力而盲目地追求经济发展。

二、该原则突出了可持续发展①的实质

从表面上看,可持续发展是一种长久、稳定的发展,是从纵向历史过程对发展提出的要求,是既满足当代需要、又满足后代需要的发展;协调的概念是指环境保护和经济、社会发展必须结合起来处理,协调发展是一种多头、并行的发展,是从横向关系对环境保护和经济社会发展提出的要求,是既满足经济社会的需要、又满足环境保护的需要的发展。实质上,可持续发展就是“对环境无害或少害的发展”,是环境保护与经济、社会的协调发展,是人与自然和谐、平衡的稳定发展。环境保护是可持续发展的不可分割的内容,离开或削弱环境保护的发展只能是不可持续的发展。只有坚持经济、社会与环境协调发展的原则,才能实现经济、社会与环境的可持续发展。

三、该原则体现了社会经济规律和自然生态规律的客观要求

“经济、社会与环境协调发展的原则”的基本要求,是使发展立足于环境之上而又不超出环境的承载能力、环境保护立足于社会经济条件而又不超出社会经济承受能力,这反映了社会经济规律、自然生态规律的客观要求。自然环境中的物质循环、能量流动和信息传递有其固有的规律,环境的生产、承载和净化能力有一定限度。如果违背客观规律,采用不可持续的生产方式和生活方式,不合理地开发利用环境资源,就会造成既浪费、污染、破坏环境资源又严重阻碍经济和社会的可持续发展的后果。环境保护与发展是一对矛盾的两个方面,要实现环境、经济、社会的可持续发展和协调发展,要协调好人与自然的关系,必须遵循自然生态规律和社会经济规律。遵循自然生态规律,是指在环境资源工作和环境法制建设中,注意环境资源的自然属性、生态联系、承载能力和环境容量,认识、掌握和适应环境资源的运动规

---

① 可持续发展的最权威且广泛流传的定义是世界环境与发展委员会(WCED)在其 1987 年的报告——《我们共同的未来》(*Our Common Future*)——中提出的,即:“可持续发展是既满足当代人的需要,又不对后代人满足其需要的能力构成危害的发展。”可持续发展包括两个关键组分(一是人类需求,二是环境限度)、两个基本特征(一是发展或发展性,二是可持续或可持续性)和三个方面的指标(即经济的、社会的和环境的指标)。可持续发展是一个整体,应该把发展与可持续联系起来看:发展表示前进和进步,因此首先是发展,决不能搞停止和倒退;可持续表示源远流长、永续不断、动态平衡、良性循环,因此要切实保护和改善发展的源头和源泉,其中重要的一个环节是保护好人类赖以生存发展的物质源泉——环境和资源。

律和环境资源问题的特点，不干违背自然生态规律的蠢事。遵循社会经济规律，是指从本国的经济基础、政治条件、民族传统、文化历史等特点和经济社会的形势出发，按照环境资源活动的规律和市场经济的规律办事。只有研究环境资源活动及其在市场经济体制下运作的全过程，掌握环境保护工作的重点与市场经济关系最密切的部位，才能逐步把环境保护、环境建设与经济、社会活动有机地结合起来。

四、该原则是对各种利益主体的利益的综合考虑和协调

经济、社会发展的根本目的是为了最大限度地满足社会对物质和文化不断增长的需要，其中包括对清洁、安全、优美、舒适的环境的需要。在市场经济体制下，各种环境资源活动无不通过市场机制涉及国家、集体和个人的利益，甚至全人类和自然（包括动物等自然体和河流等生态系统）的利益。社会各个方面在环境资源领域的活动，归根到底都是为了实现自己的环境资源权益。协调发展，实际是对经济利益、社会利益和环境利益的协调，是对各种利益主体的利益的协调。

案情简介

盖巴斯科夫—拉基玛洛大坝案

1977年，匈牙利和捷克斯洛伐克签订《布达佩斯条约》，决定两国共同在多瑙河上修建盖巴斯科夫—拉基玛洛大坝，将河水截至两条运河后回注于多瑙河；其目的是利用河水发电。1988年，匈牙利国会认定该河流的生态利益高于该项目的经济利益，因而命令政府重新评价该项目。匈牙利政府于1989年决定中止该项目的建设。然而斯洛伐克于1991年决定继续建设该项目，并单方面将近2/3的多瑙河水截引至其领土上。由于这一决定不仅对匈牙利的环境，而且对其经济将带来重大影响，匈牙利政府于1992年2月对斯洛伐克的这一决定正式提出抗议。1992年4月欧共体出面调解无效。1992年5月，匈牙利单方面中止了1977年的条约。1992年10月，匈牙利向国际法院提出申请，请求国际法院的裁决。1993年7月，匈牙利和斯洛伐克达成协议，决定要求国际法院进行裁决。

1997年9月25日国际法院主要裁决结果是：(1)《1977协定》仍然有效，匈牙利无权在1989年推迟并最终终止《1977协定》工程和相关文件中应履行的国际义务。(2)斯洛伐克无权实施改变多瑙河自然水流状态而造成环境灾难的C方案。(3)最终的解决方案必须是，彻底解决将一定水量放回多瑙河原河道，恢复多瑙河天然河道，重新设计具有抗地震、浮冰条件下可航行的大坝，保护“千岛地区”生态和区域供水。(4)两国必须进行诚意的谈判，采取措施保证经双方同意修改后的《布达佩斯条约》的目标的实现；两国必须根据《布达佩斯条约》制订一个联合营运方案；两国必须互相赔偿因各自违约造成的损失。

在审理过程中，两国都同意可持续发展原则是已经确立的国际法原则，可用来解决双方的纠纷。例如匈牙利在其诉状中称："匈牙利和斯洛伐尼亚同意，可持续发展原则，如同《布伦特兰报告》、《里约宣言》和《21世纪议程》所阐述的那样，适用于本争端……"①法院裁决指出，"可持续发展概念充分表达了将经济发展与环境保护相协调的需要"②。国际法院副院长卫拉曼特雷法官在匈牙利和斯洛伐克之间关于多瑙河水坝案的个别意见书中认为，"由于可持续发展原则在本案中是一个对于决定相互竞争的因素具有基本意义的原则，又由于它可能在未来的重大环境争端的解决中起重要作用，尽管它只是在最近才引起国际法论著的注意，它需要得到较为详细的考虑"③；"我认为它不仅仅是一个概念，而是一个具有规范价值的以决定本案至关重要的原则"④；"经过早期对发展概念的阐述，人们已承认对发展的追求不能导致对它所在地的环境的实质损害。因此，发展的执行只能与保护环境的合理要求相协调"⑤；在协调经济发展与环境保护的关系时，"必须遵循一条对两方面予以适当考虑的原则……这个原则就是可持续发展原则，而且依我看来它是现代国际法的组成部分"⑥；"可持续发展概念因此不仅仅是一项发展中国家接受的原则，而且是一种基于世界范围的接受的原则……可持续发展原则因而不仅仅由于它的不可逃避的逻辑必要，而且由于它被全球社会的广泛而普遍的接受而构成现代国际法的一部分"⑦。

案例评析

该案例是说明可持续发展正在成为环境法基本原则的一个著名案例。可持续发展原则在国际环境法上正式确立的标志，就是盖巴斯科夫—拉基玛洛大坝一案所作的裁决。该案例说明了如下几个问题：

第一，可持续发展已经成为环境法治建设的一项重要原则和指导思想。追求可持续发展，是人类社会的最佳选择和共同任务，是各国政府的庄严承诺和奋斗目标。将谋求可持续发展作为制定和实施国家计划、政策、法律、法规的指导思想，已成为世界许多国家的政府的新的发展战略和指导思想。可持续发展正在成为指导环境立法和执法的一项原则。

第二，可持续发展原则对于指导我国环境法治建设和环境管理，具有重要的意义和作用。可持续发展包括经济可持续发展、社会可持续发展和生态(环境)可持续发展三个方面，

---

① 王曦主编：《国际环境法资料选编》，《国际法院盖巴斯科夫—拉基玛洛大坝案卫拉曼特雷副院长的个别意见》，民主与建设出版社1999年版，第633页。

② 王曦编著：《国际环境法》，法律出版社1998年版，第50页。

③ 王曦主编：《国际环境法资料选编》，《国际法院盖巴斯科夫—拉基玛洛大坝案卫拉曼特雷副院长的个别意见》，民主与建设出版社1999年版，第632页。

④ 同上。

⑤ 同上注，第635页。

⑥ 同上注，第633页。

⑦ 同上注，第638页。

保护环境观、节约资源观是其中的固有之义。我们应该坚持“经济、社会与环境相协调发展的原则”，实现经济、社会和环境效益的统一及经济发展与人口资源环境相协调，使人民在良好生态环境中生产生活，实现经济、社会和生态的可持续发展；应该坚持统筹兼顾，统筹城乡发展、区域发展、经济社会发展、人与自然和谐发展；应该坚持节约资源和保护环境的基本国策，把建设资源节约型、环境友好型社会放在工业化、现代化发展战略的突出位置，增强可持续发展能力；应该完善有利于节约能源资源和保护环境的法律和政策，加快形成可持续发展体制机制，把握发展规律、创新发展理念、转变发展方式、破解发展难题，提高发展质量和效益，实现又好又快的可持续发展。

课堂讨论

1. 结合上述案例，讨论可持续发展观与经济、社会与环境协调发展的原则的关系。

2. 试分析经济、社会与环境协调发展的原则的主要内容。

第二节 预防为主、防治结合、综合治理的原则

西方工业发达国家大都走了一条“先污染后治理”的道路，在对环境问题付出巨大的代价后，才逐步从“病重求医、末端治理”的反应性政策、单项治疗性政策转变到“预防为主、防治结合、综合防治”的预期性政策、综合性治疗政策①。在国际环境法方面，经济合作与发展组织理事会于1991年提出了《关于综合污染防治的建议》及其附件《综合污染防治指南》，欧盟理事会于1996年通过了《污染综合防治指令》，《关于环境与发展的里约宣言》(1992年)明确了“风险预防原则”。

我国《大气污染防治法》、《固体废物污染环境防治法》等环境法规也有预防污染、综合防治和清洁生产的内容。2001年制定的《防沙治沙法》第三条规定了“预防为主、防治结合、综合治理”的原则。2002年制定的《清洁生产法》、《环境影响评价法》和2008年通过的《循环经济促进法》对从源头上预防污染、实行清洁生产作了具体规定，

---

① 美国自1969年《国家环境政策法》颁布以来，大部分环境法规已有诸如环境影响评价等预防污染的内容。美国1990年《污染预防法》申明：“国会宣布对污染应该尽可能地实行预防和源削减是美国的国策；对不能预防的污染，应尽可能地以对环境安全的方式使之再循环；对不能预防或再循环的污染，应尽可能地以对环境安全的方式进行处理；处置或以其他方式向环境排放污染，只能作为最后一种方式使用，并且应以对环境安全的方式进行。”差不多与美国同期，其他工业发达国家也出现了类似的动向。以德国《循环经济和废弃物管理法》(1998年修订)、日本《推进形成循环型社会基本法》(2000年)为代表的循环经济法，大都体现了以“3R原则”(减量化“reduce”、再利用“reuse”、再循环“recycle”)为核心的综合防治原则。

全面体现了“预防为主、防治结合、综合治理”的原则，标志着我国的污染防治工作已经从末端治理为主进入到以源头预防为主、综合治理的阶段。《水污染防治法》(2008年)第三条明确规定“水污染防治应当坚持预防为主、防治结合、综合治理的原则”。

预防为主、防治结合、综合治理的原则，是指对环境污染和生态破坏的整体的、系统的、全过程的、多种环境介质的防治，是对防治环境问题的基本方法和措施的高度概括。它在有些国家的污染防治法律和政策中称为污染综合防治原则，例如欧共体的“综合污染控制”①就包括风险预防原则、损害预防原则、源头原则(又称源削减原则)②等相关内容。

一、该原则明确了防与治的辩证关系

该原则明确了预防和治理的关系，重点是强调预防优先，因而外国环境法多称其为“预防原则”。

所谓预防，包括“损害预防原则”(prevention)和“风险预防”(precaution)，是在预测人为活动可能对环境产生或增加不良影响的前提下，事先采取防范措施，防止环境问题的产生或扩大，或把不可能避免的环境污染和环境破坏控制在许可的限度之内。所谓治理，是指对已经产生的环境问题，运用科学技术和工程办法消除或减少其有害影响。预防与治理都是保护环境的方法和措施，预防可以避免环境问题的发生或扩大、实现防患于未然；而治理是对已经产生的环境问题进行一种补救。由于环境问题的不可逆转性，对环境问题应以预防为主的理念；但是预防不能消除和减少已经产生的环境问题，而且对于条件所限而无法认识、预测和防止的环境问题，只能进行后期治理。因此，在强调预防为主时，决不能忽视治理，而应该坚持防治结合。

二、该原则明确了损害预防与风险预防、科学不确定性与环境保护实际行动的关系

该原则既适用于损害预防，也适用于风险预防。过去强调的预防一般是指损害预防，而自 20 世纪 80 年代以来多强调风险预防。“损害预防原则”又称防止原则或预防原则，即过去我国法律政策文件中一般所说的预防原则，是指通过计划、规划等各种管理手段，采取预防性措施，防止环境损害的发生。它强调“防止胜于治理”、防止而不仅仅是治理。经验和科

① 综合污染控制(integrated pollution control)，又译为“一体化的污染防治原则”。

② 源头原则(the source principle)，根据《欧共体第三个环境行动规划》规定，是指“在源头削减污染物排放”(reducing emissions of pollutants at the source)，或在源头整治(或矫正)环境破坏(rectification of environmental degradation at source)，即必须优先在源头防止环境破坏，而不是使用末端技术(end-of pipe technology)。根据 1990 年美国《污染预防法》第 3 条的规定，“源削减”(source reduction)是从源头上减少污染的简称，是指采取技术、工艺、原材料替换、管理、教育等各种方法，在污染没有产生或形成之前减少污染物的数量和危害。有的称“源头原则”为“废物减量化或最少化”原则，有的将其纳入“清洁生产”和循环经济的范畴。

学知识都表明，在防治环境问题或生态安全问题上，“‘预防原则’必须是‘黄金规则’”①。在实践中，“损害预防原则”具体表现为对计划的活动进行环境影响评价、对环境进行持续监测等方面。但无论是环境影响评价，还是环境监测，都是建立在科学上确定的条件下。正是基于这种科学上的确定性，我们才决定针对损害原因采取行动，来阻止或减少人类行为或其他事件对环境的破坏。但该原则对于存在科学不确定性时则往往无能为力。

“风险预防原则”又译为风险防范原则、预警原则、谨慎原则，是指如果对某种活动可能导致对环境有害的后果存在着很大的怀疑(strong suspicion)，最好在该后果发生之前不太迟的时候采取行动，而不是等到获得不容置疑地显示因果关系的科学证据之后再采取行动。该原则的基本精神在于，当遇有严重或不可逆转的威胁时，不得以缺乏科学上的证据为由，推迟或拒绝采取行动保护环境。对某些环境风险问题目前在科学上不可能有一个清楚、确定的认识；如果认为只有在科学提供了有效保护环境或维护生态安全所需的知识时才采取预防性措施，如果坚持只有在关于不利影响的科学确定性得到证实之后才采取行动，如果等到危害后果出现后再进行治理，恐怕会导致难以想象的后果和生态危机。为了应对这些以不确定性为特征的环境风险或生态风险，遵循“风险预防原则”无疑是决策者的理智选择。如果表面上能够确定存在某种生态不安全风险，就应当对潜在的不安全因素进行管制干预，而不能以存在不确定性作为不采取行动的理由。

“风险防范原则”和“损害预防原则”的综合是一种更为先进的原则，它是生态安全和环境保护的思想、战略、科学技术、管理发展到高级阶段的产物。

三、该原则针对环境问题的特点，明确了防治环境问题的基本方法和措施

该原则基于环境问题的特点，突出防兼顾治，重视防治结合，强调综合运用各种手段、措施和对各种防治方法的优化组合，明确了防治环境问题的基本方法和途径，体现了环境保护工作由消极、被动、事后、单一方式治理向积极、主动、事前、事后、多种方式防治的转变，有利于以较少的投资和劳动获得最佳的经济、社会和环境效益。该原则要求健全以政府组织为主的行政调整机制、以营利性企业为主的市场调整机制和以非政府非营利组织为主的社会调整机制，并将这三种调整机制紧密地结合起来。该原则强调综合运用各种环境保护管理的方法和手段，强调综合生态系统管理，重视环境法制、管理、宣传、教育、科学、技术等各项工作，注意提高人们的环境资源保护意识、道德观念、科学技术水平、环境法制观念和保护环境资源的能力，以实现对环境污染和生态破坏的有效防治。

四、该原则是建立健全环境管理法律制度体系的指导原则

该原则集中了当代环境保护和环境管理思想的精华，是先进的环境保护战略和科学的环境管理思想的体现。该原则重视事前控制、源头控制和多种环境介质管理、全过程管理(生命周期评价和管理)，是建立更加节约和有效的环境管理法律制度的指导原则，它将使现

① 〔法〕亚历山大·基斯著：《国际环境法》，张若思译，法律出版社2000年版，第91页。

代环境保护战略、环境管理思想和制度更加全面、完整和科学。根据该原则，应该将有关预防、治理污染和管理环境的各种措施和制度结合起来，将末端控制和源头控制、废物控制和产品控制的措施和制度结合起来，搞好全面规划、合理布局和宏观调控，建立健全环境影响评价、综合决策、清洁生产(源削减)、综合利用、排污申报登记、污染集中治理、排污收费、排污指标(或排污权)转让等各种制度。

案情简介

美国马萨诸塞等州以及一些环保组织诉美国联邦环保局案①

1999 年，美国几家环保组织联手，向联邦环保局提出申请，认为大量排放的二氧化碳和其他温室气体对人体健康和环境造成危害，要求环保局按照《清洁空气法》第 202(a)(1)条之规定，制定规章，对新车排放二氧化碳和其他温室气体的事项进行管制。拖到 2003 年，环保署驳回原告申请，理由是：二氧化碳的环境效应具有科学不确定性；按照法律规定，其没有制定相关规章、管制机动车排放的二氧化碳和其他温室气体的法定职责；即便有法律授权，环保署也不会制定相关规章，因为其政策是鼓励各方自愿克制。

2003 年 10 月，美国马萨诸塞州等 12 个州、3 个城市和一些环保组织等 29 个原告，向美国联邦地区法院起诉，要求法院裁决美国联邦环保局履行制定规章的职责。初审法院驳回了原告的诉讼请求。由于对判决不服，原告于 2005 年 4 月向美国联邦上诉法院哥伦比亚地区巡回法庭提起上诉。由于案件涉及多方的利益，美国联邦的另外 10 个州、一些汽车制造商和民间社会团体也参加了诉讼。在法庭审理中，被告美国联邦环保局认为：《空气净化法》没有把二氧化碳列为污染物，因此美国联邦环保局无权监管；原告声称自己受到的健康和利益损害与美国联邦环保局制定的没有规定新机动车二氧化碳排放标准的规章之间没有因果关系，而且原告所受到的损害并不会因为自己制定一个满足原告愿望的规章就可以得到救济。基于此，被告按照美国《宪法》第 3 条之规定，向上诉法院提出，原告没有起诉资格。但此主张却没有得到法院的采纳，法院认可了原告的起诉资格。对于美国联邦环保局的规章制定行为，上诉法院认为：机动车排放的二氧化碳仅是温室气体的一个来源，原告提出的要制定的规章无法解决二氧化碳以外的其他温室气体的减排问题。上诉法院认为，导致地球气候变化的原因很多，目前的证据很难科学地证明全球气候变化和机动车排放的二氧化碳、其他温室气体有关或者有很大的关系。如果以后有更加充分的科学证据证明需要采取机动车限制排放措施，美国联邦环保局则有义务来实施。如果现在就让美国联邦环保局制定限制排放的规章，未免不成熟。上诉法院认为，

---

① 请参看苑宣：《美国最高法院作出判决，美国政府必须管制汽车排放二氧化碳》，《中国环境报》2007 年 4 月 13 日；朱伟一：《环保主义者的节日》，《南方周末》2007 年 11 月 2 日。

根据《清洁空气法》第202(a)(1)条之规定，看不出美国联邦环保局有对新车和新马达制定温室气体排放标准的正当性，即法院承认美国联邦环保局的判断是合理的。

2005年7月，上诉法院的三人合议庭裁决美国联邦环保局胜诉。原告不服，于2006年3月向美国最高法院提出调卷审理请求。同年6月，美国最高法院决定接受申请，调卷审理该案。2007年4月2日，美国联邦最高法院的9名大法官以5票对4票的比例通过判决，认定：(1)二氧化碳也属于空气污染物；(2)除非美国联邦环保局能证明二氧化碳与全球变暖问题无关，否则就得予以监管；(3)美国联邦环保局没能提供合理解释说明为何拒绝管制汽车排放的二氧化碳和其他有害气体。基于此，美国联邦最高法院裁决，美国政府声称其无权限管制新下线汽车和货车的废气排放并不正确，政府须管制汽车污染。

案例评析

这是一次涉及众多利益主体、派别并且旷日持久、长达八年的著名环境诉讼，它给人们以许多启示，对环境法治建设具有广泛而深远的影响。

第一，人民法院司法在实施环境法方面具有重要作用。此案被广泛认为是美国联邦最高法院数十年来处理的最重要的一个环境诉讼案件。美国联邦最高法院关于此案的最终裁决，不仅解决了自布什总统就职以来一直悬而未决的气候变化争议；而且有效地推动了美国的环境保护活动。

2001年3月，布什政府以“减少温室气体排放将会影响美国经济发展”和“发展中国家也应该承担减排和限排温室气体的义务”为由，拒绝批准旨在限制温室气体排放量以抑制全球变暖的《京都议定书》，而且一直拒绝限制温室气体排放。此举虽饱受国际社会和其国内一些团体的诟病，但美国政府仍坚持自已的决定。而现在，在美国一些地方政府、民间组织及公众的共同努力下，通过司法诉讼的方式与手段，美国的环境政策壁垒被打开了。在这个案件中，我们不仅看到了公众的力量、民众的呼声正在推进环境保护、追求环境正义的过程中发挥着越来越重要的作用，而且也看到了法院在实施环境法和推动环境保护方面的关键作用。

在该案中，以麻省为首的十三个州、三家市政府以及若干非政府组织携手，结成了原告广泛的统一战线。另一方面，以环保局为首，十个州的政府站在被告一方，反对原告中的兄弟州。被告还包括汽车行业的利益集团：汽车制造商联盟、全国汽车经销商协会、卡车制造商协会和发动机制造商协会。该案还涉及布什总统(共和党)及一贯反对环保活动的“保守派”，以及前副总统戈尔(民主党)及自由主义知识分子等全心全意支持环保活动的“环保主义者”。两派对立也反映到美国最高法院中，自由派倾向的大法官支持环保的积极措施，而保守派倾向的大法官则阻挠环保的积极措施，且双方势均力敌、各为四人。本案中的环保派大法官说服、争取了肯尼迪大法官，从而获得了司法斗争的重大胜利。

第二，该案确立了风险预防原则在司法诉讼中的地位和效力。原告在该案中的胜诉，得益于风险预防原则的运用。在传统法上，公民诉讼的提起要基于被告行为和原告损害之间的因果关系。这种因果关系要具有确定性,即能够被证明。但是,自从风险预防原则成为环境法的一个基本原则后,情况发展了很大变化。此原则的基本含义是,不能以科学的不确定性为理由,拒绝或者迟延采取预防环境问题产生的措施。尽管此原则在美国目前已经适用于气候变化、臭氧层保护和基因安全等领域,但公众或民间环保组织基于科学的不确定性要求行政机关按照风险预防原则采取环境保护措施,仍然会遇到各种各样的阻力。因为,环境保护的公民诉讼并不是纯粹的仅牵涉到环境保护问题,它还涉及商业利益、国际利益乃至国际立场的协调问题。

“风险预防原则”与“损害预防原则”的相同之处在于它们都属于预防原则的范畴,都强调防患于未然。它们的区别在于:基于“风险预防原则”的环境措施,不要求以“科学上存在确实、充分的证据”为理由,而基于“损害预防原则”的环境措施,则以能从科学上“证明主体的行为与损害后果之间具有因果关系”为前提;“风险预防原则”所针对的主要是具有科学不确定性的环境风险或生态风险,“损害预防原则”所针对的是具有科学确定性的环境损害;“风险防范原则”要求树立新的环境保护或生态安全理念——在某活动不能被证明为环境安全的之前,就假定其为环境有害的,而“损害预防原则”缺乏这种理念。风险预防原则是损害预防原则的进一步发展,是在损害预防原则基础上对环境问题或生态安全问题的处理提出了更高层次和更为严格的要求,后者只要求采取措施,避免或者消除经过科学证实的环境破坏或生态不安全问题,而前者则要求消除、避免任何可能造成环境破坏的因素,无论这种“环境破坏与潜在危害行为之间的因果关系”是否得到了科学的最终证实。风险预防原则可以被认为是举证责任倒置。在缺乏科学上的确定性时,由污染者证明其行为无害;如果污染者不能证明其行为的无害性,则可以推定为有害。这与刑法中的“诉讼提起人举证”、“无罪推定”和民法中的“主张者举证”原则是大相径庭的。近年来,这一原则在一些国际重大环境问题上被适用。本案中原告的最终胜诉,也是在司法实践中对于该原则的运用。

课堂讨论

山东鲁药投资逾亿元建设“三废”工程①

山东鲁抗医药集团有限公司是我国抗生素生产基地之一,主要废水是有机废水和半合成废水。该公司自20世纪80年代初期以来,坚持发展和环保两手抓的经营方针,遵循“预防为主、防治结合、综合治理的原则”开展环境保护工作,投资逾亿元资金建设了一系列废气、废液、废渣处理工程,不仅生产取得了持续稳定的发展,而且先后被评为“全国工业污染普查工作先进企业”、“山东省医药环保先进单位”。

为了防治环境污染,鲁抗的每一位员工在进入生产岗位前,都要接受环保法规和防治污染知识的教育。1998年,公司成立了环保检查小组,协助监督生产单位推行清洁生产。在工程建设中,公司坚持“预防为主、防治结合”的原则,认真实施了环保“三同时”制度。2001年,该公司顺利通过了ISO14001环保体系认证,完成销售收入13.4亿元,实现利税1.8亿元,连续多年保持在我国制药行业前列。

① 参见刘振文:《走绿色健康路——山东鲁药投资逾亿元建设“三废”工程》,《中国环境报》2002年7月3日。

讨论题：1. 试用上述案例，说明“预防为主、防治结合、综合治理的原则”在实践中的作用。
2. 试分析“预防为主、防治结合、综合治理的原则”的主要内容。
3. 为什么在存在科学不确定性的情况下，还要采取防范风险、保护环境的措施？

第三节 环境责任原则

在相当长的一段时期内，造成环境问题的人只要没有对具体的人和财产造成直接损害就不承担任何责任。随着环境问题的加剧，人们开始关注环境责任的承担。为了解决造成环境污染的责任问题，由西方 24 个国家组成的经济合作与发展组织环境委员会于 1972 年首先提出了“污染者付费原则”(Polluter Pays' Principle)。由于这项原则有利于实现社会公平和防治环境污染，所以很快得到国际社会的认可，并马上被一些国家确定为环境保护的一项基本原则。在中国，《国务院关于进一步加强环境保护工作的决定》(1990 年)，规定了“谁开发谁保护，谁破坏谁恢复，谁利用谁补偿”的方针。《国务院关于环境保护若干问题的决定》(1996 年 8 月 3 日)明确规定：“污染者付费、利用者补偿、开发者保护、破坏者恢复”、“地方各级人民政府对本辖区环境质量负责，实行环境质量行政领导负责制”、“地方各级人民政府及其主要领导人要依法履行环境保护的职责”。

所谓环境责任原则，是对“谁污染谁承担责任”、“谁开发谁保护”、“谁破坏谁恢复”、“谁利用谁补偿”、“谁主管谁负责”、“谁承包谁负责”、“环境保护由党政一把手亲自抓、负总责”等原则的概括。目前环境责任已经从生产者的直接生产责任扩大到生产之外的延伸责任、社会责任，从污染者、破坏者、主管者的责任扩大到相关人员的合作责任、协作责任，从而形成了公平责任和共同责任原则①。该项原则主要包括如下内容。

一、谁主管谁承担责任

所谓谁主管谁承担责任是指，行政区的首长对该行政区的环境质量负责，如省长、市长、

① 合作原则或责任共享原则要求国家机关和民间组织团结协作以防治环境污染和破坏，不仅国家而且所有利益关系人都有保护环境、防治环境污染和破坏的责任。共同责任，是指所有与环境保护有关的组织、单位和个人都有防治环境污染和生态破坏、保护环境的责任，即污染破坏者、管理者和非污染破坏者，以及生产者和非生产者(销售者、进口者、使用者)，包括政府、生产经营单位和个人，都应依法承担污染防治责任。企业延伸责任是指企业不仅要承担其生产过程中保护环境的责任，还要对其生产产品被使用后的回收、利用承担责任。社会责任，又译为社会公信力。通常认为，企业社会责任是指企业在谋求股东利益最大化之外所负有的维护和增进社会利益的义务；它以企业的非股东利益相关者为企业义务的相对方，是对传统的股东利润最大化原则的修正和补充。企业社会责任以社会本位为出发点，认为企业的目标是二元的，除最大限度地实现股东利益外，还应尽可能地维护和增进社会利益。包括企业延伸责任在内的企业环境责任是企业社会责任中的最重要的一项责任。社会责任管理体系(Social Accountability 8000，简称 SA8000，又译为社会公信力标准管理体系)，是一种以保护劳动环境和劳动条件、劳工权利等为主要内容的管理标准体系，是继 ISO9000、ISO14000 之后的又一个涉及体系的认证标准。

县长、镇长、乡长对本省(市、县、镇、乡)的环境质量负责;企业、事业单位的法人代表(如厂长、经理等)对本单位(如工厂、公司等)的环境保护负责;承包人对所承包的生产、建设、经营活动的环境保护负责。其中,政府作为生态环境的监督、管理和执法者对所辖区域的环境质量负责。例如,2008 年 2 月修订的《水污染防治法》规定:"县级以上地方人民政府应当采取防治水污染的对策和措施,对本行政区域的水环境质量负责。""谁主管谁负责"是中国环境管理制度的核心。

二、谁污染谁承担责任

所谓谁污染谁承担责任,是指污染环境资源者必须承担恢复、整顿、治理环境资源的责任。《环境保护法》作出了体现该原则精神的如下具体规定:"产生环境污染和其他公害的单位,必须把环境保护工作纳入计划,建立环境保护责任制;采取有效措施防治在生产建设或者其他活动中产生的……环境污染和危害。""谁污染谁承担责任",是中国污染防治政策的核心,它确立了污染者承担治理污染责任、缴纳排污费和污染物处理设施费等制度。

三、谁破坏谁承担责任

该责任是"谁开发谁保护、谁破坏谁恢复、谁利用谁补偿"的简称。这里的谁是指开发利用环境资源并造成环境破坏的单位和个人;责任的内容,包括采取预防措施、整顿环境、治理破坏和恢复原状;承担责任的方式,包括开发利用者或破坏者直接采取保护措施、整治环境、承担整治费用或支付补偿费用。例如,《水土保持法》第 17 条规定:"企业事业单位在建设和生产过程中必须采取水土保持措施,对造成的水土流失负责治理。本单位无力治理的,由水行政主管部门治理,治理费用由造成水土流失的企业事业单位负责。""谁开发谁保护"、"谁破坏谁恢复",是中国资源保护、自然保护政策的核心,它确立了开发利用自然资源者承担自然保护责任、对环境破坏进行整治的制度。

案情简介

四川沱江水污染案①

2004 年 2 月,位于四川省成都市青白江区的川化股份有限公司第二化肥厂将大量超标数十倍高浓度氨氮废水直接排入沱江干流水域,造成特大水污染事故,严重影响了下游成都、资阳等五个城市的工农业生产用水和人民生活,近百万群众生活饮用水中断 26 天,鱼类大量死亡,大批企业被迫停产,经济损失达 3 亿元。四川省环保局的调查显示,这次事故使四川境内岷江、沱江支流的球溪河、釜溪河、毗河等 21 条支流污染严重,不少支流已经完全失去生态用水功能,成为两江污染的重要源头,恢复沱江的生态系统至少需要 5 年。事件发生后,四川省人民政府作出公开道

① 本案例由作者通过对众多相关报刊资料整理而成。

款;川化公司被省环保局罚款100万元、征收其超标排污费405万元,并赔偿直接经济损失1 179.8万元;公司主要责任人、当地环保局主要责任人分别被成都市锦江区人民法院以重大环境事故污染罪、环境监管失职罪追究了刑事责任。

2004年4月,四川省省委、省政府对震惊全国的沱江特大污染事故责任人作出处理:川化集团有限责任公司总裁、四川化工股份有限公司董事长谢木喜引咎辞职,5名企业负责人及环保部门干部被移交司法机关处理。有关处理的调查结论认为,沱江特大水污染事故是一起因四川化工股份有限公司技改项目违规试生产、青白江区政府有关领导和区环保局等部门对环保工作领导和监管不力酿成的特大责任事故。6个有关单位应对此次事故负责,它们分别是川化股份公司、青白江区环境保护监测站、青白江区环境监理所、青白江区环境保护局、青白江区水务局、青白江区政府。在这次事故中负有重要领导责任的川化集团公司总裁谢木喜、川化总经理李俭,负有直接责任的川化集团副总经理吴贵鑫、环安处处长何立光、青白江区环境保护局副局长宋世英、青白江区环保监测站站长张明等5人,将分别受到引咎辞职处理或者移送司法机关进一步调查处理,并由相关部门提出相应的纪律处分意见。成都市青白江区环境保护局局长赖建能受到撤职处分,成都市青白江区分管环保的副区长郑兴华引咎辞职。

2005年9月9日,成都市锦江区人民法院对涉及2004年沱江特大污染事故的川化股份有限公司和青白江环保局的6名相关责任人作出一审判决。其中,判处川化股份有限公司总经理李俭有期徒刑三年、缓刑三年、处罚金人民币3万元,判处青白江区环保局副局长宋世英有期徒刑两年零六个月。除上述两人外,锦江区人民法院还判处川化股份有限公司副总经理吴贵鑫有期徒刑四年、处罚金人民币2万元,判处川化股份有限公司环安处处长何立光有期徒刑五年、处罚金人民币4万元,判处青白江区环保局环境监测站站长张明有期徒刑两年零六个月,判处青白江区环保局环境监理所所长张山有期徒刑一年零六个月、缓刑二年。

案例评析

该案是近年来我国最有影响的环境案件之一,它给我们许多启发和警示①。

第一,该案说明坚持环境责任原则、建立健全环境责任体系的重要性。该案是一起政府部门、政府环境保护行政主管部门的负责人、企业都有责任的综合性案例,其追究纪律责任、行政责任、民事责任和刑事责任之广,实行民事赔偿、行政处罚、刑事制裁之严,均为少见。该案说明,只有遵循环境责任原则,严格执行"谁污染谁承担责任"、"谁破坏谁恢复"、"谁主

① 《人民日报》2008年9月11日将四川沱江特大水污染案作为近年来有影响的环境案件,该报对该案的简介如下:2004年2月至4月期间,四川川化股份有限公司将工业废水排入沱江干流水域,造成特大水污染事故。2005年9月9日,成都市锦江区法院分别对涉及沱江水污染事故的被告人何立光等重大环境污染事故案和被告人宋世等环境监管失职案作出一审判决。相关责任人最高获刑5年,处罚金人民币4万元。

管谁负责”、“环境保护由党政一把手亲自抓、负总责”的原则，建立健全综合性的环境责任体制，才能有效防止和减少环境污染事故和案例的发生。

第二，最重要的是提高政府的环境责任意识，建立健全政府环境责任体制。现行国民经济统计指标体系不够合理，对各级地方政府和领导干部的政绩考核主要着重于经济指标，而对环境等公共资源基本没有涉及，这就难免产生误导，使部分地方政府和一些领导干部片面追求经济增长，只顾眼前利益和局部利益，只要GDP，不管环境承受能力。四川省委书记张学忠、省长张中伟等主要领导在调研有关沱江污染事故时指出：“一些地方污染尤其是工业污染长期得不到有效治理，根子在少数领导干部的发展观和政绩观上。”张学忠说，今后考核领导干部的政绩，不仅要看增长率，也要考核环保实绩；要严格建立和实施环保目标责任制。要建立健全政府环境责任体制，特别要注意加强政府环境保护行政主管部门的建设，提高环保机构的监管能力。

第三，消除污染事故，基础在企业。本案显示，一方面，企业自我约束机制缺失，不少排污企业环保意识和法制观念淡薄，严重缺乏社会责任感，违法排污行为突出，有的甚至铤而走险，公然排污放毒，屡查屡犯，无所顾忌。另一方面，对企业治理污染缺乏具有显著吸引力的激励措施和优惠政策，而治污成本高，不治污反而有利可图，这就难免挫伤治污企业的积极性。这次事故主要责任在企业，主要原因是企业没有建立健全企业环境保护管理责任制度。1912年震惊世界的“泰坦尼克”号冰海沉船事故，就是一天内5次连续失误造成的。不幸，沱江污染重演了这种悲剧发生的全过程。粗略算来，企业至少有6道环节可以制止事故的蔓延，但每道环节的把关者都没有尽职尽责。污染事故发生前后，川化集团上至副总经理、副厂长，下到车间主任、副主任，人人都知道情况，可没有一人及时采取措施。

第四，要严格遵守环境责任追究制度，加强对环境违法行为的法律制裁力度，切实解决“违法成本低，守法成本高，环保法律软，处罚形同虚设”的问题。该案显示，沱江流域法制不健全，守法成本高、违法成本低的问题突出，有法难依的问题远远没有得到解决。目前有些污染企业敢于顶风作案，归根到底是利益作祟，其中“守法成本高，而违法成本太低，经济处罚奈何不了污染大户”也是一个重要原因。川化集团和东方红纸业肇事后，省、市有关部门依据国家及省有关规定，对这两家企业有关人员进行处罚，同时对川化集团处以100万元的罚款，这是当时《水污染防治法》规定的最高罚款限额。处理决定一出来，立即引起众多议论。川化集团下属的川化股份有限公司总资产约18亿元，去年销售收入约10亿元，利润达8 800多万元。一些群众议论说，区区100万元罚款，对这样的企业如九牛一毛。

课堂讨论

1. 试结合上述案例，分析如何贯彻环境责任原则。
2. 试分析环境责任原则的主要内容。
3. 试述建立健全政府环境责任制，特别是政府环境责任问责制的重要意义。

第四节 环境民主原则

美国在经过地球日活动和关于环境权问题的大讨论后，于1969年通过了体现环境民主原则的《国家环境政策法》。该法规定联邦政府的一切部门应将其制定的环境影响评价和意见书"向公众公布"，并"向机关团体和个人提供关于对恢复、保持和改善环境质量有用的建议和情报"。1992年联合国环境与发展会议通过的《关于环境与发展的里约宣言》强调："环境问题最好是在全体有关市民的参与下，在有关级别上加以处理。在国家一级，每一个人都应能适当地获得公共当局所有的关于环境的资料，包括关于在其社区内的危险物质和活动的资料，并应有机会参与各项决策进程。各国应通过广泛提供资料来便利及鼓励公众的认识和参与。应让人人都能有效地使用司法和行政程序，包括补偿和补救程序。"近年来很多国家在修改或制定环境法律时，都规定了公众参与环境保护管理等环境民主的内容。我国《环境保护法》第6条规定："一切单位和个人都有保护环境的义务，并有权对污染和破坏环境的单位和个人进行检举和控告。"这为公众参与环境保护提供了原则性的法律依据。环境民主原则是通过环境法体现和保护广大社会公众环境权益的一项重要指导原则。《国务院关于落实科学发展观加强环境保护的决定》(2005年)关于"健全社会监督机制。……为公众参与创造条件。……发挥社会团体的作用，鼓励检举和揭发各种环境违法行为，推动环境公益诉讼。企业要公开环境信息。对涉及公众环境权益的发展规划和建设项目，通过听证会、论证会或社会公示等形式，听取公众意见，强化社会监督"的规定，为实行环境民主开辟了更加广阔的道路。《水污染防治法》和《环境影响评价法》等法律对公众参与环境影响评价作了具体规定。

环境民主(environmental democracy)是指公众有权通过各种途径和形式开展环境保护活动、参与对国家环境事务的管理。环境民主原则的一个重要体现是公众参与。在我国，环境民主和公众参与是社会主义民主的一个方面、一种形式，是人民当家作主的具体表现。"所谓公众，指的是政府为之服务的主体群众；所谓公众参与，指的是群众参与政府公共政策的权利。……'走群众路线'与我们现在提倡的'公众参与'有何区别呢？区别在于，走群众路线强调的是政府的领导方法与群众的义务，而公众参与强调的是群众的权利与政府对此权利的保护。就是说，前者属于义务本位，后者属于权利本位。这种权利本位的转变，正是革命党转向执政党后的一种观念转变，也是执政党合法性重要的政治基础。"①实行环境民主和公众参与环境管理，是国家政府履行其环境保护职责的根本途径，是正确处理政府和公众关系的最好方式，可以增强政府决策和管理的公开性、透明度，使政府的决策和管理更符

① 潘岳：《环境保护与公众参与》，《中国环境报》2004年6月1日。

合民心民意和反映实际情况，加强政府与公众之间的联系和合作；有利于解决和处理广泛、普遍的环境问题，实现对环境问题的全过程、全方位管理，有利于全面推动整个环境保护事业的发展，是搞好环境保护和管理的重要途径和可靠保证。

环境民主原则的一项重要内容是明确公众的知情权，保障公众知情权的关键是实行环境信息公开和信息法治。环境信息公开又称环境信息披露，是一种全新的环境管理手段。它承认公众的环境知情权和批评权，通过公布相关信息，借用公众舆论和公众监督，对环境污染和生态破坏的制造者施加压力。

案情简介

厦门PX事件——环境民主和公众参与的力量①

厦门是一座素以环境优势著称的沿海城市，有着如“国际花园城市”、“中国优秀旅游城市”、“联合国人居环境奖”(联合国最佳人居城市)等美誉。海沧区地处厦门岛对岸，2000年前后，有20余万购房者入住海沧区，使之成为发展房地产的黄金海岸和大型高尚住宅区。与此同时，台资企业翔鹭集团旗下的腾龙芳烃(厦门)有限公司投资兴建的PX(一种化工产品，别名对二甲苯)②化工项目在2004年2月获得国家发展和改革委员会批准立项，选址在海沧台商投资区南部化工区。2006年11月17日，腾龙芳烃年产80万吨PX项目与翔鹭石化年产150万吨的PTA二期项目同时正式动工。一旦该项目建成，这个号称全世界最大的PX项目及其下游产业，将至少每年为厦门的GDP贡献800亿元，这相当于厦门现有GDP的1/4强，这是厦门有史以来投资最大的工业项目。这种产值数百亿元的大型化工企业与几十万居民入住的高尚住宅区同时存在于海沧区的局势，就是厦门PX事件发生的背景。

2007年3月“两会”期间，以全国政协委员赵玉芬(厦门大学化学系教授)为首的6名中科院院士和105名政协委员，联名提交了一份《关于厦门海沧PX项目迁地建议的提案》。这份被列为全国政协会议的“一号提案”认为：由于离居民区较近，PX项目存在泄漏或爆炸隐患，厦门百万人口将面临危险，必须紧急叫停项目并迁址③。

---

① 本案例主要通过对下述资料整理而成：记者上官敫铭、卢汉欣：《厦门人反PX之战全过程》，《南方都市报》2007年12月26日；朱红军：《厦门百亿项目引发剧毒传闻 政府叫停应对危机》，《南方周末》2007年5月31日；汪永晨：《从一份“两会”提案看一个城市的环境——厦门PX事件》，新华网2007年12月5日；自然之友《通讯》2007年第5期等。

② 对二甲苯(PX)是一种重要的有机化工原料，用它可生产精对苯二甲酸(PTA)或对苯二甲酸二甲酯(DMT)，PTA或DMT再和乙二醇反应生成聚对苯二甲酸乙二醇酯(PET)，即聚酯，进一步加工纺丝生产涤纶纤维和轮胎工业用聚酯帘布。PET树脂还可制成聚酯瓶、聚酯膜、塑料合金及其他工业元件等。除此之外，PX在医药上也有广泛用途。

③ 赵玉芬等认为，国际上的PX项目集中在亚洲地区，台湾地区和韩国等地的项目与较大城市的直线距离一般大于70公里，而中国大陆则一般约20公里。厦门年产80万吨的PX项目距市中心仅7公里，是目前国际国内距离最近的项目。作为危险化工原料的PX在距离主城区如此之近的海沧，如此大规模地生产，将会直接影响到厦门的生态环境。一旦发生极端事故或遇到恐怖威胁，可能危及厦门本岛百万居民。鼓浪屿离厦门岛近在咫尺，受这个化工项目影响是显然的。

但是,有关政府部门没有缓建或迁址PX项目的意向。2007年5月下旬,随着工程推进,更多的信息通过媒体、网络、手机短信等渠道被披露,当地民众的反应也越来越激烈。5月27日,一条直指PX项目的短信开始在厦门市民中广泛传播,新华网和《中国新闻周刊》曾披露其部分内容:"我们要生活!我们要健康!国际组织规定这类项目(PX项目)要在距离城市一百公里以外开发,我们厦门距此项目才十六公里啊……"①接着,厦门数万市民继续通过手机向网友转达通过"散步"抗议的信息。6月1日,上万厦门市民自发到市政府门口聚集,以"散步"的方式来表达对一个厦门市有史以来最大的化工项目的抗议。厦门人的努力惊动了北京。6月7日,国家环保总局副局长潘岳对新闻界表示,国家环保总局从即刻起,将组织各方专家对厦门市全区域的规划进行环评,就厦门市的环境承载能力、城市发展定位、总体空间布局、生态功能分区等问题进行深入研究,并提出综合性建议。若不符合规划环评要求,包括PX项目在内的重化工项目都将予以重新考虑。6月7日下午,厦门市政府副秘书长沈灿煌在新闻发布会上表示:"承认在五六年前海沧区审批的一些房地产项目是不够慎重的,和原来规划没有很好衔接起来,不够协调","海沧PX项目的建设与否,要根据区域环评的结论出来后,才能进行决策。决策后,厦门将严格按照区域规划环评的要求认真做好落实。"

2007年7月,中国环境科学研究院接受厦门市政府的委托,承担了"厦门市城市总体规划环境影响评价"工作。《厦门市重点区域(海沧南部地区)功能定位与空间布局的环境影响评价》专题报告于11月底完成。12月13、14日,公共参与最重要的环节——市民座谈会在厦门宾馆的明宵厅召开。在座谈会上,发言代表各抒己见。在106名与会的市民代表中,近九成反对PX项目落户厦门。14日,在由所有福建省常委参加的专项会议上,省委书记卢展工对厦门PX项目的态度是:虽然这是一个"大项目,好项目","但是那么多群众反对,所以我应该慎重考虑,应该以科学发展观、民主决策和重视民情,民意的视角来看待这件事"。12月20日,《南方日报》在题为《政府决策顺从民意——厦门PX项目将迁建漳州》的文章中说:福建省政府和厦门市政府上周末决定,饱受争议的厦门PX项目将迁出厦门;厦门市将赔偿翔鹭集团,并在发改委批准后进行。

案例评析

第一,该案是一件具有多种重要意义的历史事件。厦门PX事件,不仅是一个数十万居民的生活环境质量与数百亿元的GDP产值相较量的事件,也是一个数百万普通民众与强势政府相较量的事件,还是中国环境保护和环境法治建设史上一次具有深远影响和重大意义的案件。《南方日报》2007年12月24日发布的"2007年度十大网络事件盘点",已经将厦门PX事件列入中国2007年度十大网络事件。

该案例给我们的启发和教训是多方面的。首先,本事件的确造成了巨大的经济、财产和

① 引自新华网厦门5月30日电,记者卢志勇、李慧颖报道:《厦门宣布缓建PX项目,项目曾被指威胁厦门安全》。

环境损失,有些损失甚至是无法挽救的;其次,本案所造成的损失,包括翔鹭集团先投资建设"海沧 PX 项目"、后改为投资建设"漳州 PX 项目"的损失,因降低毗邻 PX 项目所在地住宅区居民的生活环境质量所造成的环境损失,因污染破坏"国际花园城市"厦门市环境生态所造成的生态损失,表面上是由政府买单,实际上是浪费了纳税人的钱。在厦门 PX 事件中,有关政府部门应该反思:无论是企业还是公众,都是政府服务和行政的对象,政府应该坚持正义、公平,始终维护公共利益和促进可持续发展,正确处理经济增长与环境保护的关系,正确处理好各利益相关方的关系。企业不仅要考虑自身的经济利益和效率,也要考虑生态利益和社会责任。

第二,该案凸显一些政府部门及政府领导环境民主和环境法治意识薄弱。在一个法治国家,依法办事是对政府行政活动的基本要求。根据 2002 年的《环境评价法》第 21 条的规定,"除国家规定需要保密的情形外,对环境可能造成重大影响、应当编制环境影响报告书的建设项目,建设单位应当在报批建设项目环境影响报告书前,举行论证会、听证会,或者采取其他形式,征求有关单位、专家和公众的意见。建设单位报批的环境影响报告书应当附具对有关单位、专家和公众的意见采纳或者不采纳的说明"。如果在执行环境影响评价法律制度时没有实行公众参与,或者说公众参与程度太低,或者投票赞成的数字不够而反对者的理由就十分充足,环保局等有关部门就不应该通过该项目的环境评价报告。但是,有关政府部门在审批和实施厦门 PX 项目时明显违反《环境影响评价法》等环保法律的规定,没有依法"举行论证会、听证会,或者采取其他形式,征求有关单位、专家和公众的意见"。据有关资料,如此具有重大环境影响的 PX 项目,不但厦门大学的学者们不知道有这个项目及其环评,甚至连海沧的居民都少有人知。既然法律规定公众参与环境影响评价,包括环境影响评价报告书在内的有关信息就应当向公众公开或提供,但是在厦门 PX 事件中,连全国政协委员和院士都难得到有关环境影响报告书等信息资料,更不要说寻常百姓。2007 年"五一"期间,赵玉芬曾希望获得厦门 PX 项目的环评报告,以此作为深入研究 PX 项目环保可行性的基础资料。但让她失望的是,在厦门,投资上百亿的腾龙芳香烃项目环评,居然只有厦门环保局保有一份环评报告,并且始终对厦门大学的教授们进行封锁。"五一"后,赵玉芬在北京化工大学一位教授的陪同下到北京化工学院下属的一家环评公司,要求索取厦门腾龙芳香烃项目的环评报告。根据《环境评价法》原本应该提供公众查询的"环评报告",但在这个公司却成了机密材料。虽经多次联系,包括在与国家发改委的见面会上呼吁发改委协助,但赵玉芬仍然无法从国家环保总局环评中心获得该项目的环评报告。一直到 6 月 14 日,赵玉芬才获得国家环保局的批准,可以查阅 PX 项目的环评报告。在厦门 PX 风波之中,几乎大多数依法应该公布或提供的信息都在"黑箱"之中。

第三,该案说明,实行环境民主原则和公众参与是推动环境保护和环境法治的必经之途。2007 年,PX 在中国人的公共生活领域中,是一个具有些许英雄意味的关键词。一个大型建设项目,由于决策程序的失误,导致了一场在环境影响评价领域以公众参与为主导或以草根组织为主导的、创新的公众话语权之争。经过各方长时间的博弈,PX 项目决定迁离厦门。这是厦门人环保运动的一个结束,也是中国人环保运动的一个开始。

据测算,PX 化工项目投产后能年增 800 亿元 GDP,这对于 2006 年 GDP 为1 126亿元的厦门市来说,诱惑实在无法抗拒。所以,中科院院士赵玉芬等六名院士和 105 名全国政协委员联名提交的"关于厦门海沧 PX 项目迁址建议的提案",都没有撼动这个超大项目。然而,厦门市民间广泛流传的一条题为“反污染！厦门百万市民疯传同一短信”的短信，厦门市民通过在网上发表各种帖子和短信号召散步，却影响了政府建设高污染 PX 项目的决策，使得这个“手续完备、程序合法”的超大型化工项目最终被暂缓建设和迁址。有评论称，这是庶民的胜利——网民的胜利、市民的胜利、公众舆论的胜利、公众行动的胜利。短信、网络成为厦门人推动反 PX 运动的主要手段。厦门 PX 事件除了说明国人越来越积极地参与环保，更从一个侧面说明，手机短信等即时通讯工具正成为公众发表意见的新途径。市民能够借助短信表达自己的观点，而不再扮演“沉默的大多数”，政府也能据此作出考虑和让步，这是一件好事和进步。

该案在环境法治建设中的意义是：一是环境民主原则的确立，二是民众权利意识的觉醒，三是政府权力的回归。根据环境民主原则，一个社会的环境政策和环境法应该通过民主程序来制定。事实证明，一旦民意的管道自由畅通，事件解决的前景便豁然开朗：民众与政府之间，对立消失了，取而代之的是对话和合作。从厦门 PX 事件中，我们看到了不仅是公众的声音影响了公共决策，更是中国的改革向民主化进程迈出的步伐。

第四，该案是公民健康和生活环境质量与数百亿元产值的工业项目孰重孰轻的一次历史性较量。发生厦门 PX 事件的深层次原因是某些政府领导和政府部门以片面追求 GDP 增长为中心、以环境保护为软指标的思想。为了吸引投资、增长 GDP，某些政府领导和政府部门不惜将位于黄金海岸的海沧划为经济开发区、规划为以发展污染化工企业为主的工业区。当海沧工业区初具规模、交通和基础设施条件得到改善、地价提高后，某些政府领导和政府部门为了追求 GDP 增长和房地产的高额利益回报，不惜改变海沧化工区的发展规划，在海沧区大力发展房地产业，将海沧建设成居民集中的高级住宅区。这样，就人为地制造了工业区与住宅区、企业与居民对立的矛盾，埋下了工业区和居民区都不可能持续发展的恶根。为了进一步吸引投资、增长 GDP，某些政府领导和政府部门又违反化工区和居民住宅区的规划要求，决定在海沧区新建 PX 化工项目，致使原有的矛盾进一步加剧。更加令人不可思议的是，某些政府领导和政府部门明知 PX 项目属于高污染化工项目，但在 PX 项目每年工业产值 800 亿元的巨大利益诱惑下，却采取了封锁消息、暗箱操作、不依法进行环境影响评价、不依法听取公众意见、不依法进行民主决策、加快 PX 项目建设速度等作法，从而使环境纠纷和矛盾进一步激化，导致了厦门 PX 事件风波。这次事件之所以最后得到比较妥善的解决，通过“厦门市重点区域(海沧南部地区)功能定位与空间布局的环境影响评价”作出了迁建厦门 PX 项目的正确决策，虽然得力于按照《环境影响评价法》办事、依法在环境影响评价中实行公众参与的举措，但从根本上讲是某些政府领导和政府部门在公众参与的推动下改变了以片面追求 GDP 增长为中心、以环境保护为软指标的指导思想，树立了以人为本、以自然为根、以保护人们身体健康和生活环境质量为主、以促进经济社会和生态可持续发展为目的的指导思想。

课堂讨论

1. 试结合上述案例，讨论环境民主原则的法律依据、主要内容和意义。
2. 试结合上述案例，分析环境民主原则实施情况欠佳的主要原因。

第4章 环境监督管理体制与监督管理制度

本章要求掌握：我国环境行政监督管理体制的基本情况、主要的环境行政管理机构及其职责；环境监督管理制度的概念、类型和主要制度；环境影响评价制度的主要内容，重点掌握环境影响评价中的公众参与和违反该制度的法律责任；“三同时”制度的主要内容，重点掌握该制度的竣工验收环节和违反该制度的法律责任；环境许可制度的主要内容；排污收费制度的主要内容；环境监测与现场检查制度的主要内容，重点掌握现场检查的特点和要求；突发环境事件应急制度的主要内容。

第一节 环境监督管理体制和环境监督管理制度的分类

建立一个权威大、效率高、执法能力强的环境行政管理机构，是各国环境管理和法治建设中的首要问题和发展趋势。近20多年来，除了提升国家环境管理机关的级别和扩大管理范围外，许多国家通过立法加强政府在处理环境事务方面的权力，特别是增强环境行政管理机关(包括中央机关和地方机关)的职权。

一、环境监督管理体制的概念

环境监督管理体制是指由国家环境监督管理的组织结构、职权结构及这些组织和职权的运行方式所形成的体系。广义上讲，包括立法体制、司法体制和行政管理体制等；狭义上讲，专指环境行政监督管理体制，是指各种环境行政管理机构的设置及相互关系，各种环境行政管理机构的职责、权限划分及其运行机制，以及协调环境行政管理事务中有关权力、责任、相互关系的方式等。组织结构是环境行政管理的组织形式和组织保证，职权结构是环境行政管理的职能形式和功能保证，运行方式是环境资源行政管理组织形式和职能形式的动态结合形式和协调保证。其中环境资源行政管理机构是环境行政管理体制的核心和重要组成部分，主要包括环境行政机关和根据法律授予环境行政管理职责的其他组织。环境行政机关是按照宪法和有关组织法的规定设立的,以行使环境行政权,对国家环境行政事务进行管理监督的机关;根据所管辖区域,可分为中央环境行政机关和地方环境行政机关。中央环境行政机关的管辖区域及于全国,地方环境行政机关的管辖区域及于某一地区。根据法律授予环境行政管理职责的其他组织,包括法律授权的非行政机构、环境行政机关依法委托授权的非行政机构。健全、高效的环境行政监督管理体制对于搞好环境监督管理和各项环境工作,发展环境保护事业具有重要的作用。环境行政监督管理法律制度是环境行政监督管理体制的一个重要方面和具体化,是管理体制的运行方式的法定化和程序化。环境行政监督管理法律制度的健全和发达程度,是衡量一个国家或地区环境管理和环境法治水平的重要标志。

二、我国的环境行政监督管理体制

目前中国已经建立起由全国人民代表大会立法、监督,各级政府负责、领导,环境行政主管部门统一监督管理,各有关部门依照法律规定实施监督管理的环境管理体制。这种体制的特点是环境行政主管部门统一监督管理与各有关部门分工负责相结合,中央级监督管理与地方分级监督管理相结合。根据我国环境法律法规的规定,各主要机构及其职责分工如下。

(1) 国务院,统一领导国务院各个部门和地方各级人民政府的环境行政管理工作,并代表国家行使国家所有的自然资源的所有权。

(2) 国务院环境保护行政主管部门(现为环境保护部),对全国环境保护工作实施统一监督管理;国土资源行政主管部门(现为国土资源部)主管全国土地、矿产资源、海域等自然资源的统一管理工作;水行政主管部门(现为水利部)主管全国水资源的统一管理工作和水土保持工作,水利部下设七大江河流域管理的派出机构,在本流域内行使法律、行政法规规定的和国务院水行政主管部门授予的水资源管理和监督职责;主管农业的部门(现为农业部、国家林业局)按照各自的职责,负责全国有关的农业工作(包括有关农业资源管理工作)。

(3) 县级以上地方人民政府,依照法律规定的职责和权限负责本行政区域内的环境管理工作,领导所属各有关行政部门和下级人民政府的环境行政管理工作。

(4) 县级以上地方人民政府环境行政主管部门,对本辖区的环境保护工作实施统一监督管理;县级以上地方人民政府国土资源管理部门主管本行政区域内的土地、矿产资源的统一管理工作,沿海县级以上地方人民政府海洋行政主管部门根据授权,负责本行政区毗邻海域使用的监督管理;县级以上地方人民政府水行政主管部门负责本行政区的水资源管理工作和水土保持工作;县级以上地方人民政府主管农业的部门按照各自的职责,负责本行政区域内有关的农业工作。

(5) 国家海洋行政主管部门、港务监督、渔政渔港监督、军队环境保护部门和各级公安、交通、铁道、民航管理部门,依照有关法律的规定对环境污染防治实施监督管理;县级以上人民政府的土地、矿产、林业、农业、水利行政主管部门,依照有关法律的规定对自然资源的保护实施监督管理;国务院和县级以上地方人民政府的计划、科学技术等行政主管部门负责做好国民经济、社会发展计划和生产建设、科学技术中的有关环境的综合平衡工作。

为了保障政府环境职责的实施，我国环境法正在逐步形成政府环境责任制度和政府环境责任问责制度。其中的环境保护目标责任制度，是指各级政府必须对本辖区的环境质量负责，把各级政府任期内的环境保护目标、任务和措施以签订环境保护责任书的形式落实，并通过建立考核评价方法，将环境保护目标完成情况作为对地方人民政府及其负责人考核评价的内容。1989 年 5 月召开的第 3 次全国环境保护会议将环境目标责任制确立为八项环境管理制度之一。1989 年颁布的《环境保护法》已明确规定：地方各级人民政府，应当对本辖区的环境质量负责，采取措施改善环境质量。目前，国家环境保护行政主管部门和许多省、自治区、直辖市已经制定政府环境保护目标责任制实施方案和考评办法。

三、环境监督管理法律制度的概念和分类

在环境法学中，环境监督管理法律制度是环境法规范体系的重要组成部分，是各种具体的环境监督管理法律制度的总称。

某项环境监督管理法律制度，是指为了实现环境法的目的和任务、根据环境法的基本原则所制定的，调整因监督管理某项环境工作或活动所产生的环境社会关系的一系列法律规范的总称。它是通过立法形成的某项环境监督管理工作或活动的规则、程序和保证措施，是该项环境监督管理工作的规范化、程序化，是与环境监督管理权相联系的制度。环境监督管理工作，在没有形成法律制度之前容易产生任意性和无序性。只有通过一系列法律规则明确环境监督管理中的权利义务关系与监督管理权，用一套法定程序明确办事顺序、方法，并设置相应的制约因素和保障措施，才能克服上述弊端，从而既维护环境法治的正常秩序，又提高工作效率。

构成环境监督管理法律制度的环境法律规范多属于强制性规范，它明确规定了环境法律制度的使用条件、法律关系主体的权利和义务以及应承担的法律后果，具有很强的法律规范性、强制性、约束力和系统性强。

环境资源监督管理法律制度是多项制度所组成的制度体系，每一制度在环境资源保护管理中都有不同的地位和作用。从不同的角度，可以对环境资源基本法律制度进行不同的分类。

从制度的主要手段的性质，可以将其分为经济性的制度(如税费制度、经济刺激制度、奖励综合利用制度等)、技术性的制度(如标准制度、监测制度、标志制度、清洁生产制度、动植物检疫制度等)、行政性的制度(如限期治理制度、现场检查制度、许可证制度等)和社会性的制度(如公众参与环境管理制度、污染事故报告及处理制度等)。

从制度的功能，可以将其分为基础性的制度(如环境标准制度、监测制度等)、预防性的制度(如规划制度、环境影响评价制度、“三同时”制度等)、治理性的制度(如限期治理制度、污染集中控制制度等)和补救、补偿性制度(如自然资源补救与补偿制度、生态建设与补偿制度)。

目前我国环境法律制度中比较成熟的监督管理制度主要有：环境规划制度、环境标准制度、环境影响评价制度、“三同时”制度、环境许可制度、环境监测与现场检查制度、突发环境事件应急制度、清洁生产制度、环境资源信息制度等。

课堂讨论

"十一五"主要污染物总量削减目标责任书的签订与考核

国民经济和社会发展"十一五"规划提出了节能降耗和污染减排目标，将二氧化硫和化学需氧量排放总量削减目标作为约束性指标，确定到2010年，主要污染物排放总量将在2005年基础上减少10%。从而使主要污染物总量削减成为环境保护目标责任的一项重要内容。2006年5月，在天津召开的全国大气污染防治工作会议上，国务院授权原国家环境保护总局与各省(自治区、直辖市)政府和华能等6家电力集团公司，签订了"十一五"二氧化硫总量削减目标责任书；7月份，在北京召开的全国水污染防治工作电视电话会议上，与各省(自治区、直辖市)政府签订了"十一五"水污染物总量削减目标责任书。2006年8月，受周生贤局长委派，原国家环境保护总局有关司长赴有关省(自治区、直辖市)继续完成了原国家环境保护总局与其他省主要污染物排放总量削减目标责任书的签订。

在2007年3月5日在第十届全国人民代表大会第五次会议上，温家宝总理在政府工作报告中报告了主要污染物排放总量削减目标完成情况，在2006年全国没有实现年初确定的单位国内生产总值能耗降低4%左右、主要污染物排放总量减少2%的目标。温家宝总理在《政府工作报告》中指出："十一五"规划提出这两个约束性指标是一件十分严肃的事情，不能改变，必须坚定不移地去实现，国务院以后每年都要向全国人大报告节能减排的进展情况，并在"十一五"期末报告五年这两个指标的总体完成情况①。

讨论题：1. 结合上述案例分析我国的环境监督管理体制和政府环境责任制度。
2. 什么是环境监督管理体制？什么是环境监督管理制度？
3. 试述我国的环境行政监督管理体制。
4. 我国有哪些环境行政监督管理制度？

拓展阅读　　中国国家环境保护行政主管部门的发展概况

1971年，针对工业的"三废"污染问题，国家计划委员会设立了"三废"利用领导小组，负责对工业"三废"的综合利用工作。

① 国务院总理温家宝：《政府工作报告——2007年3月5日在第十届全国人民代表大会第五次会议上》，载于中国政府网 http://www.gov.cn/2007lh/content_553165.htm，2007-03-17上传。

1974年4月，国务院批准成立了国务院环境保护领导小组；接着，各省、市相继成立了环境保护领导小组或办公室。

1882年国务院机构改革，撤销了环境保护领导小组，其办公室并入城乡建设环境保护部，作为部内设的司局级机构，称为环境保护局。1984年5月，国务院成立国务院环境保护委员会，负责全国环境保护规划、协调、监督和指导工作。1987年，在机构改革中将城乡建设环境保护部下属的一个环境保护局，改为独立的国家环境保护局即直属国务院管理的副部级单位。

1998年，国家环境保护局改为国家环境保护总局，成为正部级单位，进一步增强了国务院环境保护行政主管部门的组织领导能力。

2008年3月，十一届全国人大一次会议表决通过组建环境保护部。接着，国务院审议批复了环境保护部的"三定"方案，其主要职责是：拟订并组织实施环境保护规划、政策和标准，组织编制环境功能区划，监督管理环境污染防治，协调解决重大环境问题等。我国环境保护行政主管机构经过35年的发展成为国务院组成部门，可以更多地参与国家的综合决策，将环境问题纳入国家的重大决策中，其职能配置朝着统筹协调、宏观调控、监督执法和公共服务4个方向强化。

第二节　环境影响评价制度

我国于1978年中共中央在批转国务院关于《环境保护工作汇报要点》的报告中首次提出了进行环境影响评价工作的意向，1979年颁布的《环境保护法(试行)》正式确立了环境影响评价制度，1989年《环境保护法》和其他主要单行性环境法律也对环境影响评价制度作了进一步规定。1998年11月国务院发布《建设项目环境保护管理条例》，规定了建设项目环境影响评价的适用范围、评价内容、审批程序以及法律责任等内容。全国人大常委会于2002年10月28日通过的《环境影响评价法》，对规划和建设项目环境影响评价的适用范围、评价内容、审批程序、法律后果等进行了具体规定。

一、环境影响评价制度概述

环境影响评价(environment impact assessment, EIA)又称环境质量预断评价，是指在某项人为活动之前，对实施该活动可能造成的环境影响进行分析、预测和评估，并提出相应的预防或者减轻不良环境影响的措施和对策，采取跟踪监测的方法和制度。环境影响评价是一项社会性的活动，是运用科技手段而作出的科学评价，具有前瞻预测性、科学技术性和内容综合性的特征。

我国《环境影响评价法》(2002年)所称环境影响评价，是指"对规划和建设项目实施后可能造成的环境影响进行分析、预测和评估,提出预防或者减轻不良环境影响的对策和措施,进行跟踪监测的方法与制度”。也就是说我国《环境影响评价法》所指的环境影响评价是指规划和建设项目的环境影响评价。

环境影响评价制度是有关环境影响评价的适用范围、评价内容、审批程序、法律后果等一系列法律规定的总称。它是环境影响评价活动在的法定化、制度化,是贯彻预防为主原则、防止新的环境污染和生态破坏的一项重要法律制度。

二、环境影响评价的适用范围和分类管理

(一) 环境影响评价的适用范围

我国《环境影响评价法》规定:(1) 编制由国务院批准、国务院环境保护行政主管部门会同国务院有关部门规定的范围内的规划;(2) 在我国领域和管辖的其他海域内建设对环境有影响的项目,应当依照本法进行环境影响评价。一般将前者称为规划环境影响评价,后者成为建设项目环境影响评价。

规划环境影响评价适用于:国务院有关部门、设区的市级以上地方人民政府及其有关部门组织编制的土地利用的有关规划,区域、流域、海域的建设、开发利用规划(通常简称综合性规划);国务院有关部门、设区的市级以上地方人民政府及其有关部门组织编制的工业、农业、畜牧业、林业、能源、水利、交通、城市建设、旅游、自然资源开发的有关专项规划(《环境影响评价法》中简称专项规划);放射性固体废物处置场所选址规划等。

建设项目环境影响评价适用于对环境有影响的项目,包括工业、交通、水利、农林、商业、卫生、文教、科研、旅游、市政等对环境有影响的一切基本建设项目、技术改造项目和流域开发、开发区建设、城市新区建设和旧改造等区域性开发活动,包括中外合资、中外合作、外商独资等引进项目;建设储存、处置固体废物的项目等污染集中治理项目;核设施选址、建造、运行、退役等活动,开发利用或者关闭铀(钍)矿等核工业和核技术项目。

《环境影响评价法》还规定,建设项目的环境影响评价,应当避免与规划的环境影响评价相重复。作为一项整体建设项目的规划,按照建设项目进行环境影响评价,不进行规划的环境影响评价。已经进行了环境影响评价的规划所包含的具体建设项目,其环境影响评价内容建设单位可以简化。

(二) 环境影响评价的分类管理

我国《环境影响评价法》根据规划和建设项目对环境的影响程度和范围,对环境影响评价实行分类管理。进行环境影响评价的规划的具体范围,由国务院环境保护行政主管部门会同国务院有关部门规定,报国务院批准;建设项目的环境影响评价分类管理名录,由国务院环境保护行政主管部门制定并公布。2008 年 9 月 2 日,环境保护部公布了《建设项目环境影响评价分类管理名录》。

《环境影响评价法》规定:(1) 综合性规划在规划编制过程中组织进行环境影响评价,编写环境影响的篇章或者说明;(2) 专项规划在该专项规划草案上报审批前,组织进行环境影

响评价,提出环境影响报告书;(3) 专项规划中的指导性规划,按照综合性规划环境影响评价的规定进行环境影响评价。

建设单位应当按照下列规定组织编制环境影响报告书、环境影响报告表或者填报环境影响登记表:(1) 可能造成重大环境影响的,应当编制环境影响报告书,对产生的环境影响进行全面评价;(2) 可能造成轻度环境影响的,应当编制环境影响报告表,对产生的环境影响进行分析或者专项评价;(3) 对环境影响较小,不需要进行环境影响评价的,应当填报环境影响登记表。2008 年 9 月,环境保护部公布了《建设项目环境影响评价分类管理名录》,建设单位应当按照该名录的规定,分别组织编制环境影响报告书、环境影响报告表或者填报环境影响登记表。

三、环境影响评价的程序和责任

我国法律将环境影响评价的成果分为不同的形式,统称环境影响评价文件。《环境影响评价法》规定的环境影响评价文件有:综合性规划的环境影响的篇章或者说明、专项规划的环境影响报告书和建设项目的环境影响报告书、环境影响报告表或者填报环境影响登记表等形式。

综合性规划的编制机关,在规划编制过程中组织进行环境影响评价,编写该规划有关环境影响的篇章或者说明作为规划草案的组成部分一并报送规划审批机关。未编写有关环境影响的篇章或者说明的规划草案,审批机关不予审批。

专项规划的编制机关,在该专项规划草案上报审批前,组织进行环境影响评价,并向审批该专项规划的机关提出环境影响报告书。专项规划的编制机关在报批规划草案时,应当将环境影响报告书一并附送审批机关审查;未附送环境影响报告书的,审批机关不予审批。

在建设项目建议书或可行性研究阶段,建设单位应结合选址,对建设项目建设和投产使用后可能造成的环境影响,进行简要说明或初步分析;按照建设项目的环境影响评价分类管理的规定,组织编制在可行性研究阶段完成环境影响评价文件。环境影响评价文件中的环境影响报告书或者环境影响报告表,应当由具有相应环境影响评价资质的机构编制。

建设项目环境影响评价文件的审批程序分为报批、预审、审核和审批。建设单位应当在建设项目可行性研究阶段报批建设项目环境影响评价文件。按照国家有关规定,不需要进行可行性研究的建设项目,建设单位应当在建设项目开工前报批建设项目环境影响评价文件;其中,需要办理营业执照的,建设单位应当在办理营业执照前报批建设项目环境影响评价文件。

国家鼓励有关单位、专家和公众以适当方式参与环境影响评价。国家环保总局于 2006 年 2 月颁布的《环境影响评价公众参与暂行办法》,详细规定了公众参与环境影响评价的范围、程序、组织形式等内容。

违反环境影响评价制度的规定,要承担相应的法律责任。环境影响评价法加强了对违法者的法律制裁,规定了对规划编制机关、规划审批机关、建设项目审批部门、环境保护行政主管部门或者审批建设项目环境影响评价文件的其他部门、建设单位、接受委托为建设项目环境影响评价提供技术服务的机构的法律责任。

案情简介

圆明园整治工程环境影响听证会①

圆明园坐落在北京海淀区，是清朝五代皇帝150余年倾心营造的大型皇家宫苑，被冠以“万园之园”、“世界园林的典范”、“东方凡尔赛宫”等诸多美名，1860年英法联军侵华时被毁。圆明园遗址湖底清淤、防渗工程的建设单位为圆明园管理处，工程内容为圆明园环境综合整治，包括遗址保护、整修驳岸、整理山形清理湖淤、湖底防渗等工程。其中，湖底防渗工程共耗资3 000万元，自2004年9月开工，计划于2005年4月中旬完工。

2005年3月22日是“世界水日”，甘肃省植物协会副理事长兼兰州大学生命科学学院客座教授张正春利用在北京开会间隙来到圆明园遗址游览，看到了铺设湖底防渗膜的施工正在进行。作为古生态研究学者，他意识到这一工程可能会给圆明园带来严重的生态灾难。他认为，这一工程将破坏圆明园300年古园的天然水系，切断周边植被的生命水源，而更关键的是抹杀了圆明园这一著名古典园林真山真水的意境。因此张正春教授决定制止此事，遂向媒体反映了此事。3月28日，《人民日报》和人民网同时披露“圆明园湖底铺设防渗膜遭专家质疑”的消息，立即引起社会的广泛关注。海淀区政府随即组织专家召开论证会。随后，环保局、文物局、水务局等多家部门相继卷入争论之中。3月30日，北京市环保局有关人士表示，该项目并没有向北京市环保局和海淀区环保局申请环评。3月31日，国家环保总局叫停圆明园防渗工程。4月1日，国家环保总局根据《环境影响评价法》第31条的规定，责令圆明园管理处立即停止圆明园环境综合整治工程建设，并抓紧委托有资质的环境影响评价单位编制环境影响报告书报送国家环保总局。

鉴于圆明园遗址湖底防渗项目是在国家重点文物保护单位内建设，环境敏感程度高，环境影响特殊，且存在重大分歧意见，国家环保总局根据《行政许可法》和《环境保护行政许可听证暂行办法》的规定，决定在审查批复该工程环境影响报告书前，举行环境影响听证会，征求有关单位、专家和公众的意见。对于该工程的环境影响，社会各界反对的声音居主导地位。在听证会召开之前，有关的专家、学者就通过各种渠道对此工程进行了各种评价。2005年4月7日，国家环境保护总局发布了举行“圆明园湖底防渗工程公众听证会”的公告，指出申请人可以通过电话、传真、电子邮件或者信件等方式申请参加此次听证会。

2005年4月13日，国家环保总局召开圆明园环境整治工程的环境影响听证会。

① 本案例参考资料有：《环境保护行政许可听证实例与解析》，中国环境科学出版社2005年8月出版；宗建树、方芳、徐琦：《毁灭与重生的激情碰撞——圆明园整治工程环境影响听证会直击》，《中国环境报》2005年4月14日；伊欣：《圆明园听证会媒体共鸣，工程如何收尾和责任追究成为关注焦点》，《中国环境报》2005年4月15日。

来自社会各界代表120人和50多家媒体参加了听证。国家环保总局副局长潘岳指出，这次听证的全过程和最后的行政处理决定将完全向公众公开。由于场地所限，不能满足所有申请者的请求，国家环保总局通过人民网与新华网对听证会全过程进行网上直播，使更多热心公众能了解听证会的进展情况①。

案件分析

第一，圆明园整治工程是环境评价工作的一个转折点，是环境法和环境部门走向前台的一个标志性事件。

2004年9月，圆明园管理处未经环境影响评价就在国家重点文物保护单位内开始动工铺设防渗膜的圆明园遗址湖底防渗工程，这一事件引起了全社会的普遍关注。从事发、叫停，到国家环保总局根据环评报告要求全面整改，大约100天。这不寻常的100天，有人称之为一场“百日维旧”运动——维持圆明园作为国耻纪念地的定位，使之不沦落为游乐场；保护这一珍贵的文化遗产，使文物免遭破坏；保护圆明园的生态环境，不要因有关部门欲赢利而造成生态灾难。实际上，不独听证会，圆明园工程从叫停到听证、环评、评审直至决策的全过程，环保总局都依法向社会公开，搭建了一个平台，使公众的各种意见得以广泛而深入地表达、交流，使决策部门接触到不同的利益主体，听到不同的声音。圆明园事件“百日维旧”的意义不仅于此，它还是政府和民众共同创造和谐社会的成功尝试。建设和谐社会，实际是建立人与人之间、人与自然之间的和谐关系，圆明园事件就体现了各方利益主体的相互关系：中央部门与地方政府之间、各部门（环保、水利、文物、园林）之间、代表不同利益和价值观的公众之间，以及最令人瞩目的政府和公众之间的关系。

国家环保总局就圆明园湖底防渗工程的环境影响问题举行公众听证会，这是国家环保总局首次举行的环境影响评价听证会，是有史以来我国环境保护领域最大规模、最大影响的环境问题听证会，也是生态知识普及的社会大课堂。这次听证会将听证过程与行政决定向全社会透明公开，让一切都在阳光之下，民众、政府、建设方都能获得收益，走出了我国民众参与环境保护的重大的一步，这必将对我国环境影响评价及环境保护产生极大的深远影响。

第二，圆明园环境整治工程环境影响听证会，既是环境保护行政主管部门依法行政的典范，也是公众参与环境保护社会监督的成功典型。

该案集中了我们这个时代经常面对的各种主题：公众知情权、科学民主决策、生态保护、文物保护，涉及体制、法治、社会等各种问题。从专家与公众的诸多陈述中，我们似可以得出这样的看法：圆明园环境整治工程作为一个重大决策事项，从管理和决策权的归属，到决策所必须履行的程序，再到决策实施的监督等等，都有深入思考的必要。

2003年开始实施的《环境影响评价法》和2006年出台的《环境影响评价公众参与暂行办法》，对公众参与环境影响评价过程作了详细规定，极大提高了公众参与环境影响评价的可操

---

① 记者徐琦：《总局举行圆明园整治工程环境影响听证会》，《中国环境报》2005年4月14日。

作性。根据《环境影响评价法》,公众可以通过多种渠道参与到环境影响评价的过程中,使其意见得到环境行政决策部门的考虑。环境影响评价的公众参与包括规划环评的公众参与和建设项目环评的公众参与。规划的公众参与应当在规划草案报送审批之前进行,形式多为论证会、听证会等。建设项目环境影响评价的公众参与分为三个阶段:第一阶段为建设单位在确定了承担环境影响评价工作的环境影响评价机构后;第二阶段为建设单位或其委托的环境影响评价机构在发布信息公告、公开环境影响报告书的简本后;第三阶段为环保部门在受理建设项目环境影响报告书之后。组织建设项目环评公众参与的单位包括建设单位或其委托的环境影响评价机构以及负责审评建设项目的环保部门。建设项目环评公众参与的形式包括调查公众意见、咨询专家意见、座谈会、论证会、听证会等。《环境影响评价法》是在源头把关的法律,进一步贯彻落实该法,强化公众参与环境影响评价的听证制度,是一件刻不容缓的事情。

对圆明园环境整治工程这一重大、敏感、密切关系公众利益的项目和政策在决策前举行听证会,充分听取公众意见和建议,是环境保护实现科学决策、民主决策、依法决策的重要保证,也是公众积极参与环境保护、维护环保的公平和正义及权益的迫切愿望和呼声。国家环保总局依法召开圆明园环境整治工程环境影响听证会,使国家环保总局这一举措成为依法行政的典范,使这次公众参与成为环境保护社会监督的成功典型。

第三,圆明园事件也暴露了在环评实践中的很多问题,事件的处理促进了相关的制度建设。

课堂讨论

对金沙江溪洛渡水电站等30个违法开工项目建设单位的行政处罚①

2005年1月18日,国家环境保护总局宣布,根据《环境影响评价法》和《建设项目环境保护管理条例》的相关规定,责令立即停止包括中国长江三峡工程开发总公司金沙江溪洛渡水电站在内的13个省市的30个违法开工项目,并对各项目业主单位处以最高20万元的处罚。这是《环境影响评价法》实施后首次大规模责令停止建设违法项目。

30个项目中不少项目已经通过有关部门批准立项。例如,三峡地下电站项目于2004年11月经国务院三峡工程建设委员会批复同意建设,三峡工程电源电站项目经国务院三峡工程建设委员会2003年9月同意建设,金沙江溪洛渡水电站项目2002年9月国务院批准立项。但是,这些项目的环境影响评价报告书都没有经过环保部门批准。而且,这30个项目涉及全国13个省市,项目投资巨大,涉及资金数十亿乃至上百亿元,总投资达1 179.4亿元。依法停建这些项目,引发强烈震动,被舆论首次称为“环保风暴”。

根据2003年9月1日实施的《环境影响评价法》第31条的规定,建设单位未依法报批建设项目环境影响评价文件,或者未依法重新报批或者报请重新审核环境

① 参看王灿发、常纪文主编:《环境法案例教程》,清华大学出版社、北京交通大学出版社2008年10月版,第36～37页。

影响评价文件，擅自开工建设的，由有权审批该项目环境影响评价文件的环境保护行政主管部门责令停止建设。这30个曝光停建的建设项目都是在环境影响评价报告书未获批准的情况下，就已开工建设，有些工程已基本完成，属于典型的未批先建的违法工程，因此，环境保护部门依法责令立即停止这些项目的建设。在被通报后不到一周的时间，只有22个项目按规定停建，还有8个单位没有执行停建决定。为此，国家环境保护总局于2005年1月24日向上述8个项目的业主单位发出"行政处罚事先告知书"和"限期改正通知书"，并表示如果上述业主单位拒不执行停建决定，国家环境保护总局将提请司法机关予以强制执行。在国家环境保护总局和国家发展与改革委员会联合发出《关于加强水电建设环境保护工作的通知》后，这8个项目陆续停建并按照《环境影响评价法》第31条规定补办了环评手续。在30个违法开工项目单位递交环境影响评价书后，国家环境保护总局专门对这些项目的评价书进行了审查，对符合《环境影响评价法》的项目，下发了项目环评同意函。到2005年4月，这些项目已先后通过环境影响评价审批，陆续恢复施工。

讨论题：1. 结合上述案例，分析我国环境影响评价制度存在的主要问题。
2. 环境影响评价制度的适用范围和主要内容有哪些？
3. 环境影响评价制度对公众参与有何要求？

第三节 "三同时"制度

在20世纪60年代初，国务院在防止矽尘危害的规定中就提出了"三同时"的要求。1979年试行的《环境保护法(试行)》将其确定为环境法的一项主要制度，以后其他环境保护法律、法规大都体现了这项制度的要求。如《环境保护法》(1989年)第26条规定："建设项目中防治污染的设施，必须与主体工程同时设计、同时施工、同时投产使用。防治污染的设施必须经原审批环境影响报告书的环境保护行政主管部门验收合格后，该建设项目方可投入生产或者使用。"《水土保持法》第19条规定："建设项目中的水土保持设施，必须与主体工程同时设计、同时施工、同时投产使用。建设工程竣工验收时，应当同时验收水土保持设施，并有水行政主管部门参加。"1998年11月国务院发布了《建设项目环境保护管理条例》，对"三同时"制度的范围、内容、程序和法律责任等作了具体的规定。

"三同时"制度，是指对环境有影响的建设项目，其环境资源保护设施必须与主体工程同时设计、同时施工、同时投产使用的法律制度。"三同时"制度，是我国环境管理实践经验的总结，是贯彻"预防为主"原则、防止新污染和生态破坏产生的有效措施，是加强建设项目的环境管理的有效手段。

一、“三同时”制度的适用范围

“三同时”制度适用于对环境有影响的建设项目，主要根据建设项目的环境影响评价的结论加以确定的。从项目的涉及行业看，主要包括工业、交通、水利、农林、商业、卫生、文教、科研、旅游、市政等；从项目的类型看，主要包括基本建设项目、技术改造项目、区域开发建设项目、引进的建设项目、确有经济效益的综合利用项目、环保集中处理设施建设项目等；从项目建设类别看，主要包括新建项目、改建项目、扩建项目、技术改造项目等。“三同时”制度中的环境保护设施包括防治环境污染设施、防治环境破坏设施、放射工作场所的放射防护设施。

二、“三同时”制度的主要内容和程序

（一）同时设计阶段

建设项目的初步设计，应当按照环境保护设计规范的要求，编制环境保护篇章，并依据经批准的建设项目环境影响报告书或者环境影响报告表，在环境保护篇章中落实防治环境污染和生态破坏的措施以及环境保护设施投资概算。内容应包括：环境资源保护措施的设计依据；环境影响报告书（表）及审批规定的各项要求和措施；防治污染的处理工艺流程、预期效果；对资源开发引起的生态变化所采取的防范措施；绿化设计、监测手段；环境资源保护投资概算等。建设单位在建设项目投入施工前，必须向环境行政主管部门提交初步设计中的环保篇章。施工图设计，必须按照已批准的初步设计文件及其环境资源保护篇章所确定的各种措施的要求设计。《建设项目环境保护设计规定》（1987年）对实施同时设计规定了具体的要求。

（二）同时施工阶段

建设单位与施工单位应将环境资源保护工程纳入施工计划、建设进度，做好环境资源保护工程施工组织工作，保证环保设施施工所需要的资金、材料供应，落实环境行政主管部门对施工阶段的要求。在施工过程中应当保护施工现场周围的环境，防止环境污染和环境破坏。

（三）同时投产使用阶段

建设项目建成后，建设单位必须依法履行验收手续，经批准后才可正式投入生产或使用。验收程序包括：(1) 需要试生产的建设项目，由建设单位向行业主管部门和环境行政主管部门提交试运行申请报告，经批准后，环保设施与主体工程同时投入试运行；(2) 建设项目自投入试生产之日起3个月内向行业主管部门和环境行政主管部门提交环保设施验收申请报告（申请表），并附试运行监测报告（或验收调查报告），由环境行政主管部门组织验收；(3) 分期建设、分期投入生产或者使用的建设项目，其配套的环境保护设施分期验收；(4) 环境行政主管部门自收到环境保护设施验收申请之日起30日内完成验收，并予以批复或签署意见；(5) 建设项目经环境保护设施验收合格并取得批准后，方可正式投入生产或使用。建设单位负责建设项目竣工验收后防治污染设施的正常运转。建设项目投入生产和使

用后，防治污染的设施不得擅自拆除或者闲置；确有必要拆除或者闲置的，必须征得所在地的环境保护行政主管部门同意。

三、“三同时”制度实施中的监督管理职责

环境保护行政主管部门负责对建设项目初步设计中的环境保护篇章的审查；对建设施工检查；负责环境保护设施的竣工验收；负责环境保护设施运转和使用情况的监督检查；依法对“三同时”制度的违反者，追究行政责任。

建设项目主管部门负责初步设计中环境保护篇章和环保设施竣工验收的预审，监督建设项目的设计与施工中的环境保护措施的落实，监督建设项目竣工验收后环境保护设施的正常运转。

对“三同时”制度要求的环境保护篇章经环境保护部门审查的建设项目，有关部门不办理施工执照；建设项目没有取得环境保护设施验收合格批准的，工商部门不办理营业执照。

课堂讨论

国家环境保护总局通报
“十五”期间审批建设项目核查结果①

为落实国务院《关于落实科学发展观加强环境保护的决定》，加大环境违法的查处力度，从源头防止环境污染及生态破坏，国家环境保护总局在 2006 年对“十五”期间由环保总局审批的 2 453 个建设项目的建设进展及执行“三同时”情况进行了核查。

在进行第一阶段检查时发现，有 8 个项目存在违规问题：山西吕梁焦化厂年产 60 万吨机焦项目(一期工程)未申请环保验收，该企业二期工程的两台机焦炉未经环评审批已基本建成；山东沾化电厂热电联产扩建工程至今未申请环保验收，脱硫设施未与主体设备同步建成投运；四川江油电厂 2×300 MW 扩建工程脱硫装置与主体发电设施未能同步建成；山东海化股份有限公司 2.4 万吨/年三聚氰胺工程未经环保验收擅自投运，自备电厂锅炉二氧化硫排放浓度严重超标；唐山发电厂技术改造项目(1×300 MW)和二期改造项目(1×300 MW)工程、浙江甬金公路工程、青岛-银川公路冀鲁界至石家庄段工程至今未申请环保验收；上海市外环线一、二期工程未落实总局下达的整改要求，沿线声环境敏感点未采取隔声降噪措施。

根据我国环境法的规定，违反“三同时”制度规定，试生产建设项目配套建设的环境保护设施未与主体工程同时投入试运行的，由审批该建设项目环境影响评价文件的环境保护行政主管部门责令限期改正；逾期不改正的，责令停止试生产，可以处以罚款。建设项目投入试生产超过 3 个月，建设单位未申请环境保护设施竣工验收的，由审批该建设项目环境影响评价文件的环境保护行政主管部门责令限期办理环境保护设施竣工验收手续；逾期未办理的，责令停止试生产，可以处以罚款。建设

① 步雪琳：《环保总局处理八个违反“三同时”项目》，《中国环境报》2006 年 10 月 12 日。

项目需要配套建设的环境保护设施未建成、未经验收或者经验收不合格，主体工程正式投入生产或者使用的，由审批该建设项目环境影响文件的环境保护行政主管部门责令停止生产或者使用，可以处以罚款。

国家环境保护总局在检查发现违法行为后，根据相关法律法规，对这8个违法项目分别给予停止试生产和限期整改等处罚：山西吕梁焦化厂年产60万吨机焦项目(一期工程)、山东沾化电厂热电联产扩建工程、四川江油电厂2×300 MW扩建工程、山东海化股份有限公司2.4万吨/年三聚氰胺工程等4个项目被责令停止试生产，限期改正，逾期达不到要求的，进一步处罚。唐山发电厂技术改造项目(1×300 MW)和唐山发电厂二期改造项目(1×300 MW)工程、上海市外环线一、二期工程、甬金公路(宁波K42+437至嵊州K89+400段)与(嵊州K89+954至金华K183+974段)、青岛-银川公路冀鲁界至石家庄段工程等4个项目被责令限期改正，逾期达不到要求的，进一步处罚。

2006年10月12日，国家环境保护总局公布了对8个违反"三同时"建设项目的处理情况。原国家环境保护总局有关负责人表示，近几年，一些能耗高、污染严重的项目盲目扩张的势头强劲，未批先建、不执行"三同时"管理制度的问题十分突出，污染了环境，破坏了生态，影响了群众的生活，危害群众的身体健康，有悖科学发展观的要求。分析其原因，仍是一些地方政府重经济增长轻环境保护，为追求短期政绩搞地方保护主义，不支持甚至阻碍环境审批，以及有关部门监管不力造成的。

讨论题：1. 结合上述案例，分析我国"三同时"制度存在的主要问题。
2. "三同时"制度的适用范围和主要内容有哪些？
3. "三同时"制度对建设项目的竣工验收有何要求？

第四节　环境许可制度

在国外，有人把环境法分为预防法和规章法两大类，许可制度是规章法的重要组成部分，被认为是环境行政管理的支柱性措施。在各种环境许可制度中得到广泛实施的是排污许可制度，2008年1月9日，国家环保总局发出"关于征求对《排污许可证管理条例》(征求意见稿)意见的函"，公布了《排污许可证管理条例》(征求意见稿)；同年修订的《水污染防治法》明确规定"国家实行排污许可制度"①。

① 《水污染防治法》(2008年)第20条规定："直接或者间接向水体排放工业废水和医疗污水以及其他按照规定应当取得排污许可证方可排放的废水、污水的企业事业单位，应当取得排污许可证；城镇污水集中处理设施的运营单位，也应当取得排污许可证。排污许可的具体办法和实施步骤由国务院规定。禁止企业事业单位无排污许可证或者违反排污许可证的规定向水体排放前款规定的废水、污水。"

一、环境许可制度概述

环境行政许可是指国家有关环境管理机关，根据公民、法人或者其他组织的申请，经依环境法的有关规定和法定程序进行审查，准予其从事某项对环境有影响的活动的行为。根据我国《行政许可法》的规定，环境资源方面可以设定行政许可的事项主要有：直接涉及生态环境保护等特定活动，需要按照法定条件予以批准的事项；有限自然资源开发利用、公共资源配置以及直接关系公共利益的特定行业的市场准入等，需要赋予特定权利的事项等。

环境许可制度，又称环境行政许可证制度，是指公民、法人或者其他组织从事开发利用环境资源活动之前，必须向有关环境资源管理机关提出申请，经审查批准，取得行政许可证件后，才能进行该活动的一整套管理措施。

环境许可制度是国家为加强环境管理而采用的一种卓有成效的行政管理制度，它采用规范化的行政许可程序，使申请人在公开透明的条件下获得公正待遇，既有利于管理机关了解环境的实际状况从而实施有针对性的管理，又有利于社会公众进行监督。概括起来，环境许可制度具有如下作用。

(1) 可以把影响环境的各种开发、建设、经营、排污活动纳入国家统一管理的轨道，并将其严格控制在法律规定的范围内，使国家能够有效地进行环境管理。

(2) 有利于主管机关及时掌握各方面情况，及时制止不当开发、生产和各种损害环境的活动，及时发现违法者，加强国家环境管理部门的监督检查，促使法律、法规的有效实施。

(3) 有利于调动环境管理相对人保护环境的积极性，促使开发利用环境者加强环境管理，进行技术改造和工艺改造，推行清洁生产，节约资源，减少排污。

(4) 有利于实现我国环境管理战略思想的转变，促使我国的环境管理向科学化、法制化和规范化发展。

(5) 有利于公众参与环境管理，特别是对损害环境的活动的监督。

二、环境许可的管理程序

不同类型的行政许可证在管理程序上有所不同，一般包括申请、受理、审查、听证、决定、变更与延续等主要阶段。以排污许可证为例，其管理程序主要包括以下阶段。

(1) 申请。由申请人向有关主管机关提出书面申请，并附有为审查所必需的各种材料。

(2) 审查。主管机关可在报刊上公布受理的申请，并征求各方面的意见，根据有关规定对申请进行审查。

(3) 决定。主管机关经审查后作出颁发或拒发许可证的决定，同意发证时，应告知持证人的义务和限制条件；拒绝发证时，应说明拒发的理由。

(4) 监管。主管机关要随时对持证人执行许可证的情况进行监督检查，可要求持证人提供有关资料，现场检查设备，监测排污情况，发布行政命令等。在情况发生变化或持证人的活动影响周围公众利益时，可以修改许可证中原来规定的条件。

(5) 处理。如果持证人违反许可证规定的义务或限制条件，主管机关可以中止、吊销许可证，并对违法者追究法律责任。

课堂讨论

长春市对重点排污单位实施排污许可证管理

为加强对重点排污单位的环境监管，促进污染减排工作，长春市根据国家有关法律、法规，决定对重点排污单位实施排污许可证管理。2008年12月4日，长春市环保局发布《关于对重点排污单位实施排污许可证管理的通知》，公布了国省控重点污染及有污染减排任务的大唐长春第二热电有限责任公司等60家首批实施排污许可证管理单位名单，年底前完成这些单位的排污许可证发放。相关部门将强化监督管理，对无证排污单位，工商部门不予发放(审核)工商营业执照，环保部门将对其实施新项目限批，并依法予以处罚。

此次申请领取排污许可证，必须具备下列条件：生产能力、工艺、设备、产品符合国家和地方现行产业政策要求；排放污染物达到国家或者地方规定的污染物排放标准和所在区域污染物排放总量控制指标的要求；有符合国家和地方规定标准和要求的污染防治设施和污染物处理能力，设施委托运行的，运行单位应取得环境污染治理设施运营资质证书；设置规范化的排污口；按规定应当安装污染物排放自动监控仪器者，已按照国家的标准、规范安装自动监控仪器；有环境保护管理制度和污染防治措施(包括应急措施)；有生产经营的合法资质；依法进行排污申请登记；已依法交纳排污费；法律、法规规定的其他条件。对未达到规定条件的，环保部门不予发证，或颁发临时排污许可证，并责令限期整改。

排污许可证分排污许可证和临时排污许可证。排污许可证的有效期限为三年，临时排污许可证的有效期限最长不超过一年。持有排污许可证或临时排污许可证的排污者应遵守有关规定。

从2009年开始，该市建设项目推行排污许可证，待国家排污许可证条例出台后，该制度将在全市范围内全面实施。

讨论题：1. 结合上述案例，分析我国环境许可制度存在的主要问题。
2. 什么是环境许可制度？环境许可制度有何作用？
3. 试分析环境许可制度的程序。

第五节 排污收费制度

我国在1978年12月首次提出实行排污收费制度，1979年的《环境保护法(试行)》第18条作出了超标排污收费的规定。1982年12月颁布的《征收排污费暂行办法》，1988年国务院发布的《污染源治理专项基金有偿使用暂行办法》，2003年国务院发布的《排污费征收使用管理条例》，都对排污收费制度的范围、内容、程序和法律责任等作了具体的规定。

排污收费是环境保护行政管理部门对向环境排放污染物或超过国家排放标准排放污染物的排污者，按照污染物的种类、数量和浓度，根据规定征收一定的费用。排污收费制度是有关征收排污费的对象、范围、标准以及排污费的征收、使用和管理等等一系列法律规定的总称。排污收费既是环境管理中的一种经济手段，又是“污染者付费原则”的具体执行方式之一。

一、征收排污费的范围

征收排污费的范围是直接向环境排放污染物的单位和个体工商户(简称为排污者)。但排污者向城市污水集中处理设施排放污水、缴纳污水处理费用的，不再缴纳排污费。排污者建成工业固体废物贮存或者处置设施、场所并符合环境保护标准，或者其原有工业固体废物贮存或者处置设施、场所经改造符合环境保护标准的，自建成或者改造完成之日起，不再缴纳排污费。

二、污染物排放种类、数量的核定

排污者应当按照国务院环境保护行政主管部门的规定，向县级以上地方人民政府环境保护行政主管部门申报排放污染物的种类、数量，并提供有关资料；环境保护行政主管部门，应当按照规定的核定权限对排污者排放污染物的种类、数量进行核定，并书面通知排污者；排污者对核定的污染物排放种类、数量有异议的，自接到通知之日起 7 日内，可以向发出通知的环境保护行政主管部门申请复核；环境保护行政主管部门应当自接到复核申请之日起 10 日内，作出复核决定。

三、排污费的征收

负责污染物排放核定工作的环境保护行政主管部门，根据排污费征收标准和排污者排放的污染物种类、数量，确定排污者应当缴纳的排污费数额，并予以公告；排污费数额确定后，由负责污染物排放核定工作的环境保护行政主管部门向排污者送达排污费缴纳通知单；排污者应当自接到排污费缴纳通知单之日起 7 日内，到指定的商业银行缴纳排污费。商业银行应当按照规定的比例将收到的排污费分别解缴中央国库和地方国库。

排污者因不可抗力遭受重大经济损失的，可以依照规定申请减半缴纳排污费或者免缴排污费。排污者因有特殊困难不能按期缴纳排污费的，自接到排污费缴纳通知单之日起 7 日内，可以向发出缴费通知单的环境保护行政主管部门申请缓缴排污费；排污费的缓缴期限最长不超过 3 个月。

四、排污费的使用

排污费必须纳入财政预算，列入环境保护专项资金进行管理，主要用于下列项目的拨款补助或者贷款贴息：重点污染源防治；区域性污染防治；污染防治新技术、新工艺的开发、示范和应用；国务院规定的其他污染防治项目。

五、违反排污收费制度的法律责任

违反排污收费制度，依法应承担相应法律责任的行为主要有：排污者以欺骗手段骗取批准减缴、免缴或者缓缴排污费的；环境保护专项资金使用者不按照批准的用途使用环境保护专项资金的；环境保护行政主管部门应当征收而未征收或者少征收排污费的；环境保护行政主管部门、财政部门、价格主管部门的工作人员违反本条例规定批准减缴、免缴、缓缴排污费的，截留、挤占环境保护专项资金或者将环境保护专项资金挪作他用的，不按照规定履行监督管理职责，对违法行为不予查处，造成严重后果的。

案情简介

江西省无线电高级技工学校排污费征收案[1]

2004 年 6 月 28 日，江西省无线电高级技工学校收到南昌市环保局送达的《排污核定复核决定通知书》和《排污费缴纳通知单》，要求该校自 2004 年 1 月起每月缴纳 9 375 元排污费。该校认为，其属于财政全额拨款的公办教育事业单位，排放的是教职工、学生生活用水，并且污水排入城市污水管网，按规定缴纳了污水处理费，根据《排污费征收使用管理条例》有关规定，无须再缴纳排污费，环保局属于重复收费。同年 7 月初，该校向江西省环保局申请行政复议，要求撤销南昌市环保局的《排污费缴纳通知单》。江西省环保局收到行政复议申请后，对复议申请进行了审查，并于同年 8 月底作出维持南昌市环保局对该校征收排污费的复议决定；9 月初，该校不服江西省环保局作出的复议决定，向南昌市西湖区人民法院提起行政诉讼，要求撤销被告及复议机关作出的行政决定。

法院经审理认为，原告虽然缴纳了污水处理费，但其污水并未排入城市污水集中处理设施，而是未经处理直接排入赣江，所以不能适用《排污费征收使用管理条例》的规定免除其缴纳排污费的义务。被告南昌市环保局是征收排污费的法定主体，依据国务院《排污费征收使用管理条例》规定，向原告征收排污费的行政行为事实清楚、证据确凿、适用依据正确、程序合法，应予维持。原告诉讼是对有关法律、法规产生误解，属理解上的偏差，故不予支持。随后，原告依据判决，按照南昌市环保局《排污费缴纳通知单》缴纳了排污费。

案例评析

本案主要涉及排污费与污水处理费两个不同概念及其不同的法律意义，争议点在于污水处理费是否等于排污费。

---

① 参见《环保案例——污水处理费是否等于排污费》，载于武清信息网：http://www.tjwq.gov.cn/system/2008/09/28/010094371.shtml，2008-09-28 上传。

根据国务院颁发的《排污费征收使用管理条例》的规定,排污费是由环境保护行政主管部门依法向排放污染物的单位强制收取的费用,包括排污费和超标排污费,依法缴纳是排污者应当履行的法定义务,属于行政收费。排污费是按照排放水污染物的种类、数量和《排污费征收标准管理办法》规定的收费标准计征的收费额。而污水处理费是指向城市污水集中处理设施排放污水的排污者征收的费用。使用城市供水的居民交纳的城市污水处理费,由城市污水处理费征收机构委托城市供水企业在收取水费时一并收取。由此可见,与作为行政收费的排污费不同,污水处理费是一项服务性收费,是以提供污水处理服务为前提的。

本案原告交纳了污水处理费,因而认为不应该再交纳排污费。而根据《排污费征收使用管理条例》第 2 条规定:直接向环境排放污染物的单位和个体工商户(简称排污者),应当依照条例的规定缴纳排污费;排污者向城市污水集中处理设施排放污水、缴纳污水处理费用的,不再缴纳排污费。从法律规定可以看出,两者并不能等同。缴纳污水处理费,仅仅是《排污费征收使用管理条例》第 2 条规定的可以不再缴纳污水排污费的两个必要条件中的一个,还有一个条件就是排污者应向城市污水集中处理设施排放污水。

《水污染防治法》(1996 年)第 15 条第 1 款规定:"企业事业单位向水体排放污染物的,按照国家规定缴纳排污费;超过国家或者地方规定的污染物排放标准的,按照国家规定缴纳超标排污费。"①从规定可知,排污费的征收对象并非仅针对企业,凡直接向环境排污的企业事业单位,都应承担缴纳排污费的义务。所以,原告主张其"属于财政全额拨款的公办教育事业单位,排放的是教职工、学生生活用水,不应该缴纳排污费",是没有法律根据的。同时,原告将污水直接排入环境,有关环保局依法有权对直接向环境排放污染物的排污者征收排污费。

课堂讨论

1. 结合上述案例,分析排污收费与污水处理费和罚款的主要区别。
2. 什么是排污收费制度?
3. 试述排污收费制度的主要内容。

第六节　环境监测与现场检查制度

环境监测与现场检查是环境管理的重要法律制度,也是环境执法的重要手段。《环境保护法》、《水污染防治法》和《环境噪声污染防治法》等法律都有环境监测和现场检查的条款。《全国环境监测管理条例》(1983 年)、《环境监理工作暂行办法》(1991

① 2008 年修订的《水污染防治法》第 24 条规定:"直接向水体排放污染物的企业事业单位和个体工商户,应当按照排放水污染物的种类、数量和排污费征收标准缴纳排污费。"

年)、《污染源自动监控管理办法》(2005年)、《环境监测管理办法》(2007年)、《水污染源在线监测系统运行与考核技术规范(试行)》(2007年)、《全国污染源普查条例》(2007年)等法规、规章和标准对环境监测和现场检查作了具体规定。

一、环境监测与现场检查制度的概念

环境监测是指依法从事环境监测的机构及其工作人员,按照有关法律法规规定的程序和方法,运用物理、化学或生物等方法,对环境各项要素或污染物的状况进行测定的活动。环境监测制度是指法律对环境监测的机构、对象、范围、内容、程序和监测结果的效力所作的一系列规定,是环境监测活动的法定化、制度化。

现场检查是指有环境监督管理权的机关指派监管人员,依法到被监督管理的单位进行实地检查。环境现场检查制度是有关现场检查的措施、方法和程序的一整套法律规范,是现场检查活动的法定化、制度化。

环境监测是环境管理的“哨兵”、“耳目”,是环境管理的重要组成部分,是环境管理最为重要的基础性和前沿性工作;依法取得的环境监测数据,是环境统计、排污申报核定、排污费征收、环境执法、目标责任考核的依据。进行环境监测和现场检查,是调查研究、了解情况、查处违法案件、开展环境保护监督管理工作的基本途径;是进行环境保护工作、合理地开发利用自然资源和进行环境科学研究、制定环境保护规划及进行环境信息化管理的基础;能够促使排污单位依法加强环境管理,积极采取污染防治措施,减少污染物的排放和消除污染事故隐患。另外,环境监测与现场检查的信息可以用来制定或修改各类环境标准;依法进行环境监测与现场检查的结果可以作为环境执法、环境纠纷处理的依据。因此,环境环境监测与现场检查对于环境管理、立法和司法都有着重要的意义和作用。

二、环境监测制度的主要内容

(一)环境监测的分类

环境监测按其对象,可以分为类别:(1)环境质量监测。它又分为大气质量监测、水质监测、土壤监测等。(2)污染源监督性监测。按照污染源又分为流动污染源、固定污染源、工业污染源等各种污染源监测;按污染物的性质,又可分为“三废”监测、噪声监测、热污染监测、放射性监测等。(3)突发环境污染事件应急监测。(4)为环境状况调查和评价等环境管理活动提供监测数据的其他环境监测活动等。

环境资源监测调查也可以按其他方法分类,如按监测方式,可分为定点监测、流动监测,连续性监测、间断性监测,自动监测、手动监测等。

环境监测工作是县级以上环境保护部门的法定职责。县级以上环境保护部门应当按照数据准确、代表性强、方法科学、传输及时的要求,建设先进的环境监测体系,为全面反映环境质量状况和变化趋势,及时跟踪污染源变化情况,准确预警各类环境突发事件等环境管理工作提供决策依据。

（二）环境监测的管理

（1）环境保护部门。县级以上环境保护部门对本行政区域环境监测工作实施统一监督管理，履行下列主要职责：制定并组织实施环境监测发展规划和年度工作计划；组建直属环境监测机构，并按照国家环境监测机构建设标准组织实施环境监测能力建设；建立环境监测工作质量审核和检查制度；组织编制环境监测报告，发布环境监测信息；依法组建环境监测网络，建立网络管理制度，组织网络运行管理；组织开展环境监测科学技术研究、国际合作与技术交流；对环境监测质量进行审核和检查。

国家环境保护总局负责依法制定统一的国家环境监测技术规范，适时组建直属跨界环境监测机构。县级以上环境保护部门负责统一发布本行政区域的环境污染事故、环境质量状况等环境监测信息。有关部门间环境监测结果不一致的，由县级以上环境保护部门报经同级人民政府协调后统一发布。

（2）环境监测机构。县级以上环境保护部门所属环境监测机构具体承担下列主要环境监测技术支持工作：开展环境质量监测、污染源监督性监测和突发环境污染事件应急监测；承担环境监测网建设和运行，收集、管理环境监测数据，开展环境状况调查和评价，编制环境监测报告；负责环境监测人员的技术培训；开展环境监测领域科学研究，承担环境监测技术规范、方法研究以及国际合作和交流；承担环境保护部门委托的其他环境监测技术支持工作。

（3）环境监测标志。环境监测工作，应当使用统一标志。环境监测人员应佩戴环境监测标志，环境监测站点设立环境监测标志，环境监测车辆印制环境监测标志，环境监测报告附具环境监测标志。环境监测统一标志由国家环境保护总局制定。

（4）环境监测网。县级以上环境保护部门按照环境监测的代表性分别负责组织建设国家级、省级、市级、县级环境监测网，并分别委托所属环境监测机构负责运行。环境保护部门所属环境监测机构按照其所属的环境保护部门级别，分为国家级、省级、市级、县级四级。上级环境监测机构应当加强对下级环境监测机构的业务指导和技术培训。

（5）环境监测信息和数据。各级环境监测机构应当按照国家环境监测技术规范进行环境监测，并建立环境监测质量管理体系，对环境监测实施全过程质量管理，并对监测信息的准确性和真实性负责。环境监测信息未经依法发布，任何单位和个人不得对外公布或者透露。县级以上环境保护部门所属环境监测机构依据监测管理办法取得的环境监测数据，应当作为环境统计、排污申报核定、排污费征收、环境执法、目标责任考核等环境管理的依据。各级环境保护部门应当逐步建立环境监测数据信息共享制度。

（三）环境监测方面的法律责任

县级以上环境保护部门及其工作人员、环境监测机构及环境监测人员有下列行为之一的，由任免机关或者监察机关按照管理权限依法给予行政处分；涉嫌犯罪的，移送司法机关依法处理：未按照国家环境监测技术规范从事环境监测活动的；拒报或者两次以上不按照规定的时限报送环境监测数据的；伪造、篡改环境监测数据的；擅自对外公布环境监测信息的。排污者拒绝、阻挠环境监测工作人员进行环境监测活动或者弄虚作假的，由县级以上环境保护部门依法给予行政处罚；构成违反治安管理行为的，由公安机关依法给予治安处罚；构成犯罪的，依法追究刑事责任。

三、环境现场检查制度的主要内容

（一）环境现场检查的特点

环境现场检查制度的特点主要有：(1) 检查主体和内容的特定性。从事环境现场检查的机构只能是法定的行政机关，未经法律、法规授权的机构无权进行现场检查，主要是县级以上环境保护行政主管部门或其他依照法律规定行使环境监督管理权的部门；其检查内容也必须是法定的与环境保护有关的事项，而不是对被检查单位的任何活动现场都能检查。检查机关应当依照有关法律的规定行使现场检查权，并应当为被检查的单位保守技术秘密和业务秘密，参加现场检查的人员须持有行政执法证件，并由两名或两名以上检查的人员实施现场检查。(2) 检查行为的强制性。环境现场检查是一种单方的行政行为，进行现场检查不需要取得被检查单位的同意；被检查的单位应当如实反映情况，提供必要的资料；对拒绝现场检查的单位和个人，可以给予行政处罚。(3) 检查范围的固定性。检查机关只能对其管辖范围内的单位和个人进行检查，而不能对管辖范围以外的单位和个人进行现场检查；检查机关应当为被检查的单位保守技术秘密和业务秘密。(4) 检查时间的随机性。检查机关可以随时对排污单位进行现场检查，而不必事先通知被检查单位。

（二）现场检查的方式与内容

现场检查的方式有综合检查、单项检查，普查、抽查，经常性检查、临时性检查，事故性检查、调研性检查等。检查内容主要是被检查对象遵守环境法律、法规，执行环境行政监督管理部门有关命令、决定的情况以及与环境保护有关其他情况，主要包括：(1) 对排放污染物和污染治理设备运行情况进行现场检查。依据法律、法规规定，环境保护部门有权对管辖范围内的排污单位的污染物排放情况和污染治理设施的使用情况、对建设项目的建设施工进行现场检查，以便及时发现有违法行为，及时作出相关的行政处罚。(2) 环境污染事故与纠纷等的现场检查。主要是在环境污染事故与纠纷等发生后，环境保护部门通常要对现场进行调查后，才能作出相应的决定和采取相应的措施。(3) 环境信息的收集。现场检查是政府获得环境信息的基本方式之一，环境保护部门为了环境监督管理工作进行信息资料收集依法进行必要的现场检查，以便环境信息得到妥善的管理和及时的反映。

案情简介

合肥市地方行政性法规限制环境执法的问题

2007年5月下旬，国家环保总局组织对安徽、河南、广西、四川、陕西5个省、自治区，共16个市工业园区和重点污染企业进行了环保专项行动督查。6月15日，环保总局与监察部决定联合对五个开发区九家企业挂牌督办，公布了《2007年环保专项行动环保总局与监察部联合挂牌督办名单》，该名单指出："合肥经济技术开发区为国家级开发区，已建成342家生产企业。开发区建设发展局涉嫌降低环评等级、越权审批建设项目。配套管网建设缓慢，开发区内大部分企业生产废水未进入已建设成的城镇污水处理厂，直接排入巢湖支流派河。所有企业未依法缴纳排污费。"①

《中国环境报》记者随国家环保总局赴皖督察组细查了合肥经济技术开发区，并于2007年6月14日在《中国环境报》上发表了一篇题为《国家级经济开发区至今未通过环评，海尔、联合利华等知名品牌超标排放合肥开发区成了违法避风港》的报道②。这篇报道披露，督察组在对合肥经济技术开发区检查时，发现了以下几个重要问题：(1) 开发区规划不科学，环境影响评价虚置现象突出。合肥经济开发区的区域环境影响评价至今还没有经过国家环保总局审批。(2) 开发区内企业违法严重。如污水处理厂偷排污水，园内企业普遍存在不同程度的违法排污；检查的六家企业中有四家企业存在不同程度的违法行为，如某厂磷化废水处理设施的污水处理装置闲置不用，在检查人员检查时放清水。(3) 园区所有企业都不缴排污费，园内也没有部门向企业收过排污费。(4) 环境监管严重缺失。合肥经济开发区仅有一人负责环保，一人的编制连审批都难以应付，平时就根本无暇去监督企业。从核对的现场监测情况看，在园区内的342家企业中，合肥市环保局仅对15家企业进行了废水达标排放的监测。(5) 环保部门进开发区检查必须经有关部门同意、事先打招呼批准后，才能进入。因此，国家环境行政监督管理制度的实施在该园区基本成了摆设。这篇报道认为，之所以出现这些环境违法现象，《合肥市优化投资环境条例》第34条和第37条为违法企业提供保护伞是一个重要的原因。

上述《合肥市优化投资环境条例》(2006年11月3日经安徽省合肥市第十三届人大常委会第二十九次会议正式审议通过，2006年12月22日被安徽省第十届人民代表大会常务委员会第二十七次会议批准，2007年3月1日开始施行)第34条规定："行政机关依法对企业进行执法检查，应当事先拟定包括检查依据、时间、对象、事项等内容的检查计划，并在实施检查30日前报同级人民政府企业负担监督管理部门和法制机构备案。企业负担监督管理部门应当对检查计划进行协调，可以联合检查的，应当联合检查，避免多头检查。实行垂直管理的行政机关对企业进行执法检查，应当于实施检查30日前将检查计划报上一级行政机关和同级人民政府企业负担监督管理部门备案。上一级行政机关应当对下一级行政机关的检查计划进行研究协调，避免重复检查。"第37条规定："同一行政机关对同一企业的执法检查每

① 陈湘静：《环保总局监察部联合对五个开发区九家企业挂牌督办，企业无治污设施立即停产整治》，《中国环境报》2007年6月18日。

② 唐宝贤：《国家级经济开发区至今未通过环评，海尔、联合利华等知名品牌超标排放，合肥开发区成了违法避风港》，《中国环境报》2007年6月14日。

年不得超过一次。因企业涉嫌违法需要调查的，由县级以上人民政府行政主管部门负责人批准。法律、法规或者行政规章另有规定的除外。实施县级以上人民政府或者省级以上行政管理部门组织的集中统一的执法检查，按照统一部署进行。”

2007 年 7 月 20 日，北京市东方公益法律援助律师事务所召开新闻发布会，认为安徽省《合肥市优化投资环境条例》与国家环保法律发生抵触，建议全国人大常委会对这一条例进行合法性审查。该建议书要求依法审查该条例第 34 条、第 37 条规定的合法性，撤销该条例第 34 条有关“应当事先拟定包括检查依据、时间、对象、事项等内容的检查计划，并在实施检查 30 日前报同级人民政府企业负担监督管理部门和法制机构备案。企业负担监督管理部门应当对检查计划进行协调，可以联合检查的，应当联合检查，避免多头检查”和第 37 条有关“同一行政机关对同一企业的执法检查每年不得超过 1 次”的规定①。

案例评析②

现场检查是环境保护的一个重要行政监管手段，也是一项行之有效的法律制度。现场检查可以分为定期的、不定期的和事先通知的、突然的现场检查。为了准确了解企业排放污染物的真实情况，不事先通知或打招呼的、突然的、经常的环保执法检查是必要的手段。为了执行《环境保护法》，环保行政部门拥有进行不定期现场检查的权力，如果它只进行事先通知的每年一次的检查，反而是渎职。由于有些企业经常采取偷排、非定期超标排放污染物以及排放禁止排放的污染物等方式污染环境，采取非定期的现场执法检查活动，对于发现和纠正一些环境违法行为是非常必要的。这点也得到国家法律文件的认可，如 2005 年的《国务院关于落实科学发展观加强环境保护的决定》第 21 条规定要“完善环境监察制度，强化现场执法检查”，第 8 条规定要“开展经常性的环境保护行政执法检查活动，严肃查处有法不依、执法不严、违法不究和以言代法、以权代法、以罚代刑等违法违纪行为”。作为地方性法规，《合肥市优化投资环境条例》的第 34 条对包括环境执法在内的其他执法检查行动设置了“应当事先拟定包括检查依据、时间、对象、事项等内容的检查计划，并在实施检查 30 日前报同级人民政府企业负担监督管理部门和法制机构备案”等限制性的前提条件，实际上否定了《环境保护法》等国家环境法律所认可的非定期的、突然性的现场检查的执法形式，把环境保护行政主管部门的现场检查活动变相地限定成了定期检查活动甚至“定期参观”，限制了国家法律授予环境保护行政主管部门的行政监管权力。尽管《合肥市优化投资环境条例》第 37 条设置了排除条款，但《环境保护法》等相关法律并没有规定执法检查须事先备案，也未对现场检查的次数作

---

① 引自中国公益法网刊登的“关于请求对《合肥市优化投资环境条例》第 34 条和第 37 条进行合法性审查的建议书”http://www.dfpilaw.org/show_news.asp?id=1012&classid=5&boardid=23，2009 年 2 月 2 日上网查阅。参看《地方法规涉嫌限制环保执法检查》，载《检察日报》2007 年 7 月 21 日第一版。

② 参看常纪文、杨朝霞著：《环境法的新发展》，中国社会科学出版社 2008 年 10 月版，第 118～123 页。

出限制①。《合肥市优化投资环境条例》第 34 条规定的提前 30 天备案的要求和第 37 条有关“同一行政机关对同一企业的执法检查每年不得超过 1 次”的规定，对于那些违法企业而言，实际上等于变相为企业通风报信，客观上可能造成袒护违法行为的后果，甚至会影响社会和受污染之害的群众对法律和政府的信任，影响到环保法律在全社会的有效执行与遵守②。如果环保部门按照上述规定进行现场检查，显然既不合环境执法需要杀回马枪和环境保护需要经常检查督促的常理，也与上述国家环境法律和行政法规的宗旨和规定相违背。

课堂讨论

1. 结合上述案例，分析现场检查制度的特点。
2. 什么是环境监测制度？
3. 现场检查制度的主要内容是什么？
4. 环境监测与现场检查制度有何作用？

第七节　突发环境事件应急制度

我国《环境保护法》、《海洋环境保护法》、《防洪法》、《防震减灾法》及其他相关的法律、行政法规先后对自然灾害、环境污染和生态破坏事件的应急作出了规定。进入 21 世纪后，我国加强了突发公共事件应急机制与制度建设。2005 年 1 月，温家宝总理主持召开国务院常务会议，原则通过《国家突发公共事件总体应急预案》和 25 件专项预案、80 件部门预案，共计 106 件。2006 年 1 月，国务院发布《国家突发公共事件总体应急预案》、《国家突发环境事件应急预案》以及 5 件自然灾害类突发公共事件专项应急预案。2007 年，我国制定了《突发事件应对法》。目前我国已经初步形成突发环境事件应急制度。

一、环境突发事件应急制度的概念与全国突发公共事件应急预案体系

环境突发事件是一种突发公共事件。突发公共事件是指突然发生，造成或者可能造成重大人员伤亡、财产损失、生态环境破坏和严重社会危害，危及公共安全的紧急事件。根据突发公共事件的发生过程、性质和机理，我国突发公共事件主要分自然灾害、事故灾难、公共

---

① 《环境保护法》第 14 条：“县级以上人民政府环境保护行政主管部门或者其他依照法律规定行使环境监督管理权的部门，有权对管辖范围内的排污单位进行现场检查。被检查的单位应当如实反映情况，提供必要的资料。”《水污染防治法》第 18 条：“各级人民政府的环境保护部门和有关的监督管理部门，有权对管辖范围内的排污单位进行现场检查，被检查的单位必须如实反映情况，提供必要的资料。检查机关有责任为被检查的单位保守技术秘密和业务秘密。”

② 请参看本书第五章“东莞福安公司偷排印染废水案”。

卫生事件、社会安全事件等4类。环境突发事件指环境方面的突发公共事件，主要有：(1) 自然灾害，具体来看主要包括水旱灾害、气象灾害、地震灾害、地质灾害、海洋灾害、生物灾害和森林草原火灾等；(2) 事故灾难中的环境污染和生态破坏事件等。

环境突发事件应急制度是关于环境资源突发事件的预测与预警、应急处置、恢复与重建、信息发布以及应急组织体系、运行机制、应急保障、监督管理等方面所作规定的总称。

环境资源突发事件应急制度的建立是为了提高政府保障应对涉及公共危机的突发环境资源事件的能力，保证环境资源突发事件应急管理工作协调、有序、高效进行，最大程度地预防和减少突发公共事件及其造成的损害，保障公众的生命财产安全，保护环境，维护国家安全和社会稳定，促进经济社会全面、协调、可持续发展。

全国突发公共事件应急预案体系包括总体应急预案、专项应急预案、部门应急预案、地方应急预案、企事业单位应急预案、重大活动应急预案等类别。

二、环境突发事件应急制度的主要内容

(一) 环境突发事件分级

环境突发事件按照其性质、严重程度、可控性和影响范围等因素，一般分为四级：Ⅰ级(特别重大)、Ⅱ级(重大)、Ⅲ级(较大)和Ⅳ级(一般)。《国家突发环境事件应急预案》以及5件自然灾害类突发公共事件专项应急预案对各类事件确定了具体的分级标准。其中特别重大环境事件(Ⅰ级)的条件如下：(1) 发生30人以上死亡，或中毒(重伤)100人以上；(2) 因环境事件需疏散、转移群众5万人以上，或直接经济损失1 000万元以上；(3) 区域生态功能严重丧失或濒危物种生存环境遭到严重污染；(4) 因环境污染使当地正常的经济、社会活动受到严重影响；(5) 利用放射性物质进行人为破坏事件，或1、2类放射源失控造成大范围严重辐射污染后果；(6) 因环境污染造成重要城市主要水源地取水中断的污染事故；或者(7) 因危险化学品(含剧毒品)生产和贮运中发生泄漏，严重影响人民群众生产、生活的污染事故。

(二) 信息报送、处理与信息发布

突发环境事件责任单位和责任人以及负有监管责任的单位发现突发环境事件后，应在1小时内向所在地县级以上人民政府报告，同时向上一级相关专业主管部门报告，并立即组织进行现场调查。紧急情况下，可以越级上报。重大(Ⅱ级)、特别重大(Ⅰ级)突发环境事件，国务院有关部门应立即向国务院报告。《环境保护行政主管部门突发环境事件信息报告办法(试行)》(2006年3月)，规范了突发环境事件的信息报告程序。

突发环境事件的报告分为初报、续报和处理结果报告三类。初报从发现事件后起1小时内上报；续报在查清有关基本情况后随时上报；处理结果报告在事件处理完毕后立即上报。

突发公共事件的信息发布应当及时、准确、客观、全面。事件发生的第一时间要向社会发布简要信息，随后发布初步核实情况、政府应对措施和公众防范措施等，并根据事件处置情况做好后续发布工作。信息发布形式主要包括授权发布、散发新闻稿、组织报道、接受记者采访、举行新闻发布会等。突发环境事件发生后，要及时发布准确、权威的信息，正确引导社会舆论。

（三）预防和预警

各地区、各部门要针对各种可能发生的突发公共事件，完善预测预警机制，建立预测预警系统，开展风险分析，做到早发现、早报告、早处置。预警级别依据突发公共事件可能造成的危害程度、紧急程度和发展势态，一般划分为四级：Ⅰ级（特别严重）、Ⅱ级（严重）、Ⅲ级（较重）和Ⅳ级（一般），依次用红色、橙色、黄色和蓝色表示。根据事态的发展情况和采取措施的效果，预警颜色可以升级、降级或解除。

（四）应急处置

应急处置包括信息报告、先期处置、应急响应、应急结束等方面要求。

特别重大或者重大突发公共事件发生后，各地区、各部门要立即报告，最迟不得超过4小时，同时通报有关地区和部门。

突发公共事件发生后，事发地的省级人民政府或者国务院有关部门在报告特别重大、重大突发公共事件信息的同时，要根据职责和规定的权限启动相关应急预案，及时、有效地进行处置，控制事态；在境外发生涉及中国公民和机构的突发事件，我驻外使领馆、国务院有关部门和有关地方人民政府要采取措施控制事态发展，组织开展应急救援工作。

突发环境事件应急响应坚持属地为主的原则，地方各级人民政府按照有关规定全面负责突发环境事件应急处置工作，环保总局及国务院相关部门根据情况给予协调支援。

（五）恢复与重建

建立突发环境事件社会保险机制，对环境应急工作人员办理意外伤害保险。对突发公共事件中的伤亡人员、应急处置工作人员，以及紧急调集、征用有关单位及个人的物资，要按照规定给予抚恤、补助或补偿。有关部门应做好疫病防治和环境污染消除工作。

要根据受灾地区恢复重建计划组织实施恢复重建工作。地方各级人民政府做好受灾人员的安置工作，组织有关专家对受灾范围进行科学评估，提出补偿和对遭受污染的生态环境进行恢复的建议。

（六）责任与奖惩

突发公共事件应急处置工作实行责任追究制。对突发公共事件应急管理工作中做出突出贡献的先进集体和个人要给予表彰和奖励。对迟报、谎报、瞒报和漏报突发公共事件重要情况或者应急管理工作中有其他失职、渎职行为的，依法对有关责任人给予行政处分；构成犯罪的，依法追究刑事责任。

课堂讨论

汶川地震，环境保护部启动国家突发环境事件应急预案

2008年5月12日14时28分，四川省汶川县发生里氏8.0级强烈地震，陕西、甘肃、宁夏、青海、山西等省、区、市普遍有震感。2008年5月13日，环境保护部发布

《关于启动〈国家突发环境事件应急预案〉的决定》，指出这次地震灾害损失十分严重，次生灾害产生的环境问题十分突出。按照党中央、国务院部署，环境保护部决定全面启动《国家突发环境事件应急预案》，成立环境保护部防范和应对地震次生环境灾害应急指挥部，周建副部长任总指挥，在中央抗震救灾总指挥部的统一领导下，实施突发环境事件一级响应。

通知强调，四川省环保局要按照特别重大突发环境事件级别启动应急响应机制，切实防范和妥善应对地震次生环境灾害。通知还要求，陕西、甘肃、宁夏、青海、山西、山东、河南、湖北、湖南、重庆、贵州、云南、西藏等省（区、市），要按照重大突发环境事件级别启动应急响应机制，认真开展应急监测和环境安全隐患排查工作，切实落实应急预案规定的各项应急措施，严密防范次生环境灾害。

根据环境保护部统一部署，李干杰副部长率领环境保护部现场工作组，赴灾区现场协调、指导当地政府防范和应对次生环境灾害工作；西南、西北环境督察中心和四川核安全监督站相关人员到地震灾害严重的地区，协助当地的环境应急工作。环境保护部还向四川、宁夏、甘肃、青海、陕西、山西、重庆、江苏、湖北、云南、贵州、西藏等地发出紧急通知，要求各级环保部门严密监控核设施的环境状况，确保核与辐射安全万无一失；及时了解化工厂、危险化学品、污水处理场等环境敏感设施和区域的相关情况，防控可能出现的环境污染事故；发扬“一方有难、八方支援”的精神，急灾区所急，帮灾区所需，积极主动支援抗震救灾工作。

由于部署及时、措施得当，有效防治了次生灾害产生的环境问题的发生。

讨论题：1. 结合上述案例，分析环境突发事件应急制度的作用和意义。

2. 环境突发事件应急制度的主要内容是什么？

环境污染防治法

本章要求掌握：环境污染防治法的概念、特点、法律框架和主要的法律制度；水污染、大气污染、固体废物污染、环境噪声污染、海洋环境污染，以及危险化学品、农药、电磁辐射污染的特点和危害；水污染防治法、大气污染防治法、固体废物污染防治法、环境噪声污染防治法、海洋环境保护法，以及危险化学品、农药、电磁辐射污染防治法的主要内容和重点。

第一节　环境污染防治法概述

一、环境污染的概念

环境污染是指环境因某种物质的介入，致使其化学、物理、生物或者放射性等方面特性发生变化，造成环境质量下降，从而影响环境资源的有效利用、危害人体健康或者破坏生态环境的现象。《环境保护法》第24条规定："产生环境污染和其他公害的单位，必须把环境保护工作纳入计划，建立环境保护责任制度；采取有效措施，防治在生产建设或者其他活动中产生的废气、废水、废渣、粉尘、恶臭气体、放射性物质以及噪声、振动、电磁波辐射等对环境的污染和危害。"根据上述规定，我国环境法所涉及的"环境污染"物质或环境污染因素，主要是指人们在生产建设或者其他活动中产生的废气、废水、废渣、粉尘、恶臭气体、放射性物质以及噪声、振动、电磁波辐射等。

环境污染主要由人类活动所引起，与其他不法侵害相比，环境污染呈现出如下特点。

(1) 环境污染主要是人类正常活动的有害副作用。

(2) 环境污染首先是对环境(包括资源、动植物、河流等生态系统)造成损害，然后通过被损害的环境介质对人身财产造成损害，其损害对象包括环境、资源、生态以及具体个人、特定人群和不特定人群的健康和财产等。环境污染往往同时侵害多种权益。

(3) 环境污染具有综合性、积累性和广泛性。造成环境污染的原因多种多样，且往往是综合作用；某些环境污染具有累积性、连续性特点。环境污染危及的范围广。例如科学家们发现生活在北冰洋的企鹅体内含有DDT农药；苏联的切尔诺贝利核泄漏扩散到许多东西欧国家。

(4) 环境污染引起的疾病往往难以发现和治疗。据研究，人类癌症由病毒等生物因素引起的不超过5%，由放射性等物理因素引起的也在5%左右，由化学物质引起的约占90%。而这些化学物质绝大多数是环境污染物①。但是环境污染物引起的疾病往往病理复杂,短时间难以发现和治疗。有的不能根治,有的还会危及下一代。

二、污染防治的主要监督管理制度

环境污染防治法也称污染控制法,是指调整在环境污染防治过程中产生的社会关系的法律规范的总和,是环境法的重要组成部分。环境污染防治法是环境法的一个子部门,并非仅指某一具体的单行法。

本书第三章和第四章介绍的环境法基本原则与环境监督管理制度适用于环境污染的防治,同时,污染防治法还设置了一些具体制度,如淘汰落后工艺和设备制度、污染物排放总量控制制度、排污申报登记制度等。

(一) 淘汰落后工艺、设备制度

淘汰落后工艺、设备制度,是指国家对严重污染环境的落后生产工艺、生产设备,限期禁止生产、销售和使用,也不得转让给他人使用的法律规定。该制度是从单纯的末端治理逐步向生产、消费全过程控制转变的重要举措,也是推行清洁生产实现可持续发展战略的重要内容。1995 年颁行的《固体废物污染环境防治法》首次设置了该项制度,《噪声污染防治法》、《水污染防治法》等污染防治法律均采纳了该项制度。

为实施该项制度,由国务院经济综合主管部门会同国务院有关部门制定并公布限期淘汰的严重污染环境的生产工艺名录,以及限期禁止生产、销售、进口、使用严重污染环境的设备工艺名录。生产者、销售者、进口者或者使用者,必须在规定的期限内分别停止生产、销售、进口或者使用列入上述名录中的生产工艺、设备;任何单位或者个人不得将被淘汰的设备转让给他人使用,否则将依法受到惩处。

(二) 排污申报登记制度

排污申报登记制度,是指向环境排放污染物的单位依法向环境保护行政主管部门申报登记其污染物的排放和防治情况,并接受环境保护行政主管部门监督管理的一系列法律规范,是排污申报登记活动的法定化、制度化。该项制度为环境保护行政主管部门全面掌握辖区内的排污情况、拟定环境保护规划、发布环境状况公报和实施监督管理提供了事实依据,同时也为污染物排放总量控制制度、排污许可证等制度的推行奠定了基础。

该制度要求所有的排污单位均应申报登记。申报登记的内容因排放污染物的不同而异,但通常要包括排污单位的基本情况,使用的主要原料,排放污染物的种类、数量、浓度,排放的地点、去向、方式,污染防治的设施等。国家环境保护局于 1992 年 8 月 14 日发布的《排放污染物申报登记管理规定》对该制度作了具体规定。

(三) 污染物排放总量控制制度

污染物排放总量控制制度,是指有关污染物排放总量控制指标确定、分配、管理的一整套

① 参见《环境保护工作全书》,中国环境出版社 1997 年 5 月版,第 158 页。

法律规范，是污染物排放总量控制工作或活动的法定化和制度化。总量控制是指在某个区域内，根据预定的环境管理目标或当地的环境容量，通过总量控制指标来管理单位排放污染物的活动。

我国《大气污染防治法》、《水污染防治法》等法律法规对污染物排放总量控制制度作了具体规定。《中华人民共和国国民经济和社会发展第十一个五年规划纲要》规定了"十一五"期间主要污染物排放总量减少10%的约束性指标。国务院于2007年制定的《节能减排综合性工作方案》、《主要污染物总量减排统计办法》、《主要污染物总量减排监测办法》和《主要污染物总量减排考核办法》对实现上述污染物总量减排目标作了具体部署，是排污总量控制制度的具体化。

资料介绍

环境保护部发布《2008年上半年各省自治区直辖市主要污染物排放量指标公报》

据新华社北京2008年9月24日电(记者顾瑞珍)，环境保护部、国家统计局和国家发展和改革委员会24日联合发布了《2008年上半年各省自治区直辖市主要污染物排放量指标公报》。

公报显示，湖南和西藏2008年上半年化学需氧量排放量与2007年上半年相同，青海同比增长0.15%，新疆维吾尔自治区同比增长0.29%，新疆生产建设兵团同比增长3.48%。其余各省份均实现了排放量同比下降，其中降幅最大的省份为吉林和河南，分别为6.57%和5.38%。在二氧化硫排放量方面，西藏2008年上半年与2007年上半年二氧化硫排放量相同，青海、新疆维吾尔自治区和新疆生产建设兵团同比增长，其余各省份均实现了排放量同比下降，其中北京同比下降12.94%，降幅最大。

公报显示，上半年全国化学需氧量排放总量674.2万吨，与2007年同期(691.3万吨)相比下降2.48%；二氧化硫排放总量1 213.3万吨，与2007年同期(1 263.4万吨)相比下降3.96%。

公报同时还显示，山西省吕梁市污水处理厂、内蒙古自治区呼和浩特市辛辛板污水处理厂和公主府污水处理厂、江苏省宿迁市泗阳城北污水处理厂、浙江省嘉兴市联合污水处理厂、安徽省亳州市污水处理厂、江西省南昌市象湖污水处理厂和红谷滩污水处理厂、湖北省荆州市红光污水处理厂、湖南省岳阳市临湘污水净化中心、四川省宜宾市清源水务公司南岸污水处理厂、云南省昆明市安宁污水处理厂和宜良县阳宗海污水处理厂主体工程及配套管网建设滞后或长期处于低负荷运行或无故不正常运行出水超标或污泥未有效处理处置；中国大唐集团公司保定热电厂、中国国电集团公司太原第一热电厂、内蒙古自治区乌兰察布市华宁电厂、中国华电集团公司齐齐哈尔热电公司、武汉钢电股份有限公司、华润电力股份有限公司郴州电厂、广东电力发展股份有限公司茂名瑞能热电厂、广西方元电力股份有限公司来宾发电厂、中国国电集团公司四川华蓥山电厂脱硫设施运行不正常。

根据有关规定，环境保护部决定对上述城市、企业予以公开通报，责令于今年年底前完成整改，并由所在地省级环保部门向环境保护部报告进展情况。对整改不到位或逾期未完成整改任务的，按照《节能减排综合性工作方案》和《主要污染物总量减排考核办法》的规定，暂停审批有关城市新增化学需氧量排放的建设项目环评；有关部门依据《燃煤发电机组脱硫电价及脱硫设施运行管理办法》(发改价格[2007]1176号)有关规定，相应扣减有关电厂的脱硫电价款并全额追缴二氧化硫排污费。

资料评析

法律规定的污染物排放总量控制等制度，是防治环境污染、保护环境的有效措施和重要制度。贯彻实施该项制度的关键，是环境保护部、国家统计局和国家发展和改革委员会等承担监督管理职责的国务院行政主管部门是否依法行使其行政职权、履行其行政职责。目前《大气污染防治法》、《水污染防治法》和《节能减排综合性工作方案》法律和法律规范性文件已经对污染物排放总量控制作了明确而具体的规定，只有国务院有关行政主管部门坚决依法行政，依法公布污染物排放总量控制和削减情况，对违反污染物排放总量控制制度的地方人民政府和单位依法追究其责任，各级地方人民政府和各企业事业单位才会认真遵守污染物排放总量控制等制度。

课堂讨论

1. 试结合上述案例，分析如何贯彻污染物排放总量控制制度。
2. 环境污染有何特点？
3. 防治环境污染有哪些监督管理制度？

第二节 水污染防治法

1984年我国制定了第一部防治陆地水体污染的综合性单行法《水污染防治法》；为了贯彻该法，国务院于1989年颁布了《水污染防治法实施细则》。根据1996年修订的《水污染防治法》，2000年国务院颁布了新的《水污染防治法实施细则》。2008年对《水污染防治法》进行了再次修订。我国还制定了《水污染物排放许可证管理暂行办法》(1988年)、《污水处理设施环境保护监督管理办法》(1988年)、《饮用水源保护区污染防治管理规定》(1989年)等行政法规或规章，以及以《地表水环境质量标准》为中心的水环境标准体系。

一、水污染

水污染是指水体因某种物质的介入，而导致其化学、物理、生物或者放射性等方面特性的改变，从而影响水的有效利用，危害人体健康或者破坏生态环境，造成水质恶化的现象。此处所指的水体，包括河流、湖泊、沼泽、水库、地下水等水体，但不包括海洋水体。海洋水体由海洋污染防治法专门予以保护。

水污染按照不同标准从不同角度可以分为许多类型。从污染的水体不同，可将水污染分为地表水污染和地下水污染；从造成水污染的污染物质和能量的性质不同，可将水污染分为需氧物质污染、植物营养物污染、病原体污染、油类污染、盐污染、有毒化学物质污染、有机悬浮物污染、放射性物质污染和热污染等类型。

水污染造成的危害十分严重的，主要表现为危害人体健康、影响工农业生产、影响渔业生产和其他危害。水污染会降低水的可利用性、破坏风景、妨碍体育、娱乐活动和影响旅游业的发展。

二、水污染防治法的主要内容

2008 年新修订的《水污染防治法》，明确了水污染防治的监督管理体制；规定了防治工业水污染、城镇水污染、船舶水污染、农业和农村水污染，以及保护饮用水水源和其他特殊水体的要求和措施；规定了水环境保护目标责任制和考核评价制度，重点水污染物排放总量控制制度，城市污水集中治理制度，以及排污许可制度等制度；对水污染事故处置和法律责任作了比较详细的规定。该法强化了政府的责任，明确规定“县级以上人民政府应当将水环境保护工作纳入国民经济和社会发展规划。县级以上地方人民政府应当采取防治水污染的对策和措施，对本行政区域的水环境质量负责”；“国家实行水环境保护目标责任制和考核评价制度，将水环境保护目标完成情况作为对地方人民政府及其负责人考核评价的内容”。

与 1996 年《水污染防治法》相比，2008 年修订的《水污染防治法》加大了处罚力度，增加了应受处罚的行为种类、处罚方式和强制执行手段，罚款幅度普遍提高，还规定了倍数计罚法、比例计罚法。例如，该法第 74 条针对超标或者超总量排污的行为，规定县级以上人民政府环境保护主管部门环保部门有“责令限期治理”权，同时对责令限期治理决定权限、具体内容、期限及后果作了详细规定。新的《水污染防治法》增加了强制执行权的内容。如该法第 75 条规定，违规设置排污口或者私设暗管的，由环保部门责令限期拆除；逾期不拆除的，强制拆除。这是环保部门为数不多的直接强制执行权。第 76 条规定，对逾期不采取治理措施的，环境保护主管部门可以指定有治理能力的单位代为治理，所需费用由违法者承担。这种“代治理”属于间接强制措施。第 70 条规定，“违反本法规定，构成违反治安管理行为的，依法给予治安管理处罚”。这实际等于认可了环境行政拘留处罚。2008 年 5 月 23 日，全国人民代表大会常务委员会法制工作委员会发布《对违法排污行为适用行政拘留处罚问题的意见》指出，依照《治安管理处罚法》、《水污染防治法》的相关规定，排污单位违反国家规定，向水体排放、倾倒毒害性、放射性、腐蚀性物质或者传染病病原体等危险物质，构成非法处置危险物质的违反治安管理行为的，可以由公安机关对单位直接负责的主管人员和其他直接责任人员依法给予行政拘留处罚。从而进一步明确了行政拘留在环境执法中的适用。为此，环境保护部于 2008 年 7 月 4 日专门下发《关于转发全国人大法工委〈对违法排污行为适用行政拘留处罚问题的意见〉的通知》，要求各级环保部门充分运用行政拘留的强制手段处罚恶意排污行为。环境保护行政主管部门发现排污单位有违法向水体排放或倾倒危险物质行为的，应当依职权调查处理，凡涉嫌违反治安管理规定需要适用行政拘留处罚的，应当主动、及时与公安机关沟通，按照《公安机关办理行政案件程序规定》（公安部令第88号）的有关要求向公安机关移送，并将案件相关证据材料一并移送。

案情简介

东莞福安公司偷排印染废水案①

位于广东省东莞市长安镇的福安公司是一家年产值35亿元，曾经获得“国内企业500强”、“2003年中国漂染工业第一名”、“2003年中国纺织工业针织行业销售收入第一名”的香港上市公司。2006年6月，国家环保总局监察局、华南督查中心、广东省环保局组成调查组对东莞福安纺织印染有限公司进行突击检查，发现这家公司居然偷埋25厘米管径暗管，日偷排高浓度印染废水两万多吨，排污申报谎报、瞒报废水近1 000万吨/年，排污许可证过期两年仍坚持生产，污泥直接排放入河，未经环保审批擅自扩大生产规模。

2006年7月20日，广东省环保局依法向该公司发出了行政处罚决定书，罚款21万元，并责令其立即停止纺织印染项目擅自扩大生产规模部分的生产。

案例评析

本案突出反映了我国在污染防治方面，企业执法成本高、违法成本低的事实以及有关立法缺陷。以水污染防治法为例，对重大环境污染事故，即便是沱江和松花江等特大污染事故，水污染防治法规定的罚款上限也不过为100万元。对违反环评擅自开工建设、违法“三同时”的行为，《环境影响评价法》规定的罚款上限是20万元，而且必须经过限期补办，逾期未补办手续才可实施该项处罚。1996年《水污染防治法》及其2000年《实施细则》，也未对私设暗管等偷排行为规定制裁②。正是由于法定罚款上限低，不足以制裁、震慑和遏制环境违法，致使许多企业宁愿选择违法排污并缴纳罚款，导致恶意偷排、故意不正常运转污染防治设施、长期超标排放等持续性环境违法行为大量存在，严重损害了环境法制的应有威严。

本案例中的广东东莞福安纺织印染公司对其违法行为，根据环保法规，地方环保部门只能按法律规定的上限一次性罚款10万元。而这个企业实际上每天产生废水4万多吨，按处理成本每吨1元计，每天必须支付环保费用4万元。环保执法人员即使按照法律的最上限罚款10万元，也不过是它两天的污水处理成本。对于追求自身经济利益最大化的企业家而言，为了最大限度地节省成本，他会选择宁愿环境违法和交纳低额罚款。导致低额罚款和只可给予一次处罚的规定，

① 参看钟奇振：《知名企业竟是违法大户》，《中国环境报》2006年6月21日；钟奇振、东环宣：《广东东莞福安纺织印染有限公司偷排案件最新进展》，《中国环境报》2006年8月17日。

② 2008年修订的《水污染防治法》第75条已经对私设暗管等偷排行为规定处罚。

实际上是“鼓励”违法、纵容违法。同时,在巨额的经济利益诱导下,也加剧了环境行政执法的难度。

2008 年修订后的《水污染防治法》针对以往罚款普遍较低、威慑不足的现状,通过增加违法行为的种类、大幅提高罚款额度等方式,加大了违法成本。如新水污染防治法第 73 条规定:“不正常使用水污染物处理设施,或者擅自拆除、闲置处理设施的,由环保部门处应缴纳排污费数额 1 至 3 倍的罚款。”第 83 条规定:“造成一般或者较大水污染事故的,按直接损失的 20%计算罚款;造成重大或者特大事故的,按直接损失的 30%计算罚款。”该条规定实际是取消对某些行为罚款的上限,即上不封顶了。第 74 条规定:“排污超标或者超总量排污的,由环保部门处其违规排放期间应缴纳排污费数额 2 至 5 倍的罚款。”按照这些新的规定,东莞福安纺织印染有限公司所收到的惩罚将远远高于现在的数额。

课堂讨论

1. 结合上述案例,分析我国水污染防治法得不到有效实施的原因。
2. 水污染有何特点?
3. 2008 年修订的《水污染防治法》对强化政府环境责任有何规定?
4. 2008 年修订的《水污染防治法》对加大处罚力度有何规定?

第三节　大气污染防治法

我国在 1979 年《环境保护法(试行)》中首次以法律的形式对大气污染防治作出了原则性的规定。1987 年人大常委会制定了《大气污染防治法》,1995 年第八届全国人大常委会第 15 次会议对该法进行了修改,2000 年第九届全国人大常务委员会再次对《大气污染防治法》进行了修改。

一、大气污染的类型及危害

大气污染是指由于人们的生产活动和其他活动,向环境排入有毒、有害物质和能量,使其物理、化学、生物或者放射性等特性改变,导致环境质量下降,进而危害人体健康、生命安全或者财产损害的现象。造成大气污染的人工污染源主要有工业污染源、农业污染源、生活污染源以及交通运输污染源等。各种污染源排放的污染物种类很多,已被人们发现的就有 100 多种,其中影响范围广,对人类威胁较大的主要有:颗粒物、二氧化硫、碳氧化物、氮氧化物、碳氢化合物、硫化氢、氟化物、臭氧、光化学烟雾、苯并芘(α)等。

大气污染可以导致人体患各种疾病,直至造成人的死亡;会使农作物生长减缓、发育受阻、品质下降、产量减少,污染严重的还会造成农作物大批死亡失收;会腐蚀建筑物、金属制品,造成高压线短路,影响油漆涂料、皮革制品、纸制品、纺织制品等,危害工业生产;会对动植物的生长和繁衍造成一定的危害。大气污染还会对天气和气候造成不良的影响,形成“温室效应”,以及臭氧层的变薄,进而导致更加严重的环境问题。

二、大气污染防治法的主要内容

(一) 大气污染防治的监督管理体制

国务院和地方各级人民政府防治大气污染的具体职责有以下四个方面：一是将大气环境保护工作纳入国家和地方各级的国民经济和社会发展计划,二是合理规划工业布局,三是加强防治大气污染的科学研究,四是采取各种防治大气污染的措施。《大气污染防治法》还赋予省、自治区、直辖市人民政府对在防治大气污染,保护和改善大气环境方面成绩显著的单位和个人给予奖励的职责。

《大气污染防治法》第3条规定,地方各级人民政府对本辖区的大气环境质量负责,制订规划,采取措施,使本辖区的大气环境质量达到规定的标准。第4条规定,县级以上人民政府的环境保护部门对大气污染防治实施统一监督管理,各级公安、交通、铁道、渔业管理部门根据各自的职责对机动车船污染实施监督管理。

(二) 大气污染防治的监督管理制度

《大气污染防治法》第二章规定了大气污染防治的监督管理制度,主要有环境影响评价制度、“三同时”制度、排污申报登记制度、排污收费制度、总量控制制度、限期治理制度、对严重污染大气环境的落后生产工业和落后生产设备实行淘汰制度、大气污染事故强制应急制度、现场检查制度以及大气污染监测制度等。

(三) 大气污染防治的具体要求和措施

《大气污染防治法》就防治燃煤产生的大气污染、防治机动车船排气污染,以及防治废气、粉尘和恶臭污染,规定了具体要求和措施。在今后相当长的时间内,我国的能源结构仍以煤炭为主,因此防治大气污染应以防治燃煤所产生的烟尘、二氧化硫和碳氧化物为重点。该法对防治燃煤产生的大气污染作了专章规定：推行煤炭洗选加工、限制高硫份、高灰粉煤炭的开采;改进城市能源结构,推广清洁能源的生产和使用;发展集中供热;明确锅炉产品中应含有环境保护要求,达不到标准的不得制造、销售或者进口;大中城市饮食服务企业限期改用清洁能源;控制火电厂和其他大中型企业的二氧化硫和烟尘污染。

案情简介

淮南市环境保护局与淮南矿业安装工程分公司环境保护管理行政处罚纠纷案①

2005年9月,淮南矿业(集团)有限责任公司安装工程分公司(简称矿业集团安

① 参看《淮南市环境保护局与淮南矿业(集团)有限责任公司安装工程分公司环境保护管理行政处罚纠纷上诉案》,法律网律师在线整理,http: //www.88laws.com/article/11/421/2007/20071202156850.html,2009年2月4日上网查阅。

装分公司)设备库进行矿井筒装备防腐施工,在施工时未采取有效污染防治措施,向大气排放粉尘及噪声。10月9日,市环保局作出行政处罚决定,以矿业集团安装分公司未采取有效措施向大气排放粉尘、并且厂界噪声超过国家规定的标准,对四周环境产生影响为由,依照《中华人民共和国大气污染防治法》第56条的规定,给予罚款人民币40 000元的行政处罚。矿业集团安装分公司不服,向淮南市人民政府申请行政复议,淮南市人民政府于2006年1月13日作出行政复议决定,维持市环保局作出的行政处罚决定。其仍不服,向淮南市田家庵区人民法院提起行政诉讼。

田家庵区人民法院于2006年2月27日作出的判决认为:被告认定原告未采取有效措施,但在无法确认原告向大气的粉尘排放是否超过国家标准的情况下,即对原告进行行政处罚属事实不清、证据不足。判决撤销被告市环保局于2005年10月9日作出的行政处罚决定。

市环保局对田家庵区人民法院的判决不服,向淮南市中级人民法院提起上诉。淮南市中级人民法院于2006年5月18日作出的行政判决书认为,上诉人市环保局的上诉理由成立,本院予以支持。一审判决认定事实清楚,但适用法律不当①。判决撤销淮南市田家庵区人民法院的行政判决,维持淮南市环境保护局于2005年10月9日作出的行政处罚决定。

案例分析

本案是淮南市环保局依据《大气污染防治法》进行环境执法而引发的一起环境行政诉讼案例,其间经过了行政处罚、行政复议、行政诉讼(一审和二审)等程序。矿业集团安装分公司确实有一定的违法行为,但是市环保局的环境行政处罚是否合法,需要通过证据予以证明。通过法庭的质证,显示出本案中环保局的环境行政执法存在一定的瑕疵。例如市环保局提供的三份监理报告中,有两份当事人未签字,监理报告系市环保局依行政管理职权作出的现场笔录,该证据记载的"无人签字"无法视为矿业集团安装分公司拒绝签字,其监理行为违反了《安徽省环境保护现场监理工作程序(试行)》中"《现场记录》应由当事人和执法人员签名或盖章;当事人拒绝签名或盖章的,应在记录中说明"的规定,故市环保局未签字的监理

① 淮南市中级人民法院认为,上诉人市环保局作为环境保护行政主管部门,依法对大气污染防治实施监督治理是其法定职责。《中华人民共和国大气污染防治法》第36条规定:"向大气排放粉尘的排污单位,必须采取除尘措施。严格限制向大气排放含有毒物质的废气和粉尘;确需排放的,必须经过净化处理,不超过规定的排放标准。"第56条规定:"违反本法规定,有下列行为之一的,由县级以上地方人民政府环境保护行政主管部门或者其他依法行使监督治理权的部门责令停止违法行为,限期改正,可以处五万元以下罚款;(一)未采取有效污染防治措施,向大气排放粉尘、恶臭气体或者其他含有有毒物质气体的……"根据上述规定,有关单位如向大气排放粉尘,必须采取有效的除尘措施,如未采取有效措施,行政主管部门可依法进行处罚,而对于排放含有毒物质的废气和粉尘的,必须经过净化处理,不超过规定的排放标准,并且在排放前需要办理批准排放手续。上诉人市环保局接群众投诉后,依法进行了调查,在查明被上诉人矿业集团安装分公司存在未采取有效措施向大气排放粉尘的情况下,依法对其作出罚款40 000元的行政处罚,事实清楚,且处罚程序合法,依法应当予以维持。

报告无法作为处罚的依据；市环保局在执法过程中，在询问时未出示证件、告知身份，故一审法院认定市环保局提供的询问笔录作为证据存在瑕疵，不予采信。但是，一审法院将违法行为处罚和危害后果处罚相混淆。上诉人所举证据证实的事实是，被上诉人生产时没有采取除尘措施这一行为，该行为违反了《大气污染防治法》第36条第一款的规定，并据此对其作出处罚，而未涉及对其危害后果的处罚，但原审法院以上诉人无监测报告，不能证实被上诉人排放粉尘是否超过国家标准来否认对被上诉人据以处罚的事实是错误的，监测数据或鉴定不是本案的处罚条件。所以一审判决认定事实清楚，但适用法律不当。

通过该案可以看出，《大气污染防治法》针对大气污染防治作出了较为全面的规定，而这些具体要求的落实，不仅需要有力的环境行政执法的监督实施，而且需要司法机关准确地适用法律。在环境行政执法过程中，通过合法程序、按照相关规定收集证明污染者违法行为的证据，是作出合法有效行政处罚的基础，也是污染防治法律发挥实效的保障。在司法审查中，既要准确认定事实，也要准确适用法律。

课堂讨论

1. 结合上述案例，讨论排放大气污染物超标和造成危害是否是对排污单位给予行政处罚的必要条件。
2. 大气污染有何特点？
3. 分析《大气污染防治法》的主要内容。

第四节 固体废物污染防治法

我国于1995年10月30日颁布了《固体废物污染环境防治法》。依据该法，国家环境保护总局于1999年制定了《危险废物转移联单管理办法》、《废物进口环境保护管理暂行规定》，2001年颁布了《畜禽养殖污染防治管理办法》、《报废汽车回收管理办法》，2003年颁布了《医疗废物管理条例》、《关于加强废弃电子电气设备环境管理的公告》等行政规章和文件。2004年12月29日，全国人大修订了《固体废物污染环境防治法》。国家还颁布了《危险废物焚烧污染控制标准》、《生活垃圾污染控制标准》、《进口废物环境保护控制标准》、《危险废物鉴别标准》等几十项固体废物污染控制标准。

一、固体废物污染及其危害

根据我国《固体废物污染环境防治法》第88条的规定："固体废物，是指在生产、生活和其他活动中产生的丧失原有利用价值或者虽未丧失利用价值但被抛弃或者放弃的固态、半固态和置于容器中的气态的物品、物质以及法律、行政法规规定纳入固体废物管理的物品、物质”;“液态废物和置于容器中的气态废物的污染防治,适用本法;但是排入水体的废水和排入大气的废气的污染防治适用有关法律,不适用本法;固体废物污染海洋环境的防治和放射性固体废物污染环境的防治不适用本法”。固体废物包括工业固体废物、城市生活垃圾和危险废物,并非只限于呈固态的废弃物品和物质,还包括半固态废物、置于容器中的气态废弃物质和液态废物。半固态废物主要指泥状废物和高浓度液体废物,诸如工业生产建设中产生的污泥、泥浆、废油、废酸、废碱、废溶剂、废沥青,在城市生活和其他活动中产生的下水道污泥、厨房垃圾、废农药、人畜粪便等。这些半固体废物不属于大气污染防治法的“废气”和水污染防治法的“废水”的管理范围,而且其特性、来源、分布和对其进行收集、贮存、处置等方面的要求,与固体废物的特点及其污染防治要求相同或相似,将其列入固体废物范围内加以管制较为方便、合理和经济。

废物是相对于有用物而言的。如果人们采取不适当的方法排放、收集、贮存、利用、处置固体废物,导致环境质量的损害,就形成固体废物污染。固体废物污染被列为四大公害之一,其危害日渐增大,不仅造成大气污染、水污染、土壤污染,而且影响市容卫生,传播疾病,危害人体健康,甚至导致死亡。

二、固体废物污染防治法的主要内容

(一)防治固体废物污染环境的原则

由于固体废物具有污染环境和可利用的双重性质,使得在防治固体废物污染时,既要控制其危害性,又要开发其可利用性。在对固体废物进行处置的过程中,除了环境保护法的基本原则外,下列原则应当得到遵循:全过程管理原则、“三化”管理原则(即固体废物减量化、资源化、无害化)、禁止排放和强制处置原则、集中处置与分散防治相结合的原则、对危险废物实行特别严格的控制和重点防治的原则、污染者承担污染防治责任原则。

(二)固体废物污染防治的监督管理体制

我国对固体废物污染环境防治的监督管理体制,是统一监督管理与分级、分部门监督管理相结合的体制。国务院环境保护行政主管部门对全国固废物污染环境的防治工作实施统一监督管理。国务院有关部门在各自的职责范围内负责固体废物污染环境防治的监督管理工作,县级以上地方人民政府环境保护行政主管部门对本行政区域内固体废物污染环境的防治工作实施统一监督管理,县级以上地方人民政府有关部门在各自的职责范围内负责固体废物污染环境防治的监督管理工作。国务院建设行政主管部门和县级以上地方人民政府环境卫生行政主管部门负责城市生活垃圾清扫、收集、贮存、运输和处置的监督管理工作。

(三)固体废物污染防治的分类管理

我国《固体废物污染环境防治法》将固体废物分为工业固体废物、生活垃圾以及危险废物三类。其中对工业固体废物、生活垃圾采取一般管理措施,对危险废物则采取严格管理措施。

对工业固体废物的污染防治，法律规定实施淘汰落后设备、工艺制度，工业固体废物申报登记制度和污染环境防治责任制度。

对生活垃圾，法律就其收集、运输、处置等环节作了规定。

对于危险废物，除了执行一般废物的管理规定外，还必须执行更为严格的管理措施。主要是危险废物名录制度和危险废物的集中处置制度。法律规定，由国务院环境保护行政主管部门应当会同国务院有关部门制定国家危险废物名录，规定统一的危险废物鉴别标准、鉴别方法和识别标志。对危险废物的容器和包装物以及收集、贮存、运输、处置危险废物的设施、场所，必须设置危险废物识别标志。

案情简介

英国天空电视台女记者何丽揭英国垃圾污染中国环境案①

2007年1月，英国垃圾大规模“入侵”中国一事成为中国各媒体、各大网站及人们关注的热点话题。北京《青年周末》的记者通过调查发现，这起发生在我们自家“后院”的洋垃圾污染中国环境的新闻，最初发现者却并非国内媒体，而是出自英国天空电视台女记者何丽·威廉姆斯（Holly Williams）的揭露和报道。

2006年，英国天空电视台女记者何丽通过一篇关于英国垃圾的报道发现了新闻线索，11月她带摄影记者一起到离广州市中心不到半个小时车程的联滘采访②。在联滘的垃圾山中，何丽找到了许多会让英国人感到很“熟悉”的垃圾，这其中，有英国最大的食品零售公司Tesco和沃尔玛英国子公司Asda标志的塑料袋、食品包装袋以及来自英国超市集团Sainsbury的牛奶瓶等。除了英国垃圾之外，何丽还找到了其他欧洲国家的垃圾，“除了这个大垃圾院子之外，另一个院子似乎专门处理来自法国的垃圾，因为在这个院子里，到处都是依云矿泉水瓶，还有法国超市的塑料袋。而此外还有一个院子到处都是德国的日常生活垃圾。”

何丽把她看到的一切都制作成了电视节目，在天空电视台2006年11月下旬播放。此报道在天空电视台播出后，引起了很大反响。天空电视台的报道被美联社转载后，央视又转载了美联社的报道。

---

① 本案例主要参考如下资料整理：2007年1月15日，中央电视台经济信息联播《进口垃圾问题调查：英国每年向中国倾泻190万吨垃圾》，http://vsearch.cctv.com/plgs_play-CCTV2_20070115_1770526.html；记者孙秀艳、杜海涛：《英进口垃圾污染我环境，应拒“洋垃圾”于国门外》，《人民日报》2007年1月25日；北京《青年周末》2007年1月25日报道，《洋垃圾流入中国屡禁不止调查，中间商有利可图》；姜文来：《英国向中国倾倒洋垃圾事件背后的深思》，人民网环保频道1月26日，http://env.people.com.cn/GB/5330092.html。

② 据记者孙秀艳、杜海涛写的《英进口垃圾污染我环境，应拒“洋垃圾”于国门外》（《人民日报》2007年1月25日）。并据环保总局有关负责人介绍，位于广东省佛山市南海区的联滘工业区是20世纪70年代发展起来的一个废旧塑料回收贸易加工区域，也是国内废塑料的集散地之一，每年废塑料生产贸易达20万吨，其中80%以上是国内收集来的废塑料，其余则为涉嫌进口的废塑料。经查，该工业区没有领取国家进口废物批准证书的进口废塑料企业。

案例评析

对于洋垃圾进入中国并污染中国环境这个话题已议论了近二十年，但该案最引人深思的是：为什么此类严重环境事件首先不是由中国政府或中国媒体报道，而是先由外国政府和外国媒体报道，然后再传到作为受害者的中国。

发达国家向发展中国家输送垃圾并不是最近才发生或者出现的事情，我国一直都受到“洋垃圾”入侵的困扰。

1995年以前，由于我国对固体废物进口管理没有明确的法律依据，曾造成了严重的“洋垃圾”入境导致环境污染的后果。1996年我国颁布并实施《固体废物污染环境防治法》(2004年修订)，对固体废物进口的管制才逐步纳入严格控制的法制轨道。根据《固体废物污染环境防治法》的规定，我国对于固体废物越境转移的法律控制是以名录制度和标准制度为鉴别前提和管制先导，以分类管理为基础的行政许可制度。

尽管我国已基本形成控制固体废物和危险废物进境的法律体系，但是“洋垃圾”进口造成环境污染的情况还屡有发生，主要原因如下：(1)“世界工厂”的经济发展模式。据统计，全世界数量惊人的电子垃圾中，有80%出口至亚洲，这其中又有90%进入中国，我国正在渐渐成为生产和加工垃圾的“世界工厂”。这种“世界工厂”式的经济发展模式虽然暂时促进了我国经济的发展，但不可否认的是，这种生产模式也消耗了大量的资源环境，并将大量废物留在了中国。这种“世界工厂”即“世界垃圾场”的经济发展模式，是导致本案发生的一个潜在原因。(2)对进口废物缺乏有效监督管理。根据法律，我国对固体废物进口实行严格的管理制度。对国家禁止进口的固体废物，任何单位和个人都不准从事此类废物的进口贸易以及其他经营活动，各有关部门必须严格把关，坚决禁止进口。对可作为原料进口的固体废物，由国家环境保护行政主管部门统一审批，其他任何部门和地方各级人民政府均无权审批。工商行政管理部门凭国家环境保护行政主管部门批准的文件批准有关企业经营此项业务，或者办理企业注册登记手续。海关凭批准文件放行进口。对可作为原料但必须严格限制进口的固体废物，由国家商检机构列入强制检验商品目录强制检验。按照现行法律，禁止进口、限制进口和自动许可进口固体废物涉及国务院环境保护行政主管部门、国务院对外贸易主管部门、国务院经济综合宏观调控部门、海关总署、国务院质量监督检验检疫部门、工商行政管理部门等部门，由于涉及部门较多，监管权力分散，执法主体多，信息难以及时沟通，无法集中力量监管，这加大了监管“洋垃圾”的难度，给走私分子造成可乘之机。洋垃圾频繁入侵中国以及中国正在成为“世界垃圾场”的事实，凸显我国有关部门环境监管不严，缺乏足够的敏感度和快速的反应能力。

课堂讨论

1. 结合上述案例，讨论如何加强对固体废物的全过程管理。
2. 何谓固体废物？
3. 试述防治固体废物污染环境的原则。

第五节 环境噪声污染防治法

我国早在1979年颁布的《环境保护法(试行)》中,就对城市区域、工业和交通运输的环境噪声的污染防治作出了原则性的规定。国务院于1989年发布了《环境噪声污染防治条例》。1996年10月全国人大常委会通过了《环境噪声污染防治法》。此外,在有关公路、铁路、民用航空、水上交通、道路交通管理和建筑施工管理的法律、法规中也有防治交通运输和建筑施工噪声的内容。国家还颁布了《声环境质量标准(2008年)》、《社会生活环境噪声排放标准(2008年)》等环境噪声标准。

一、环境噪声污染及其危害

环境噪声是指在工业生产、建筑施工、交通运输和社会生活中所产生的干扰周围生活环境的声音。噪声来源于物体的振动,按其产生的机理可分为机械噪声、气体动力噪声和电磁性噪声等。环境噪声按干扰区域可分为城市环境噪声、农村环境噪声和海洋环境噪声等;按噪声源可分为固定噪声源、流动噪声源。城市环境噪声又可分为工业噪声、建筑施工噪声、交通运输噪声和社会生活噪声等。

环境噪声污染是指所产生的环境噪声超过国家规定的环境噪声排放标准,并干扰他人正常生活、工作和学习的现象。环境噪声污染自20世纪70年代以来日益严重,被称为城市四大主要公害之一。在我国,环境噪声总体水平长期居高不下,环境噪声污染已成为严重扰民的突出的问题。

二、噪声污染防治法的主要内容

(一)噪声污染防治的监督管理体制

国务院环境保护行政主管部门对全国环境噪声污染防治实施统一监督管理。县级以上地方人民政府环境保护行政主管部门对本行政区域内的环境噪声污染防治实施统一监督管理。各级公安、交通、铁路、民航等主管部门和港务监督机构,根据各自的职责,对交通运输和社会生活噪声污染防治实施监督管理。

(二)关于城市规划和建设布局的环境噪声污染防治要求的规定

环境噪声污染同城市规划和建设布局有着极为密切的关系,规划和布局的合理与否直接作用于环境噪声污染的程度和范围,尤其是交通运输噪声和社会生活噪声。为此《环境噪声污染防治法》第五条规定:“地方各级人民政府在制定城乡建设规划时,应当充分考虑建设项目和区域开发、改造所产生的噪声对周围生活环境的影响,统筹规划,合理安排功能区和建设布局,防治或者减轻环境噪声污染。”同时,在第十二条中还具体规定:“城市规划部门在确定建设布局时,应当依据国家声环境标准和民用建筑隔声设计规范,合理划定建筑物与交通干线的防噪声距离，并提出相应的规划设计要求。”

（三）关于声环境标准与城市功能分区控制环境噪声的法律规定

《环境噪声污染防治法》第十条和第十一条规定，国务院环境保护行政主管部门分别对不同的功能区制定国家声环境质量标准，并根据国家声环境质量标准和国家经济、技术条件，制定国家环境噪声排放标准。与其他污染防治法律、法规中关于环境标准的规定所不同的是，《环境噪声污染防治法》只规定了国家声环境质量标准和环境噪声排放标准，而未规定地方的声环境质量标准和环境噪声排放标准。这是由于国家的有关标准已经涵盖了环境噪声污染的各个方面且比较严格，基本上不存在需要另行制定地方标准的情况。

（四）防治噪声污染的监督管理制度

噪声污染防治所要遵循的制度主要有环境影响评价制度、“三同时”制度、排污收费制度、限期治理制度、对环境噪声污染严重的落后设备实行淘汰制度、环境噪声监测制度及现场检查制度等。另外还规定了偶发性强烈噪声的事先申请批准和公告制度，即在城市范围内从事生产活动确需排放偶发性强烈噪声的，必须事先向当地公安机关提出申请，经批准后方可进行。当地公安机关应当向社会公告。

案情简介

李明、王军诉北京庄维房地产开发有限责任公司
噪声污染损害赔偿纠纷案①

2001年6月19日，李明、王军与北京庄维房地产开发有限责任公司（以下简称庄维房地产开发公司）签订商品房买卖合同，购买了北京市某区庄维花园7号楼306号房屋一套，并于同年12月31日入住。入住不久楼内地下室水泵房即出现噪声，以致不能正常休息和生活。2002年5月8日，庄维房地产开发公司对地下室水泵房振动扰民一事确认无误，并承认房屋有质量问题。对此，开发公司曾采取措施，对管道进行过改造处理，但噪声依然严重。2004年9月10日，经区环保局环境保护监测站噪声检测，房屋的噪声均超标。李明、王军以此为由向法院提起诉讼，要求庄维房地产开发公司采取根本措施，彻底消除住房内的噪声污染，并赔偿入住以来的精神损害抚慰金10万元。

2005年6月，北京市丰台区人民法院判决如下：(1) 被告庄维房地产开发公司于判决生效之日起六十日内对庄维花园7号楼水泵采取有效、可靠的隔声降噪措

---

① 参看《李明、王军诉北京庄维房地产开发有限责任公司噪声污染损害赔偿纠纷案》，《中国审判案例要览(2006年民事审判案例卷)》，中国人民大学出版社2007年版；北大法宝——北大法律信息网2009年2月5日，http://vip.chinalawinfo.com/newlaw2002/slc/slc.asp?db=fnl&gid=117527340。

施,使原告李某、王某的7号楼306号住宅内的水泵噪声达到国家环境保护总局规定的最高限值以下;逾期未达标准,按每日100元对原告李明、王军进行补偿。(2)被告庄维房地产开发公司于判决生效之日起七日内赔偿原告李明、王军精神损害抚慰金10万元。诉讼费用3 510元由被告北京庄维房地产开发公司负担(判决生效之日起七日内交纳);两次环境噪声检测费450元亦由被告北京庄维房地产开发公司承担(判决生效之日起七日内给付原告李明)。

判决后,庄维房地产开发公司不服,仍持原诉辩意见上诉,要求二审法院依法改判。2005年11月,北京市第二中级人民法院作出如下二审判决:驳回上诉,维持原判。

案例评析

依照《环境噪声污染防治法》第二条的规定,"环境噪声污染指超过国家规定的环境噪声排放标准,并干扰他人正常生活、工作和学习的现象。"所以,环境噪声污染必须具备两个条件,一是排放的环境噪声超过国家规定的环境噪声排放标准;二是环境噪声干扰了他人的生活、工作和学习。

《环境噪声污染防治法》对环境噪声污染损害作了赔偿的规定,该法第六十一条规定:"受到环境噪声污染危害的单位和个人,有权要求加害人排除危害;造成损失的,依法赔偿损失。赔偿责任和赔偿金额的纠纷,可以根据当事人的请求,由环境保护行政主管部门或者其他环境噪声污染防治工作的监督管理部门、机构调解处理;调解不成的,当事人可以向人民法院起诉。当事人也可以直接向人民法院起诉。"也就是说,如果超过国家规定的环境噪声排放标准和声环境质量标准,就应认定构成环境噪声污染而构成侵权。

从环境民事侵权的理论而言,污染超标与否只是判断行为人的行为是否符合行政法律规范的依据,而非构成民事侵权的依据。有的司法部门往往把超标与否作为构成民事侵权的依据,导致受害人在致害人在排污不超标的情况下就不承担赔偿责任的现状,这是对环境污染防治法的误解。但是,我国《环境噪声污染防治法》与《水污染防治法》[①]等其他污染防治法律有不同的规定;由于《环境噪声污染防治法》明确规定,超标才构成环境噪声污染,所以有些法院认定只有噪声超标才构成噪声污染侵权。例如北京通州法院赵某一家诉楼内水泵噪声污染损害赔偿纠纷案,47.4分贝的噪声值、老人已患"神经性耳聋"、外孙女智力残缺,仍然败诉(一审结果),因为水泵的噪声没有超过通州地区的环境噪声标准限值。为了保持《环境噪声污染防治法》与《水污染防治法》等其他法律的一致,可考虑修改《环境噪声污染防治法》有关噪声污染的定义。

---

① 《水污染防治》(2008年修订)第九十一条规定:"水污染,是指水体因某种物质的介入,而导致其化学、物理、生物或者放射性等方面特性的改变,从而影响水的有效利用,危害人体健康或者破坏生态环境,造成水质恶化的现象。"这里的水污染不以超标为要件。而《环境噪声污染防治法》规定的噪声污染以超标为要件。

课堂讨论

1. 结合上述案例,分析环境噪声污染损害赔偿的构成要件。
2. 何谓环境噪声和环境噪声污染?
3. 试述我国环境噪声污染防治法的主要内容。

第六节 海洋环境保护法

20世纪70年代以来,我国陆续颁布了有关防止海洋污染损害的法律法规。1974年国务院颁布了《防止沿海水域污染暂行规定》,1982年颁布了《海洋环境保护法》,1999年第九届全国人大常委会对该法进行了修订。为实施《海洋环境保护法》,国务院先后颁布了《海洋石油勘探开发环境保护管理条例》(1983年)、《防止船舶污染海域管理条例》(1983年)、《海洋倾废管理条例》(1985年)、《防治陆源污染物损害海洋环境管理条例》(1990年)、《防治海洋工程建设项目污染损害海洋环境管理条例》(2006年)、《防治海岸工程建设项目污染损害海洋环境管理条例》(2007年)等。

一、海洋环境污染及其危害

海洋环境污染损害,是指直接或者间接地把物质或者能量引入海洋环境,产生损害海洋生物资源、危害人体健康、妨害渔业和海上其他合法活动、损害海水使用素质和减损环境质量等有害影响。这一定义包括了由于有害物质和能量的污染对海洋资源、环境和经济价值的破坏和减损及其有害影响,有着广泛的外延。

由于各种污染物质大量排入海洋,造成日益严重的海洋污染,使海洋生态环境受到严重的破坏,对海洋渔业养殖业、海洋工程设施、海洋自然景观和海洋生态平衡造成严重危害;同时海水污染造成某些流行性传染病盛行,危害人体健康。

二、海洋环境保护法的主要内容

《海洋环境保护法》确立了我国海洋环境保护实行国家环境保护部门统一管理、有关部门分工负责的管理体制,规定了防治海洋污染的一般法律制度,包括海洋功能区划制度、海洋环境保护区制度、海洋环境标准制度、重点海域排污总量控制制度、排污收费制度、限期治理制度、清洁生产制度、海洋环境监测制度、重大事故强制应急制度等。

《海洋环境保护法》针对造成海洋环境污染损害的各类污染源分别做出了相应的法律规定,包括防治陆源污染物对海洋环境的污染损害、防治海岸工程建设项目对海洋环境的污染损害、防治海洋工程建设项目对海洋环境的污染损害、防治倾倒废弃物对海洋环境的污染损害和防治船舶及有关作业活动对海洋环境的污染损害。

(一)防治陆源污染物对海洋环境的污染损害

防治陆源污染物对海洋环境的污染损害,主要是防止沿海地区的工农业生产和居民生活所产生的废弃物直接向海域排放、防止在海岸滩涂设置废弃物堆放场或处理场以及防止沿海农田施用化肥农药等污染海洋、防止陆源污染物通过江河进入海洋环境。为此,《海洋环境保护法》从入海排污口设置和禁限措施两方面对防治陆源污染物对海洋环境的污染损害作出了规定。

(二)防治海岸工程建设项目对海洋环境的污染损害

海岸工程是指位于海岸或与海岸相邻,需要利用海洋完成其部分或全部功能的建设工程。为防止海岸工程建设项目对海洋环境的污染损害,《海洋环境保护法》对海岸工程建设项目实行环境影响评价和"三同时"制度,规定在依法划定的海洋自然保护区、海滨风景名胜区、重要渔业水域及其他需要特别保护的区域,不得从事污染环境、破坏景观的海岸工程项目建设或者其他活动。禁止在沿海陆域内新建不具备有效治理措施的化学制浆造纸、化工、印染、制革、电镀、酿造、炼油、岸边冲滩拆船以及其他严重污染海洋环境的工业生产项目。兴建海岸工程建设项目,必须采取有效措施,保护国家和地方重点保护的野生动植物及其生存环境和海洋水产资源。

(三)防治海洋工程建设项目对海洋环境的污染损害

海洋工程建设项目必须编制环境影响评价书和实行"三同时"制度;不得使用含超标准放射性物质或者易溶出有毒有害物质的材料,当需要爆破作业时,必须采取有效措施,保护海洋资源;海洋石油勘探开发及输油过程中必须采取有效措施,避免溢油事故的发生。海洋石油钻井船、钻井平台和采油平台的含油污水和油性混合物,必须经过处理达标后排放;残油、废油必须予以回收,不得排放入海。海洋石油钻井船、钻井平台和采油平台及其有关海上设施,不得向海域处置含油的工业垃圾。勘探开发海洋石油,必须按有关规定编制溢油应急计划,报国家海洋行政主管部门审查批准。

(四)防治倾倒废弃物对海洋环境的污染损害

按照废弃物的毒性、有害物质含量和对海洋环境的影响等因素,我国将向海洋倾倒的废弃物分为三类,第一类为禁止倾倒的废弃物,即毒性大或长期不能分解及严重妨害海上航行、渔业等活动的物质;第二类为需要获得特别许可后才能倾倒的物质,即对海洋生物没有剧毒性,但能通过生物富集污染水产品或危害航行、渔业等活动的物质;第三类为不属于前两类物质的其他低毒性或无毒的,即要事先获得普通许可即可倾倒的物质。《海洋环境保护法》对于海洋倾废活动做出了全面的规定。

(五)防治船舶及有关作业活动对海洋环境的污染损害

《海洋环境保护法》主要是通过完善并实施船舶油污损害民事赔偿责任制度,按照船舶油污损害赔偿责任由船东和货主共同承担风险的原则，建立船舶油污保险、油污损害赔偿基金制度，来实现防治船舶及有关作业活动对海洋环境的污染损害。任何船舶及相关作业不得违反本法规定向海洋排放污染物、废弃物和压载水、船舶垃圾及其他有害物质。从事船舶污染物、废弃物、船舶垃圾接收、船舶清舱、洗舱作业活动的，必须具备相应的接收处理能力。港口、码头、装卸站和船舶修造厂必须按照有关规定备有足够的用于处理船舶污染物、废弃物的接收设施，并使该设施处于良好状态。船舶发生海难事故，造成或者可能造成海洋环境重大污染损害的，国家海事行政主管部门有权强制采取避免或者减少污染损害的措施。对在公海上因发生海难事故，造成中华人民共和国管辖海域重大污染损害后果或者具有污染威胁的船舶、海上设施，国家海事行政主管部门有权采取与实际的或者可能发生的损害相称的必要措施。

（六）海洋生态保护的法律规定

《海洋环境保护法》第3章对海洋生态保护做出了如下原则性规定：(1) 保护具有典型性、代表性的海洋生态系统。(2) 建立海洋自然保护区是保护海洋生态的有效措施。(3) 对开发利用海洋资源实行“合理布局”、“谁开发谁保护”的原则。(4) 慎重引进新的海洋动植物物种。(5) 加强海洋生态建设和综合治理。(6) 发展生态渔业。

案情简介

“塔斯曼海”油轮海洋环境污染案①

2002年11月23日凌晨4时，满载原油的马耳他籍“塔斯曼海”油轮与中国大连“顺凯一号”轮在天津大沽锚地东部海域23海里处发生碰撞，导致原油泄漏。经中国国家海洋局北海监测中心对事故海域以及沿岸区域进行调查取证和海洋生态环境污损监测，发现受溢油事故影响海域面积达359.6平方公里，沉积物中油类含量高于正常值8.1倍，原油泄漏使作为海洋渔业资源的重要产卵场、索饵场和肥育场的渤海湾西岸的海洋生态环境遭受严重破坏。

事故发生后，天津海事局立即启动天津水域污染应急计划，动用辖区内所有清污设备和人员，尽全力清除原油污染。与此同时。海事执法人员开始对污染事故进行调查处理。经调查认定“塔斯曼海”轮违反了《海洋环境保护法》第62条、第65条的规定；依据该法的规定对该轮给予二十万元人民币的行政处罚。这是天津海事局成立以来对违法船舶实施数额最大的一起行政处罚。

“塔斯曼海”油轮溢油事故案发后，受损各方以肇事船东英费尼特航运公司和伦敦汽船互保协会为被告，分别向天津海事法院提起了诉讼。国家海洋局授权天津市

---

① 本案例参考如下资料整理而成：《为了渤海湾的那片蔚蓝“塔斯曼海”轮溢油案审判始末》，《中国海洋大学报网络版》第1461期第2版，2006年4月28日；高暄：《我国首例海洋生态索赔案宣判 塔斯曼海轮因溢油污染赔偿海洋环境容量损失1千万元》，《中国环境报》2005年1月6日；记者陈杰报道：《污染海洋生态环境涉外索赔第一案》，人民网天津2004年12月30日电，http://www.people.com.cn/GB/shehui/1061/3090473.html。

海洋局代表国家提起海洋生态损失索赔，请求赔偿金额为9 830余万元；天津市渔政渔港监督管理处代表国家提起渔业资源损失索赔，请求赔偿金额为1 830余万元；天津市塘沽区大沽渔民协会等代表1 490户渔民、河北省滦南县渔民协会代表921户渔民和15户养殖户、天津市塘沽区北塘渔民协会代表433户渔民、大沽渔民协会代表当地236户渔民以及汉沽地区256户渔民、养殖户等就渔业资源遭受的损失提起海洋捕捞损失索赔，请求赔偿金额为6 228万元。

天津海事法院受理案件后，鉴于此案案情复杂，当事人众多，为了节省司法资源，提高效率，采取了对本案涉及的共同问题作为共同证据进行合并审理的审判方式。

2004年12月24日对天津海事法院依法对渔民诉两被告索赔案的8个个案分别作出判决。判令两被告连带赔偿河北省滦南地区、天津市汉沽地区、塘沽区北塘地区、塘沽区大沽地区共计1 490名渔民、养殖户渔业捕捞损失、滩涂养殖损失和网具损失等共计1 700余万元。

2004年12月30日天津海事法院作出一审判决。判令两被告连带赔偿原告天津市海洋局海洋环境容量损失及相关调查、评估及研究经费等共计1 000余万元；判令二被告连带赔偿天津市渔政渔港监督管理处渔业资源损失和调查评估费等共计1 500余万元。

案例评析

此次索赔案共有10个诉讼主体，涉及自然人1 500余人，总标的额达到1.7亿元人民币。这是我国加入1992年《国际油污损害民事责任公约》后，第一例根据该公约向外国船公司保险人进行索赔的案件。该案的审理和判决产生了以下积极作用。

第一，开创性地维护了我国的海洋生态环境权益。本次海洋生态索赔是我国第一例根据1992年《国际油污损害民事责任公约》向外国船公司保险人进行索赔的案件，是我国海洋行政管理部门在法律框架内提出污染海洋生态环境涉外索赔第一案，首次以司法程序确定了海洋生态环境价值，开创了维护我国海洋生态环境权益的先河，提供了运用国内法和国际法维护国家生态环境权益即环境生态公益的成功范例。

第二，有力地保护了国家渔业资源。农业部黄渤海区渔业生态环境监测中心接受委托，于2002年11月26—27日对污染海域进行了环境质量监测，并于同年11月30日至12月1日对污染海域的渔业资源现状进行了拖网调查，确定本次污染事故造成了约690平方公里海域石油类浓度超过《渔业水质标准》(50 μg/L)4倍以上，污染造成渔业资源经济损失和评估费用共计1 832.8万元人民币，得到法院的采信。

第三，合理地保护了渔民的合法权益。当单个渔民遭受外国侵权人的损害时，他是典型的弱者。在该案中，渔民都由渔民协会作为诉讼代表提起诉讼，便于统计渔民所受损失，提出合理的诉讼请求，也提高了法院的办案效率，为尽快结案、恢复渔民的权益创造了条件。

第四，为法院处理大型海洋污染侵权案件积累了多方面的经验。法院成功地将众多原告的诉讼合并审理，实现了污染损害事实证据共享，减轻了原告的举证负担，提高了诉讼效率，实际上也有利于被告减少诉讼的时间成本；院士及众多专家学者出庭作证，在我国司法审判史上，尚属首次，专家证人作出的鉴定结论对海洋环境污染案件的科学处理起到了不可或缺的作用。

第五，本案兼有公益诉讼的性质。《海洋环境保护法》第30条规定，“对破坏海洋生态、海洋水产资源、海洋保护区，给国家造成重大损失的，由依照本法规定行使海洋监督管理权的部门代表国家对责任者提出损害赔偿要求。”上述规定虽然没有提到环境公益诉讼的概念，但已经隐含有环境公诉的意思，有利于环境公诉的实现。在本案中，“塔斯曼海轮”在天津大沽口东部海域发生船舶碰撞，造成该轮船载原油泄漏。泄漏原油形成长约2.5海里、宽1.4海里的溢油漂流带，对海洋生物、生态系统造成了严重损害。随后，天津市塘沽区大沽渔民协会代表当地129位渔民、天津市渔政渔港监督管理处以国家渔业资源受到损害为由、天津市海洋局以海洋环境受到污染为由分别提起诉讼，要求肇事航运公司赔偿损失。天津海事法院受理案件后认为，大沽渔民请求的是因污染造成的海洋捕捞停产损失、网具损失和滩涂贝类养殖损失；天津市渔政渔港监督管理处请求的是渔业资源损失；天津市海洋局请求的是海洋环境生态污染破坏和生态恢复的索赔；三者不存在重复索赔的问题。法院不仅支持了渔民们的索赔请求，也支持了渔政渔港监督管理处和海洋局的请求。这一案件的处理已隐约可见环境公益诉讼的影子，因为渔政渔港监督管理处和海洋局提起的诉讼不是为了维护特定个人或单位的利益，而是为了环境公益，所以该诉讼实际上属于公益诉讼的范畴。

课堂讨论

1. 结合上述案例，分析如何通过司法途径维护我国的海洋环境生态公益？
2. 何谓海洋环境污染损害？
3. 试述我国海洋保护法的主要内容。

第七节　放射性污染防治法

我国对放射性防护和污染防治十分重视。早在1974年，国家便颁布了《放射防护规定》。现行的放射性防护和污染防治法规主要有：国务院1986年发布的《民用核设施安全监督管理条例》，1989年发布的《放射性药品管理办法》，1993年发布的《核电站核事故应急管理条例》，2005年发布的《放射性同位素与射线装置安全和防护条例》。2003年全国人大通过了《放射性污染防治法》。另外，国家还颁布了《放射性废物分类标准》(1988年)、《建筑材料用工业废渣放射性物质限制标准》(1986年)等放射性环境保护标准。

一、放射性污染及其危害

放射性污染，是指在生产、生活活动中排放发射性物质，造成改变环境放射性水平，使环境质量恶化，危害人体健康或破坏生态环境的现象。

放射性污染主要来自核能开发、核技术应用和伴生放射性矿物资源开发利用，包括核电站等核设施运行、放射性同位素和射线装置应用，以及伴生放射性矿物资源开发利用与放射性废物处置活动。放射性污染物主要指人工合成、生产的放射性物质，也包括经人工开采、运输、冶炼和储存的天然放射性物质，还包括含有放射性物质的废水、废气、废液和固体废物等。

放射性污染对人体和动物存在许多危害作用，如引起各种癌症，包括白血病、骨癌、肺癌及甲状腺癌，缩短人的寿命。急性大剂量照射可导致人的死亡，也能损伤遗传物质，引起基因突变和染色体畸变，使下一代甚至几代受害。

二、放射性污染防治法的主要内容

国务院环境保护行政主管部门对全国放射性污染防治工作依法实施统一监督管理。国务院卫生行政部门和其他有关部门依据国务院规定的职责，对有关的放射性污染防治工作依法实施监督管理。

《放射性污染防治法》规定了放射性污染监测制度、放射性污染防治标准制度、放射性物质和射线装置标志和警示制度。国家对放射性污染的防治，实行预防为主、防治结合、严格管理、安全第一的方针。要求含有放射性物质的产品，应当符合国家放射性污染防治标准；不符合国家放射性污染防治标准的，不得出厂和销售。使用伴生放射性矿渣和含有天然放射性物质的石材做建筑和装修材料，应当符合国家建筑材料放射性核素控制标准。放射性物质和射线装置应当设置明显的放射性标志和中文警示说明。放射性污染防治标准由国务院环境保护行政主管部门根据环境安全要求、国家经济技术条件制定。国家放射性污染防治标准由国务院环境保护行政主管部门和国务院标准化行政主管部门联合发布。

《放射性污染防治法》针对核设施、核技术利用、铀(钍)矿和伴生放射性矿开发利用、放射性废物的管理，分别作出了详细的规定。对于核设施管理，主要包括营运、进口、规划限制区、安全管理与核事故措施等方面；核技术利用主要是针对密闭放射源、非密闭放射源和射线装置在医疗、工业、农业、地质调查、科学研究和教学等领域中的使用应当遵循的基本要求；对于铀(钍)矿和伴生放射性矿开发利用应当严格遵循环境影响评价和许可证制度，在开发利用过程中要进行环境监测，尾矿应当建造尾矿库进行贮存、处置；建造的尾矿库应当符合放射性污染防治的要求，铀(钍)矿开发利用单位还应当制定铀(钍)矿退役计划；对于放射性废物的管理，首先法律规定要求减量化，在处理方面要遵循相应的规定，违反规定者，环保部门可以根据不同情节责令停止违法行为、限期改正和处以罚款，构成犯罪的，依法追究刑事责任。

案情简介

切尔诺贝利核电站核污染事故①

1986年4月26日凌晨1时23分，位于苏联乌克兰加盟共和国首府基辅以北130

① 本案参考资料：《苏联最严重的核污染事故》，载于曾昭度主编的《环境纠纷案件实例》，武汉大学出版社1989年版，第256～257页。

公里处的切尔诺贝利核电站4号反应堆发生猛烈爆炸,造成30人当场死亡,周围环境受到严重污染。释放出的辐射量相当于日本广岛原子弹爆炸量的200多倍,产生的放射污染相当于日本广岛原子弹爆炸产生的放射污染的100倍。这造成了核电史上迄今为止最严重的事故。当天,一些较重的放射性物质就随风向西扩散到了波兰。第三天,放射性尘埃扩散到前苏联西部的大片地区,并开始威胁西欧。第四天,斯堪的纳维亚半岛和德国受到影响。10天内,放射性尘埃落到了欧洲大部分地区。核爆炸最终导致20多万平方公里的土地受到污染,320多万人受到核辐射侵害。今天的乌克兰、俄罗斯和白俄罗斯受到的核污染最严重。核泄漏事故发生后,前苏联立即疏散了11万多人,随后数年,又从污染严重地区搬迁了23万人,前后共疏散34万余人。

事后,鉴于苏联在事故发生后没有立即将事故通知有关国家,国际原子能机构于1986年主持制定了《核事故及早通报公约》。从1987年7月7日开始,苏联最高法院对这次事件公开审讯,最后宣判:切尔诺贝利核电站前站长布留哈诺夫、前总工程师福明和副总工程师佳特洛夫分别被判处10年徒刑;罗戈任等其他三名有关工作人员分别被判处5年、3年和2年徒刑,他们将在一般劳动教养所服刑。

据新华社2006年4月19日电,“绿色和平组织”2006年4月18日发表的一份报告称,20年前的苏联切尔诺贝利核电站事故造成致癌死亡人数10倍于联合国作出的官方估计,全球共有20亿人口受切尔诺贝利事故影响,27万人因此患上癌症,其中致死9.3万人。2006年4月24日,乌克兰总统尤先科在纪念切尔诺贝利核事故20周年国际学术大会上说,乌政府迄今已在核泄漏事故的善后事务上花费了150亿美元,为应对切尔诺贝利核泄漏事故带来的后果,预计到2015年,还将耗资1 700亿美元。据新华社基辅2006年4月25日电,在乌克兰切尔诺贝利核电站事故20周年之际,中国驻乌克兰特命全权大使高玉生与乌克兰经济部长雅采纽克25日在乌政府大厦分别代表两国政府签署协定,中国政府将向乌方提供价值1 000万元人民币(约合125万美元)的专项无偿援助,用于消除切尔诺贝利核电站事故后果。

案例评析

切尔诺贝利核电站是苏联时期在乌克兰境内修建的第一座核电站,曾是苏联人民的骄傲,被认为是世界上最安全、最可靠的核电站。但1986年4月26日的一声巨响彻底打破了这一神话。英国《泰晤士报》援引专家的话说,虽然发生泄漏事故的反应堆核原料已经处于封存状态,但它的放射危险性将持续10万年。专家称消除切尔诺贝利核泄漏事故后遗症需800年。据新华网联合国2007年4月26日电,联合国秘书长潘基文在26日发表的纪念乌克兰切尔诺贝利核事故21周年的声明中指出,切尔诺贝利事故是人类历史上最严重的一次核事故,它使33万多人被迫离开家园,5 000多儿童罹患甲状腺癌,上百万人生活在对自己健康和生活的忧虑之中,世界永远不该忘记这次事故给人类造成的损失和伤痛。

核电站被称为“关在铁笼子里的老虎”,必须通过立法加强对核电站污染的防治①。

课堂讨论

1. 结合上述案例,分析核污染的危害及其防范措施。
2. 何谓放射性污染?
3. 试述我国放射性污染防治法的主要内容。

第八节　危险化学品、农药污染防治法

一、危险化学品污染防治法

与废水、废气、固体废物等污染物质不同,危险化学品②本身并非废物而是产品,其危险主要是就其性质和风险而言,如对其管理得当和科学使用,并不一定会造成对环境的污染。由于危险化学品是生物难以降解的物质,对人体或环境的损害具有潜在性、持久性、生物转化性等特点,如果在其研究、试验、生产、运输、销售、贮存、使用或废弃处置过程中管理不善或使用不当,导致其泄漏、溢出、渗透、流失、扩散而进入环境,则会造成对环境和对人体健康的损害甚至严重的持久性损害,且一旦发生污染,通常难以或不能消除。因此,对化学品污染的控制,关键在于从源头控制和风险防范,必须减少或杜绝其进入环境,重点在于预先防范、科学使用。

《危险化学品安全管理条例》(2002年),对生产、经营、储存、运输、使用危险化学品和处置废弃危险化学品等方面的安全管理作了全面的具体规定,明确提出了若干化学品的环境保护要求。此外我国对医药、兽药、农药、食品添加剂、化妆品和可用于化学武器生产原料的监控化学品等化学品的管理,也制定了一些法律、法规和规章。在水污染、大气污染、海洋污染、固体废物污染防治等法律、法规中,也有对危险化学品污染防治的规定。

二、农药污染防治法

农药是指用于预防、消灭或者控制危害农业、林业的病、虫、草和其他有害生物以及有目的地调节植物、昆虫生长的化学合成或者来源于生物、其他天然物质的一种物质或者几种物

---

①　迄今为止,世界已发生多起核电站污染事故:1979年3月28日,美国三里岛核电站核泄漏;1988年1月6日,美国俄克拉何马州的一座核电站爆炸,造成1名工人死亡,100人受伤;1992年11月,法国三名工人未穿防护服进一座核粒子加速器后受污染;1999年,东京一座核反应堆曾发生辐射泄漏,2名工人死亡;1998年到2002年,印度在四年间核电站共发生了6次核泄漏事故;2004年8月9日,日本关西电力公司福井县美滨核电站3号机组涡轮机房发生蒸汽泄漏事故,造成4人死亡,7人受伤;2005年5月,英国塞拉菲尔德核电站的热氧再处理电厂因发生放射性液体泄漏事件被迫关闭;2005年12月15日,俄罗斯圣彼得堡市郊列宁格勒核电站附近发生爆炸。

②　《危险化学品安全管理条例》第三条规定:“本条例所称危险化学品,包括爆炸品、压缩气体和液化气体、易燃液体、易燃固体、自燃物品和遇湿易燃物品、氧化剂和有机过氧化物、有毒品和腐蚀品等。危险化学品列入以国家标准公布的《危险货物品名表》(GB12268);剧毒化学品目录和未列入《危险货物品名表》的其他危险化学品,由国务院经济贸易综合管理部门会同国务院公安、环境保护、卫生、质检、交通部门确定并公布。”

质的混合物及其制剂。《农药管理条例》(2001 年修订)主要规定了如下内容。

(1) 农药监督管理体制。国务院农业行政主管部门负责全国的农药登记和农药监督管理工作。省、自治区、直辖市人民政府农业行政主管部门协助国务院农业行政主管部门做好本行政区域内的农药登记,并负责本行政区域内的农药监督管理工作。县级人民政府和设区的市、自治州人民政府的农业行政主管部门负责本行政区域内农药监督管理工作。国务院化学工业行政管理部门负责全国农药生产的统筹规划,协调指导,监督管理工作。省自治区、直辖市人民政府化学工业行政管理部门负责本行政区域内农药生产的监督管理工作。县级以上各级人民政府其他有关部门在各自的职责范围内负责有关的农药监督管理工作。

(2) 农药登记制度。生产农药和进口农药都必须经过登记。

(3) 农药生产许可制度。

(4) 农药产品质量管理制度。生产的农药应符合农药产品质量标准,其包装符合规定。并在出厂前进行质量检验,附具产品质量检验合格证。

(5) 农药经营管理制度。

(6) 农药使用制度。使用农药应遵守农药防毒规程,遵守有关农药安全、合理使用的规定,防止农药污染环境、农药中毒事故,防止污染农副产品。

案情简介

世界史上最大的环境污染灾难——1984 年博帕尔中毒事件①

1984 年 12 月 3 日凌晨,设在印度中央邦首府博帕尔市的美国联合碳化物公司的一家农药厂发生异氰酸甲酯毒气泄漏事件②。据印度中央邦毒气泄漏事件救助部长古普塔介绍,自毒气泄漏以来,直接致使 3 150 人死亡,5 万多人失明,2 万多人受到严重毒害,近 8 万人终身残疾,15 万人接受治疗;受这起事件影响的人口多达 150 余万,约占博帕尔市总人口的一半。

灾难发生后,博帕尔的某些受害者的代理人和印度政府向美国纽约的联邦法院就联合碳化物有限公司的赔偿案提起了诉讼,法院经一年左右的审理后,以"非适宜法院"为由驳回。美国梅尔文·贝利律师事务所和另外两家律师事务所共同代表印

---

① 本案例主要参考资料是:(1)"外国环境纠纷及公害事件",载于曾昭度主编的《环境纠纷案件实例》,武汉大学出版社 1989 年版。(2)《印度博帕尔事件》,人民网 2001 年 11 月 24 日报道,http://www.people.com.cn/GB/huanbao/20011224/633744.html。(3)《反思博帕尔 追寻谋杀者》,中国青年报绿网 2002 年 12 月 17 日报道,http://www.cyol.net/gb/cydgn/content_582172.htm。(4)《印度博帕尔毒气泄漏惨案 20 周年祭》,新华网新闻中心 2004 年 12 月 4 日报道,http://news.163.com/41204/9/16OF4L8D0001121R.html。(5) 黎光寿:《博帕尔惨案启示录》,2008 年 11 月 25 日,http://qzone.qq.com/blog/622006305-1227549385。(6) 黎光寿:《人类史上最大的生态灾难》,2008 年 11 月 16 日,http://qzone.qq.com/blog/622006305-1226823598。

② 位于印度中央邦首府博帕尔市郊的美国联合碳化物公司博帕尔农药厂,是美国联合碳化物公司于 1969 年在印度博帕尔市建起来的,用于生产西维因、滴灭威等农药。制造这些农药的原料是一种叫做异氰酸甲酯(MIC)的剧毒气体。这种气体只要有极少量短时间停留在空气中,就会使人感到眼睛疼痛,若浓度稍大,就会使人窒息。二战期间德国法西斯正是用这种毒气杀害过大批关在集中营的犹太人。在博帕尔农药厂,这种令人毛骨悚然的剧毒化合物被冷却成液态后,贮存在一个地下不锈钢储藏罐里,达 45 吨之多。

度受害人提起诉讼，要求美国联合碳化物公司赔偿150亿美元，指控这家公司在设计与经营方面都有不当，因而造成这起毒气外泄、大批人员死亡的工业事故。然而诉讼的过程却极其艰难。联合碳化物公司在1985年3月公布的一份调查报告中，竟将事故责任推卸到印度工人身上。报告称，这次毒气泄漏起因是有240加仑的水被注入气罐中，因而引起化学反应。所以进行错误操作的工人才应该对事故负责，而公司本身只愿意提供2.3亿美元的赔偿，并且要在20年内分期付清。美国公司的无理要求遭到印度方面的断然拒绝。印度政府于1986年向印度法院提起诉讼，要求被告赔偿31.2亿美元。经过长达5年的诉讼，印度最高法院在1989年2月14日做出最终裁决，要求美国联合碳化物公司为其在印度博帕尔市的子公司一次性赔偿4.7亿美元的损失。死难者家属和受害者认为美方对印度的4.7亿美元的赔偿是远远不够的，每个受害者只得到了25 000卢比(约合580美元)，而剩下的大部分赔偿金则被政府存入中央银行。3 000多条人命最终换来的只是4.7亿美元的赔偿。

在对博帕尔事故责任人的处理上，除9名低层管理人员(都是印度血统者)被判刑外，联合碳化物公司在博帕尔工厂的高层管理人员无一因此坐牢，联合碳化物公司前总裁安德森一直逍遥法外。

1991年，博帕尔毒气泄漏案受害者再次向印度法庭提出起诉，要求将这起骇人听闻的工业事故的主要责任人送进大牢，其中包括联合碳化物公司前总裁安德森。在审理过程中，印度检察机关以“应受处罚的谋杀罪”起诉安德森，这一罪名如果成立，最高可处以20年徒刑。2002年5月，印度检察机关又向法院提出减轻对安德森起诉的罪名，将原先的“应受处罚的谋杀罪”降为“疏忽伤人罪”，而后者只需要被判处两年以下的徒刑。印度检察机关立场的软化引起印度民众极大的愤怒。经过3个多月的辩论和调查，印度大法官拉梅什瓦尔·科塔拒绝减轻罪名的请求，决定仍然以“应受处罚的谋杀罪”起诉安德森，并要求印度司法机构尽快启动引渡安德森的程序。科塔在判决中说：“我们没有理由减轻对沃伦·安德森的起诉，他是个在案潜逃的人，受到国际刑警的通缉，而且从来没有在任何法庭上出现。”科塔宣布判决后，一位名叫拉什达的受害者显得十分激动。他说：“我们赢得了这一回合的战役，我们将继续奋战，直到把安德森送上法庭，使他受到应有的惩罚。像博帕尔事件这样的悲剧不能再次重演。”

案例评析

该案有许多教训值得人们吸取。

第一，这是世界史上最严重的环境污染灾难，是由于对危险化学品(异氰酸甲酯)、农药生产控制、管理不严而造成的大气污染事件。

第二，这是跨国公司在发达工业国家和发展中国家实行双重环境标准所造成的后果。事后，美国《纽约时报》披露说，美国联合碳化物公司设在印度的工厂与设在美国本土西弗吉尼亚的工厂在环境安全维护措施方面，采取了“双重标准”。博帕尔农药厂只有一般的安全装置;而设在美国本土的工厂除此之外还装有电脑报警系统。专家学者们也认为,博帕尔事件是发达国家为洁净自身的环境提高环保标准,致使跨国公司将危险品生产转移到第三世界国家的一个典型案例:美国联合碳化公司一个企业两个标准,碳化公司设在弗吉尼亚州的化工厂远离人口稠密区,并有电脑监控设施,而设在博帕尔农药厂却只有一般的设备,且没有对工人进行系统的应急安全教育。

第三,这是在环境管理方面缺乏信息公开制度、公民不了解掌握环境污染知识的结果。在这起灾难发生前,无论是企业还是市政府,都没有向公众提供有关农药厂特别是异氰酸甲酯(MIC)危害等信息,甚至在事前有人提出有可能发生事故的警告后,仍然没有引起工厂和政府的注意,没有事先采取防治法律措施和应急措施。事件令美国朝野大为震惊,国会很快制定并通过了《紧急事态和信息知情权法》,美国政府分别制定了污染物排放与转移登记制度和有毒物排放清单,用作对工业污染物排放情况进行测定和披露的监管措施,公众得以了解特定企业每年所报告的有毒化学物质排放情况。印度政府也制定环境法律,加强了对污染源企业特别是外资企业的环境管理。

课堂讨论

1. 结合上述案例,分析危险化学品的危害及其防治措施。
2. 试述我国农药污染防治的主要内容。

第6章

自然资源法

本章要求掌握：自然资源和自然资源法的概念，自然资源法的特点和法律框架，自然资源所有权和使用权的概念和主要内容；水、土地、矿产、森林、草原和海洋资源的特点和作用；水法、土地法、矿产资源法、森林法、草原法和海洋资源法的主要内容和重点。

第一节　自然资源法概述

自然资源法中的自然资源是指什么？人们常常将此类问题视为纯学术问题，认为在实际应用中没有什么价值。但是，在1995年委内瑞拉与美国的汽油纠纷案中却引起了一场“洁净的空气”是否“可用竭的自然资源”的争论，在1998年四国诉美国海龟案中也引起了一场海龟是否“可用竭的天然资源”的争论。

一、自然资源与自然资源法

自然资源概念是基于人们不同价值认识和需要而不同的。《辞海》将自然资源定义为：天然存在的自然物(不包括人类加工制造的原材料)，如土地资源、矿产资源、水利资源、生物资源、气候资源等，是生产的原料来源和布局场所。联合国环境规划署的定义为：在一定的时间和技术条件下，能够产生经济价值，提高人类当前和未来福利的自然环境因素的总称。自然资源是人类生存和发展的物质基础和社会物质财富的源泉，是可持续发展的重要依据之一。随着人类生产力水平的不断提高，科技水平的不断发展，自然资源的内涵也不断扩大。

自然资源种类繁多，形态各异，功能多样，具有分布的区域性、价值的多元性、数量和种类的有限性等特点。自然资源按照不同的分类标准有不同的分类，从我国现行自然法律体系来看，自然资源主要包括了水、土地、海洋、海域、矿产、森林、草原、生物、湿地、风景名胜等。

自然资源法是调整人们在开发、利用、保护和管理自然资源过程中发生的各种社会关系的法律规范的总称。一般包括土地法、水法、矿产资源法、森林法、草原法、海洋法、海域使用法、渔业法、野生动植物资源法、气候资源法等。由于环境和资源是从不同角度、有不同侧重点并相互交叉的概念，自然资源法所涉及的自然资源都是环境法中的环境要素，大部分自然资源法律规范既是自然资源法的组成部分，又是环境保护法的组成部分；自然资源法也有综合性、广泛性、技术性、社会性和较多的世界共同性等特点。

二、自然资源权属

自然资源的权属既是自然资源保护和利用的基础，也是自然资源法中采取资源税费等经济手段的依据。有关自然资源紧缺及其纠纷，既是社会发展需求和自然环境保护的冲突，也是自然资源权属与利益分配的关系问题。自然资源权属制度是有关自然资源归谁所有、使用以及由此产生的法律后果由谁承担的一系列法律规范，是自然资源利用管理中最有影响力、不可缺少的基本法律制度。目前，我国的自然资源权属制度主要包括两方面的内容：一是自然资源所有权，二是自然资源使用权。

（一）自然资源所有权

自然资源所有权按照权属的主体可分为自然资源国家所有权、集体所有权和个人所有权。按自然资源的种类可分为土地资源所有权、森林资源所有权、水资源所有权、草原资源所有权、矿产资源所有权、野生动植物资源所有权。我国基本上没有完整意义的自然资源个人所有权，只存在某自然资源个别部分的个人所有权。例如，个人所有的林权。

在我国，自然资源权属主体不同，其权属取得的方式也不同。

自然资源国家所有权的取得主要有以下三种方式：(1) 法定取得，是指国家根据法律规定直接取得自然资源的所有权，它是我国国家自然资源所有权取得的主要方式。(2) 强制取得，国家可以凭借其依法享有的权力，不顾所有人的意志，采用国有化、没收、征收、征用等强制手段取得自然资源的所有权。自然资源的国有化和没收是人民解放战争过程中和建国初期我国国家取得自然资源所有权的主要形式。(3) 天然孳息和自然添附，天然孳息是指自然资源依自然规律产生出来的新的自然资源；自然添附是指自然资源在自然条件的作用下而使自然资源产生或增加的情况。

自然资源所有权取得后可能因某种原因发生所有权主体的变化，自然资源从一主体转给另一主体，即所谓的自然资源所有权变更。主要的原因有征用、所有权主体的分立或合并、依法转让、对换或调换①。

（二）自然资源使用权

自然资源使用权，是单位和个人依法对国家所有的或者集体所有的自然资源进行实际使用并取得相应利益的权利。自然资源的使用权按自然资源的类别可以分为土地、草原、森林、矿产、水、海洋、野生动植物资源使用权等；按自然资源的归属可分为国有自然资源使用权和集体所有自然资源使用权；按使用人是否向所有人支付使用费分，可以分为有偿使用权和无偿使用权；按使用权是否预定了使用期限分，可分为有期限使用权和无期限使用权。

---

① 国家出于公益的需要，可以采用以国家所有的一种资源对换或调换集体所有的一种资源的方式达到目的。国家和集体经济组织都会发生对换或调换。

根据我国有关法律、法规的规定,我国自然资源使用权的取得通常有四种方式:(1) 确认取得,即自然资源的现实使用人依法向法律规定的国家机关申请登记,由其登记造册并核发使用权证的情况。(2) 授予取得,即单位和个人向法定的国家机关提出申请,国家机关依法将被申请的自然资源的使用权授予申请人的情况。(3) 转让取得,即单位或个人通过自然资源使用权的买卖、出租、承包等形式取得自然资源使用权的情况。(4) 开发利用取得,即单位和个人依法通过开发利用活动取得相应自然资源的使用权。

自然资源使用权取得后也可能发生变更。自然资源使用权的变更,是指自然资源使用权的主体或内容所发生的变化。其变更的主要原因通常有:主体的合并或分立、转让、破产、抵债、合同内容变更等。

案情简介

委内瑞拉与美国的汽油纠纷①

这是1995年1月1日刚刚取代关贸总协定的世界贸易组织受理的它成立后的第一起贸易纠纷,也是源于环保的纠纷,即委内瑞拉、巴西与美国之间关于限制汽油进口的纠纷。该项纠纷的起源是:为了防止、控制美国的空气污染,美国国会1990年通过了《空气清洁法(CAA)》修正案,美国环保局于1993年12月15日颁布了有关汽油成分与排放物的行政条例——《汽油规则》。《汽油规则》规定:汽油中硫、苯等有害物质的含量必须低于一定的水平,以改善美国大多数最严重污染地区的空气质量;美国生产的汽油可以逐步达到有关标准,而进口汽油则必须在1995年1月1日本规定生效时立即达标,否则禁止进口。上述规定对于南美洲产油国巴西和委内瑞拉是一个沉重的打击,因为他们有大量汽油出口到美国而又无法满足严格的新标准;其中委内瑞拉是向美国出口汽油最多的国家,因此也是这一规定的最大受害者。委内瑞拉认为,美国以保护美国大气质量为由实施贸易歧视,但"洁净的空气"不是GATT1994第20条中(g)款中的"可用竭的天然资源"。美国认为"洁净的空气"是GATT1994第20条中(g)款中的"可用竭的天然资源",并以《GATT1994》第20条所规定的各种例外为根据,辩称《汽油规则》完全合法。1995年3月25日,委内瑞拉与美国磋商不成,要求世界贸易组织设立专家小组审核该争端。1996年1月17日,专家小组提出了最终报告。WTO专家组虽然认为美国根据《汽油规则》所采取的措施违反了GATT1994第3条的规定,但认为"洁净的空气"属于GATT1994第20条中(g)款中的"可用竭的天然资源"。

案例评析

自然环境中的各种环境要素在一定条件下可以成为对人有用的自然资源,各种自然资

① 本案例引"委内瑞拉与美国的汽油纠纷",载于蔡守秋著:《生态安全、环境与贸易法律问题研究》,中信出版社2005年版,第485～487页。

源往往构成自然环境中的环境要素。WTO专家组将美国《汽油规则》中"洁净的空气"认定为"可用竭的天然资源",不仅是世界环境保护浪潮推进的结果,也反映了世界贸易组织考虑环境与贸易关系的价值取向的发展变化。

课堂讨论

国内第一笔水权交易案

义乌市①是全国最大的小商品流通中心,同时也是一个缺水的城市,在1997年以前,特别是1994年、1995年,义乌市居民吃水主要靠污染严重的义乌市江水。每到枯水季节,居民家中水管流出来的水都有一股刺鼻的怪味,许多义乌市居民只好买矿泉水做饭,说当时的义乌市"水比油贵"一点也不过分。根据当时义乌市的发展规划,在10年内义乌市将发展成为一个拥有50万人口的大城市,而其供水能力只能维持到2003年,水已经成为制约义乌市发展的瓶颈因素。而与义乌市相隔不远的东阳市②水资源相对比较丰富,该市位于义乌市上游,人均水资源拥有量比义乌市多一倍,仅其境内的横锦水库③的总库容就相当于义乌市全市大小水库的近2倍,而且水质优良,常年保持1类水质。东阳市除了保持正常的生活、灌溉用水外,每年要向下游弃水3 000多万立方米。为了解决两市因水资源配置所产生的矛盾和纠纷,两市曾通过行政协调手段解决问题,但经过多年多轮谈判仍然是久议不决。2000年11月24日,浙江省东阳市和义乌市签订的有偿转让横锦水库的部分用水权的协议,不仅开创了我国首例水权交易的先河,也走出了采用市场机制解决跨行政区水环境资源纠纷的路子。根据东阳市与义乌市签订的水资源使用权交易协议④,义乌市一次性买断了东阳市4 999.9万立方米水的使用权,完成了国内第一宗水权交易。东阳人认为,转让给义乌的水其实是丰余的弃水;东阳实施节水工程后得到的丰余水相当于每立方米1元钱,转让给义乌后的回报却是每立方米4元钱;东阳市除获得2亿元水权费外,还获得每年500万元的水综合管理费(按每年实际供水0.1元/立方计算)。从表面上看,义乌买东阳的水资源花费了2亿元,但如果自己建水库则要花费4亿多元。

---

① 义乌市总面积1 103平方公里,人口66.06万,耕地22 912公顷,年均水资源总量7.19亿立方米,人均水资源1 132立方米。

② 东阳市总面积1 739平方公里,人口78.58万,耕地25 004公顷,年均水资源总量16.08亿立方米,人均水资源2 126立方米。

③ 横锦水库位于金华江支流东阳江上,于1964年建成,只能蓄水1.427亿立方米。1998年被列入国家农业综合开发水利骨干工程进行改造,改造后增加供水能力2 392万立方米。

④ 请参看:《两亿元买清水——国内第一笔水权交易详记》(《人民日报》华东版,2001年2月20日,作者王磊);《关于浙江"东阳—义乌"水权转让的调研报告》(水利部经济调节司、发展研究中心刘文、黄秋洪、王春元,2001年2月5日),载于《水权与水市场(资料选编之一)》(水利部政策法规司,2001年3月)。甲方(东阳市人民政府)与乙方(义乌市人民政府)达成的协议包括用水权、运行费用、付款方式、管道工程、供水方式、违约责任等方面。其主要内容如下:义乌市一次性出资2亿元购买东阳横锦水库每年4 999.9万立方米水的使用权;水库原所有权不变,水库运行管理、工程维护仍由东阳负责,义乌市按当年实际供水量每立方米0.1元支付综合管理费(包括水资源费);从横锦水库到义乌引水管道工程由义乌市负责规划设计和投资建设,其中东阳境内段引水工程的有关政策处理和管道工程施工由东阳市负责,费用由义乌承担;义乌市购买用水权的2亿元资金,根据引水工程进程分期付清。

讨论题：1. 结合委内瑞拉与美国的汽油纠纷案，讨论自然资源的概念及其与环境要素的关系。
2. 结合国内第一笔水权交易案，讨论东阳市和义乌市水交易的性质、特点、好处和存在的问题。
3. 何谓自然资源所有权和使用权？

第二节 水 法

水是生命之源，人类文明的摇篮。地球上每一条江河都是该江河流域居民的母亲河，给人类以养育之恩。从20世纪80年代起，我国逐步加强了水资源保护、利用和管理的法律制度建设，相继颁布了《水法》(1988年颁布，2002年8月29日修订)、《水土保持法》(1991年)、《防洪法》(1997年)、《水污染防治法》(1996年修订)、《河道管理条例》(1988年)、《取水许可制度实施办法》(1993年)、《黄河水量调度条例》(2006年)等法律法规，到2002年已初步形成了一个由水法律(4件)、行政法规(20件)、地方性法规(160多件)、水利部等部门规章(90件)、地方政府规章(170多件)和规范性文件组成的水法规体系，使各项水事活动基本实现了有法可依。

一、水资源的概念和特点

我国《水法》适用的水资源，是指地表水和地下水；海水的开发、利用、保护和管理，依照有关法律的规定执行。水作为最重要的生态环境要素和自然资源，是社会经济发展的物质基础。中国的黄河、长江是中华民族的摇篮、母亲河。在当代中国，水是我国国民经济的血液、工农业生产的原料、社会主义物质建设的重要物质源泉，是一种不可代替、不可缺少的自然资源，水资源的保护和可持续利用对于我国经济社会的可持续发展和人的全面发展具有重要的、基础性作用。

水资源是具有自然属性、社会属性和经济属性等多种属性的自然资源，其主要特点如下：(1) 水资源以水生态系统的形式存在，具有整体性、区域性和流动性。这些特点要求人们在开发、利用水资源时必须遵循自然生态规律和区域经济社会发展规律。(2) 水资源的双重性和功能多样性。水资源既有造福于人类的“水利”，也有造成洪涝灾害使人类生命财产受到严重损失的“水害”。(3) 水资源分布时空不均。(4) 水资源总量有限，供需矛盾日益加大。水资源是人类生存和发展中需求最大的资源。虽然，水资源是世界上分布最广、数量最大的资源，但是河流湖泊的水仅占地球水总量的0.01%，其中只有22%可供人类开发利用。(5) 水资源同时具有相对的专有性和共享性。在一定条件下，对水资源可以独占即人为控制，专有性往往形成稀缺性；对水体环境功能可以共享即具有消费不排他性，共享性往往导致“公有地”的悲剧。

二、水法的主要内容

水资源法简称水法，是指有关水资源开发、利用、保护、治理及其管理的各种法律表现形式的总称，是自然资源法的一个领域。水法包括非常丰富的内容，其主要内容如下。

（一）水资源管理体制

国家对水资源实行流域管理与行政区域管理相结合的管理体制。国务院水行政主管部门负责全国水资源的统一管理和监督工作。国务院水行政主管部门在国家确定的重要江河、湖泊设立的流域管理机构，在所管辖的范围内行使法律、行政法规规定的和国务院水行政主管部门授予的水资源管理和监督职责。国务院有关部门按照职责分工，负责水资源开发、利用、节约和保护的有关工作。县级以上地方人民政府水行政主管部门按照规定的权限，负责本行政区域内水资源的统一管理和监督工作。县级以上地方人民政府有关部门按照职责分工，负责本行政区域内水资源开发、利用、节约和保护的有关工作。

（二）水资源开发、利用和保护的基本要求和原则

《水法》强化水资源的统一管理，其第四条明确规定："开发、利用、节约、保护水资源和防治水害，应当全面规划、统筹兼顾、标本兼治、综合利用、讲求效益，发挥水资源的多种功能，协调好生活、生产经营和生态环境用水。"水法的原则主要有：开发利用与保护相结合，水资源可持续利用，生活用水优先，计划用水和节约用水，鼓励科学管理和利用水资源，水资源流域管理和区域管理相结合。

（三）水资源开发、利用和保护的基本制度

主要有：水资源开发利用规划制度，水资源有偿使用制度，水资源信息管理制度，水利工程可行性报告制度，水资源保护生态补偿制度，饮水水源地保护制度，河道采砂许可制度，取水许可证制度，节约用水制度，用水总量控制与定额管理相结合的制度。

（四）水纠纷处理机制

不同行政区域之间发生水事纠纷的，应当协商处理；协商不成的，由上一级人民政府裁决，有关各方必须遵照执行。单位之间、个人之间、单位与个人之间发生的水事纠纷，应当协商解决；当事人不愿协商或者协商不成的，可以申请县级以上地方人民政府或者其授权的部门调解，也可以直接向人民法院提起民事诉讼。县级以上地方人民政府或者其授权的部门调解不成的，当事人可以向人民法院提起民事诉讼。在水事纠纷解决前，当事人不得单方面改变现状。

课堂讨论

江苏苏州与浙江嘉兴的麻溪港河水纠纷

江苏省苏州市盛泽镇与浙江省嘉兴市为邻，麻溪河为两地界河。自20世纪90年代以来，盛泽镇印染业快速发展，它所产生的污水进入河网后给下游造成严重的

污染。麻溪港是嘉兴市的一条河流，由于来自上游的污染，水产养殖业不仅遭到严重损失，生活用水质量也在不断下降。1993年，这里曾发生过由于上游污水造成大量死鱼事件，十余年来，当地群众虽然通过多种途径呼吁，但水污染没有得到根本治理。据太湖流域管理局近年来对江浙边界水质监测结果表明，麻溪港上游的水质常年为4类～劣5类。2001年11月22日凌晨，嘉兴市居民沉船筑坝，封堵了边界河道麻溪港，导致航运受阻、河道被堵等水事纠纷。嘉兴居民封堵麻溪港的消息报到水利部和国家环保总局后，国务院有关领导分别作出批示。水利部领导会同国家环保总局领导，赶往嘉兴进行调处。11月22日下午，在广泛听取两省意见的基础上，水利部工作组与国家环保总局工作组密切配合，提出了四点协调意见，并与两省政府领导进行了磋商。11月24日，两省和两部(局)领导分别在协调意见上签了字。《协调意见》明确要求江苏方立即责令盛泽镇所有超标排污企业停产治理，并依法予以处罚，同时立即查封排污暗管。浙江方应立即组织拆坝，恢复河道原貌。但是，由于水污染治理需要一个过程，加上还没有得到相应赔偿，浙江方民众害怕拆坝后污水再来，因此不愿采取拆坝行动。经水利部、国家环保总局与浙江省有关领导共同对当地居民进行劝说，才于12月14日将坝体基本拆除，河道恢复了通航。协调会议之后，苏州市立即成立吴江盛泽地区水环境综合整治领导小组，并采取了相应的措施，对主要印染企业实行轮产、限产措施，对超标排放企业实行临时停产，并制订了水污染治理的长效措施。接着，太湖流域管理局开展了太湖流域水资源保护规划的编制工作，并拟定省际边界水污染、完善水事矛盾预防和协调机制，进一步加强流域水资源的统一管理。2002年1月11日，太湖流域水环境监测中心再次对这一地区河网的污染情况进行调查，按有关国家标准评价，盛泽河道出境水质已达到3～4类水标准；同时河道也恢复了航运。“这一水纠纷由于水利部、国家环境保护总局和江苏、浙江两省的共同努力而得到解决。”①参加该纠纷处理的水利部水资源司司长吴季松认为：“江浙边界水污染和水事矛盾的实质是对水的利用(非取水性利用)超过了本区域的水环境承载能力(国家环境保护称为环境容量，从可持续发展角度来看称环境承载能力较好)而产生的矛盾”；“江浙边界水污染和水事矛盾不是一个偶然事件，它给予我们很多启示”。其中启示之一是，应该高度重视城市化后集中用水、集中排污的新趋势。为了从根本上解决该纠纷，除国家环境保护总局系统实施了苏州盛泽镇污染治理计划外，水利部系统还组织实施了引江济太工程，即通过引长江水入太湖流域，通过增加太湖水系麻溪河的水量、提高流速来改善水质，提高水环境承载能力。

讨论题：1. 结合上述案例，讨论麻溪河水纠纷的性质、特点和处理方法。

2. 试述我国《水法》的主要内容。

① 吴季松著：《现代水资源管理概论》，中国水利部水电出版社2002年版，第369页。

第三节 土地法

我国十分重视土地法制建设，现行土地法律法规主要有：《土地管理法》(1986年制定，历经1988年、1998年和2004年三次修订)，《土地管理法实施条例》(1991年颁布，1998年修改)，《农村土地承包法》(2002年)，《水土保持法》(1991年)，《水土保持法实施条例》(1993年颁布)，《城乡规划法》(2007年)，《城市房地产管理法》(2007年)，《基本农田保护条例》(1998年颁布)，《土地复垦规定》(1988年颁布)，《城镇国有土地使用权出让和转让暂行条例》(1990年颁布)。我国的《宪法》、《森林法》、《草原法》等法律也对土地利用、保护等事项作了规定。

一、土地的概念和特征

土地是地球陆地表面由地貌、土壤、岩石、水文、气候和植被等要素组成的自然历史综合体，它包括人类过去和现在的种种活动结果。其主要特征如下。

第一，土地所固有的自然特征，包括土地位置固定性、面积有限性、质量差异性、功能永久性和不可替代性。

第二，人类对土地利用过程中产生的经济特性，包括供给稀缺性、利用方式相对分散性、利用方向变更的困难性、土地报酬递减的可能性和土地利用后果的社会性。

第三，土具有各种不同的功能，如土地的承载功能、养育功能、仓储功能、观赏功能、积蓄和增殖资产的功能。

土地是最基本的自然资源和环境要素，是人类赖以生存和社会经济得以发展的最基本条件和社会生产力的根本源泉。土地对人类社会经济的发展具有特别重要的意义和作用。

二、土地法的主要内容

土地法是指调整在土地资源开发、利用、管理等过程中所形成的法律规范的总称。我国《土地管理法》对土地管理体制、土地国策、土地的所有权和使用权、土地利用总体规划、耕地保护、建设用地、监督检查和土地法律责任等作了规定。

第一，将珍惜、合理利用土地和切实保护耕地规定为我国的基本国策，体现了保护、开发土地资源，合理利用土地，切实保护耕地，促进社会经济的可持续发展的立法目的，明确了土地利用的基本原则。

第二，土地所有权和使用权制度，土地征收和征用制度。土地实行社会主义公有制，即全民所有制和劳动群众集体所有制。国家所有土地的所有权由国务院代表国家行使，依法实行国有土地有偿使用制度。同时规定，任何单位和个人不得侵占、买卖或者以其他形式非法转让土地。土地使用权可以依法转让。国家为了公共利益的需要，可以依法对土地实行征收或者征用并给予补偿。

第三,土地利用规划制度、土地用途管制制度。我国根据土地利用规划的范围和任务的不同,将土地利用规划分为土地利用总体规划、土地利用详细规划、土地利用专项规划三种类型。国家编制土地利用总体规划,规定土地用途,将土地分为农用地、建设用地和未利用地。严格限制农用地转为建设用地,控制建设用地总量。使用土地的单位和个人必须严格按照土地利用总体规划确定的用途使用土地。土地利用专项规划是在土地利用总体规划的控制和指导下,针对土地资源开发、利用、整治和保护过程中的某一专门问题而进行的规划。这类规划主要在于保护现有土地资源,开发提高土地的利用率和生产力。目前,在全国开展得最为普遍的是基本农田保护区规划、土地复垦规划、土地整治规划以及开发区用地规划等。

第四,耕地特殊保护制度。规定耕地占用补偿制度、耕地总量平衡制度、基本农田保护制度以及土地复垦制度。国家禁止占用耕地建窑、建坟或者擅自在耕地上建房、挖砂、采石、采矿、取土等;禁止占用基本农田发展林果业和挖塘养鱼;禁止闲置、荒芜耕地。《土地复垦规定》对土地复垦的要求和措施作了具体规定。

第五,土地税制度。《城镇土地使用税暂行条例》(1988 年,2006 年修订)、《耕地占用税暂行条例》(1987 年)和《耕地占用税契税减免管理办法》(2004 年)和《土地增值税暂行条例》(1993 年)等法规分别对城镇土地使用税、耕地占用税、土地增值税作了具体规定。

课堂讨论

国土资源部严肃处理五起土地违法案件①

据人民网 2004 年 3 月 15 日报道,国土资源部当日召开新闻发布会,向社会公开了五起土地违法案件的查处情况。国土资源部、监察部依据《中华人民共和国土地管理法》、《关于违反土地管理规定行为行政处分暂行办法》以及党纪政纪的有关规定,对这五起案件涉及的土地问题和有关责任人员提出了处理意见,责成地方政府及有关部门进行落实。

1. 青岛市崂山区政府及国土资源局非法批地案

2001 年 1 月至 2003 年 6 月,青岛市崂山区政府及区国土资源局在未经依法办理农用地转用和土地征用审批手续的情况下,擅自以"土地预约协议"和"征地通知单"的方式,批准征用集体土地 3 928.11 亩,其中耕地 2 345.47 亩。至调查时已被占用的土地 1 453.85 亩,其中耕地 1 408.75 亩。已签订土地出让合同但尚未开工建设的土地 2 474.26 亩,其中耕地 936.72 亩。

青岛市崂山区原区委书记、区长王某(现任青岛市市长助理),青岛市崂山区原

---

① 霍增龙:《国土部:严肃处理五起土地违法案件》,人民网 2004 年 3 月 15 日,http://news.sina.com.cn/o/2004-03-15/20172055522s.shtml。

国土资源局局长于某(现任教育体育局局长)对非法批地行为负直接责任。王某、于某因涉嫌受贿已被检察机关立案转捕。依据有关规定,给予王某、于某开除党籍、开除公职处分。对其他有关责任人员,由青岛市纪委监察局调查处理。

由山东省政府责成青岛市政府撤销崂山区政府及该区国土资源局的非法批地文件。已建和在建的项目,符合土地利用总体规划的,可以依法重新办理用地手续;闲置的土地一律依法收回。因王某、于某收受贿赂而流失的土地资产,由崂山区政府依法追缴。

2. 山东省齐河县政府非法批地案

2001年10月,齐河县政府与北京一家公司就国科高尔夫广场项目达成投资意向。2001年12月17日,齐河县县委书记袁某(现任德州市副市长)主持召开县政府专题会议,决定以租赁集体土地的形式为高尔夫球场建设提供用地。2002年3月16日,高尔夫球场在用地未经依法批准的情况下开工建设。2002年4月2日,齐河县县委副书记、县长李某(现任齐河县县委书记)主持召开书记办公会议,决定由晏城镇政府分别同谭屯村等村签订《土地租用合同书》,2003年3月高尔夫球场投入使用。经实地勘测,高尔夫球场共占用耕地1 181.67亩,其中,不符合土地利用总体规划用地830亩,含基本农田487亩。

齐河县委、县政府违反土地利用总体规划,非法批准租赁集体农用地用于非农业建设,造成487亩基本农田被破坏,后果严重。齐河县委、县政府的主要领导对非法批地行为负直接责任。给予德州市副市长袁某行政降级处分;给予齐河县县委书记、县人大主任李某党内严重警告处分。由山东省政府责成德州市政府撤销非法批准占用土地的有关文件。

3. 南昌市政府及青山湖区政府非法批地案

2002年8月17日,南昌市政府办公厅下发了专门给予进行商贸中心建设的公司优惠政策的批复,同意商贸中心项目免缴新增建设用地有偿使用费地方收缴部分。2002年8月18日,南昌市青山湖区政府与建设该商贸中心的公司签订协议书,约定以每亩10万元的价格出让集体土地400亩。青山湖区区长章某(现任南昌市高新技术开发区管委会副主任)代表区政府在协议上签字。2002年12月15日,南昌市常务副市长杨某(现任江西省外经贸厅厅长)主持召开建设项目问题协调会,议定尽快向该项目用地核发国有土地使用证,再次明确新增建设用地有偿使用费只收取上缴中央部分。会后,南昌市政府办公厅以“抄告单”的形式下发了协调会议定的事项。2002年12月18日,南昌市国土资源局向开发方签发了5个国有土地使用证。

南昌市政府在土地未经依法征用的情况下,违法核发国有土地使用证,属非法批地行为。南昌市有关领导同意减免该项目新增建设用地有偿使用费548.9万元,违反了财政部、国土资源部《新增建设用地有偿使用费收缴使用管理办法》的规定。杨某对此负有领导责任,给予行政记大过处分。南昌市青山湖区政府超越法定职权，擅自与开发方签订协议，出让集体土地使用权用于非农业建设，属非法批准征用集体土地行为。给予章某行政记大过处分。对南昌市国土资源局有关人员的失职行为，由江西省纪委监察厅调查处理。

由江西省政府撤销南昌市政府及青山湖区政府的非法批地文件，责令其作出深刻检查；由南昌市政府依法追缴流失的国有土地资产；在对有关责任人的处理意见落实后，该项目可以依法重新办理用地手续。

4. 天津空港物流加工区未经批准非法占地案

2002年10月15日，天津市政府决定在东丽区设立天津空港物流加工区，并批复同意加工区的总体规划。2002年11月28日，加工区管委会向市规划国土局报送了《关于办理天津港保税区扩展区用地手续的请示》，但由于用地指标违法解决，市规划国土局没有正式向国务院呈报农用地转用和土地征用申请。同年12月6日，天津空港物流加工区在用地未经依法批准的情况下开工建设，圈占土地达13平方公里。至公开调查时，已实际占用土地4 600.4亩，其中耕地1 829.9亩。

天津空港物流加工区未经批准大量占用土地，属非法占地行为，加工区管委会主任荀利军负领导责任，本人已作检查。加工区管委会副主任张某分管土地管理工作，在开工前后分别签发、签订了建筑工程施工许可证和国有土地使用权出让合同，负直接责任，给予其行政记大过处分。对其他有关责任人员，由天津市纪委监察局调查处理。

天津空港物流加工区建设是天津市政府确定的，市政府对空港物流加工区只提出过尽早启动、加快建设的要求，但没有依法办理用地手续，对该加工区的非法占地行为的发生负有责任，应就此问题向国务院作出深刻检查。在天津市政府就该加工区非法占地问题向国务院作出检查和有关责任人的处理意见落实后，该加工区用地可以依法办理手续。

5. 陕西省周至县政府非法占地案

2003年3月18日，为建设杨凌渭河大桥与周至县贯通的引线道路，周至县县长倪某(现任西安市计划生育委员会副主任)主持召开县长办公会，在土地未申报农地转用和征用的情况下，决定3月22日开始对道路建设用地范围内的农民房屋、农作物等地上附着物进行拆迁清理。周至县副县长任某参加了会议并组织了实施，拆迁村民住宅76户，清理土地511.2亩，其中耕地309.2亩。

周至县政府未经依法批准占用土地，政府有关领导对非法占地行为负直接责任。给予倪某行政记过处分；给予任某行政警告处分。在对有关责任人的处理意见落实后，道路建设依法办理用地手续。

讨论题：1. 结合上述案例，分析我国土地管理中的政府责任、政府土地违法的原因及其处理办法。

2. 试述我国土地管理法的主要内容。

第四节 矿产资源法

我国现行矿产资源法律、法规和规章主要有《矿产资源法》(1986 年制定,1996 年修订)、《矿产资源法实施细则》(1994 年)、《煤炭法》、《矿产资源勘查登记管理暂行办法》(1987 年)、《矿产资源监督管理暂行办法》(1987 年)、《资源税暂行条例》(1993 年)、《矿产资源开采登记管理办法》(1998 年)、《乡镇煤矿管理条例》(1994 年)、《对外合作开采海洋石油资源条例》(2001 年)、《对外合作开采陆上石油资源条例》(2001 年),以及《石油及天然气勘查、开采登记管理暂行办法》(1987 年)、《矿产资源补偿费征收管理规定》(1997 年)、《探矿权采矿权转让管理办法》(1998 年)、《矿产资源勘查区块登记管理办法》(1998 年)、《矿产资源开采登记管理办法》(1998 年)等 20 多项。

一、矿产资源的概念和特征

矿产资源是人类赖以生存和发展的生产资料和生活资料的重要来源,是国家经济建设的重要物质基础。矿产资源是由地质作用形成的,具有利用价值的,呈固态、液态、气态的自然资源。我国“矿产资源分类细目”①将矿产资源分为能源资源、金属资源、非金属资源和水汽矿产四类。

矿产资源具有以下特点。

第一,资源的不可再生性。矿产资源都是地质历史时期某个时代特有的产物,往往是在经历了数千万年乃至上亿年的地质作用之后才形成的,人类社会的历史与这个过程相比显得十分短暂。所以,在可以预见的历史时期内,对于人类来说,矿产资源是一次性的,一经破坏就不可再生。

第二,资源的有限性。虽然地球上已经发现的矿产资源有 200 多种,但其数量有限,并且大多数是耗竭性的、不可再生的自然资源。

第三,资源的分布不均匀。由于矿产资源是经过地质成矿作用形成的,与地质形成过程关系密切,具有客观性与偶然性,其分布十分不均匀。

第四,资源的稀缺性。矿产资源的经济价值是由其稀缺性所决定的。随着人类社会经济的高速发展,对于矿产资源的需求越来越多,而大部分矿产资源是不可再生的,从而更突出了资源的供求矛盾。

第五,资源不能直接利用。矿产资源埋藏于地壳之中,需要利用一定的技术手段进行勘探开发才能加以利用并发挥其经济效益。

第六,资源的地域性和环境关联性。矿产资源总是处于一定地域和环境条件下的资源,其勘探、开发和利用必然伴随着对环境的影响甚至破坏。

二、矿产资源法的主要内容

矿产资源法是有关矿产资源的勘探、开采、选洗、加工、利用、保护和管理的各种法律表

① 《矿产资源法实施细则》(1994 年)附件。

现形式的总称。《矿产资源法》是最重要的矿产资源法律,其主要内容如下。

第一,矿产资源的所有权和监督管理制度。《矿产资源法》第三条规定:“矿产资源属于国家所有,由国务院行使国家对矿产资源的所有权。地表或者地下的矿产资源的国家所有权,不因其所依附的土地的所有权或者使用权的不同而改变。”国务院地质矿产主管部门主管全国的矿产资源勘查、开采的监督管理工作。国家对矿产资源的勘查、开发实行统一规划、合理布局、综合勘查、合理开采和综合利用的方针。

第二,矿产资源规划制度。矿产资源规划由全国性矿产资源规划、地区性矿产资源规划和行业性矿产资源开发规划构成。全国性矿产资源规划包括全国矿产资源总体规划和专项规划。其中专项规划主要包括地质矿产调查评价与勘查规划、矿产资源开发利用与保护规划、矿山生态环境保护规划等。国家规划矿区和国家规定实行保护性开采的特定矿种的设立、变更或者撤销及其开发利用,应当符合全国矿产资源总体规划;各级人民政府地质矿产主管部门审批颁发勘查许可证、采矿许可证应当符合矿产资源规划。

第三,矿产资源勘查管理制度。勘查矿产资源,必须依法申请、经批准取得探矿权,并办理登记;但是,已经依法申请取得采矿权的矿山企业在划定的矿区范围内为本企业的生产而进行的勘查除外。国家对矿产资源勘查实行统一的区块登记管理制度。

第四,矿产资源开采管理制度。开采矿产资源,必须依法申请、经批准取得采矿权,并办理登记。开采矿产资源,必须遵守有关环境保护的法律规定,防止污染环境。开采矿产资源,应当节约用地。耕地、草原、林地因采矿受到破坏的,矿山企业应当因地制宜地采取复垦利用、植树种草或者其他利用措施。开采矿产资源给他人生产、生活造成损失的,应当负责赔偿,并采取必要的补救措施。

第五,矿产资源有偿使用制度。《矿产资源法》第五条规定:“国家实行探矿权、采矿权有偿取得的制度。”1998 年国务院发布的《矿产资源勘查区块登记管理办法》、《矿产资源开采登记管理办法》和《探矿权采矿权转让管理办法》,对探矿权、采矿权有偿使用作了具体规定。除法律、行政法规另有规定外,凡在中华人民共和国领域和其他管辖海域开采矿产资源的采矿权人,都应当按规定缴纳矿产资源补偿费。《矿产资源补偿费征收管理规定》(1994 年)对征收矿产资源补偿费作了具体规定。

案情简介

水泥厂有限公司无证开采矿产资源案①

2002 年 9 月至 2004 年 7 月底,江苏省水泥厂有限公司为提高水泥产量,计划投资建设新的水泥生产线,为供应新生产线建设石料原料需要,水泥厂有限公司在未办理采矿登记手续的前提下,在本厂区联合矿(大宕山宕口)范围内,使用深孔爆破

① 参考资料:《水泥厂有限公司无证开采一案案例分析》,发布时间 2008 年 7 月 22 日,http://www.njgtjc.com/show.asp?id=436;“水泥厂有限公司无证开采案”,http://www.njgt.gov.cn/ygtwg-zfjc/xgtwwzfjcalfx/7704619.htm。

方式开采，开采出大量水泥用石灰岩以供自己生产需要。

2004年12月31日南京市国土资源局根据《矿产资源法》第39条和《矿产资源法实施细则》第42条第一项之规定，作出如下处罚：(1)责令其立刻停止无证开采行为；(2)没收违法所得，并处罚款。

案例评价

本案是一起无证采矿的违法案件，主要反映了以下问题。

第一，水泥厂有限公司虽然在本厂区联合矿(大宕山宕口)范围内开采，但根据《矿产资源法》第三条的规定，“矿产资源属国家所有，由国务院行使国家对矿产资源的所有权。地表或者地下的矿产资源的国家所有权，不因其所依附的土地所有权或者使用权的不同而改变。”因此，水泥厂有限公司擅自采矿的行为侵犯了矿产资源的国家所有权。

第二，《矿产资源法》第三条同时规定：“勘查、开采矿产资源，必须依法分别申请、经批准取得探矿权、采矿权，并办理登记。”水泥厂有限公司在未办理采矿登记手续的前提下进行开采，属于无证采矿行为，是不合法的。

第三，根据《矿产资源法》关于“违反本法规定，未取得采矿许可证擅自采矿的，擅自进入国家规划矿区、对国民经济具有重要价值的矿区范围采矿的，擅自开采国家规定实行保护性开采的特定矿种的，责令停止开采、赔偿损失，没收采出的矿产品和违法所得，可以并处罚款”的规定(第39条)，南京市国土资源局的处罚是正确的。开采矿产资源，不论是金属矿产，还是砂石黏土，都必须依法到具有审批权的县级以上的地质矿产主管部门办理采矿审批登记手续，依法取得采矿许可证。凡未取得采矿许可证而开采矿产资源的，都属于无证采矿，都必须依法予以处罚。

课堂讨论

1. 结合上述案例，分析矿产资源所有权及采矿权、探矿权的性质和特点。
2. 试述我国《矿产资源法》的主要内容。

第五节 森林法

我国现行森林法规主要有：《森林法》(1979年制定，1998年修订)，《森林法实施细则》(1986年颁布，2000年修订)，《森林采伐更新管理办法》(1987年)，《森林防火条例》(1988年)，《封山育林管理暂行办法》(1988年)，《森林病虫害防治条例》(1989年)，《林地管理暂行办法》(1993年)，《沿海国家特殊保护林带管理规定》(1996年)，《天然林资源保护工程管理办法》(2001年)，《退耕还林条例》(2002年)，《造林质量管理暂行办法》(2002年)，《林木种子生产、经营许可证管理办法》(2002年)等。

一、森林的概念和特点

森林是一个高密度树木的区域，由树木为主体所组成的地表生物群落；是以林木为主体的生态系统。森林可以理解为森林资源。根据我国《森林法实施条例》(2000 年)第二条的规定：森林资源包括森林、林木、林地以及依托森林、林木、林地生存的野生动物、植物和微生物；森林，包括乔木林和竹林；林木，包括树木和竹子。林地，包括郁闭度 0.2 以上的乔木林地以及竹林地、灌木林地、疏林地、采伐迹地、火烧迹地、未成林造林地、苗圃地和县级以上人民政府规划的宜林地。

森林是陆地生态系统的主体，森林及林地(含疏林和灌木林)约占陆地面积的 34%。人类是从森林里走出来的，人类的智慧也是在树木绿荫的庇护下成熟的，没有树木，没有森林，文明的源泉也会枯竭。森林是国家重要的自然资源、人们生活的重要环境条件，森林具有经济、社会、生态等多种效益和功能，对人类甚至整个生物界都有至关重要的作用。

二、森林法的主要内容

森林资源法，简称森林法，是有关森林资源开发、利用、保护和管理的各种法律表现形式的总称。我国《森林法》的主要内容如下。

第一，森林权属及林业建设方针、林业基金。森林资源属于国家所有，由法律规定属于集体所有的除外；全民所有制单位营造的林木，由营造单位经营并按照国家规定支配林木收益；集体所有制单位营造的林木，归该单位所有；农村居民在房前屋后、自留地、自留山种植的林木，归个人所有，城镇居民和职工在自有房屋的庭院内种植的林木，归个人所有；集体或者个人承包的林木归承包的集体或者个人所有。林业建设实行以营林为基础，普遍护林，大力造林，采育结合，永续利用的方针。

第二，征用林地制度。进行勘查、开采矿藏和各项建设工程，应当不占或者少占林地；必须占用或者征用林地的，经县级以上人民政府林业主管部门审核同意后，依照有关土地的法律、行政法规办理建设用地审批手续，并由用地单位依照国务院有关规定缴纳森林、植被恢复费。

第三，关于森林保护的规定。《森林法》规定：建立护林组织，负责护林工作；设立森林公安机关，保护森林资源；开展森林防火、森林病虫害防治；禁止毁林行为；建立自然保护区。国家设立森林生态效益补偿基金，用于提供生态效益的防护林和特种用途林的森林资源、林木的营造、抚育、保护和管理。

第四，关于植树造林的规定。各级人民政府应当制定植树造林规划，因地制宜地确定本地区提高森林覆盖率的奋斗目标。

第五，关于森林采伐的规定。国家根据用材林的消耗量低于生长量的原则，严格控制森林年采伐量。国家制定统一的年度木材生产计划。年度木材生产计划不得超过批准的年采伐限额。采伐森林和林木必须遵守下列规定：成熟的用材林应当根据不同情况，分别采取择伐、皆伐和渐伐方式；皆伐应当严格控制，并在采伐的当年或者次年内完成更新造林；防护林和特种用途林中的国防林、母树林、环境保护林、风景林，只准进行抚育和更新性质的采伐；特种用途林中的名胜古迹和革命纪念地的林木、自然保护区的森林，严禁采伐。采伐林木必须申请采伐许可证，按许可证的规定进行采伐；农村居民采伐自留地和房前屋后个人所有的零星林木除外。采伐林木的单位或者个人，必须按照采伐许可证规定的面积、株数、树种、期限完成更新造林任务，更新造林的面积和株数不得少于采伐的面积和株数。

资料介绍

物权法护卫林权制度改革①

我国70%以上的土地是山地。中国农业用18亿亩耕地，解决了13亿人的吃饭问题；而林业用43亿亩林地，却没有解决13亿人的用材问题，更没有解决社会对生态的需求问题。其根本原因，就是林农一直没有经营主体地位，没有真正拥有林业的经营权、处置权和收益权，从而严重阻碍了林业生产力的发展。

为解决这些深层矛盾，各地积极探索以"明晰产权、减轻税费、放活经营、规范流转"为内容的集体林权制度改革。通过林地经营权和所有权的分离，把林地的经营权落实到户、到人，明确了产权和经营主体；通过林权登记发证，落实了林农的处置权、收益权；通过配套改革，建立林业要素市场和服务平台建设，规范了林权的依法、有序流转。当林农的合法权益受到侵犯时，可以直接拿起法律武器维权。

2007年5月，江西武宁县长水村林农余锦兵在回答温家宝总理的提问时，用9个字形象地对集体林权制度改革作了概括："山定权、树定根、人定心。"温总理则指出，林权制度改革体现了《物权法》的精神，林地的经营权和受益权50年不变、70年不变，就是长期不变，是受法律保护的。

国务院总理与一位普通林农的上述对话，把对林权制度改革的推进放在法律层面来解读，其深层意义不可低估。林权制度改革让林农吃了"定心丸"，这种"定心丸"不仅仅是因为有了好政策，而且是因为有了《物权法》，林权制度改革受到国家法律的保护。

资料评析

林权改革有效解决了长期存在的养林与养人、生存与发展、生态与经济的激烈矛盾冲突，是林业生产关系的一次重大调整，是林区生产力的一次充分释放和发展，对于森林资源的可持续发展必将产生深远影响。本案反映出随着社会经济的发展，森林资源权利保护制度既是一个现实的选择，也是一个需要制度创新的途径。

第一，明确了森林资源的权属问题。根据《森林法》及其实施条例、《林木和林地权属争议处理办法》、《农村土地承包法》，我国有关森林方面的权利包括森林、林木和林地所有权，森林、林木和林地使用权，以及林地承包经营权等三种权利，但是在实践中森林权利仍然不明晰。

---

① 参见吴亮：《物权法护卫林权制度改革》，《瞭望新闻周刊》2007年5月4日，搜狐网 http://news.sohu.com/20070504/n249851506.shtml；《温家宝对话普通林农：物权法护卫林权制度改革》，新华网2007年5月7日，http://news.xinhuanet.com/legal/2007-05/07/content_6065543.htm。

林权改革的首要内容就是明晰林权,通过林地经营权和所有权的分离,把林地的经营权落实到户、到人,明确产权,确立经营主体,为森林资源的开发利用和保护提供了有力的法律基础。

第二,维护林权人的基本权利,规范森林资源流转,激发林农爱林、护林、养林的意识。《物权法》第125条明确了林地经营权的物权性质,规定了权利人依法享有占用、使用、收益的权利。同时,《物权法》第126条规定林地的承包期为30年至70年,特殊林木还可以经批准延长。这些规定有利于保障广大林权人的利益,维护林权人的基本权利,促进森林资源的健康发展。

课堂讨论

1. 结合上述案例,讨论我国林权制度中存在的主要问题、原因和解决办法。
2. 试述《森林法》的主要内容。

第六节 草原法

我国现行草原法规主要有:《草原法》(1985年制定,2002年修订),《草原防火条例》(2008年修订),《草原治虫灭鼠实施规定》(1997年),《草畜平衡管理办法》(2005年)。一些省、自治区还制定了地方性的草原保护条例,如1984年6月内蒙古自治区颁布了《内蒙古自治区草原管理条例》。

一、草原的概述和功能

从生态学的角度看,草原是以草本植物为主的生态系统。我国《草原法》第二条第二款规定:本法所称草原,是指天然草原和人工草地。天然草原是指一种土地类型,它是草本和木本饲用植物与其所着生的土地构成的具有多种功能的自然综合体。人工草地是指选择适宜的草种,通过人工措施而建植或改良的草地。

草地是自然界长期进化选择的产物,它依靠其固有的生态平衡机制,在维护地区生态安全,乃至维护全球生态系统稳定性方面具有重要的作用。作为重要的生物资源,草地为人类提供数量巨大的动植物产品,是重要的畜牧业生产基地。草原不仅蕴藏着许多药用植物,还具有维持气候、涵养水源、保持土壤和改善生态的作用。草原与荒漠接壤,是重要的生态屏障,不仅对来自荒漠地带的沙尘起着阻挡作用,并在控制草原地带沙丘的"活化"方面有着不可替代的作用。

二、草原法的主要内容

草原资源法,简称草原法,是有关草原开发、利用、保护和管理的各种法律表现形式的总称。我国《草原法》的主要内容如下。

（一）草原权属与监督管理体制

草原属于国家所有，即全民所有，由法律规定属于集体所有的草原除外。国家所有的草原，由国务院代表国家行使所有权。任何单位或者个人不得侵占、买卖或者以其他形式非法转让草原。国家所有的草原，可以依法确定给全民所有制单位、集体经济组织等使用。未确定使用权的国家所有的草原，由县级以上人民政府登记造册，并负责保护管理。集体所有的草原或者依法确定给集体经济组织使用的国家所有的草原，可以由本集体经济组织内的家庭或者联户承包经营。使用草原的单位，应当履行保护、建设和合理利用草原的义务。国务院草原行政主管部门主管全国草原监督管理工作。县级以上地方人民政府草原行政主管部门主管本行政区域内草原监督管理工作。乡（镇）人民政府应当加强对本行政区域内草原保护、建设和利用情况的监督检查，根据需要可以设专职或者兼职人员负责具体监督检查工作。

（二）草原保护制度

国家实行基本草原保护制度。下列草原应当划为基本草原，实施严格管理：重要放牧场；割草地；用于畜牧业生产的人工草地、退耕还草地以及改良草地、草种基地；对调节气候、涵养水源、保持水土、防风固沙具有特殊作用的草原；作为国家重点保护野生动植物生存环境的草原；草原科研、教学试验基地；国务院规定应当划为基本草原的其他草原。国务院草原行政主管部门或者省、自治区、直辖市人民政府可以按照自然保护区管理的有关规定建立草原自然保护区。国家对草原实行以草定畜、草畜平衡制度。各级人民政府应当采取有效措施，防止超载过牧。国家禁止开垦草原，对水土流失严重、有沙化趋势、需要改善生态环境的已垦草原，应当有计划、有步骤地退耕还草。对严重退化、沙化、盐碱化、石漠化的草原和生态脆弱区的草原，实行禁牧、休牧。县级以上地方人民政府应当做好草原鼠害、病虫害和毒害草防治的组织管理工作。建立健全草原防火的管理制度，包括草原防火责任制度、防火工作联防制度、规定草原防火期制度、划定草原防火管制区制度、草原火险监测制度、草原火灾报告制度、草原火灾扑救制度、奖罚制度等。

（三）草原保护、建设、利用统一规划制度

草原保护、建设、利用规划一经批准，必须严格执行。《草原法》还规定了草原调查、评定与统计制度。

案情简介

宁夏银南地区甘草案①

1984年至1985年间，宁夏中宁县、同心县、灵武县和盐池四县刮起一股滥挖甘草之风。据调查，由于药材公司的超计划收购，诱发农民的掠夺式采挖，四县两年内

① 参考资料：《醒来，执迷不悟的草原之子——宁夏银南地区甘草案》，载于解振华主编的《中国环境典型案件与执法提要》，中国环境科学出版社1994年版，第130～132页。

共挖鲜甘草约1 700万公斤,直接破坏草原达24.6万亩,间接破坏草原达74万亩,导致土地沙化扩大、甘草资源趋于枯竭。

1986年5月,中宁县畜牧科依据《宁夏回族自治区草原管理试行条例》,对中宁县医药公司1985年在国家计划收购鲜甘草5万公斤之外超收35万公斤的行为,作出了责令缴纳草原建设费和没收超收甘草款的决定。中宁县药材公司不服,向中宁县人民法院起诉。中宁县人民法院于1986年12月28日作出判决:"甘草是国家重点保护的中药材,在依法保护草原,保持其正常繁衍的情况下,要有计划地采挖,原告不顾《宁夏回族自治区草原管理试行条例》超指标收购,要负一定的法律责任。判定:按计划收购5万公斤,交草原建设费2 954元,扫尾收购6.465万公斤,交草原建设费1 281.97元,超收14万公斤,计61 710元予以没收。"

中宁县药材公司不服判决,以"甘草是药材公司统一经营,实行全额收购,不存在超指标收购的问题"为新的理由,向银南地区中级人民法院上诉。银南地区中级人民法院于1987年7月25日作出判决,撤销中宁县人民法院一审判决,中宁县畜牧科决定的征收草原建设费和没收甘草款,中宁县药材公司不予承担。理由是:"药材公司上诉应予采纳,中宁县人民法院判决不当。"此后,当地滥挖、乱收甘草之风愈盛,且无人再敢制止。

该案被新闻界披露后,引起强烈反响。社会各界纷纷指责银南地区中级人民法院判决不公。中宁县畜牧科也向宁夏回族自治区高级人民法院提出申诉。后来,最高人民法院作出关于该案的批示。1988年10月,银南地区中级人民法院根据最高人民法院的指令再审,撤销了原二审判决。

案例评析

本案是一个二审法院适用法律不当而造成不良后果并由最高人民法院指令再审的案例。本案不仅涉及如何适用法律的问题,而且还涉及如何通过适用法律来达到立法目的,保护环境的问题。

甘草作为一种自然资源,其有限性决定了对其必须取之有度,有计划地采挖,否则就会因过度地采挖而枯竭。再加上在甘草采挖过程中会发生挖埋草地,造成土地沙化、水土流失,破坏草原生态平衡,就更应该有计划地采挖,因此国家有甘草收购计划。这种经批准的计划,不像粮棉生产计划那样可以突破,可以增产,突破计划多收购甘草,便是违反了计划,从而也就违反了计划所依据的法律、法规。中宁县医药公司突破国家让其收购甘草5万公斤的计划,而多收35万公斤,显然是严重地违反了国家计划。中宁县畜牧科依据《宁夏回族自治区草原管理试行条例》的规定,责令中宁县医药公司缴纳草原建设费和没收超计划收购甘草的所得,是完全应该的。中宁县人民法院作出维持中宁县畜牧科处罚决定的判决也是正确的。

银南地区中级人民法院在二审判决中,抛开《宁夏回族自治区草原管理试行条例》这一地方性法规的规定,而依据宁夏自治区政府一个文件的规定判决撤销中宁县人民法院的判决,显然是违反了地方性法规的效力高于地方性规章的效力的法律适用原则,从而造成了不良的后果。

根据我国《行政诉讼法》第63条第二款关于"上级人民法院对下级人民法院已经发生法

律效力的判决、裁定,发现违反法律、法规规定的,有权提审或者指令下级人民法院再审"的规定,最高人民法院指令银南中级人民法院再审此案,通过司法监督程序纠正这一错误判决,是完全应该的,也是十分必要的。它将对制止滥挖甘草,保护草原环境起到积极作用。

课堂讨论

1. 结合上述案例和《草原法》第67条等有关规定,分析如何制止和处理在草原上采挖植物或者从事破坏草原植被的违法行为。

2. 试述《草原法》的主要内容。

第七节 海洋资源法

2002年1月1日,我国第一部《海域使用管理法》开始施行,数千年来国人对海域无限制使用的做法宣告结束,"用海权"进入了人们的日常生活。

一、海洋、海洋环境、海洋资源和海域的概念

海洋是由作为海洋主体的海水、生活于其中的海洋生物、邻近海面的大气、围绕海洋周围的海岸和海洋底土组成的统一整体。

与海洋相近或类似的概念有海洋环境、海洋资源和海域。从环境科学或环境保护的角度出发,人们将海洋称为海洋环境。《环境保护法》(1989年)第2条将海洋视为组成"环境"的一种因素。海洋是一个复杂庞大的自然地理区域、自然生态系统。根据当时的生产能力和科学技术水平,人们将海洋中对人有用或有使用价值的成分叫做海洋资源。法律上的海洋、海洋环境、海洋资源和海域概念,是指法律条文或有权法律解释所明确规定或阐释的专门术语,它反映的是立法机关的认可,不同国家的法律有不一定相同的定义,它们与地理上的、学术上的相关概念既有联系也有区别。我国《海洋环境保护法》中的海洋环境,包括中华人民共和国内水、领海、毗连区、专属经济区、大陆架以及中华人民共和国管辖的其他海域。我国《领海及毗连区法》(1992年)将中华人民共和国领海定义为"邻接中华人民共和国陆地领土和内水的一带海域"。我国《海域使用管理法》中的海域,是指中华人民共和国内水、领海的水面、水体、海床和底土。内水是指中华人民共和国领海基线向陆地一侧至海岸线的海域。可以看出我国对于海域的概念是广义的海域,海域就是海洋,海域资源是指海域内的所有资源,与海洋资源具有基本相同的含义。

海洋(包括海洋环境、海洋资源和海域)是最重要的地球生态系统、环境要素和资源宝库,对于人类社会的生存发展具有十分重要的意义和作用。随着人口的不断增加,陆地资源日益显得狭小,海洋将为人类社会的可持续发展和繁荣提供新的海洋资源、能源、价值和功

能，提供广阔的、新的发展空间。对我国而言，其领海构成其国家领土或国土的重要组成部分，称为"蓝色国土"，是国家赖以生存发展的基本物质基础；海洋交通运输是国家经济发展的生命线，海洋是国家安全的门户，是重要的军事战略地区和交通运输通道。

二、海洋资源法的主要内容

广义的海洋资源法，包括海洋生物资源、矿产资源、旅游资源、海能资源、环境容量资源、海域(地)资源等法律，本节主要介绍《海域资源使用管理法》的主要内容。

(一) 海域的监督管理体制

我国对海域实行中央统一管理和授权地方分级管理相结合的管理体制。海域属于国家所有，国务院代表国家行使海域所有权。国家建立海域使用管理信息系统，对海域使用状况实施监视、监测。国务院海洋行政主管部门负责全国海域使用的监督管理。沿海县级以上地方人民政府海洋行政主管部门根据授权，负责本行政区毗邻海域使用的监督管理。渔业行政主管部门依照《中华人民共和国渔业法》，对海洋渔业实施监督管理。海事管理机构依照《中华人民共和国海上交通安全法》，对海上交通安全实施监督管理。

(二) 海洋功能区划制度

海洋功能区划是根据海域的地理位置、自然资源、环境条件和社会需求等因素而划分的不同的功能类型区，用以指导、约束海洋生产实践活动，保证海洋开发的经济、环境和社会效益。海洋功能区划是海洋管理工作的基础。国务院海洋行政主管部门会同国务院有关部门和沿海省、自治区、直辖市人民政府，编制全国海洋功能区划。沿海县级以上地方人民政府海洋行政主管部门会同本级人民政府有关部门，依据上一级海洋功能区划，编制地方海洋功能区划。海洋功能区划经批准后，应当向社会公布；但是，涉及国家秘密的部分除外。养殖、盐业、交通、旅游等行业规划涉及海域使用的，应当符合海洋功能区划。沿海土地利用总体规划、城市规划、港口规划涉及海域使用的，应当与海洋功能区划相衔接。

(三) 海域所有权和海域使用权

根据《海域使用管理法》第三条的规定，海域属于国家所有，国务院代表国家行使海域所有权。任何单位或者个人不得侵占、买卖或者以其他形式非法转让海域。单位和个人使用海域，必须依法取得海域使用权。虽然《海域使用管理法》中均明确使用了"海域使用权"这一概念，但对这一概念的具体含义却并没有给出明确的界定。《物权法》第122条再次明确使用了"海域使用权"的概念。按照《物权法》规定，海域使用权是一种用益物权，其权利主体可以为单位或者个人。目前法学界比较一致的观点是：海域使用权就是指用海申请主体，依法定程序并经登记取得的，对国家所有的某一特定海域在一定期限内持续从事排他性的开发利用活动并享受其利益的权利。

(四) 关于海域使用申请与审批的规定

海域使用，是指人类根据海域的区位和资源与环境优势所开展的开发利用活动。《海域使用管理法》第二条对海域使用赋予了特定的含义，即"在中华人民共和国内水、领海持续使用特定海域3个月以上的排他性用海活动。”这一界定包含三层基本含义：第一，特定的海域要求。使用的是一个特定海域，即内水、领海，而非其他的海域使用。第二，排他性的使用。所谓排他性使用，是指某一特定范围内的海域，只能确定给某一海域使用人使用；即某一特定范围内的海域，只能授予某一海域使用人海域使用权。第三，时间具有连续性。海域使用要求持续使用3个月以上。不足3个月的排他性用海活动，可能对国防安全、海上交通安全和其他用海活动造成重大影响的，参照《海域使用管理法》的有关规定办理临时海域使用证。申请使用海域的，由申请人向县级海洋行政主管部门提交有关申请材料。由县级海洋行政主管部门统一受理海域使用申请。国家实行海域有偿使用制度。单位和个人使用海域，应当按照国务院的规定缴纳海域使用金。

案情简介

“用海权”走进人们生活①

广西是中国西部11个省区中唯一有海的省区，也是唯一临海的少数民族聚居区，海域面积12.9万平方公里。西南丰富的物产和矿产从这里运往东南亚，比其他任何一条陆路都便利。

调查表明，高额收益引发的无限制私围海塘正在使钦州港海域面积变小，纳潮量减少，泥沙淤积，海堤不稳，潮汐也受到影响。最终，渔民养殖的水产品也减产了。

随着海域使用法的出台，各地都加强了管理。广西根据《海域使用管理法》，正在把所辖海域分成若干个功能区，加强对污染的控制。

广西钦州市2002年出动了400多名执法人员，依法炸毁了海堤沿岸800多亩非法虾塘。在炸塘之前，海洋局工作组花了两个月时间对基层干部和村民进行说服。他们告诉居民海域为国家所有，要用海必须经过国家的审批、认证并上缴一定的使用金。现在，渔民们心里有了“安全感”，以前担心还有人来抢虾，现在有了法，再也不用怕了。他们说，“法就是财”。

案例评析

本案例反映了《海域使用管理法》对于保护海洋，合理开发使用海域的重要作用。

第一，明确“海域使用权”，为合理合法用海提供法律依据。海域作为重要的自然资源，是海洋经济发展的载体。改革开放以来，我国海洋经济发展迅速，但是擅自占用或者出让、转让、出租海域的问题也突出。《海域使用管理法》明确了海域权属，不仅维护了海洋的健康，而且也为合法“用海权”提供了有效的法律保障。

第二，明确海洋功能区划的法律地位，规范、协调各行业用海的关系。《海域使用管理法》明确海洋功能区划制度，解决了养殖与港口锚地、养殖与滨海旅游、盐田与养殖、排污与滨海旅游、排污与养殖以及海洋开发与国防设施安全等一系列矛盾。

---

① 参见张菁、黄革：《海域使用法今生效“用海权”走进人们生活》，新华社 2002年4月11日电，人民网 http://www.people.com.cn/GB/huanbao/58/20020411/707560.html。

第三，明确海域有偿使用制度。该制度有助于解决和预防国有海域资源性资产流失，乱占海域、乱围乱垦、海域资源衰退、海洋环境恶化等问题，有利于海域资源的合理开发和可持续利用。

课堂讨论

1. 结合上述案例，分析海域使用权的性质和作用。
2. 试述《海域使用管理法》的主要内容。

第7章 生态保护与建设法

本章要求掌握：城市和乡村的概念和作用，城乡规划建设法的主要内容；野生动物和野生植物的概念和作用，野生动植物法的主要内容；自然保护区、生态功能保护的概念和作用，自然保护区法、生态功能保护法的主要内容；自然、人文遗迹的概念和意义，自然、人文遗迹法的主要内容；土地退化、土地沙化、荒漠化、水土流失和水土保持的概念，水土保持法和防沙治沙法的主要内容。

第一节　城乡规划建设法

在相当长的历史时期内，我国在经济、社会和生态建设方面存在城乡差距。为了克服城乡规划建设"两张皮"的问题，第十届全国人民代表大会常务委员会第三十次会议于2007年10月28日通过了《城乡规划法》。2008年7月24日，国务院召开了新中国成立以来首次全国农村环境保护会议，会议对今后全国的农村环境保护工作做了全局性、整体性部署。从此，我国农村环境保护开始进入到一个新的发展时期。

一、城市和乡村的概念和作用

我国《城市规划法》中的城市，是指国家按行政建制设立的直辖市、市、镇。市分为大、中、小三等，其中：大城市是指市区和近郊区非农业人口50万以上的城市；中等城市是指市区和近郊区非农业人口20万以上、不满50万的城市；小城市是指市区和近郊区非农业人口不满20万的城市。镇是指建制镇，未设镇建制的工矿区的居民点，也参照执行《城市规划法》。

城市是人类文明最耀眼的标志之一，它在给人类生活带来便利和享受的同时，也产生了交通拥挤、垃圾积压、空气污染、水质恶化等形形色色的环境问题。现代城市是一个由城市土地、水域、天空和城市居民组成的城市生态系统，搞好城市生态保护和建设是搞好整个国家生态保护和建设的重要领域。

乡村又称农村。农村虽然是一个使用频率很高的常用词，目前党和国家的政策法律文件虽然经常提到“三农”即农业、农村和农民这三个概念，但现行法律基本没有对“农村”这一概念的定义或法律解释。《村镇建设管理暂行规定》(1985 年 10 月)不提“农村”或“乡(镇)村”而提“村镇”，该《规定》第二条提出：“本规定所称村镇，包括建制镇(不含县城关镇和工矿区)、乡镇和不同规模的村庄。本规定适用于全国所有村镇，以及国营农、林、牧、渔场场部所在地。”《村庄和集镇规划建设管理条例》(1993 年 6 月)既不提“农村”或“乡(镇)村”，也不提“村镇”，而提“村庄和集镇”。该《条例》第三条则提出：“本条例所称村庄，是指农村村民居住和从事各种生产的聚居点。本条例所称集镇，是指乡、民族乡人民政府所在地和经县级人民政府确认由集市发展而成的作为农村一定区域经济、文化和生活服务中心的非建制镇。”到 1998 年，中国有 2 135 个县，乡镇单位 44 689 个，行政村 74 万个①。我国的农村或乡村，主要指以从事农业生产为主的农民为主要部分的人们作为其聚居地和经常生产场所的区域。

现代农村(乡村、村镇)是由农村环境和农民组成的村镇生态系统，是广大农民生产生活的场所，农村环境条件和质量的好坏直接关系着亿万农民的生计、富利和全面发展。中国是一个农业大国，农村人口占大多数②，农村和农业是连接人与自然的主要纽带，农村环境是中华民族生存和发展的重要物质基础，保护农村环境、防治农业环境污染是建设农村和谐社会的一个重要方面，农村规划、建设和环境整治是关系到“三农”问题和国家环境安全的重要工作，农业丰则基础强，农民富则国家盛，农村稳则社会安，搞好农村规划、建设和环境整治对于促进农业丰收、农民富裕、农村稳定和整个国家的环境安全具有重要的意义，对于建设资源节约型社会、环境友好型社会、生态文明社会和社会主义新农村具有重要的作用。

二、城乡规划建设法的主要内容

我国现行城乡规划建设法规主要有《城乡规划法》(2007 年)、《村庄和集镇规划建设管理条例》(1993 年)和《全国环境优美乡镇考核验收规定(试行)》(2002 年)等法律规范性文件。在《土地管理法》、《农业法》、《乡镇企业法》、《固体废物污染环境防治法》、《畜牧法》(2005 年)等法律文件中也对城乡规划、建设和环境整治作了规定。现以《城乡规划法》为依据，将城乡规划建设法的主要内容介绍如下。

(一) 城乡规划管理体制

国务院城乡规划主管部门负责全国的城乡规划管理工作。县级以上地方人民政府城乡规划主管部门负责本行政区域内的城乡规划管理工作。国务院城乡规划主管部门会同国务院有关部门组织编制全国城镇体系规划，用于指导省域城镇体系规划、城市总体规划的编制。

全国城镇体系规划由国务院城乡规划主管部门报国务院审批。省、自治区人民政府组织编制省域城镇体系规划，报国务院审批。城市人民政府组织编制城市总体规划。县人民政府组织编制县人民政府所在地镇的总体规划，报上一级人民政府审批。其他镇的总体规

① 《中国统计年鉴・1998》，中国统计出版社 1998 年版。

② 据中华人民共和国国家统计局于 2006 年 3 月 16 日发布的《2005 年全国 1%人口抽样调查主要数据公报》，我国有 57.1%的人口居住在农村。

划由镇人民政府组织编制，报上一级人民政府审批。

（二）关于城乡规划的规定

我国实行城乡规划制度。城乡规划，包括城镇体系规划、城市规划、镇规划、乡规划和村庄规划。城市规划、镇规划分为总体规划和详细规划。详细规划分为控制性详细规划和修建性详细规划。城市和镇应当依照本法制定城市规划和镇规划，城市、镇规划区内的建设活动应当符合规划要求。县级以上地方人民政府根据本地农村经济社会发展水平，按照因地制宜、切实可行的原则，确定应当制定乡规划、村庄规划的区域。在确定区域内的乡、村庄，应当依照本法制订规划，规划区内的乡、村庄建设应当符合规划要求。

制定和实施城乡规划，应当遵循城乡统筹、合理布局、节约土地、集约发展和先规划后建设的原则，改善生态环境，促进资源、能源节约和综合利用，保护耕地等自然资源和历史文化遗产，保持地方特色、民族特色和传统风貌，防止污染和其他公害，并符合区域人口发展、国防建设、防灾减灾和公共卫生、公共安全的需要。在规划区内进行建设活动，应当遵守土地管理、自然资源和环境保护等法律、法规的规定。

乡规划、村庄规划应当从农村实际出发，尊重村民意愿，体现地方和农村特色。省域城镇体系规划、城市总体规划、镇总体规划的组织编制机关，应当组织有关部门和专家定期对规划实施情况进行评估，并采取论证会、听证会或者其他方式征求公众意见。组织编制机关应当向本级人民代表大会常务委员会、镇人民代表大会和原审批机关提出评估报告并附具征求意见的情况。

（三）城乡规划的实施

经依法批准的城乡规划，是城乡建设和规划管理的依据，未经法定程序不得修改。任何单位和个人都应当遵守经依法批准并公布的城乡规划，服从规划管理，并有权就涉及其利害关系的建设活动是否符合规划的要求向城乡规划主管部门查询。任何单位和个人都有权向城乡规划主管部门或者其他有关部门举报或者控告违反城乡规划的行为。城乡规划主管部门或者其他有关部门对举报或者控告，应当及时受理并组织核查、处理。

为了保障城市规划的实施，国家对有关城乡建设项目，依法实行建设用地规划许可证和建设工程规划许可证制度。

（四）城乡环境综合整治

规划区范围、规划区内建设用地规模、基础设施和公共服务设施用地、水源地和水系、基本农田和绿化用地、环境保护、自然与历史文化遗产保护以及防灾减灾等内容，应当作为城市总体规划、镇总体规划的强制性内容。

有关法律法规对开展城市环境综合整治，建设环境保护模范城市、园林城市、卫生城市、生态城市作了规定。城乡建设和发展，应当依法保护和合理利用风景名胜资源，统筹安排风景名胜区及周边乡、镇、村庄的建设。历史文化名城、名镇、名村的保护以及受保护建筑物的维护和使用，应当遵守有关法律、行政法规和国务院的规定。

国务院于 2005 年 12 月 3 日颁布的《关于落实科学发展观加强环境保护的决定》强调，

"以防治土壤污染为重点,加强农村环境保护。结合社会主义新农村建设,实施农村小康环保行动计划。开展全国土壤污染状况调查和超标耕地综合治理,污染严重且难以修复的耕地应依法调整;合理使用农药、化肥,防治农用薄膜对耕地的污染;积极发展节水农业与生态农业,加大规模化养殖业污染治理力度。推进农村改水、改厕工作,搞好作物秸秆等资源化利用,积极发展农村沼气,妥善处理生活垃圾和污水,解决农村环境'脏、乱、差'问题,创建环境优美乡镇、文明生态村。发展县域经济要选择适合本地区资源优势和环境容量的特色产业,防止污染向农村转移。"上述规定进一步明确了农村环境保护的范围和重点。

案情简介

警惕"大树进城"的生态风险①

据杭州网《都市快报》驻宁波记者李军2007年2月21日报道,2005年3月,象山县墙头学校学生欧苏红撰写的环保论文——《"大树农转非"对生态环境的影响及对策》获得宁波市青少年科技创新大赛一等奖;2006年,象山县科协将这论文选送到了全国少年儿童科技大赛上,在上万篇选送作品中脱颖而出,荣获2006年度"中国少年儿童海尔科技奖大赛"一等奖。

在城市新建广场、马路和小区里,一夜之间冒出了在"水土不服"中挣扎的参天大树;而在乡间山里,生于斯长于斯的百年大树却突然消失——被卖到城里换钱去了。这种大树"农转非"现象,人们并不陌生,却习以为常。移植大树的做法源于上海,1998年起,上海共向市内移植了胸径15厘米左右的乔木22种、5万多株。1999年上海还提出"将大树引进城"计划,两年中耗资5 000多万元从郊区和邻近地区移植4.9万棵大树进城。不久许多城市争相效仿,认为这是一个快速解决市区绿化问题的捷径,如:包头在1999年冬实施"万棵大树进包头"工程。此后,在争建园林城市和森林城市等各种口号之下,城市互相效仿,将众多隐在深山的大树、古树引到了城市。

以欧苏红为首的3名学生,从2004年开始用了一年多时间,坚持利用每周周末,对象山县城的75位居民进行了问卷调查,并实地走访了大雷山、蒙顶山等周围十多个村庄,特别是对高山上的一些村民开展了问卷调查,包括当地居民对大树移植的关注程度、经济与环境的利弊权衡等,还走访了一些山林管理员,对大树移植是否对周围生态造成影响等方面作了详细调查。2005年3月,欧苏红和调研小组成员终于完成论文《"大树农转非"对生态环境的影响及对策》,论文的结论是:大树进城,是一种拆东墙补西墙的做法,对城市来说成活率低下且价格昂贵,意义不大,而对农村来说,虽然在大树进城中获得了经济补偿,但是农村的"大环境"一旦破坏,城市的"小环境"也会遭殃,这是无法挽回的损失。

① 参见沈宇翔、吴晓鹏、孙建军、江华:《女伢儿的论文和一个村庄的未来》,《浙江日报》2007年3月15日;《专家提醒:警惕"大树进城"的生态风险》,2004年12月6日,http://www.sjzzh.heagri.gov.cn/default3.aspx?id=37509。

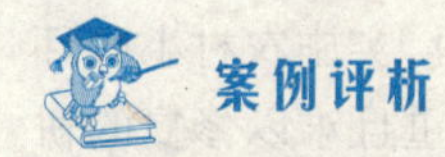
案例评析

无数大树纷纷进城，初一看，它们既营造出古典之美，又能快速产生绿化、美化功效，对土地资源也能产生一定的增值效应。但认真思索一下，则会发现“大树进城涉及城市和农村的生态环境保护、一体化发展和城乡环境公平正义”等问题。

第一，大树进城移树经费高，浪费社会资源及给城市环境带来生态风险。专家估算，从较偏远地区移植大树，成本加运输费少则几千，多则好几万。为保证移植大树的成活，还要为大树“吊水”、“打针”，花费很高。贵阳曾经花 120 万元移栽两株古银杏，50 万元移栽一株小叶榕树。并且，移植大树的管护费也占用不少资源，一些城市每棵树养护每年要花 200 元到 500 元，死活是另外一回事。树挪死，人挪活，进城的大树成活率低。上海林业专家宋永昌教授透露，国内城市移栽大树的存活率大约只有 50%。在贵阳移植大树初期，死亡率高达 70%。在江苏某地，曾传出移栽的上万棵大树一个月内就死掉近 2 000 棵的新闻。再有，成年大树移植后，二三年内处于假活状态，即使存活也不如以前生机勃勃。专家认为，成年大树进城后，大多在几年、十几年内变成缺乏生机的老树，逐步丧失环境生态功能，形成城市大面积绿色弱势群体。乡村的树木因适应周围环境，虽有病虫害，因其生物多样性复杂和大量天敌存在，不易爆发。而单一的大树进入城市，树干中沉睡的虫卵们遂失去了控制而大量爆发。大树进城实际上反映了城市生态建设的急功近利，企图在一夜之间建成生态园林城市，从而彰显政绩。发达国家于 20 世纪 60 年代提出建设森林型生态城市，经过几十年才达到目标。

第二，城市生态的发展不能以牺牲农村的自然生态作为代价。大树移栽促成城市和农村之间形成了一个奇特的大树市场。在一些农村，“树倒”出没乡间，在山丘野外、农家庭院和林区物色大树，一旦看中，就用人民币去说服很好说服的农民。一时间，挖树、卖树、倒树，成了一些人发家致富的捷径。在倒卖过程中，由于积压或技术问题，树木还没送到城市就大量死亡。然而，比起“树倒”卖树所获得的利益，农民得到的实惠不多。大树市场也折射出转型期资源配置机制失衡、城乡不公平的问题。农村树木资源向城市的转移，表面上很市场化，是买卖行为；实际上，大树进城的背后，是一些政府部门缺乏城乡统筹的视野，是牺牲农村生态环境保护的短视之举。大规模的大树进城，对于农村都意味着极大的生态风险。我国目前有 600 多座城市、2 000 多座县城，如果不及时调整大树进城的做法，再过若干年恐怕农村地区的生态将会遭到很大的破坏。每一棵大树都是一个完整的生态系统，它与周围的土壤、土中的生物、树下的地被、树上的鸟兽昆虫，形成了良好的依存关系，将大树挖出并“截肢”处理，完整的群落生态必将遭到严重破坏，移走了会对原来的地方造成破坏。其直接的恶果是水土流失，鸟兽失去家园，与其改善的城市局部环境相比，可谓得不偿失。从文化角度看，中国北方乡村中的槐、榆、椿、白蜡、松、柏；南方乡村中的樟、楠、杉、银杏、相思等大树，是乡村一道道美丽的风景线，大树老树还是乡村的标志。如今，大树老树被卖进城市，乡村美景为之失去颜色，古老的农村文明出现了断层。城市绿化不能以牺牲农村环境为代价。大树需要几十年甚至上百年才能长成，一旦毁掉，必定会破坏农村原有的生态平衡，加速珍稀物种的灭绝，对于环境保护极为不利。这种“拆东墙，补西墙”的办法对于农村、农民和农村环境来说是极大的不公平。

第三，应该全面贯彻实施《城乡规划法》，统筹城乡生态建设，禁止擅自移植古树的行为，规范“大树进城”行为。浙江省已制定《浙江省森林条例》,从制度上限制了在城市建设过程中在大树移植上的政府行为和市场行为,填补了现行法律法规存在的不足。重庆市林业局根据《森林法》、《重庆市绿化条例》等法律、法规规定,对大树移植的原则等提出了相应的意见:对列入国家重点保护植物名录的树木、古树名木、省级以上自然保护区或森林公园内的树木、天然林禁伐区或生态环境十分脆弱地区的树木、其他需要特别保护地区的树木,未经市林业局批准禁止移植。应加强对园林绿化工作和经费使用的监督管理,明确政府在公共服务中的职能,尊重民众参与决策权,遏制城市绿化中的只求政绩的短期行为。

课堂讨论

马骋申请上海市城市规划局公开信息案①

2005年,时任《解放日报》法治新闻记者的马骋了解到:上海襄阳路市场所处地段被香港新鸿基集团公司(以下简称新鸿基)收购,按理说,该路段的400多户居民的动迁也应该在新鸿基主持下进行。但是,该动迁许可证却被核发给了上海市轨道交通10号线发展有限公司。“于是这400多户的拆迁性质,就变成了市政拆迁,可以由国家强制力保障拆迁。”为了解真相,马骋于2006年4月18日向规划局传真申请采访提纲,要求了解新鸿基获规划许可的土地范围和上海市轨道交通10号线选址范围等具体情况,但是规划局基于“信息保密安全”等考虑不予答复。

2006年4月23日,马骋以挂号信形式,给规划局寄送采访申请,要求对方依据《上海市政府信息公开规定》公开采访提纲中提到的信息,未果。同年5月18日,马骋将规划局告上法庭,请求法院判令被告依法公开相关信息。此案引起了社会各界关注,被评为“政府信息公开第一案”。马骋个人承受了巨大压力,被调离采访岗位。同年6月7日,马骋提出撤诉申请,理由是:申请人放弃对被申请人的采访申请。他要求公开的文件最终没有公开。

2008年4月8日,马骋再次就上述信息提出的公开申请,与上次的波折重重相反,这次顺利得到答复。申请当天规划局便出具了盖有公章的《登记回执》;5月9日,马骋收到沪规信公(2008)第68号、第69号《政府信息公开告知书》;5月16日,马骋从规划局领取了沪规政(2005)1063《关于核发轨道交通10号线陕西南路站,〈建设项目选址意见书〉及同意临时施工用地的通知》和沪规政(2006)62《关于同意轨道交通10、12号线陕西南路换乘站增加临时施工用地规划许可证的通知》。

历时两年终于如愿以偿,马骋表示:虽然结果姗姗来迟,但还是体现了行政机关在政府信息公开方面有进步。

---

① 参见《[案例]马骋诉求政府信息公开案》,载于媒体与法律资料中心,http://mlrc.cuc.edu.cn/plus/view.php?aid=640,2007-04-24上传;《信息公开有瑕疵 公民较劲规划局》,载于正义网 http://newspaper.jcrb.com/dzb/fukan/page_64/200808/t20080804_59078.html,2008-08-04上传。

讨论题：1. 结合上述案例，讨论如何全面实施《城乡规划法》和统筹城乡生态建设？
2. 试述《城乡规划法》的主要内容。
3. 试述国家法规对农村环境保护和生态建设的主要要求。

第二节　野生动植物保护法

我国现行野生动植物法规主要有：《野生药材资源保护管理条例》（1987年）、《国家重点保护野生动物名录》（1989年）、《国家重点保护驯养繁殖许可管理办法》（1991年）、《陆生野生动物保护实施条例》（1992年）、《陆生野生动物资源保护管理费收费办法》（1992年）、《水生野生动物保护实施条例》（1993年）、《野生植物保护条例》（1996年）、《植物新品种保护条例》（1997年）、《农业野生植物保护办法》（2002年）、《野生动物保护法》（2004年修订）。另外，《环境保护法》、《海洋环境保护法》、《森林法》、《草原法》、《渔业法》等对野生动植物的保护也作了相关规定。

一、野生动植物的概念和作用

野生动物是指非人工繁殖、驯养的，天然生存于自然界中的各种动物。我国《野生动物保护法》适用的野生动物"是指珍贵、濒危的陆生、水生野生动物和有益的或者有重要经济、科学研究价值的陆生野生动物"。野生动物是人类宝贵的自然资源，与人类共同生活在同一个星球上的邻居与伙伴。大多数野生动物都有很高的经济价值，为人类的生产和生活提供原料。它们又是生态系统的重要组成部分，在自然界的物质循环、能量和信息传递中，有着不可替代的作用。

野生植物是非经人工栽培的，天然生存于自然界的各种植物。我国《野生植物保护条例》适用的野生植物，是指原生地天然生长的珍贵植物和原生地天然生长并具有重要经济、科学研究、文化价值的濒危、稀有植物；药用野生植物和城市园林、自然保护区、风景名胜区的野生植物的保护，同时适用有关法律、行政法规。野生植物是自然界能量转化和物质循环的重要环节，也是重要的环境要素之一。野生植物是生命的源泉、宝贵的财富，是农牧业、林业发展的物质基础，对人类社会和经济发展有着十分重要的作用。

二、野生动植物法的主要内容

《野生动物法》于1988年制定，于2004年修订。该法的立法目的是为保护、拯救珍贵、濒危野生动物，保护、发展和合理利用野生动物资源，维护生态平衡。该法共有五章，第一章总则明确了野生动物资源属国家所有，在国家所有的前提下，保护依法开发利用野生动物资源的单位和个人的合法权益。总则也明确了野生动物的保护管理体制和野生动物保护的一般规定。第二章规定了野生动物的保护。国家保护野生动物及其生存环境，禁止任何单位和个人非法猎捕或者破坏野生动物及其生存环境。为了有效保护野生动物，参照国际惯例和结合中国实际情况，将国家重点保护的野生动物分为一级保护野生动物和二级保护野生动物，建立野生动物保护名录制度。第三章是野生动物管理，规定了驯养繁殖制度、狩猎许可证制度、收购出口等监督管理制度，这些制度的实施能够有效地保护野生动物。第四章是法律责任的规定，包括违反野生动物保护法所要承担的刑事责任、民事责任和行政责任等。最后一部分是附则，规定了法律的时间效力和地域效力。

《野生植物保护条例》于1996年制定，共分五个部分。第一部分总则明确了野生植物保护的基本目的、基本原则和方针。对野生植物的监督管理体制作了规定。第二部分规定了野生植物的保护制度，包括野生植物分级保护制度、野生植物标志制度、野生植物的监测制度。第三部分规定了野生植物的管理制度。包括野生植物资源档案制度，采集许可证制度，出售、收购和进出口野生植物制度。第四部分是法律责任，包括违反野生植物条例和相关法律的刑事责任、行政责任和民事责任制度。最后一部是附则，规定了条例的时间效力和地域效力。

案情简介

捕杀大熊猫主犯李传才被处死刑案①

1989年2月，陕西省佛坪县岳坝乡农民李传才勾结本村农民周明贵等人，在岳坝乡浸水沟的山林中用猎枪将一只大熊猫杀死，并将大熊猫皮剥下带回家中窝藏起来。此后他们见此事无人发觉，于是便委托同案犯伍正刚等人将熊猫皮以1万元的高价倒卖给他人，倒卖销赃后被公安机关发觉。经当地公安机关对此案侦破后，李传才等人即被逮捕，落入法网。

陕西省汉中地区中级人民法院受理此案后，依法进行了公开审理。经法庭审理查明，李传才等7名案犯猎杀大熊猫、倒卖大熊猫皮的犯罪事实确凿无疑，且罪行严重。依照法律规定该案主犯李传才被判处死刑、缓期二年执行；另一主犯周明贵被判处无期徒刑；伍正刚等其他五名罪犯分别被判处5年至13年有期徒刑。

案例评析

大熊猫不仅是我国也是世界上最珍贵稀有的野生动物。大熊猫作为古老的孑遗动物，它产于几万年前的更新世中晚期。后来由于自然环境和气候的变迁，古生物中很多物种都因不能适应环境的巨变而相继绝灭，唯有大熊猫延续生存到今天，因此人们把大熊猫称为古生物中的“活化石”，也是中华民族的“国宝”，并且受到国际社会和组织的密切关注。我国政府已把大熊猫列为国家一类保护动物并在其生存的地区划定自然保护区加以严密的保护。李传才、周明贵等7名案犯以盈利为目的非法猎杀大熊猫，不仅是对这一珍贵的野生动物资源的破坏，也严重的触犯了刑律。我国《刑法》第130条指出：在禁猎区、禁猎期或者使用禁用工具、方法进行狩猎、破坏珍禽、珍兽或者其他野生动物资源，情节严重的，均视为犯罪。

---

① 《捕杀大熊猫国法难容——主犯李传才被处死刑》，载于解振华主编：《中国环境典型案件与执法提要》，中国环境科学出版社1994年版，第21～23页。

李传才等7名案犯利用禁用工具猎枪，在禁猎区即大熊猫自然保护区内捕杀大熊猫，直接触犯了刑法的上述规定。李传才、周明贵作为此案的主犯，根据我国《刑法》第23条的规定，在共同犯罪中起主要作用的是主犯。对于主犯应当从重处罚。最高人民法院1987年7月14日发布的关于《依法严惩猎杀大熊猫、倒卖走私大熊猫皮的犯罪分子》的通知中第一项规定：对猎杀大熊猫并出卖大熊猫皮的，应依照《刑法》第117条、第118条和全国人大常委会《关于严惩严重破坏经济的罪犯的决定》第一条第一项规定，从重判处；同时该通知中第三项规定：大熊猫是十分珍贵稀少的野生动物，倒卖、走私一张大熊猫皮，即应视为情节特别严重，依照全国人大常委会《关于严惩严重破坏经济的罪犯的决定》第一条第一项的规定，"判处十年以上有期徒刑、无期徒刑或者死刑，可以并处没收财产"。陕西省汉中地区中级人民法院根据刑法中对主犯从重处罚的量刑原则和最高人民法院通知并依照全国人大常委会《决定》中的上述规定，对此案的主犯李传才、周明贵分别判处死刑和无期徒刑即符合法律的规定，同时也是运用法律武器保护大熊猫这一珍贵的野生动物资源，严惩犯罪的有力保障。

课堂讨论

案例一：野生羚牛伤人引发争讼案①

2000年5月20日8时30分左右，一头野生羚牛闯入陕西省洋县四郎乡田岭村村民刘某家，将刘某顶倒在地，其妻周某亦被困屋中，当地有关部门闻讯展开营救。根据《野生动物保护法》第16条的规定，"禁止猎捕、杀害国家重点保护野生动物。因科学研究、驯养繁殖、展览或者其他特殊情况，需要捕捉、捕捞国家一级保护野生动物的，必须向国务院野生动物行政主管部门申请特许猎捕证；猎捕国家二级保护野生动物的，必须向省、自治区、直辖市政府野生动物行政主管部门申请特许猎捕证。"由于野生羚牛是国家一级保护动物，因此当地有关部门不敢擅自捕杀，只能逐级请示；当日下午1时20分才从陕西省林业厅传来指示，可以击毙羚牛。下午4时20分，武警打了40多发子弹后将羚牛击毙。人们冲进屋内，但刘某因失血过多早已气绝身亡。当天晚6时，周某脑部伤情恶化，医生建议转到汉中人民医院做手术，周某在转院途中死亡。结果是羚牛虽死两条人命也丢了。事后，当地政府有关部门向死者家庭作出补偿共14 300元，死者家属认为补偿数额太低，于是将当地有关部门告上法庭，但一审和终审均被法院驳回。2002年5月，汉中市中级法院作出裁定：案件的实质是对行政补偿协议的内容产生异议，不是民法调整的对象。依法驳回原告上诉，维持一审裁定。既然问题出在行政补偿协议上，死者家属就把目标锁定行政机关。6月，他们向汉中市人民政府提出行政复议，要求撤销这个不公平的补偿协议，责令县里赔偿死亡补偿费。

---

① 请参见查庆九：《野生羚牛伤人引发争讼，牛角尖顶出法治难题》，《法制日报》2001年12月23日；陈绍军：《野生动物伤人要请示才能杀?》《工人日报》2002年9月1日；马宝康：《人命与熊命孰重孰轻》，2007年9月24日云南日报网，http: //paper. yunnan. cn/html/20070925/news_95_196931. html。

案例二：国内首次拍卖野生动物狩猎权流拍案①

受国家林业局委托，2006年秋季国际狩猎野生动物额度准备于8月13日在成都举槌拍卖。这是我国首次通过拍卖方式，对获准的狩猎野生动物种类、数量猎捕权进行转让。此次拍卖的狩猎额度涉及盘羊、羚牛、白唇鹿、岩羊、矮岩羊、马鹿等14种野生动物共289只(头)，分布在四川、新疆、青海、甘肃、陕西、宁夏、内蒙古、湖南等8个省和自治区；狩猎以可持续性方式进行；在这些地区的指定时间和指定地点，具有相关部门手续的外国猎人可以猎杀指定种类和数量的野生动物。此举一经媒体报道，立刻引起社会各界强烈反响，各种声音此起彼伏。拍卖还未举牌，公众就举起"质疑牌"，猎杀会否给野生动物带来灭顶之灾？野生动物保护的主管部门缘何成为猎杀野生动物的批准部门？

据国家林业局保护司有关负责人于2006年8月9日、10日对此次拍卖的说明，"野生动物狩猎额度"指的是经专家论证的狩猎的对象、数量及狩猎区域。以往的国际狩猎野生动物都是通过具备国际狩猎代理资质的机构依法向政府申请许可批准，每一次狩猎都要经过一次许可，程序比较复杂。《行政许可法》实施后，这类许可须以公开拍卖的形式进行，此次拍卖系国家林业局根据《行政许可法》作出的合法委托。据介绍，狩猎活动国际上一直在开展，我国也持续了20年左右，此次拍卖是首次市场化的探索，有利于国家对这一资源进行市场价值评估，提高资源利用效率。目前我国已经对狩猎作出一些细致规定：狩猎额度是根据当地野生动物的种群情况制定的，猎杀什么野生动物和猎杀多少都是由专家详细调查后确定并分配给各个地区的；狩猎要在指定的区域和时间进行，并有导猎人员的指导，而时间必须是在野生动物的发情期和繁殖期之外进行；在狩猎中还要遵循"打公不打母、打老不打小"的原则，所要猎杀的不能是正当壮年的野生动物。据了解，猎杀的野生动物都有基本价格，一只盘羊为1万美元、岩羊为2 500美元、马鹿是6 000美元、藏原羚为1 500美元，狩猎以食草动物为主，食肉动物和飞禽都不在猎杀范围，唯一的允许猎杀的食肉动物是狼，200美元一条。这位负责人说，这些野生动物中有国家一级和二级保护动物，但在极其严格的限定下，狩猎不会破坏野生动物种群，而且拍卖所得的资金收入将全部用于保护野生动物。根据调查显示，适当狩猎的地区野生动物的种群反而处于增长状态，狩猎能人为地调节野生动物的种群数量，"狩猎并非乱捕滥猎，狩猎本身就是动物保护"。

但在一片反对声中，国家林业局于2006年8月11日召开的紧急发布会，宣布

① 参考黄建华：《我国首次拍卖野生动物狩猎权遭质疑》，《新民晚报》2006年8月9日；《国家林业局称拍卖野生动物狩猎权有利于保护动物》，《人民日报》2006年8月11日；吕宗恕：《国内首个狩猎场经营权拍卖面临流产》，《新京报》2007年4月18日；董峻：《我国首次拍卖野生动物狩猎权 猎杀额度严格限定》，新华网北京2006年8月10日电，http://news.xinhuanet.com/politics/2006-08/10/content_4946147.htm。

"2006年秋季国际狩猎野生动物额度"试点性拍卖将被推迟。这实际上是"在国家领导人的干预下,拍卖最终取消"①。

我们应该将"国内首次拍卖野生动物狩猎权流拍案"与上述"野生羚牛伤人引发争讼案"联系起来看。为什么有关部门一方面在遇到野生动物致人伤亡时,坚持执行"禁止猎捕、杀害国家重点保护野生动物"的法律规定,既不准受害人采取正当防卫或紧急避险行为,又不自行采取援救和援助受害人行动;另一方面又在"提高资源利用效率"和进行"市场化探索"的名义下,不但不执行"禁止猎捕、杀害国家重点保护野生动物"的法律规定,反而公开拍卖狩猎野生动物额度和狩猎场经营权,允许某些"有钱人"获得猎捕、杀害国家重点保护野生动物的权利和合法利益?

无论是发放狩猎许可证,还是拍卖狩猎野生动物额度和狩猎场经营权,都必须依法进行。要正确处理保护野生动物与开展狩猎活动、发展狩猎产业的关系。历史经验教训告诉我们,必须形成并加强协调狩猎活动与野生动物保护的法律机制,建立健全有关野生动物保护、狩猎和枪支管理的法律制度。

讨论题:1. 结合上述案例,讨论如何依法处理保护野生动物与保护人身生命财产、保护野生动物与开展狩猎活动的关系。如何理解《野生动物保护法》第16条的规定②?(提示:当野生羚牛从其生活的领域进入人所生活的住宅,要伤害人身财产时,人为了保护其人身财产采取伤害野生羚牛的行为,属于第16条规定的是"猎捕、杀害国家重点保护野生动物"的违法行为吗?)

2. 试述《野生动物保护法》和《野生植物保护条例》的主要内容。

第三节 自然保护区、生态功能保护区法

自然保护区和生态功能区是我国生态保护和生态建设的重点区域,对其加强法律保护对我国整体生态的保护和建设具有重要的意义。

一、自然保护区法

国务院于1994年10月9日发布的《自然保护区条例》,是我国主要的自然保护区法规。

---

① 请参看王灿发、常纪文主编:《环境法案例教程》中的"云南省怒江大坝工程暂缓事件",清华大学出版社、北京交通大学出版社2008年版,第53~54页。

② 《野生动物保护法》第16条规定:"禁止猎捕、杀害国家重点保护野生动物。因科学研究、驯养繁殖、展览或者其他特殊情况,需要捕捉、捕捞国家一级保护野生动物的,必须向国务院野生动物行政主管部门申请特许猎捕证;猎捕国家二级保护野生动物的,必须向省、自治区、直辖市政府野生动物行政主管部门申请特许猎捕证。"

根据该法的规定,自然保护区,是指对有代表性的自然生态系统、珍稀濒危野生植物物种的天然集中分布区、有特殊意义的自然遗迹等保护对象所在的陆地、陆地水体或者海域,依法划定一定面积予以特殊保护和管理的区域。在我国,有些风景名胜区与自然保护区是重叠的,往往是一个区域两个牌子。国务院于2006年9月19日公布了《风景名胜区条例》。

自然保护区是组成整体环境的一种特殊环境要素,也是保护自然环境的一种最严格、有效的形式。自然保护区具有如下作用:(1)为人类保留自然"本底";(2)为各种珍稀濒危物种提供避难所;(3)为科学研究提供条件和场所;(4)为环境保护宣传教育提供基地;(5)为人们的游乐、休息提供场所;(6)保护、改善环境,维持生态平衡。

《自然保护区条例》对自然保护区的管理体制、建设、管理和法律责任作了全面规定。建立自然保护区的条件是:(1)典型的自然地理区域、有代表性的自然生态系统区域以及已经遭受破坏但经保护能够恢复的同类自然生态系统区域;(2)珍稀、濒危野生动植物物种的天然集中分布区域;(3)具有特殊保护价值的海域、海岸、岛屿、湿地、内陆水域、森林、草原和荒漠;(4)具有重大科学文化价值的地质构造、著名溶洞、化石分布区、冰川、火山、温泉等自然遗迹;(5)经国务院或者省、自治区、直辖市人民政府批准,需要予以特殊保护的其他自然区域。国家实行自然保护区分级分区保护制度,自然保护可以分为核心区、缓冲区和实验区。核心区,是指自然保护区内保存完好的天然状态的生态系统以及珍稀、濒危动植物的集中分布地。该区禁止任何单位和个人进入。缓冲区,自然保护区外围可以划定一定面积的缓冲区,只准从事科学研究观测活动。该区域禁止开展旅游和生产经营活动。自然保护区缓冲区外围划为实验区。经批准可以进入该区从事科学试验、教学实习、参观考察、旅游以及驯化、繁殖珍稀濒危野生动植物等活动。批准建立自然保护区的人民政府认为必要时,还可以在自然保护区的外围划定一定面积的外围保护带。

二、生态功能保护区法

生态功能保护区是指在涵养水源、保持水土、调蓄洪水、防风固沙、维系生物多样性等方面具有重要作用的重要生态功能区内,有选择地划定一定面积予以重点保护和限制开发建设的区域。建立生态功能保护区,保护区域重要生态功能,对于防止和减轻自然灾害,协调流域及区域生态保护与经济社会发展,保障国家和地方生态安全具有重要意义。生态功能保护区建设是统筹人与自然和谐发展,改善和提高生态环境质量的一项重大举措和有效途径,是有效管理限制开发主体功能区的重要手段,是符合我国现阶段国情的有效生态保护形式。

2002年9月,国家环境保护总局发布了《生态功能区划暂行规程》。2003年12月,国家环境保护总局发布了《国家生态工业示范园区申报、命名和管理规定(试行)》、《生态工业示范园区规划指南(试行)》等规章。国家环保总局于2007年12月7日发布了《国家重点生态功能保护区规划纲要》。

生态功能保护区属于限制开发区,应坚持保护优先、限制开发、点状发展的原则,因地制宜地制定生态功能保护区的财政、产业、投资、人口和绩效考核等社会经济政策,强化生态环境保护执法监督,加强生态功能保护和恢复,引导资源环境可承载的特色产业发展,限制损害主导生态功能的产业扩张,走生态经济型的发展道路。生态功能保护区要处理好与自然保护区、世界文化自然遗产、风景名胜区、森林公园、地质公园等各类特别保护区间的关系。在空间范围上，生态功能保护区不包含这些特别保护区域；在建设内容上，避免重复，互相补充；在管理机制上，各类特别保护区域的隶属关系和管理方式不变。生态功能区要科学规划，并将实施规划的主要内容纳入各级政府国民经济和社会发展规划。建立多渠道的投资体系。研究制定生态功能保护区投融资、税收等优惠政策，逐步建立和完善生态环境补偿机制。要加强科技创新。加强资源综合利用、生态重建与恢复等方面的科技攻关，减少资源消耗，控制环境污染，促进生态恢复。要增强公众参与意识，动员公众参与生态功能保护区建设。

案情简介

自然保护区、风景名胜区诉《无极》案①

2004年初，著名电影导演陈凯歌将其《无极》的拍摄现场放在美丽的风景名胜区——香格里拉。4月，剧组将一片占地四五十平方米的有上百年树龄的高山杜鹃花推平，用沙石和树干填埋出一条长约400米、宽约4米的便道。5月，摄制组进入碧沽天池，投资100多万元，搭建了以下建筑：3个临时工棚、"海棠精舍"以及一座通往天池湖心岛的简易木桥。这些建筑共占用草甸及矮灌丛近500平方米。

2005年7月，《南风窗》记者前来寻访，看到天池旁边一处大约400平方米的空地上，遍地垃圾、惨不忍睹。随后该杂志刊发了题为"《无极》：凯歌尚未奏响，身后一地垃圾"的报道。5月，建设部副部长仇保兴点名批评《无极》剧组破坏环境。8月，影片《无极》剧组因拍摄过程中对香格里拉生态环境造成破坏被城建部门处以9万元罚款，香格里拉县分管副县长因负有领导责任被免职。云南省建设厅上报给建设部的《关于〈无极〉剧组影视拍摄破坏香格里拉生态环境处理意见的报告》中称：对《无极》剧组未履行相关的法定手续，在三江并流国家重点风景名胜区千湖山碧沽天池景区投资施工的行为给予通报批评；已责成当地有关部门，将《无极》剧组修建的简易栈道和搭建的拍摄道具台全部拆除，恢复自然生态环境；对迪庆藏族自治州、香格里拉县以协议代替行政审批的相关协拍单位责任人责令写出书面检查并通报批评。与此同时，国家环保总局环评司司长祝兴祥也表示，环保部门初步认定《无极》剧组破坏环境，并可能存在违反《环境影响评价法》的有关规定，造成了一定程度的生态破坏，总局已责成云南省环保局依法对剧组进行处罚。

案例评析

第一，自然保护区和风景名胜区法律地位未完全明确，管理体制不够顺畅，管理模式未能

---

① 参见尹鸿伟：《〈无极〉：凯歌尚未奏响，身后一地垃圾》，《南风窗》2005年第16期；新华社云南分社记者秦晴、王研：《圣湖遭遇〈无极〉劫色重创难平》，新华网云南频道2006年4月14日；朱玲：《〈无极〉走了，香格里拉痛了》，《北京青年报》，人民网2006年4月6日，http://travel.people.com.cn/GB/41636/41890/4276703.html，该文获第十七届中国新闻二等奖；由珊珊：《〈无极〉剧组破坏环境：记者是这样发现的》，《南方周末》2006年5月19日。

适应多类型保护区的管理需要。依照现行法律规定，风景名胜区的主管机构是建设部门，在实践中主要设立地方管理机构进行管理。自然保护区的主管机构主要有环境保护部门和林业行政部门等。相互重叠的风景名胜区和自然保护区由于隶属于不同部门而出现管理真空和重叠交替的复杂现象。由于法律界限不明和职责不分，以致在实践中出现许可(收费)互相争上，出了(环境)问题相互谦让、报道以后(责任)互相推让的执法尴尬局面。以《自然保护区条例》为例，自然保护区核心区原则上禁止任何单位和个人进入，缓冲区只准进入从事科学研究观测活动，实验区可以进入从事科学试验、教学实习、参观考察、旅游，以及驯化珍稀、濒危野生动植物等活动。因此在国家级自然保护区的实验区开展参观、旅游活动的，包括拍戏，要向国家林业局自然保护区处报批。实际上，地方政府风景区管理处与剧组摄影棚经济利益优先理念已把规定抛到了九霄云外。无极事件表面上是一个生态环境破坏案件，实际折射的是我国风景名胜区、自然保护区、森林公园、地质公园、国家公园、生态功能区等特殊环境区域环境管理体制自身的矛盾困境。各类特殊区域的环境管理体制矛盾不解决，无极的事件就不只是一个个案。

第二，规范特殊环境保护区域商业活动的法律制度供给不足。我国目前唯一针对天然摄影棚问题的法规是《建设项目环境保护管理条例》，根据该条例第 25 条的规定，可以对剧组为拍摄活动修建的道路和建筑物造成生态破坏的行为进行处罚，限期责任单位恢复拍摄地的生态植被，并及时向社会通报情况。但是，由于对生态环境的破坏缺乏相应认定标准和处罚依据，相关部门可能依法推卸自己的责任，生态破坏也就成为常有的现象。因此，应该进一步明确生态破坏程度、生态补偿和处罚依据等法律规定。

第三，特殊环境区域的所有权及管理权配置不合理。苏东坡在《前赤壁赋》中说："且夫天地之间，物各有主……惟江上之清风，与山间之明月，耳得之而为声，目遇之而成色。取之无尽，用之不竭。"明月清风这类大自然美景确实没有明确哪个人所有，但承载明月清风的山水有主，像香格里拉、九寨沟这类人间仙境的主人是国家，也可说属于全体国民。这样的所有权在现实中却往往很尴尬，容易被蚕食，因为它不像一般私有财产那样明明白白地在产权所有者的控制之下。这类大自然景观，由名义上的所有者全体人民委托给政府看管，政府再委托给具体的职能部门，有的还委托给营利机构。在经济利益的惯性思维下，名义上有主的环境资源很容易成为地方经济发展的铺路石和祭品。

课堂讨论

建立生态功能保护区，解决敦煌的生态问题①

敦煌作为古丝绸之路上的名城重镇，保留了大量的历史文化遗存，其中莫高窟更是享誉世界的文化瑰宝。近年来，敦煌的生态问题引起了人们的普遍关注。敦煌的生态变化是个渐进的过程，最初引起人们关注的是月牙泉水位的不断下降和水面的急剧缩小。月牙泉是处在绿洲边缘沙漠中形似弯月的一泓泉水，是由地下水露头形成的，它同鸣沙山相依相伴而成为大自然的一道奇观。根据记载，1960

① 陆浩：《拯救湿地保护绿洲——关于敦煌生态问题的思考》，《求是》2008 年第 11 期。

年月牙泉的水域面积为22.5亩，最大水深达9米之多；到1999年，水域面积仅为7.8亩，最大水深下降到1.49米。为了抢救月牙泉，1986年和1998年先后进行了掏泉清淤和回灌渗透补水，但效果并不明显。如果敦煌的地下水位不能恢复，月牙泉必然面临干涸的危险。随着月牙泉的急剧缩小，人们对生态环境恶化的感受越来越深。近年来，大风及沙尘暴的强度在不断加大，敦煌年均出现八级以上的大风高达15次至20次之多，累计日数为15.4天，且多集中于农作物幼苗生长期，强烈的风沙和浮尘天气的增多也使莫高窟壁画的保护受到严重威胁。同时，绿洲区内原有的1万余亩咸水湖和1 000余亩淡水湖80%已干涸，青蛙等益虫大量减少，使农业病虫害逐年增多。井灌区土地盐渍化逐年加剧，绿洲外围土地沙化面积不断扩大。自1994年以来，绿洲区外围沙化面积增加了20多万亩，平均每年增加近2万亩。令人更为担忧的是分布于绿洲周边的湿地在不断萎缩和退化。在敦煌绿洲四周的戈壁沙漠中，分布着被称为东湖、西湖、南湖、北湖的大面积天然湿地。这些湿地曾经水草丰茂，胡杨成林，飞禽走兽栖息繁衍，在茫茫戈壁沙海中成为绿洲的天然伙伴。但随着生态的变迁，东湖湿地已经消失，北湖湿地濒临消亡，西湖、南湖湿地也逐年退化萎缩。据统计，新中国成立初期，敦煌东湖、西湖、北湖及南山一带有天然林219万亩，草场586万亩，湿地375万亩。到目前，天然林仅存130多万亩，减少了40%；草场仅存130万亩，减少了77%；湿地仅存270万亩，减少了28%。随着湿地的萎缩，野生动物种群和数量明显减少，原有的猴、豹等8种野生动物现已绝迹，野骆驼也濒临绝迹，仅存40余峰，国家二级保护动物鹅喉羚已由20世纪60年代的每平方公里1至3只减少到现在的0.1至0.5只。

讨论题：1. 结合上述案例，讨论如何加强对生态功能区的法律保护。
2. 试述《自然保护区条例》的主要内容。

第四节　自然、人文遗迹保护法

我国除了在《宪法》、《环境保护法》中对自然、人文遗迹保护作了原则性规定外，还制定了专门的《文物保护法》(2007年修订)及其《实施细则》(2003年修订)、《风景名胜区管理暂行条例》、《水下文物保护管理条例》(1989年)和《地质遗迹保护管理规定》(1995年)。《自然保护区条例》、《矿产资源法》、《城乡规划法》、《刑法》、《治安管理处罚条例》等法律、法规也涉及自然、人文遗迹的保护问题。

一、自然、人文遗迹的概念和意义

人类遗产可以分为文化遗产和自然遗产两个方面。根据《保护世界文化和自然遗产公约》(1972年)的规定,“文化遗产”包括:文物,即从历史、艺术或科学角度看具有突出的普遍价值的建筑物、碑雕和碑画,具有考古性质成分或结构、铭文、窟洞以及联合体;建筑群,即从历史、艺术或科学角度看,在建筑式样、分布均匀或与环境景色结合方面,具有突出的普遍价值的单立或连接的建筑群;遗址,即从历史、审美、人种学成人类学角度看具有突出普遍价值的人类工程或自然与人工联合工程以及考古地址等地方。“自然遗产”包括:构成这类结构群组成的自然面貌;从科学或保护角度看具有突出的普遍价值的地质和自然地理结构以及明确划为受威胁的动物和植物生境区;从科学、保护或自然美角度看具有突出的普遍价值的天然名胜或明确划分的自然区域。自然遗产通常表现为自然遗迹,主要指由于自然过程形成的具有一定科学、文化、艺术、观赏价值的自然体及其保留地或者遗迹地,如奇峰异石、洞穴、瀑布、火山口、陨石坠落地、冰川遗迹、典型的地质剖面、生物化石产地、古树名木等。文化遗产以一定的物质形式并与地域紧密的结合在一起,则构成人文遗迹或人文古迹,主要指由于人类活动所创造的具有一定科学、历史、文化、教育或观赏价值的人工物体及其保留地或者遗迹地,如古建筑、古墓、石窟、摩崖石刻、古人类活动遗址、重大历史事件发生地、革命活动遗址等。自然遗迹和人文遗迹既是自然生态环境的重要组成部分,又是旅游资源的主要组成部分,对于经济、社会、文化的可持续发展和环境保护具有重要的作用。

二、自然、人文遗迹保护法的主要内容

《文物保护法》对文物保护的管理体制、方针、文物的所有权、不可移动文物、考古发掘以及法律责任作了专门规定。中华人民共和国境内地下、内水和领海中遗存的一切文物,属于国家所有。古文化遗址、古墓葬、石窟寺属于国家所有。国家指定保护的纪念建筑物、古建筑、石刻、壁画、近代现代代表性建筑等不可移动文物,除国家另有规定的以外,属于国家所有。国有不可移动文物的所有权不因其所依附的土地所有权或者使用权的改变而改变。属于集体所有和私人所有的纪念建筑物、古建筑和祖传文物以及依法取得的其他文物,其所有权受法律保护。文物的所有者必须遵守国家有关文物保护的法律、法规的规定。一切机关、组织和个人都有依法保护文物的义务。国务院文物行政部门主管全国文物保护工作。地方各级人民政府负责本行政区域内的文物保护工作。县级以上地方人民政府承担文物保护工作的部门对本行政区域内的文物保护实施监督管理。文物工作贯彻保护为主、抢救第一、合理利用、加强管理的方针。保存文物特别丰富并且具有重大历史价值或者革命纪念意义的城市,由国务院核定公布为历史文化名城。保存文物特别丰富并且具有重大历史价值或者革命纪念意义的城镇、街道、村庄,由省级人民政府核定公布为历史文化街区、村镇,并报国务院备案。一切考古发掘工作,都必须履行报批手续。地下埋藏的文物,任何单位和个人不得私自发掘和侵占。非经国务院特别许可,任何外国人或外国团体不得在我国境内进行考古发掘。

《地质遗迹保护管理规定》对地质遗迹的保护内容、地质遗迹的保护区的建设、地质遗迹保护区的管理和法律责任作了具体规定。该《规定》中的地质遗迹,是指在地球演化的漫长地质历史时期,由于各种内外动力地质作用,形成、发展并遗留下来的珍贵的、不可再生的地质自然遗产。主要包括:对追溯地质历史具有重大科学研究价值的典型层型剖面(含副层型剖面)、生物化石组合带地层剖面、岩性岩相建造剖面及典型地质构造剖面和构造形迹;对地球

演化和生物进化具有重要科学文化价值的古人类与古脊椎动物、无脊椎动物、微体古生物、古植物等化石与产地以及重要古生物活动遗迹；具有重大科学研究和观赏价值的岩溶、丹霞、黄土、稚丹、花岗岩奇峰、石英砂岩峰林、火山、冰山、陨石、鸣沙、海岩等奇特地质景观；具有特殊学科研究和观赏价值的岩石、矿物、宝玉石及其典型产地；有独特医疗、保健作用或科学研究价值的温泉、矿泉、矿泥、地下水活动痕迹以及有特殊地质意义的瀑布、湖泊、奇泉；具有科学研究意义的典型地震、地裂、塌陷、沉降、崩塌、滑坡、泥石流等地质灾害遗迹；需要保护的其他地质遗迹。国务院地质矿产行政主管部门在国务院环境保护行政主管部门协助下，对全国地质遗迹保护实施监督管理。县级以上人民政府地质矿产行政主管部门在同级环境保护行政主管部门协助下，对本辖区内的地质遗迹保护实施监督管理。对具有国际、国内和区域性典型意义的地质遗迹，可建立国家级、省级、县级地质遗迹保护段、地质遗迹保护点或地质公园(统称地质遗迹保护区)。对保护区内的地质遗迹可分别实施一级保护、二级保护和三级保护。地质遗迹的保护是环境保护的一部分，应实行"积极保护、合理开发"的原则。被保护的地质遗迹是国家的宝贵财富，任何单位和个人不得破坏、挖掘、买卖或以其他方式转让。任何单位和个人不得在保护区内及可能对地质遗迹造成影响的一定范围内进行采石、取土、开矿、放牧、砍伐以及其他对保护对象有损害的活动。未经管理机构批准，不得在保护区范围内采集标本和化石。

案情简介

武当山火灾案①

武当山1982年被确定为国家级风景区，1994年被列入《世界文化遗产名录》。武当山道教建筑始建于唐朝贞观年间(公元627—649年)，宋代也有增建，元代进一步扩大建筑规模，明代永乐帝多次下诏派大臣率几十万军民大兴土木；其古建筑群现存建筑规模之大、规制之高、构造之严谨、装饰之精美，在中国道教建筑中绝无仅有。2003年1月19日19时许，武当山古建筑群重要组成部分之一的遇真宫主殿②突发大火，直至21时30分左右扑灭。最有价值的主殿三间共236平方米建筑已化为灰烬，周边文物也有不同程度影响。经调查，由湖北省消防、刑侦、文物等部门，及丹江口市、十堰市组成的联合调查组得出结论：大火系因遇真宫大殿东侧厢房原住人员杨某搭设照明线路及灯具不规范，埋下事故隐患；现居住人员周某(系租用遇真宫的陈逵文化武术影视学校聘用的武术教练)疏忽大意使用电灯不当，导致电灯烤燃他物引发。这两位犯罪嫌疑人已被丹江口市公安局刑事拘留。"武当山遇真宫'招商'招来大火焚身"，引起国家、湖北省、十堰市有关部门的高度重视。十堰市纪

① 参见杨兴国、詹国强：《武当山火灾追踪：遇真宫"招商"引来大火焚身》，新华网2003年1月24日，http://news.xinhuanet.com/newscenter/2003-01/24/content_706862.htm；曾鹏宇：《联合国关注遇真宫火灾 建议中国暂缓"申遗"》，《北京青年报》，2003年1月31日；詹国强、杨兴国：《武当山遇真宫火灾事故责任人受到处罚》，新华网武汉2003年5月23日电，http://news.xinhuanet.com/newscenter/2003-05/23/content_883795.htm。

② 有500多年历史的遇真宫大殿是明成祖专为张三丰修建，历史上绝无仅有。

委决定：开除丹江口市文化局副局长、武当山特区文物局局长、武当山特区宗教局局长、武当山特区文物管理所所长兼党支部书记罗某党籍，并撤销其党内外一切职务；撤销尹某武当山特区文物管理所副所长一职；撤销龚某武当山特区文物管理所保卫科科长一职；开除武当山特区文物管理所管理员薛某公职。另分别给予丹江口市文化局原局长杨某、丹江口市文化局局长兼文物局局长尹某、副局长陈某党纪政纪处分。值得一提的是，就在起火前两天，武当山所在的丹江口市文物、消防、公安等部门组织了全武当山的消防安全大检查，遇真宫被认为“合格”。

案例评析

我国某些文化、自然遗产成为世界遗产，一方面令人欣喜，说明我国的文化、自然遗产得到世界的公认，也可以大大提高这些地区和文化遗迹的知名度。另一方面，也给这些景观的后期管理、开发提出了新课题，一些知名的遗迹和景观面临着各种各样的文物保护问题。这些问题正在威胁着一些世界遗产的保护。问题之一是重申遗不重保护，许多地方在申遗成功之后，就把申请时所做的承诺抛在一边，过度开发、开发商毁坏遗迹的事例屡有发生。随意建设、急功近利的做法正在成为我国自然、文化遗产的头号“天敌”。以武当山为例，由于利益驱动，从2001年开始，武当山文管所在复真观内大兴土木，建设“太子养生堂”，对部分古建筑按三星级宾馆标准进行改造、扩建，对外提供吃、住、游、购、娱全方位服务。宾馆在装修改造过程中，全面改动了古建筑的内部结构，不仅使文物遭到不可恢复的破坏，还给周围的古建筑带来严重的安全隐患。最突出的一个例子，是“龙头香”开禁①。武当山火灾就是因为武当山文物管理部门违反国家有关规定，擅自招商引资，将遇真宫使用权转让给一家私立武术学校而埋下安全隐患。此外，在许多世界文化遗产的开发和管理上还存在着漏洞。业内人士透露，一些景区开发商和管理者责任不清，产权不明，体制上相当混乱。有的是旅游公司开发，有的是地方组织管理，还有的是条块分割，根本没有统一管理。这也促使一些开发商为了商业利益，不惜破坏文物古迹。针对这种情况，我们应该在世界遗产保护中，运用利益相关者分析法②，充分认识和发挥利益相关者参与自然和人文遗迹保护的作用。这里的利益相关者既包括政府、专家，也包括世界遗产所在地的公众；保护世界遗产不应该仅仅依靠政府指令或者专家的研究，还应该顾及到公众的态度。世界自然、文化遗产对我国乃

---

① 所谓“龙头香”，指在武当山南岩宫悬空的一块长约1米、宽仅0.33米的石头上烧香，由于此石正对武当山主峰天柱峰，又下临万丈深渊，故历来有说法是在此石前端烧香最能表达诚心。不过在此烧香十分危险，古时有许多人从此坠下跌得粉身碎骨。早在清康熙年间，为保障民众生命安全，当时的湖广总督就颁布《南岩宫禁龙头香碑文》，此碑至今还竖立在现场。几年前武当山有关方面却为“龙头香”开禁，并大做广告，宣称“打破300年禁区”，其保护措施不过是在石头两侧加了铁栏杆，烧一次香收费几十到百元不等，“为了创收竟不顾游客生命安全”。

② 利益相关者分析是通过确定一个系统中的主要角色或相关方，评价他们在该系统中的相应经济利益或兴趣，以获取对系统的了解的一种方法和过程。目前这种方法已广泛应用于自然资源管理的实践。该分析方法的主要目的是找出并确认系统或干预中的“相关方”，并评价其利益，这里的利益包括社会、政治、经济、文化、生态等多方面的利益。

至整个国际社会具有重要价值,我们应当全面提升自然、文化遗产的保护、抢救、利用和管理工作水平,使自然、文化遗产的保护和开发切实走上有计划、规范化健康发展的轨道。

课堂讨论

1. 结合上述案例,讨论如何依法保护自然、文化遗产。
2. 试述《文物保护法》的主要内容。

第五节　水土保持法和防沙治沙法

中国是世界上水土流失和土地沙化最严重的国家之一。根据2006年6月6日国务院新闻办发布的《中国环境保护(1996—2005)》白皮书和国家环保总局发布的《2005年中国环境状况公报》,全国水土流失面积356万平方公里,占国土总面积的37.1%,全国因水土流失每年流失土壤50亿吨;全国荒漠化土地为263.62万平方公里,占国土面积的27%;沙化土地面积为173.97万平方公里。为了加强防沙治沙和水土保持方面的工作,我国先后制定了《水土保持法》(1991年)及其实施条例、《国家水土保持重点建设工程管理办法》(2005年),《水土保持工程建设管理办法》(2004年)、《防沙治沙法》(2001年)等法律法规。在《环境保护法》、《森林法》、《草原法》、《土地管理法》、《农业法》等法律中也有防沙治沙和防治水土流失的内容。

一、水土保持和防沙治沙的概念

土地沙化和水土流失是土地退化的主要表现形式。一般而言,土地退化是指土地原有质量的降低、原有功能的下降或丧失,是指土地生产力的衰减或丧失(地力衰退)。我国法律没有对土地退化这一概念作出统一的定义,现行法律所规定或涉及的土地退化形式主要有如下几种。

第一,土地荒漠化、沙化。根据我国《防沙治沙法》第二条的规定,"土地沙化是指因气候变化和人类活动所导致的天然沙漠扩张和沙质土壤上植被破坏、沙土裸露的过程。本法所称土地沙化,是指主要因人类不合理活动所导致的天然沙漠扩张和沙质土壤上植被及覆盖物被破坏、形成流沙及沙土裸露的过程。"土地荒漠化、沙化这两个概念是有区别的。流水、风力、化学和物理四种营力过程所造成的土地退化均属于荒漠化的范畴,这比我国传统的单纯由风力作用引起的沙质荒漠化(沙漠化)内容更为广泛①。根据《联合国防治荒漠化公约》(1994年)第

① 荒漠化英文为desertification,中文译为沙漠化无法涵盖其意。因此,在1995年1月于纽约召开的第六次《联合国防治荒漠化公约》政府谈判大会期间,中国政府代表团正式向大会提出,《公约》中文本使用的"沙漠化"术语不够确切,需作改正。1995年4月1日,联合国正式通知中国,《公约》中文本使用的"沙漠化"术语用"荒漠化"代替。

一条的规定,"荒漠化"是指包括气候变异和人类活动在内的种种因素造成的干旱、半干旱和亚湿润干旱地区的土地退化。我国《草原法》第31条还同时提到草原的退化、沙化和石漠化。

第二,水土流失。我国不少法律都提到水土流失。《水土保持法》是防治水土流失的主要法律,但该法没有对水土流失定义。一般而言,水土流失是指土地表层缺乏植被保护,被雨水冲蚀后引起跑水、跑土、跑肥,使土层逐渐变薄变瘠的现象;主要指在山丘区和风沙区,由于水力或风力的作用,冲刷土壤,使水分和土壤流失的现象。水土保持是指对自然因素和人为活动造成的水土流失所采取的预防和治理措施的总称。

第三,土地(土壤)污染。

第四,其他形式,如土壤盐渍化、贫瘠化、沼泽化、潜育化、地面沉降等。

二、水土保持法和防沙治沙法的主要内容

1991年第七届全国人民代表大会常务委员会第二十次会议通过的《水土保持法》(1991年)对水土保持工作的方针、管理体制、水土流失的预防和治理、水土保持工作的监督管理和法律责任作了规定。国家对水土保持工作实行预防为主,全面规划,综合防治,因地制宜,加强管理,注重效益的方针。一切单位和个人都有保护水土资源、防治水土流失的义务,并有权对破坏水土资源、造成水土流失的单位和个人进行检举。国务院和地方人民政府应当将水土保持工作列为重要职责,采取措施做好水土流失防治工作。国务院水行政主管部门主管全国的水土保持工作。县级以上地方人民政府水行政主管部门,主管本辖区的水土保持工作。从事可能引起水土流失的生产建设活动的单位和个人,必须采取措施保护水土资源,并负责治理因生产建设活动造成的水土流失。国家禁止毁林开荒、烧山开荒和在陡坡地、干旱地区铲草皮、挖树兜。禁止在25度以上陡坡地开垦种植农作物。各级地方人民政府应当采取措施,加强对采矿、取土、挖砂、采石等生产活动的管理,防止水土流失。在崩塌滑坡危险区和泥石流易发区禁止取土、挖砂、采石。县级以上人民政府应当根据水土保持规划,组织有关行政主管部门和单位有计划地对水土流失进行治理。在水力侵蚀地区,应当以天然沟壑及其两侧山坡地形成的小流域为单元,实行全面规划,综合治理,建立水土流失综合防治体系。造成水土流失危害的,有责任排除危害,并对直接受到损害的单位和个人赔偿损失。赔偿责任和赔偿金额的纠纷,可以根据当事人的请求,由水行政主管部门处理;当事人对处理决定不服的,可以向人民法院起诉。当事人也可以直接向人民法院起诉。

2001年第九届全国人民代表大会常务委员会第二十三次会议通过的《防沙治沙法》,对防沙治沙的原则、管理体制、防沙治沙规划、土地沙化的预防、沙化土地的治理、防沙治沙的保障措施和法律责任作了规定。沙化土地所在地区的地方各级人民政府,应当采取有效措施,预防土地沙化,治理沙化土地,保护和改善本行政区域的生态质量。国家在沙化土地所在地区,建立政府行政领导防沙治沙任期目标责任考核奖惩制度。在国务院领导下,国务院林业行政主管部门负责组织、协调、指导全国防沙治沙工作。使用土地的单位和个人,有防止该土地沙化的义务。使用已经沙化的土地的单位和个人,有治理该沙化土地的义务。防沙治沙实行统一规划。从事防沙治沙活动,以及在沙化土地范围内从事开发利用活动,必须遵循防沙治沙规划。沙化土地所在地区的县级以上地方人民政府应当按照防沙治沙规划,

划出一定比例的土地,因地制宜地营造防风固沙林网、林带,种植多年生灌木和草本植物。禁止在沙化土地上砍挖灌木、药材及其他固沙植物。沙化土地所在地区的县级人民政府,应当制定植被管护制度,严格保护植被,并根据需要在乡(镇)、村建立植被管护组织,确定管护人员。在沙化土地范围内,各类土地承包合同应当包括植被保护责任的内容。草原实行以产草量确定载畜量的制度。沙化土地所在地区的县级以上地方人民政府,不得批准在沙漠边缘地带和林地、草原开垦耕地;已经开垦并对生态产生不良影响的,应当有计划地组织退耕还林还草。在沙化土地范围内从事开发建设活动的,必须事先就该项目可能对当地及相关地区生态产生的影响进行环境影响评价,依法提交环境影响报告;环境影响报告应当包括有关防沙治沙的内容。在沙化土地封禁保护区范围内,禁止一切破坏植被的活动。国家鼓励单位和个人在自愿的前提下,捐资或者以其他形式开展公益性的治沙活动。从事营利性治沙活动的单位和个人,必须按照治理方案进行治理。国家保护沙化土地治理者的合法权益。沙化土地所在地区的地方各级人民政府,可以组织当地农村集体经济组织及其成员在自愿的前提下,对已经沙化的土地进行集中治理。

案情简介

首钢矿业公司造成水土流失案①

始建于1958年的首钢矿业公司,是首都钢铁总公司的重要原材料基地。在河北迁安市占地总面积80多平方公里,涉及七个乡镇。该公司拥有水厂铁矿和大石河铁矿两个采矿厂,两座尾矿库,年处理矿石能力1 850万吨,矿山采用露天开采工艺,大量的弃土弃渣裸露堆弃在采坑周围的沟坡地带,弃渣高度一般30至100米,坡度一般在35度以上,彻底改变了原地貌,形成了光秃荒凉的人为景观。由于该公司在采矿初期未编制水土保持计划,采矿生产中也未及时采取防治水土流失措施,多年来严重破坏了该区域的大量水土保持设施,造成大面积水土流失及其危害,生态环境不断恶化。仅大石河铁矿弃的渣就直接造成水土流失面积近9平方公里,汛期水冲沙压危害经常发生,赔偿纠纷不断。尤其是靠近滦河右岸的弃渣,一遇大雨即冲入河道,抬高河床,回水威胁上游农田及村庄。

为防治采矿造成的水土流失及其危害,从1991年起,省水利厅就将首钢矿业公司的水土流失治理列为监督管理重点,责成迁安市水利部门重点查办。几年来,迁安市水保监督人员曾先后多次到该公司研究解决水土流失治理和补交水土保持设施补偿问题,但该公司总认为企业成立早、利润已全部上缴,现企业亏损大、自己无力治理和缴纳费用,应向总公司请示由国家承担治理责任等等,一再推脱,不予合作。致使水土流失危害最严重的排土场(弃渣场)一直得不到及时系统的治理,汛期

① 请参看迁安市水土保持站张建明、徐海整理分析的《首钢矿业公司造成水土流失案查处始末》,载于河北水土保持网,http://www.hebstbc.com.cn/jiandujiance/jiandu306.htm,最后访问日期2009年3月3日。

连续发生严重的冲房、压田危害。造成矿山与当地群众的关系一度趋于紧张。鉴于此情况，迁安市水利部门依法向该公司下达了限期补报水土保持方案、治理水土流失和依法缴纳水土保持设施补偿费的通知。但由于种种原因，一直未取得实质性进展。

1994年6月，省水利厅组织省地矿厅、省政府法制局、省有关新闻单位和唐山市、迁安市的水利、地矿、法制部门，联合对首钢矿业公司的水土保持工作和造成的水土流失及危害情况进行了现场检查。检查组对矿业公司生产管理中存在的不重视保护水土资源和不依法防治水土流失的行为提出了严肃批评。在省、市水利部门支持帮助和新闻舆论监督以及法律的威慑下，矿业公司逐步认识到保护水土资源、防治矿山水土流失的重要性和紧迫性。1996年7月，该公司成立了由主管经理任组长、计划、技术、地工、财务等处室领导为成员的矿山水土保持工作领导小组，并于当年汛前完成了6处水土保持恢复治理工程，上报了1997年度水土保持治理计划。建成了坝长6米、底宽8米、高5米的干砌拦渣工程一处，发挥了明显的保持水土的作用。在缴纳水土保持设施补偿费方面，经省、市、县（市）三级水利部门共同协商，考虑矿山实际情况，1997年与矿业公司达成按最低限度收费协议，矿业公司应缴纳水土保持设施补偿费350万元，已按计划上缴255万元。

经过省、市、县有关部门和新闻单位的共同努力，一起长达6年的特大人为水土流失案件终于得到了比较圆满的解决。

案例评析

这起案件的事实一直清清楚楚，矿方也明确承认采矿造成的水土流失及危害。但却拖了六年之久，动用了省、市、县有关部门甚至新闻媒体才最终解决。究其原因，一是水利水保部门依法行政意识不强，在处理事情上还是首先习惯沿用依靠上级行政施压和调解的方式，在法律法规宣传和执行方面力度不足；二是企业领导片面认为执法收费是找麻烦、加重企业负担，产生抵触情绪。历史因素也是其中一个重要原因，首钢是由计划经济转为市场管理的老企业，历史遗留问题多、与地方关系复杂，效益逐渐下滑、企业包袱越来越重。本案根据首钢矿业公司的实际情况，充分考虑企业的实际困难和与地方的关系，实事求是、量力而行，没有单纯依靠法律行事，而是利用有关部门尤其是新闻媒体的特殊作用，以宣传沟通和协调为主要工作方式解决问题。实际上，矿山弃土场不断造成当地群众经济损失、引起赔偿纠纷，对推动这一案件的最终解决也起了很大作用。本案充分反映了《水土保持法》实施的现状、困难和阻力，也反映了政府主管部门对《水土保持法》的认识水平和执法水平。

课堂讨论

1. 结合上述案例，讨论如何执行《水土保持法》。
2. 试述《防沙治沙法》的主要内容。

环境公众参与和环境公益诉讼

本章要求掌握：环境公众参与和环境公益诉讼的主要法律依据；公民环境权的概念、性质、特点和意义，重点是理解公民环境权是一种具有公益性质的个人权利，其实现具有不同于私权实现和公权实现的特点，公益诉讼是实现公民环境权的一种主要形式；环境知情权的概念、作用和主要内容；环境公众参与的概念和主要法律规定；环境公益诉讼的概念、类型、特点和基本要求，掌握环境保护团体参加诉讼的法律依据和作用。

第一节　公民环境权

1960年，联邦德国一位医生向欧洲人权委员会提出控告，认为向北海倾倒放射性废物这种行为违反了《欧洲人权条约》中关于保障清洁、卫生的环境的规定。之后，围绕着把环境权追加入欧洲人权清单的问题，在欧洲人权会议、欧洲环境部长会议和其他有关欧洲会议曾开展多次讨论。在美国，自卡逊于1962年发表《寂静的春天》一书对美国民权条例"没有提到一个公民有权保证免受私人或公共机关散播致死毒药（指农药污染）的危险"的感叹之后，60年代末掀起了一场关于环境权的大辩论，当时许多美国人要求享有在良好环境中生活的权利。1970年，萨克斯教授在其发表的论文《为环境辩护》中提出了环境立法的三项任务，其中第一项就是"承认对于良好环境的公民权利是一项可强制执行的合法权利"①。他还根据环境保护的需要提出了有利于环境保护的"共有财产"（common property）和"公共信托"理论。在社会呼吁的推动下，1969年颁布的美国《国家环境政策法》和日本《东京都防止公害条例》分别对环境权作了比较粗浅的规定。1970年1月22日，美国尼克松总统在国会发言中指出，美国"70年代的大问题"是如何确保"每一个美国人天生就具有的"拥有一个不受污染的环境的权利。基于相同的理由，国会议员、地球日（1970年4月22日）的倡导者盖洛德·纳尔逊（G. Nelson）号召修改宪法，以确保一个美国人"对于健康的环境所拥有的不可剥夺

① Eva H. Hanks, etc., *Environmental Law and Policy, Cases and Materals*, 1975, p. 860.

的权利”。1972年6月，在斯德哥尔摩召开了联合国人类环境会议，会上通过的《人类环境宣言》提出：“人类有在过尊严和幸福生活的环境中享受自由、平等和适当生活条件的基本权利，并且负有保护和改善这一代和将来的世世代代的环境的庄严责任。”①“在斯德哥尔摩会议之后，若干国家在它们的宪法或法律中承认了人们对良好环境的权利，以及国家保护环境的义务。”②之后，环境权逐渐在学术界得到认可、在立法方面得到法律确认。自60年代以来约有100来个国家制定了综合性的环境法律即环境基本法，某些环境基本法已有环境权的内容③。目前约有60多个国家的宪法或组织法包括了保护环境和自然资源的特定条款；有越来越多的国家特别是发展中国家、处于经济转型时期的国家，正在将环境权或环境资源保护方面的基本权利和义务纳入宪法④。目前，通过公法、行政法对环境权的保障和救济已经达到相当完备的程度；在环境权的派生权方面，如获得环境信息权、参与环境管理权、提起环境司法诉讼权等，已经取得某些突破和成效。

一、公民环境权的概念、性质和意义

各国法律中规定的公民环境权一般是指“公民有享用适宜环境的权利，也有保护环境的义务”或“公民有在平衡、健康的环境中生活的权利，也有保护环境的义务”，即公民(自然人)环境权是指公民有享用(享受和使用)适宜环境或平衡、健康的环境的权利。

从公民环境权的内涵看，它是公民基本的环境法律权利和基本的环境法律义务的统一，它不仅表明公民享有基本环境权利，也表明公民承担基本环境义务。所谓基本环境法律权利，是指公民对环境资源的最基本的权利，它表示公民对其赖以生存发展的环境的基本要求、起码的要求。一般认为，平衡、健康的环境是能满足人的基本物质需要和精神需要的最基本、最起码的环境状态。从这个意义上讲，公民环境权主要是指公民享用平衡、健康环境的权利，或者说个人有在平衡、健康的环境中生活的权利。

公民环境权是一种新型权利，是公民个人所享有的、具有公益性的权利⑤，它既不同于

---

① 以上参看蔡守秋著：《环境权初探》，《中国社会科学》1982年第3期；杜钢建著：《日本的环境权理论和制度》，《中国法学》1974年第6期。

② 世界环境与发展委员会著：《我们共同的未来》，王之佳、柯金良等译，吉林人民出版社1997年版，第431页。

③ 例如，《韩国环境政策基本法》(1990年制定，1993年修正)第6条明确规定：“所有国民都享有在健康而舒适的环境中生活的权利，并应协助国家及地方自治团体的环境保全对策的实施，也应为环境保全而努力。”

④ 如1980年第8次修改的韩国《宪法》第35条规定：“所有公民都有在健康而舒适的环境中生活的权利，国家和国民应为了环境保全而做努力。”

⑤ 按照传统的“二分法”模式，权利被归纳为截然分割的私权和公权两种类型。一般将公民或个人所拥有的权利，如公民对其衣服所拥有的权利，称为个人权利或个人民事权利或私权；这种个人民事权利或私权的特点是公民或个人对其权利可以独占、垄断和排他性消费。现代社会的发展，公民或个人所拥有的权利出现了一种新情况，即公民或个人对其所拥有的某些个人权利不能独占、垄断和排他性消费，如个人对其生存空间内的大气、森林、绿地、河流等所享有的权利，即公民或个人可以拥有具有公益性的个人权利或个人民事权利。显然，这种公民或个人拥有的具有公益性的个人权利或民事权利，不同于传统的、具有独占性和排他性的个人权利或民事权利即私权。也就是说，现代公民个人所拥有的个人权利可以分为两类，一类是具有独占、消费排他性的权利(如个人对其衣服所拥有的权利)；另一类是具有公益性、共享性或不能独占、垄断和排他性消费的权利(如个人对其生存环境、生活区内的绿地等生态系统所拥有的权利)。传统法学对个人所拥有的第一类个人权利比较熟悉，对第二类权利则缺乏研究，并且传统的“二分法”阻碍对这类权利的研究，他们要么将这类权利纳入私权的轨道，要么将这类权利纳入公权的范围，而不承认 (转下页)

传统上的民事私权，也不同于传统上的公权。首先，公民环境权是公民个人享有的权利和利益，而公权特别是政府行政权不能为公民个人所享有，从这个意义上讲，公民环境权属于个人权利或私权的范畴，而不是传统上的政府公权。但是，公民环境权所保障的是公民的环境利益，这种环境利益是一种具有公益性的利益即环境公益，它可以同时被不特定的多数人享受，公民对其环境权的享受也不具有传统私权的独占性、竞争性、排他性；从环境利益即环境公益这个意义上讲，公民环境权属于公益权或公权的范畴，而不是传统上的民事私权。公民环境权是一种不具有独占性、排他性的个人权利，是一种具有消费不排他性、不能独占性、不特定主体共享性的权利，即公民环境权的主体可以直接感受、享受共有环境的利益，但不能独占这种利益，不能排除其他不特定多数主体同时直接感受、享受这种利益。另外，公民环境权反映公民的利益和权力，从这个意义上讲，公民环境权属于权利的范畴，而不是义务。一般认为，权利表示自由，权利拥有人可以自由行使(包括处置、放弃、转让或出卖)自己的权利。但是，公民不能放弃、转让或出卖自己的环境权，即公民没有让环境受到污染、破坏的权力和自由，如果公民有放弃、转让或出卖自己的环境权的自由，则意味着公民有放任污染破坏环境的自由，这就否定或侵犯了其他公民的环境权，也就从根本上否定了公民环境权这种公益性权利；从这个意义上讲，公民环境权意味着公民有保护环境或防治环境污染破坏的义务。所以公民环境权是其基本环境权利和基本环境义务的统一。

环境权是一种新的、正在发展中的重要法律权利，也是一种新的法学理论。公民环境权是环境法的一个核心问题，也是环境立法、执法和诉讼，环境管理、公众参与环境保护和公益环境诉讼的基础。公民环境权为人的全面发展与和谐社会的建设提供权利保障，是对环境保护和环境法治建设具有长远影响和全局意义的法律权利。公民环境权的意义在于：确认自然人享有在适宜环境中生存、发展的权利和履行保护环境的义务，是自然人依法利用环境要素或环境资源、享受适宜的生活环境条件的法律保障，是防治其生活环境被污染、破坏而使其身心健康和财产遭受损害，或在受到损害时依法请求救济的法律武器；它赋予公民参加环境保护活动、参与国家环境管理和提起公益诉讼的平等资格，是实行环境民主和公众参与的法律依据。在各种环境权中，公民环境权是最基础的环境权，它不仅是单位环境权、国家环境权和人类环境权的基础，也是实现个人财产权、劳动权、休息权、生存权、生命健康权等其他基本权利的必需条件。从法律上规定公民环境权，可以从根本上提高环境法和环境管理、环境执法的正当性、合法性和有效性。公民环境权为公民参与环境决策和管理、提起环境公益诉讼奠定了权利基础。以公民环境权制约企业经济人本性，可以有效解决企业污染外部性问题；以公民环境权制约政府环境管理权，可以解决政府环境管理权不当行使、滥用及寻租问题；以公民环境权为依据，可以解决环境执法司法正当性和有效性问题；以公民环境权激活国家环保义务，可以促进环境保护事业和环境法治建设的可持续发展。

二、公民环境权的内容和实施

各国法律中的公民环境权，有不同的内容和表述形式。例如，2005 年 2 月 28 日法国议

(接上页) 这类权利的特点和独立性。推而广之，这种公民或个人拥有的具有公益性的个人权利或民事权利，可以定义为特定主体所拥有的、具有公益性的权利。这里的特定主体包括特定的、确切的自然人、法人组织和非法人组织。

会两院联席会议通过的《环境宪章》，包括序言和10个条文，其中第一条规定了"人人都有在平衡和健康的环境中生活的权利"，第二条规定了"人人都有义务保护和促进自然环境"，第七条规定了环境知情权。我国《上海市环境保护条例》(1994年)的第六条明确规定："公民有享受良好环境的权利，有保护环境的义务。一切单位和个人对污染、破坏环境的行为有检举、控告的权利。"大多数国家的法律，都将公民环境权规定为"公民有在适宜环境中生活的权利，也有保护环境的义务"，或者是"公民有在平衡、健康的环境中生活的权利，也有保护环境的义务"。这里的"适宜"是对各国法律中有关环境权的各种环境修饰词的概括，"适宜"环境表示有关环境权立法机关所认可的环境，在大部分情况下是指平衡①、健康②的环境，因为只有平衡、健康的环境才是人的基本环境需要③。

环境权的实施包括公法实施(即主要通过行政法和国家行政管理机关去实施)、私法实施(即主要通过民商法和公民去实施)和公益诉讼等诸多方式和途径。目前公法实施环境权已经取得很大成就，不少学者认为，所有的环境资源行政管理法律都是实施环境权的法律，所有的行政管理活动都与实施环境权存在直接或间接的联系。相对于公法实施而言，私法实施公民环境权的问题较多、进展比较缓慢，在许多国家还没有将公民环境权作为公民可以提起诉讼的民事权利。有些人基于民事诉讼的困难产生了公民环境权不易实施的畏难情绪。其实，环境权有其独特的实施方式，它既不同于私权实施方式，也不同于行政权实施方式。环境公益诉讼和环境治理(environment governance，包括公众参与、社区参与等)是实施公民环境权的主要方式和途径。传统的维护私权的民事诉讼资格，适用于私权受到损害的权利人(即直接受害人)，但如果同时损害不特定多数人的利益则不适用，而对公民环境权的侵害却同时损害不特定多数人的利益，故传统的民事诉讼资格很难适用于公民环境权诉讼；传统的维护政府公共权利的行政诉讼资格，适用于行政相对人或者行政主体，但公民环境权受到行政行为侵害时的权利人往往不是行政相对人和行政主体，而是除行政相对人和行政主体之外的其他人，故传统的行政诉讼很难适用于公民环境权诉讼。实现公民环境权的最好方式是公益诉讼或公民诉讼。公益诉讼是指自然人、法人、政府组织、非政府非营利组织和其他组织认为公共利益即公益受到侵犯时向法院提起的诉讼，由于公民环境权所享受的环境利益是一种公共利

① 这里的平衡是指生态平衡。所谓"生态平衡"，包括生态系统中生物与生物、生物与环境之间相互关系的平衡，是指生态系统在一定时间内结构和功能的相对稳定状态(包括系统的生产、消费和分解过程，生物的种类和数量，系统的结构、功能、物质流和能量流，都处于相对稳定的状态)，此时各要素的关系协调、功能正常，系统结构不易发生不可逆变化，系统的物质和能量的输入与输出相当(即接近相等)。生态平衡是生态系统在一定的时间和生态阈限范围内，其结构、功能和秩序相对稳定的动态平衡状态；也就是说，生态平衡是人们认为的生态系统的一种良好、稳定状态。只有生态平衡最能体现环境的性质和规律，最能反映环境区别于民事活动中的物、经济生活中的财产、政治生活中的政治要素和社会生活中的社会要素的特性，只有处于生态平衡状态的环境才是安全的、健康的、无害的环境。

② 这里的健康是指环境健康或生态系统的健康。所谓环境健康，是指生态功能正常、没有缺陷和疾病，或指生态系统状况正常、没有缺陷。

③ 有些国家的单行法律分别规定了光照权、通风权、眺望权、亲水权、安静权、清洁大气(空气)权、清洁土壤权、清洁水权等具体权利，以及环境知情权、环境参与权、环境监督权、请求行政干涉权、环境诉讼权等程序性权利。上述权利的确是与环境有关的权利，但是否属于公民环境权(即公民的基本环境权利)则存在不同看法，需要具体问题具体分析：其中有些权利(如环境诉讼权)是公民环境权的派生权利，有些权利(如通风权、宁静权)具有较强的私权性质，有些权利(清洁大气权)基本属于公民环境权的内容。

益即环境公益，所以实现公民环境权的诉讼方式主要是公益诉讼。目前一些国家的宪法或环境基本法规定的公民环境权不仅是一种原则性的规定，而且也对其实施提出了明确的要求。例如，《俄罗斯宪法》(1993年)第二章“人和公民的自由和权利”第42条规定：“每个人都有享受良好的环境、被通报关于环境状况的可靠信息的权利，都有因破坏生态损害其健康或财产而要求赔偿的权利。”《哥斯达黎加共和国宪法》第五编“社会权利和保障”第50条(根据1994年)：“所有人享有对健康和生态平衡环境的权利，并有权指控任何可能侵犯上述权利的行为和要求赔偿由此受到的损害。”应该肯定，上述法律不仅规定了公民环境权，而且也规定公民有权在其环境权受到侵犯时提起司法诉讼。各国环境法治建设的实践说明，只要环境行政执法官员、法官和公民具有较高的环境权意识，公民环境权就可以通过各种合法途径得到贯彻实施。

案情简介

京通快速路噪声案①

2004年3月，北京通惠家园小区杨某等16户业主起诉称，因受所邻京通快速路交通噪声的长期困扰，其安宁生活环境权、休息权和正常通风权受到侵害，并一致认为噪声来源系由首创公司经营的京通快速路主路、市政管理处养护管理的建国路(京通辅路)和地铁运营公司经营管理的复兴门—八王坟地铁(复八线)。经业主共同委托相关部门进行检测，显示噪声严重超标，故要求上述三被告与该重点工程的建设单位——城市开发公司作为共同侵权人承担共同侵权责任，赔偿每户5万元。四被告不同意上述诉讼请求。

一审法院审理后判决北京城市开发集团有限责任公司给予杨某等业主一次性补偿4 000元。判决后，城开公司不同意赔偿，上诉至二中院。

二中院在审理中，经多次与有关部门研究相关技术性问题，并现场勘验测量，认为杨某等所住居室内的夜间噪声属A级，超过了《住宅设计规范》允许的噪声级，故杨某等要求城开公司给予金钱补偿是合理的。法院同时认为通惠家园小区系城开公司严格按照有关部门审批程序进行建设并验收合格的经济适用房项目，且该小区居民在买房时亦对周边噪声环境有充分了解，加装推拉窗后可以达到国家相关标准，因此补偿数额应参照每平方米塑钢单玻门推拉窗的预算价格予以确定。

2005年12月19日，北京通惠家园小区的杨某等16户业主诉北京城市开发集团有限责任公司、北京首创股份有限公司、北京市市政工程管理处、北京地铁运营有限责任公司环境污染损害赔偿纠纷上诉案终审宣判，城开公司一次性补偿杨某等16户居民人民币1 700余元至3 000余元不等。本案宣判后，各方均接受了判决结果，服判息诉。此起涉及多户居民切身利益的环境侵权诉讼终于圆满落下帷幕。

---

① 刘洋：《京通快速路噪声案终落幕，16户业主获补偿》，中国法院网2005年12月21日发布。http://case.laweach.com/Case_5466_1.html。

案例评析

本案原告是基于安宁生活环境权、休息权和正常通风权提起侵权赔偿诉讼，一审法院虽然判决城开公司要进行赔偿，但因为赔偿理由和依据不充分，当事人不服。二审法院根据《住宅设计规范》和《噪声污染防治法》认定噪声污染侵权行为的存在，杨某等16户居民提出给予金钱补偿的要求是合理合法的，并在判决中给予了支持。

有人认为本案是一件公民环境权诉讼案件，其实它是一件合同诉讼案件。

本案认定了噪声污染侵权行为，那么基于侵权行为应该由侵权行为人承担赔偿责任，本案中噪声来源于周围的交通，相应的责任人应该是原告起诉的北京首创股份有限公司、北京市市政工程管理处、北京地铁运营有限责任公司三单位；而北京城市开发集团有限责任公司并不是直接的排污者，它承担责任只是基于与杨某等16户居民的房产购买合同而应承担的合同责任。所以本案原告提起的诉讼，是侵权之诉与合同之诉的结合。最后二审判决结果，判决由城开公司承担加装推拉窗的费用，应该属于合同之诉的判决结果；而对环境侵权之诉实际上并未处理。虽然本案体现了对公民环境权的保护理念，但由于忽略了环境侵权者的法律责任，所以并不是真正的公民环境权之诉。

在中国现行的民事、行政、刑事三分的审判体制和传统的民事私权诉讼观下，民事审判庭很难接收真正的公民环境权之诉。目前虽然没有发现法院直接以公民环境权遭到侵犯而予以判决的案例，但是已经有某些与环境权有关或者实质上是侵犯公民环境权的案例。例如，2000年5月31日，重庆市铜梁县土桥镇黄沙村村民委员会民事起诉重庆市铜梁县天青石公司采矿破坏该村生态环境，要求赔偿经济损失1 750万元并恢复生态环境原貌，这一生态环境官司就具有某种程度的公民环境权诉讼性质①。真正的公民环境权诉讼应该到环境公益诉讼中去寻找。

课堂讨论

1. 结合上述案例，分析在民事诉讼案件中不承认公民环境权的原因。
2. 分析公民环境权的性质和特点。
3. 分析公民环境权实现的方式和途径。

第二节 环境知情权

在信息时代，信息就是财富、就是智慧、就是力量、就是权力；认识信息，就发现了力量；占有信息，就拥有了权力；整合信息，就增强了能力；传播信息，就施展了力量。

① 肖芸：《全国首例生态资源案始末》，《中国环境报》2000年6月28日。

我国大部分环境资源法律都有公开环境资源信息的规定，有关环境知情权的法律法规主要有：《环境保护法》、《环境影响评价法》、《清洁生产促进法》、《大气污染防治法》、《水污染防治法》、《循环经济促进法》、《政府信息公开条例》(2007 年 4 月 5 日公布)、《环境信息公开办法(试行)》(2007 年 4 月 11 日公布)等。

一、环境知情权的概念和作用

环境知情权指公民和社会组织收集、知晓和了解环境信息的权利。英文信息一词(information)的含义是情报、资料、消息、报道、知识的意思。信息论认为，信息就是指消息中所包含的新内容与新知识，用于减少和消除人们对于事物认识的不确定性；信息是一切系统保持一定结构、实现其功能的基础。我国《政府信息公开条例》(2007 年)中的政府信息，“是指行政机关在履行职责过程中制作或者获取的，以一定形式记录、保存的信息”。我国《环境信息公开办法(试行)》(2007 年)中“所称环境信息，包括政府环境信息和企业环境信息。政府环境信息，是指环保部门在履行环境保护职责中制作或者获取的，以一定形式记录、保存的信息。企业环境信息，是指企业以一定形式记录、保存的，与企业经营活动产生的环境影响和企业环境行为有关的信息”。

环境知情权是程序性环境权的重要组成部分，既是公众和社会团体参与环境管理的权利的前提条件，又是其参与权和民主程序的一个重要特征。在环境法中规定公众和社会团体的环境知情权，对于促进环境民主化和公众参与环境管理，发展和繁荣我国的环境保护事业，具有重要的作用。

二、环境知情权的主要内容

《环境信息公开办法(试行)》规定了环境信息公开的管理体制，原则，政府环境信息公开的范围、方式和程序，对企业环境信息公开的基本要求，以及环境信息公开的监督和保障等事项。

第一，国家环境保护总局负责推进、指导、协调、监督全国的环境信息公开工作。县级以上地方人民政府环保部门负责组织、协调、监督本行政区域内的环境信息公开工作。环保部门应当遵循公正、公平、便民、客观的原则，及时、准确地公开政府环境信息。企业应当按照自愿公开与强制性公开相结合的原则，及时、准确地公开企业环境信息。公民、法人和其他组织可以向环保部门申请获取政府环境信息。

第二，环保部门应当在职责权限范围内向社会主动公开以下政府环境信息：(1) 环境保护法律、法规、规章、标准和其他规范性文件。(2) 环境保护规划。(3) 环境质量状况。(4) 环境统计和环境调查信息。(5) 突发环境事件的应急预案、预报、发生和处置等情况。(6) 主要污染物排放总量指标分配及落实情况，排污许可证发放情况，城市环境综合整治定量考核结果。(7) 大中城市固体废物的种类、产生量、处置状况等信息。(8) 建设项目环境影响评价文件受理情况，受理的环境影响评价文件的审批结果和建设项目竣工环境保护验收结果，其他环境保护行政许可的项目、依据、条件、程序和结果。(9) 排污费征收的项目、依据、标准和程序，排污者应当缴纳的排污费数额、实际征收数额以及减免缓情况。(10) 环保行政事业性收费的项目、依据、标准和程序。(11) 经调查核实的公众对环境问题或者对企业污染环境的信访、投诉案件及其处理结果。(12) 环境行政处罚、行政复议、行政诉讼和实施行政强制措施的情况。(13) 污染物排放超过国家或者地方排放标准，或者污染物排放总量超过地方人民政府核定的排放总量控制指标的污染严重的企业名单。(14) 发生重大、特大环境污染事故或者事件的企业名单，拒不执行已生效的环境行政处罚决定的企业名单。(15) 环境保护创建审批结果。(16) 环保部门的机构设置、工作职责及其联系方式等情况。(17) 法律、法规、规章规定应当公开的其他环境信息。环保部门应当将主动公开的政府环境信息，通过政府网站、公报、新闻发布会以及报刊、广播、电视等便于公众知晓的方式公开。属于主动公开范围的政府环境信息，环保部门应当自该环境信息形成或者变更之日起20个工作日内予以公开。

第三，公民、法人和其他组织有权依法申请环保部门提供政府环境信息的。对政府环境信息公开申请，环保部门应当在规定期限内根据情况分别作出答复。公民、法人和其他组织认为环保部门不依法履行政府环境信息公开义务的，可以向上级环保部门举报。收到举报的环保部门应当督促下级环保部门依法履行政府环境信息公开义务。公民、法人和其他组织认为环保部门在政府环境信息公开工作中的具体行政行为侵犯其合法权益的，可以依法申请行政复议或者提起行政诉讼。

案情简介

四川开县井喷事件①

2003年12月23日21时55分，由四川石油管理局川东钻探公司承钻的位于开县境内的罗家16H井，在起钻过程中发生天然气井喷失控，从井内喷出的大量含有高浓度硫化氢的天然气四处弥漫、扩散，导致243人因硫化氢中毒死亡、2 142人因硫化氢中毒住院治疗、65 000人被紧急疏散安置、直接经济损失已达6 432.31万元的严重后果。

事故发生后，中国石油天然气集团公司总经理马富才引咎辞职，检察机关以重大责任事故罪对吴斌等6名责任人员提起公诉。市第二中级人民法院于2004年7月14日至16日公开开庭进行了审理，判决如下：以重大责任事故罪分别判处吴斌有期徒刑6年，王建东、宋涛有期徒刑5年，吴华有期徒刑4年，向一明有期徒刑3年，肖先素有期徒刑3年、缓刑4年②。经国务院批复，由监察部直接查办的中石油川东钻探公司“12·23”特大井喷事故结案，165人受到党纪政纪处分。

在这次严重的环境污染事故中，特别值得注意的是如下事实：(1) 生活在川东北气矿罗家16H井周围的居民对于其生活的周围环境信息一无所知。与其他地区

---

① 本案例主要参考朱玉、张旭东、王金涛：《“12·23”特大井喷事故回顾之二：冬夜大转移》，新华网重庆开县12月28日电，http://news.sina.com.cn/c/2003-12-29/00001449721s.shtml；朱谦：《环境知情权的缺失与补救——从开县井喷事故切入》，《法学》2005年第6期。

② 赵君辉：《井喷案昨一审宣判6名被告分别被判刑3～6年》，《重庆晨报》2004年9月5日。

的油气田相比，四川气田的天然气中普遍含有硫化氢。关于这些环境信息，无论是从事天然气开采的四川石油管理局川东钻探公司，还是当地的环境保护主管部门，从来就没有告知生活在气井周围的居民。（2）当发生井喷事故导致周围空气环境被有毒气体硫化氢严重污染时，采气公司在喷井后的一个多小时时间里未及时向当地县政府报告。由于污染信息未及时披露给周围几平方公里范围的群众，虽然经过多方全力抢险救援，但还是给群众的生命和财产带来极大的损害。

案例评析

该案中某些企业和政府部门对公众环境知情权的漠视，不仅直接导致公众的生命、健康和财产等权利和利益不能有效地维护，而且也不利于环境公共利益的维护。该案以血的教训告诉我们。

第一，由于公众不能有效及时地获知环境信息，其并不清楚自己生活在一个怎样的环境之中，更不知道来自身边可能发生的环境污染一旦发生，将采取如何应对的预防性措施。在四川开县的油气井喷气事件中，记者采访发现，受害乡镇的农民普遍不知道天然气开采可能产生毒气，更没有听说过“硫化氢”这个恐怖的名词。井喷发生后，对危害一无所知的群众最初不愿意转移，有的群众躺在被窝里，死活不起床；有的转移到安全区后还想回家锁门、拿东西；有的是在生死存亡的最后关头，才被干部、民兵抬着、拖着，强行带出了危险区。如果公众掌握了其工作和居住地区的环境污染信息，将有助于他们认识其所要承受的环境风险。在此情况下，一方面公众可以基于对人身及财产权利的保护，要求排污者采取防范性措施来消除环境污染；另一方面公众也可以通过对周围环境信息的掌握和分析，采取适当的预防侵害措施。

第二，对于一些突发性的环境污染事故，如果能及时地向可能遭受污染危害的公众发出信息，则有可能大大地减少人身和财产的损害；如果可能受到环境污染影响的公众不能及时准确地获知环境污染信息，则会大大加重其人身及财产的损失。在开县井喷事故中，据当时在场者解释，井喷后，井队的工人曾在高桥镇政府所在地大声呼喊，让居民赶紧离开危险之地，但井队没有及时向政府报告，这给当地政府造成了很大被动，政府没有更多时间告知每一户居民及时离开。结果是，井口附近的晓阳村和高旺村成了此次事故中罹难者最多的村庄，现有234名死难者中，这两个村子的中毒死亡者占到了死亡总数的80%至90%。

第三，环境污染对公众的人身及财产的侵害有的是突发性环境污染事件造成的，但是，更多的环境侵权是经过长期地累积而逐渐地产生危害的后果。一旦公众受到环境污染的侵害，必然要寻求法律的救济，此时，排污者的确定以及其排污行为的相关信息的获取对于受害人来说是至关重要的。在公众欠缺环境知情权的情形下，排污单位不可能主动去披露其排污信息，即使在受害人基于搜集证据要求排污者提供排污信息时，排污者也常常以保护自身商业秘密为由拒绝提供信息。环境知情权的确立，不但使公众因环境保护部门的主动信息披露而对其周围的环境状况有所了解，而且在发生环境污染损害后，可以要求环境保护部门提供排污者排污的相关信息，包括排污数量、排污时间、排放的各种物质以及排污的方向等信息，这些信息将为其获得民事救济提供极大的帮助。从某种意义上说,环境知情权是其他权利得以正确行使的先决性权利,只有知情权得到充分保障,当事人享有的其他环境权利才有可能充分实现。

课堂讨论

1. 结合上述案例,分析环境知情权的重要意义。
2. 何谓知情权和环境知情权?
3. 试述环境知情权的主要内容。

第三节 环境公众参与

《关于环境与发展的里约宣言》强调,"环境问题最好是在全体有关市民的参与下,在有关级别上加以处理。"《21世纪议程》用了一整篇共11章的篇幅专门论述包括公众参与问题在内的环境民主问题,认为公众的广泛参与和社会团体的真正介入是实现可持续发展的重要的条件之一。《中国21世纪议程》明确指出:"公众、团体和组织的参与方式和参与程度,将决定可持续发展目标实现的进程。"《国务院关于环境保护若干问题的决定》(1996年)关于"建立公众参与机制,发挥社会团体的作用,鼓励公众参与环境保护工作,检举和揭发各种违反环境保护法律法规的行为"的规定,为实行环境民主开辟了更加广阔的道路。我国《环境影响评价法》(2003年)、《水污染防治法》(2008年)等法律法规都有环境公众参与的内容。

一、公众参与的概念和意义

在环境领域的公众参与简称为环境公众参与。对于公众①和公众参与②,目前有不同的

① 目前对公众有不同解释,公众既是个集合性概念,又是具有指向性的概念,它因所指向的对象或涉及的问题的不同而被赋予不同人含义。在公共关系中,公众是指对一个组织有实际或潜在兴趣和/或影响的确定的人群或组织。简单说,公众就是公共关系工作所诉求的对象。对企业管理而言,公众是指对企业实现其市场营销目标构成实际或潜在影响的任何团体。在社会学中,公众是指任何因面临某个共同问题而形成的,有着某种共同利益,并为某一特定组织的工作产生互动效应的社会群体。公众是因共同的利益、问题等而联结起来并与特定组织发生联系或相互作用的个人、群体或组织的总和。一般认为,公众就是全体大众,主要指普通老百姓,但也包括专家和社会团体。在法学中,"公众"有时指不特定人或不特定对象。

② 从法律角度看,公众参与表示群众有参与各种公共事务的权利和义务,即公众参与是公民的一项权利;公众参与也是一种法律制度,公众环境参与是鼓励、引导、支持并保障公众参与环境保护活动、参与环境监督管理的制度。公众参与表明了一种全新的公民责任、权利以及治理的观念。在过去,公民责任、权利和治理就意味着"公民被管理",作为一个好公民就必须服从管理,履行对其他公民和管理者的义务,而管理者有责任为公民提供保护和援助,以帮助他们解决问题,使他们生活得更好。公众参与则是公民能够管理自己的理念——即他们通过影响那些涉及他们生活、生计的社会事务的决策过程来管理自己。

定义。“所谓公众，指的是政府为之服务的主体群众；所谓公众参与，指的是群众参与政府公共政策的权利。”①根据《美国联邦土地政策管理法》(1976 年)“第 103 节定义”的规定：“所谓‘公众参与’是指在制订公有土地管理规则、作出关于公有土地的决定及制订公有土地的规划时，给受影响的公民以参与其事的机会。包括给他们以参加在受影响的土地的所在地召开的公开会议或公众意见听证会的机会，参加咨询的机会或者在特殊情况下，采取其他程序给他们创造对此提出各种评论的机会等。”公众参与提出了一种关于民主和发展的新的方法，它是社会主义民主政治建设的重要内容。引入公众参与机制，可以化解矛盾，提高决策品质，是行政民主化和科学化的体现。

环境公众参与是环境民主原则的一个重要体现。公众参与性的环境治理是目前环境管理特别是综合生态系统管理的有效途径和工具。环境公众参与的内容非常丰富，既包括行政权力运作的全过程，也包括参与权受到侵害后的救济过程；既包括公众参与环境保护活动、环境监督管理，也包括参与环境行政决策，如参与环境政策和法律的制定等。公众参与环境行政决策可帮助政府部门在作出具体决策和制订计划、政策的过程中充分认识和考虑到公共的环境利益，是我国政府推动依法行政、落实科学发展观在环境保护方面的重要体现。

二、环境公众参与的主要法律规定

总结我国现行法律法规，环境公众参与包括如下几个方面：(1) 公众对环境宣传教育的参与。(2) 公众参与环境友好活动。如公众自觉维护环境卫生，绿化、美化环境，不做破坏环境的事情等。(3) 公众参与环境监督管理。一方面是对污染环境的行为和破坏生态环境的行为的监督，另一方面是要对环境执法进行监督。(4) 公众参与环境决策活动，如参与有关环境政策、规划和法律的制定等。(5) 公众参与环境司法活动，如公众参与公益诉讼等。

《立法法》(2000 年)是我国关于国家机关立法权限、范围及立法程序等的最重要的法律。根据该法，人民代表大会常务委员会在制定法律时，列入会议议程的重要的法律案经委员会议决定可以将法律草案向社会公布以向公众广泛征求意见；该法还规定国务院在起草行政法规的过程中应当广泛听取有关机关、组织和公民的意见。

《行政法规制定程序条例》(2001 年)是一部关于行政法规制定程序的行政法规。该条例规定，起草行政法规，应当深入调查研究，总结实践经验，广泛听取有关机关、组织和公民的意见。听取意见可以采取召开座谈会、论证会、听证会等多种形式。行政法规送审稿涉及重大、疑难问题的，国务院法制机构应当召开由有关单位、专家参加的座谈会、论证会，听取意见，研究论证。行政法规送审稿直接涉及公民、法人或者其他组织的切身利益的，国务院法制机构可以举行听证会，听取有关机关、组织和公民的意见。

《规章制定程序条例》(2001 年)是一部关于规章制定程序的行政法规。该条例规定，起草规章，应当深入调查研究，总结实践经验，广泛听取有关机关、组织和公民的意见。听取意见可以采取书面征求意见、座谈会、论证会、听证会等多种形式。起草的规章直接涉及公民、法人或者其他组织切身利益，有关机关、组织或者公民对其有重大意见分歧的，应当向社会公

① 潘岳：《环境保护与公众参与》，《中国环境报》2004 年 6 月 1 日。

布，征求社会各界的意见；起草单位也可以举行听证会。

《环境影响评价公众参与暂行办法》(2006年)对公众参与环境影响评价活动的范围、原则、一般要求、组织形式，以及公众参与规划环境影响评价等事项作了具体规定。国家鼓励公众参与环境影响评价活动，公众参与实行公开、平等、广泛和便利的原则。对公众参与的一般要求是公开环境信息、征求公众意见。对公众参与的组织形式是调查公众意见和咨询专家意见、座谈会和论证会、听证会。有关部门还制定了公众参与环境影响评价的技术性规范即《环境影响评价技术导则——公众参与》，对公众参与环境影响评价的程序和内容作了详细规定。

案情简介

美国费城城市规划公众参与案例①

费城位于美国第一大城市纽约及首府华盛顿的中间，是美国东部第二大城市。2000年4月11日，费城问讯报报道，费城华埠所在的12街与vine街附近，将有可能选择修建新型的费城棒球场。为了保护费城华埠的传统风貌、居民的生活环境、未来的发展空间，费城中华公所与费城华埠发展会以及全体居民开始了反对新建棒球场的城市规划建设公众参与活动。

在2000年4月12日举行的市议会听证会上，许多华埠社区居民发表了反对在华埠附近新建棒球场的口头意见。4月14日，费城华埠发展会董事会主席、费城城市咨询有限公司经理、费城城市规划委员会委员汪其乐先生率先向费城市长协调组、费城棒球场支委会成员及费城规划局有关人士写信，以书面形式正式表明费城华埠居民一致反对在华埠建设新的棒球场。

费城市长及其棒球场支委会成员积极响应，并决定在4月19日访问华埠。但是，在5月4日，市长在记者招待会上宣布市政府最后的决定就是选择在12街与vine街新建费城棒球场。为此，所有华埠居民和团体都感到震惊，因为他们为之付出的努力似乎全部化为泡影。

2000年5月10日，费城华埠发展会组织召开了华埠全体居民大会，报告事态的发展近况，并成立了华埠附近新建棒球场指导委员会，该组织召集侨团成立了一个“费城华人反对新建球场委员会”(stadium out of Chinatown coalition，SOCC)。5月17日，SOCC在中华公所再次聚会讨论对策，并通过了大会决议。该决议指出，新建球场计划严重破坏华埠环境与经济，危害华埠的发展。会议决定5月19日采取行动，包括全侨游行示威与罢市，并派代表与市政府、市议会交涉，控告市政府违法、实行“环境歧视”等。该活动引起许多媒体的关注和社会各界的支持。6月8日，SOCC又组织了第二次大规模的游行示威活动，并发表抗议演讲；与此同时，华埠的商行罢

① 党安荣、王淼：《美国费城城市规划公众参与案例》，《北京规划建设》2005年第6期。

市2个小时。

遗憾的是,上述反对活动并没有引起市政府和市长的正面响应。相反,费城市长于2000年6月8日举行了电视记者招待会,进一步确认将在华埠附近新建棒球场。SOCC不得不决定采取进一步的法律手段维护自己的权益。在9月1日市政府公开表示对于华埠的反对和要求不予支持后,华埠的反对活动进入完全的法律程序。Tam聘请律师以"环境歧视"状告市长,由宾州民事诉讼法庭受理。同时,SOCC内部成立了多个专业委员会,包括法律委员会、建设委员会、通讯与公共关系委员会、资金筹集委员会、技术委员会、政治、行动指导与纳新委员会等,每一个委员会都指定专职的负责人与委员会成员,有明确的分工与职责。各委员会9—10月分头行动,全面出击,多方参与,给市政府与市长造成极大的压力。

经过漫长的法律程序,2000年11月12日,费城市政府最终决定放弃在华埠附近的12街与vine街新建棒球场,并决定在费城南部重新选择场地。

案例评析

第一,城市规划建设过程中的公众参与,是贯穿各个阶段的全过程活动。虽然通常人们认为只是在决策前公众参与才能起作用,但事实上,即使政府部门已经作出了决定,只要决定的依据有一定的缺陷或存在一定的问题,规划建设所涉及的利益相关者就可以积极参与、争取促成政府修正错误。

第二,城市规划建设过程中公众参与的形式和途径是多种多样的,其关键在于参与的公众抓住立足根本,掌握事实依据,并且按照法律程序,争取广泛的支持,有理有节,据理力争,锲而不舍。

第三,城市规划建设中公众参与的目的应该是公众利益高于一切。公众利益通过社区的利益来体现,而社区的利益与城市利益应该是吻合的。把握这样的基本原则,有助于协调利益相关者的权益。

第四,公众参与过程中的组织者,或者是公众领袖的作用是不可小视的。费城华埠居民的参与之所以能够成功,与汪其乐先生等几位领袖人物的重要作用息息相关,他们强烈的民族使命感与责任感值得赞赏。

第五,制度建设是城市规划公众参与的重要保障,没有一个公众参与的机制,公众是无法表达自己的意愿的,更无法有效地开展公众参与行为。

课堂讨论

1. 结合上述案例,分析环境公众参与的意义、方式和作用。
2. 试述我国法律有关环境公众参与的主要内容。

第四节 环境公益诉讼

2004年，河北省晋州市人民法院成立了专门的环保法庭。2007年，贵州省贵阳市中级人民法院成立了环保审判庭。2008年5月，江苏省无锡市中级人民法院成立了环保审判庭。这些新成立的环境法庭，大都宣布要受理环境公益诉讼。与此相呼应，近年来各大媒体开始报道环境形形色色的公益诉讼案件。

一、环境公益诉讼的概念、类型和特点

公益诉讼是指自然人、法人、政府组织、非政府非营利组织和其他组织认为其公益权受到侵犯时向法院提起的诉讼。公益是指不特定多数人所能直接感受、享受的利益，包括经济利益、社会利益和环境生态利益。环境公益诉讼是指自然人、法人、政府组织、非政府非营利组织和其他组织认为其环境权即环境公益权受到侵犯时向法院提起的诉讼，或者说是因为法律保护的公共环境利益受到侵犯时向法院提起的诉讼。依照民事诉讼、行政诉讼和刑事诉讼的传统分类，以自然人和单位(包括法人组织和非法人组织)为被告的环境公益诉讼称为环境公益民事诉讼；以行政机关为被告的环境公益诉讼称为环境公益行政诉讼；以环境犯罪人为被告的环境公益诉讼称为环境公益刑事诉讼。提起环境公益诉讼的原告，可以是公民(自然人)，也可以是单位和组织(包括政府组织、非政府非营利组织和其他组织)。

提起环境公益诉讼的原告应该具备如下条件：享有法律规定的环境公益权利；可以直接感受、享受该环境公益，但不能独占该环境公益，也不能排除其他不特定多数人直接感受、享受该环境公益。因为环境公益是一种与不特定多数人有关的利益，是多数人可以搭便车的利益，所以不特定多数人都有资格提起环境公益诉讼。公益诉讼的被告是侵犯环境公益权的个人、法人、政府组织和其他组织。在环境公益诉讼中，被告主要包括：污染破坏或可能污染破坏环境资源、侵犯环境权的自然人、法人或个人、企业；不履行环境资源保护职责并导致或可能导致侵犯环境权的政府部门。如果原告胜诉，法院对环境公益诉讼案的判决：在环境民事公益诉讼中，一般是判决被告停止污染破坏环境的行为、治理或恢复受污染破坏的环境，也可以判决被告赔偿环境损失，但这种赔偿金一般不是交给原告，而是交给社会公共组织或公共环境基金用于防治环境的污染和破坏；在环境行政公益诉讼中，一般是判决被告依法履行其环境职责、撤销其违法具体行政行为。环境公益诉讼的积极结果是：一方面使原告可以直接感受、享受该公益(即直接对自己有利)，另一方面是可以使其他不特定多数人直接感受、享受该公益(即可以搭便车、对他人有利)。例如，在因大气污染而提起的公益诉讼中，如果原告胜诉，不仅原告会直接感受、享受大气环境质量改善的利益，其他不特定多数人也会直接感受、享受大气环境质量改善的利益。环境公益诉讼的实质是原告花费时间、精力和金钱去为不特定多数人打官司，为不特定多数人谋利益。对于传统的理性人或经济

人而言，他们出于追求本身利益最大化时，是不愿意提起公益诉讼的，他们宁愿等待别人提起诉讼，然后自己去搭便车。从这个意义上讲，虽然公益诉讼的原告具有广泛性，法律对公益诉讼原告资格的限制很少，即使法律鼓励公益诉讼，但不会因此造成诉累即出现公益诉讼案件大量出现的现象；正如虽然政府提倡和鼓励"学雷锋、做好事"，但不会出现"人人都争当雷锋，人人都做好事"的局面。

环境公益诉讼是实现环境权、环境公众参与、保障公共环境利益的主要诉讼方式，是对环境公益权的司法救济，是"以第三种调整机制①为主、充分发挥非政府非营利组织的作用、强调公众参与，综合考虑行政调整、市场调整、社会调整三种调整机制的作用"的一种新型诉讼，其主要优点和作用如下：第一，可以经济有效地保护环境公益和公民环境权；第二，可以有效地解决政府公权、个人私权和企业私权对环境公益和公民环境权的无能为力和侵犯；第三，可以最大限度地调动各种社会力量维护环境公益和公民权，弥补政府在维护环境公益和公民环境权方面的不足；第四，不仅直接维护原告的公益权，也直接维护不特定多数人的公益权，是一种双赢甚至多赢的司法补救方式；第五，有利于维护正义、公平、和谐、安全等社会价值，有利于促进社会的进步变革和可持续发展。

二、环境公益诉讼的法律规定

我国现行法律还没有关于环境公益诉讼的明确规定，但已有某些接近环境公益诉讼或包含环境公益诉讼因素的法律规定。例如，《环境保护法》(1989 年)关于"一切单位和个人都有保护环境的义务，并有权对污染和破坏环境的单位和个人进行检举和控告"的规定，可以解释或引申为允许提起环境公益诉讼。《海洋环境保护法》(1999 年)第 30 条规定："对破坏海洋生态、海洋水产资源、海洋保护区，给国家造成重大损失的，由依照本法规定行使海洋监督管理权的部门代表国家对责任者提出损害赔偿要求。"上述规定虽然没有提到环境公益诉讼的概念，但已经隐含有环境公益诉讼的意思，有利于环境公益诉讼的实现。在"塔斯曼海"油轮海洋环境污染案中，天津海事法院认为：大沽渔民请求的是因污染造成的海洋捕捞停产损失、网具损失和滩涂贝类养殖损失；天津市渔政渔港监督管理处请求的是渔业资源损失；天津市海洋局请求的是海洋环境生态污染破坏和生态恢复的索赔；三者不存在重复索赔的问题。法院不仅支持了渔民们的索赔请求，也支持了渔政渔港监督管理处和海洋局的请求。在该案中，法院实际上是承认，后两者属于环境公益诉讼。《水污染防治法》(2008 年)第 88 条有关"因水污染受到损害的当事人人数众多的，可以依法由当事人推选代表人进行共同诉讼。环境保护主管部门和有关社会团体可以依法支持因水污染受到损害的当事人向

---

① 蔡守秋：《第三种调整机制——从环境资源保护和环境资源法角度进行研究》(上、下)，《中国发展》2004 年第 1、2 期。第三种调整机制又称非行政非市场调整机制、社会调整机制、治理机制，它主要适用于公民社会或市民社会(civil society)，它的主要调整方法是治理(governance)，它区别于传统的第一种调整机制(行政机制)和第二种调整机制(市场机制)，它以各种公共的或私人的个人和机构的合作和协调为特征，即以非营利、非统治手段的治理为特征。其重要部分是建立在合作和协商基础上的协议手段(EAs)、环境公开(又称绿色公开，GPs)手段和公众参与手段，反映了政府、企业和公众共同承担防治环境资源问题、保护环境资源的责任的趋势，目前大多数国家已经广泛采用这种手段，预计这种手段将成为 21 世纪各国环境政策的重要组成部分。

人民法院提起诉讼。国家鼓励法律服务机构和律师为水污染损害诉讼中的受害人提供法律援助”的规定，也可以用于环境公益诉讼。《国务院关于落实科学发展观加强环境保护的决定》(2005年)关于“发挥社会团体的作用，鼓励检举和揭发各种环境违法行为，推动环境公益诉讼”的规定，可以认为是环境行政性法规对环境公益诉讼的明确支持。

案情简介

广州石榴岗河污染公益诉讼案①

一则关于广东省首例环境公益诉讼的新闻近日来占据了广东省各大媒体的头版头条。这起因企业污染河流而由检察机关作为原告提起的环境公益诉讼最终打赢官司。

广州市海珠区石榴岗河曾经是一条清澈的小河，从华洲街土华村穿村而过，2007年9月以后，小河突然变得黑臭熏人，附近居民苦不堪言。

接到群众投诉后，海珠区环保局立即对河流周围的企业展开了排查，一家名为新中兴的洗水厂引起了工作人员的注意。这家洗水厂2007年9月在土华村成立，既未办理工商营业执照，也没有向环保部门申请排污许可证，擅自从事漂洗等业务。

经过一系列调查和取证，海珠区环保局发现新中兴洗水厂存在严重的违法排污行为。这家工厂在漂洗作业中使用的洗衣粉、酵素粉、草酸等洗涤剂混同服装中的染料，未经污水处理直接排入石榴岗河。在开工后的8个多月中，洗水厂平均每天排放40吨污染物，合计排放污水9 600吨，使污水排放口附近的河流被严重污染。

2008年7月，海珠区检察院正式向广州海事法院起诉新中兴洗水厂厂主陈忠明违法排污，造成水域污染，要求赔偿环境污染损失和费用。海珠区人民法院根据《水法》第3条规定和《民法通则》第73条的规定，认定此案受污染的海珠区石榴岗河水属于国家资源，检察机关作为国家的法律监督机关，有权就其辖区内洗水厂的违法行为造成的损害提起诉讼。

2008年11月13日，广州海事法院依法组成合议庭对此案进行了公开审理。同年12月9日，广州海事法院判决陈忠明对其违法排污行为造成的环境损害承担民事责任，并赔偿环境污染损失合计费用117 289.2元。

从立案到案件最后得到宣判，历时仅4个多月，广东省首例环境公益诉讼案以检察机关胜诉而圆满解决。

案例评析

该案法院判决维护的主要是土华村村民居民所享有的、具有公益性的环境权，这种权利

① 本案主要参考邓慧玲：《广东首例环境公益诉讼获胜》，《中国环境报》2009年1月20日。

属于公民或个人拥有的具有公益性的个人权利的范畴。这种公民或个人拥有的具有公益性的个人权利，不同于传统的、具有独占性和排他性的个人权利即私权。该案的公益性权利载体是具有公益性的流经村庄的河流，提起诉讼的原告是作为公共利益代表的检察机关，因而该案基本上属于环境公益诉讼。但是，法院判决赔偿村民的环境污染损失117 289.2元，而不是将这笔赔偿费作为当地的公共环境基金用于环境（河流）治理；从这种判决结果看，该案与以往的共同民事诉讼①或集团民事诉讼没有多少区别，即该案也可以由村民共同提起民事赔偿诉讼，而不一定要由检察机关提起公益诉讼。这说明，如果原告不能通过诉讼获得特殊利益，原告是很难自觉提起公益诉讼的；而要使原告通过公益诉讼获得特殊利益，则往往出现公益诉讼附带私益诉讼的情况或私益诉讼附带公益诉讼的情况。

案情简介

北大教授提起松花江公益诉讼案②

2005年11月13日，中国石油天然气集团公司所属中国石油天然气股份有限公司吉林分公司双苯厂（101厂）的苯胺车间因操作错误发生剧烈爆炸并引起大火，造成8人死亡，60人受伤，造成100吨苯、硝基苯和苯胺流进松花江，直接经济损失6 908万元，并引发松花江水污染事件。泄漏事件发生之后，不仅造成吉林停水7天，哈尔滨市的380万居民连续五天没有供水，并且影响下游的俄罗斯，造成俄国近千公里30多个居民点165万人饮水困难，俄国杜马主席根据国际水域原则向中国要求赔偿，引起俄罗斯索赔声浪。

该事件创造了许多重大的、甚至第一的新闻。

据中共中央办公厅、国务院办公厅于2005年12月2日就松花江重大水污染事件发出的通报，指出这起重大事故发生后，国家环境保护总局作为国家环境保护行政主管部门，对事件重视不够，对可能产生的严重后果估计不足，对这起事件造成的损失负有责任。为此，解振华同志向党中央、国务院申请辞去国家环保总局局长职务。

国务院事故及事件调查组认定，中石油吉林石化分公司双苯厂“11·13”爆炸事故和松花江水污染事件，是一起特大安全生产责任事故和特别重大水污染责任事

① 依照《民事诉讼法》（2007年修改）的规定：“当事人一方或者双方为二人以上，其诉讼标的是共同的，或者诉讼标的是同一种类、人民法院认为可以合并审理并经当事人同意的，为共同诉讼。共同诉讼的一方当事人对诉讼标的有共同权利义务的，其中一人的诉讼行为经其他共同诉讼人承认，对其他共同诉讼人发生效力；对诉讼标的没有共同权利义务的，其中一人的诉讼行为对其他共同诉讼人不发生效力”（第53条）；“当事人一方人数众多的共同诉讼，可以由当事人推选代表人进行诉讼。代表人的诉讼行为对其所代表的当事人发生效力，但代表人变更、放弃诉讼请求或者承认对方当事人的诉讼请求，进行和解，必须经被代表的当事人同意”（第54条）。

② 本案例主要参考资料：《国内第一起以自然物（鲟鳇鱼、松花江、太阳岛）作为共同原告的环境民事公益诉讼——汪劲等北大法学院教授、研究生代表松花江，起诉中石油》，北大法律信息网。http://www.chinalawinfo.com/index.asp，2005年12月18日；赵旻：《松花江污染案对我国现行民事诉讼法的拷问——由北大师生以自然物作为共同原告提起民事诉讼一事引发的程序法上的思考》，《河北经贸大学学报》2007年第1期。

件。中国石油的母公司中国国家石油及天然气总公司的副总裁段某，被国务院给予行政记过处分。吉化分公司董事长、总经理、党委书记于某、吉化分公司双苯厂厂长申某等九名企业责任人员被给予行政撤职、行政降级、行政记大过、撤销党内职务、党内严重警告等党纪政纪处分。吉林省环保局局长王某被给予记大过、党内警告处分，给予吉林市环保局局长吴某行政警告处分。据2007年1月24日《中国环境报》，国家环保总局向中国石油天然气股份有限公司吉林石化分公司下发了《松花江水污染事故行政处罚决定书》，决定对该公司处以100万元的罚款。

2005年12月7日，北京大学法学院三位教授及三位研究生向黑龙江省高级人民法院提起了国内第一起以自然物（鲟鳇鱼、松花江、太阳岛）作为共同原告的环境民事公益诉讼，要求法院判决被告赔偿100亿元人民币用于设立松花江流域污染治理基金，以恢复松花江流域的生态平衡，保障鲟鳇鱼的生存权利、松花江和太阳岛的环境清洁的权利以及自然人原告旅游、欣赏美景和美好想象的权利。同时，鉴于本案标的额巨大，且涉及环境公益诉讼，原告方同时提出了减免诉讼费用的申请。

尽管在赴哈尔滨提交诉状之前六位师生已经意识到本案无论是以自然物作为原告，还是以六位自然人作为共同原告，均与现行《民事诉讼法》有关当事人和起诉的规定不符，存在着原告不适格的法律障碍和最终可能出现法院裁定不予受理的结果。但是，他们认为，此举有益于推进中国司法理念的更新和审判制度的改革，特别是推动正在进行修订的《民事诉讼法》增加有关公益诉讼的条款，在环境诉讼中引入濒危动植物等自然物作为当事人，以扩大当事人的范围和放宽当事人的诉讼资格，构建新的诉讼模式以适应解决人与自然和谐面临问题的现实需要；为落实党中央建立和谐社会的方针推进制度建设，他们毅然花费了近两个礼拜的时间准备诉讼文件，并派遣两位教授自费前往哈尔滨办理起诉事宜。

然而，令人感到意外的是，黑龙江省高级人民法院立案庭以“本案与你们无关、目前本案不属于人民法院的受案范围”等为由拒绝接受本案。

对此，原告代表坚持向立案庭提出了应当依法接受诉状、如果审查不符合起诉条件可以再裁定不予受理的建议。但是，此举也被法官婉言拒绝。

案例评析

该案有许多理论问题和实践问题值得我们深思和研究探讨。

第一，本案是一起典型的环境公益诉讼案件。在本案中，松花江是公共利益的载体，原告提起诉讼的目的是为了维护公共环境利益，其诉讼请求是治理松花江的污染、保护松花江生态系统，而不是请求法院给作为原告的几位北大师生以赔偿；原告既不是环境行政主管部门的行政处罚对象或行政管理对象（即行政相对人），也不是被告可能承担赔偿责任的直接受益人（即直接利益受损人），原告是远离松花江的北京大学师生；无论原告在该诉讼中是胜诉还是败诉，作为原告的北京大学师生都不会获得比其他公民额外的利益，事实证明原告不仅没有得到好处，还在法院或法官不理解、不支持公益诉讼的情况下，损失了自己的时间、精力和钱财。遗憾的是，北大教授提起松花江公益诉讼没有获得成功，这真实地反映了当前中国司法部门对公益诉讼的认识、理解水平和受理公益诉讼的能力水平。尽管中国全面实施环境公益诉讼和环境法治的道路还很漫长，但是这次北京大学法学院师生的行动将在推进中国司法制度进步的版图上写上凝重的一笔。

第二，本案既是一起典型的环境公益诉讼案件，也是一起典型的人与动物等自然体共同提起的案件，它涉及动物和生态系统等自然体的权利、代理、诉讼资格和诉讼参与等理论和实践问题。在本案中，原告除北大几位师生外，鲟鳇鱼、松花江、太阳岛等动物、生态系统等自然体也作为原告赫然出现在原告的起诉状中，并且还有北京大学的几位教授作为鲟鳇鱼、松花江、太阳岛的代理人参加诉讼。特别值得指出的是，原告的诉讼状写得情文并茂、事理俱清，在一定程度上体现了当代生态人的生态文明观。

课堂讨论

1. 结合上述案例，分析我国环境公益诉讼的现状、存在的问题和原因。
2. 何谓环境公益诉讼？环境公益诉讼有何特点？
3. 试述我国公益诉讼的立法现状及有关环境公益诉讼的主要法律依据。

第9章

环境行政责任

本章要求掌握：环境行政责任的概念与构成要件；环境行政处分的概念和对象、权限和程序，重点掌握环境行政处分的原则和种类；环境行政处罚的概念、特征和程序，重点掌握环境行政处罚的原则；环境行政复议的概念、原则和程序，环境行政复议机关及其职责，重点掌握环境行政复议的受案范围；环境行政诉讼的概念、程序和受案范围。

第一节　环境行政责任的概念与构成要件

一、环境行政责任的概念和类型

环境行政责任，是指环境行政法律关系主体违反环境行政法律规范的规定所应承担的否定性法律后果。环境行政法律关系主体包括环境行政主体和环境行政相对人。环境行政主体，即依法享有国家的行政权力，以自己的名义实施环境行政管理活动，并独立承担由此产生的法律责任的组织。在我国，行政主体主要包括职权行政主体和授权行政主体两大类。行政主体的环境行政责任，从广义上说，还包括行政主体工作人员的环境行政责任①。环境行政相对人，即在环境行政法律关系中，与环境行政主体互有权利义务的另一方公民、法人或组织。

从责任主体看，环境行政责任可以分为行政主体的环境行政责任和行政相对人的环境行政责任。从违法行为的后果看，环境行政责任可以分为惩罚性行政责任和补救性行政责任。惩罚性行政责任具体包括通报批评、行政处分和行政处罚；补救性行政责任具体包括承认错误、赔礼道歉、恢复名誉、消除危害、履行职务、撤销违法、纠正不当、返还权益、恢复原状、行政赔偿、支付治理费用、停业治理等②。

---

① 蔡守秋主编：《环境资源法教程》，高等教育出版社 2004 年版，第 373 页。

② 吕忠梅著：《环境法学》，法律出版社 2004 年版，第 162 页。

二、环境行政责任的构成要件

环境行政责任的构成要件包括五个方面：行为违法、行为者有过错、行为者具有相应的责任能力、危害结果、因果关系。其中，行为违法、行为者有过错、行为者具有相应的行为能力是必要条件，而危害结果与因果关系是环境行政法律规范明确规定时才须具备的条件，是选择条件。

行为违法，即环境行政主体或行政相对人实施了违反环境行政法律规范的行为。根据我国《行政诉讼法》、《行政复议法》的规定，环境行政主体的违法行政行为包括以下几类：行政失职，行政越权，行政滥用职权，主要事实不清、证据不足，适用法律、法规错误，违反法定程序，行政侵权等①。在环境资源法律中，具体规定了环境行政相对人的行政违法行为，例如，拒绝环境保护行政主管部门或者其他依照法律规定行使环境监督管理权的部门现场检查或者在被检查时弄虚作假；不按国家规定缴纳排污费。

行为者有过错，即实施违反环境行政法律规范行为时的主观心理状态有过错，包括故意和过失。故意，是指行为者明知自己的行会造成一定的危害后果，而希望或放任这种危害后果发生的心理状态。故意可以区分为直接故意和间接故意。过失，是指行为者应当预见自己的行为可能发生一定的危害后果，因为疏忽大意而没有预见，或者已经预见而轻信可以避免，以致发生这种危害后果的心理状态。过失可以区分为疏忽大意的过失和过于自信的过失。故意表明行为者是“明知故犯”，相比过失行为的社会危害性大，因此，在同等损害后果的情况下，对故意行为的处罚应当比过失行为重。

行为者具有相应的责任能力，区分为组织和个人。对于组织而言，又区分为外部责任主体和内部责任主体。外部责任主体是环境行政主体和作为环境行政相对人的法人或其他组织。而受委托从事行政管理活动的组织、行政公务人员在有过错的前提下也要承担内部法律责任，如行政追偿责任、行政处分。对于作为环境行政相对人的个人来说，是否具有责任能力要从其年龄和智力状态等方面判断。目前我国行政法和环境法尚未对行政能力统一规定，个别法律有零星规定。例如《行政处罚法》第 25 条、第 26 条分别规定，不满 14 周岁的人有违法行为和精神病人在不能辨认或者不能控制自己行为时有违法行为的，不予行政处罚。依据该规定，不满 14 周岁的人和精神病人违反环境行政法律规范并造成污染或破坏环境的后果，不承担环境行政责任②。

危害结果，即违法行为造成了污染环境或破坏环境的后果。危害结果不是环境行政责任的必要条件，如《环境保护法》第 26 条规定，建设项目的防治污染设施没有建成或者没有达到国家规定的要求，投入生产或者使用的，由批准该建设项目的环境影响报告书的环境保护行政主管部门责令停止生产或者使用，可以并处罚款。该规定是对建设项目不履行三同时制度的行政责任的追究，没有要求危害结果。然而，有些环境行政责任必须具备危害结果的要件，如《海洋环境保护法》第 94 条规定，海洋环境监督管理人员滥用职权、玩忽职守、徇

---

① 我国《环境保护法》和环境保护单行法都规定了行政主体的违法行政行为，但不够具体和全面。如《环境保护法》第 45 条规定，环境保护监督管理人员滥用职权、玩忽职守、徇私舞弊的，由其所在单位或者上级主管机关给予行政处分。

② 张梓太著：《环境法律责任研究》，商务印书馆 2004 年版，第 152 页。

私舞弊,造成海洋环境污染损害的,依法给予行政处分。依据此规定,海洋环境污染损害的结果是海洋环境监督管理人员承担责任的必要条件。

因果关系,即违法行为与危害结果之间有必然的、直接的联系。因果关系与危害结果相关,环境行政法律规范规定危害结果要件时,意味着必须同时具备因果关系要件;环境行政法律规范没有规定危害结果要件时,就不存在因果关系证明的问题。值得注意的是,环境行政责任中的因果关系是指直接的因果关系,而不能适用环境污染赔偿责任中的"因果关系推定"原则。

案情简介

湖北新东方置业有限公司新东方帝豪酒店分公司诉武汉市环境保护局行政处罚纠纷案①

2001年10月23日,被告武汉市环境保护局工作人员在现场检查中,发现原告湖北新东方置业有限公司新东方帝豪酒店分公司在武汉市沿江大道136号(原大都会娱乐城址)筹备开业,但未办理环保手续,便告知原告补办环保有关手续。同年11月28日,被告向原告送达武环申字(2001)第103号《排放污染物申报通知书》,要求原告在规定期限内进行排污申报。2002年10月10日,被告向原告下达武环申字(2002)第025号《排放污染物申报通知书》,再次限期要求原告作排污申报。同年11月13日,被告向原告下达武环改字(2002)014号环境违法行为改正通知书,认定原告拒报排污申报登记事项的事实成立,责令原告改正。同月19日,被告向原告下达武环罚告字(2002)005号《行政处罚事先告知书》,告知原告拟作出的处罚决定及原告享有陈述和申辩权利。同月30日,被告作出武环罚字(2002)005号行政处罚决定,以拒报排污申报登记事项为由,依据《排放污染物申报登记管理规定》第15条的规定,对原告作出罚款3 000元的行政处罚。原告不服,于2003年1月16日向武汉市人民政府申请行政复议,同年2月28日,武汉市人民政府作出武政复决(2003)第04号行政复议决定书,维持了武汉市环境保护局武环罚字(2002)005号行政处罚决定。原告不服,向武汉市江汉区人民法院提起行政诉讼。2003年3月24日本院受理后,依法组成合议庭,于2003年4月8日公开开庭审理了本案,作出判决如下:(1)维持被告武汉市环境保护局于2002年11月30日作出的武环罚字(2002)005号行政处罚决定书。(2)驳回原告湖北新东方置业有限公司新东方帝豪酒店分公司要求被告按属地的原则放弃对原告的管辖权的诉讼请求。法院认为,被告武汉市环境保护局作为本市的环境保护行政主管部门,享有对辖区排污单位的排污申报登记实施统一监督管理的职权。原大都会娱乐城在武汉市沿江大道136号经营期间,一直

① 本案例主要参考资料是:《湖北新东方置业有限公司新东方帝豪酒店分公司诉武汉市环境保护局行政处罚纠纷案》,湖北省武汉市江汉区人民法院行政判决书(2003)汉行初字第14号,北大法律信息网,http://vip.chinalawinfo.com/Case/displaycontent.asp?Gid=117521149&Keyword=环境保护。

由被告武汉市环境保护局对其进行环境保护方面的监督管理，而原告在此地点经营后，在被告行使环保管理职责之前，并未到当地区级环境保护行政主管部门申请办理有关环保手续，故被告有权对原告进行环保监督管理，要求原告办理排污申报登记手续。

案例评析

该案经过了行政处罚、行政复议和行政诉讼，是一个过程比较全面的案件。原告湖北新东方置业有限公司新东方帝豪酒店分公司是否要承担环境行政责任，取决于其行为是否符合环境行政责任的构成要件。环境行政责任的一般构成要件包括行为违法、行为者有过错、行为者具有相应的责任能力。在环境行政法律规范明确规定的情况下，还包括危害结果、因果关系。本案中原告应当承担环境行政责任。

第一，原告的行为违法。原告在武汉市沿江大道136号营业期间，一直未在环境保护行政主管部门办理排污申报手续，而我国《环境保护法》第27条规定："排放污染物的企业事业单位，必须依照国务院环境保护行政主管部门的规定申报登记。"《排放污染物申报登记管理规定》(1992年)第4条规定："排污单位必须按所在地环境保护行政主管部门指定的时间，填报《排污申报登记表》，并按要求提供必要的资料。新建、改建、扩建项目的排污申报登记，应在项目的污染防治设施竣工并经验收合格后一个月内办理。"由于原告没有履行上述规定的义务，因此，原告的行为违法。

第二，原告主观有过错，是故意心态。被告武汉市环保局在原告开业和经营期间多次通知原告补办排污申报，并两次下达了正式的《排放污染物申报通知书》；在原告不理会的情况下，被告下达环境违法行为改正通知书，认定原告拒报排污申报登记事项的事实成立，责令原告改正。显然，原告明知法律规定排污企业须办理排污申报登记手续，而故意不履行相应的义务，其主观是有过错的。

第三，原告具有承担责任的能力。原告是独立的法人，具备承担法律责任的能力。

第四，本案不需考虑危害结果和因果关系问题。我国《排放污染物申报登记管理规定》第15条规定，排污单位拒报或谎报排污申报登记事项的，环境保护行政主管部门可依法处以三百元以上三千元以下罚款，并限期补办排污申报登记手续。依据该规定，只要实施了拒报或谎报排污申报登记事项的行为，不论是否造成环境污染或环境破坏的结果，都要承担环境行政责任，并且责任形式包括惩罚性行政责任即行政处罚和补救性行政责任即补办登记手续。因此，拒报申报登记事项的行政责任的构成要件不包括危害结果和因果关系。

课堂讨论

1. 结合上述案例，讨论环境行政责任的构成要件有哪些。
2. 试述环境行政责任的概念和种类。

第二节 环境行政处分

我国《环境保护法》等环境资源法律法规，以及《公务员法》(2005年)、《行政机关公务员处分条例》(2007年)、《行政处罚法》(1996年)和《环境保护违法违纪行为处分暂行规定》(2006年)等法律法规，大都有行政处分的内容。

一、环境行政处分的概念、原则和种类

环境行政处分是指环境行政主体、企事业单位依照行政隶属关系，对防治环境污染和环境破坏过程中违法失职和违反纪律，但又不够刑事处罚的所属人员采取的一种行政制裁。

环境行政处分的对象包括两类：一是企事业单位所属人员；二是环境行政主体所属人员。

对环境行政主体所属人员的行政处分形式有警告、记过、记大过、降级、撤职、开除。受处分的期间为：警告，六个月；记过，十二个月；记大过，十八个月；降级、撤职，二十四个月。对企业职工的行政处分形式有警告、记过、记大过、降级、撤职、留用察看和开除。

对环境行政主体所属人员的行政处分应当遵循以下原则：依据法定事由和法定程序；坚持公正、公平和教育与惩处相结合；给予行政机关公务员处分，应当与其违法违纪行为的性质、情节、危害程度相适应；应当事实清楚、证据确凿、定性准确、处理恰当、程序合法、手续完备①。对企事业单位所属人员的行政处分的原则有所不同，应当遵循坚持以思想教育为主、惩罚为辅②。

二、环境行政处分的权限和程序

依据《行政机关公务员处分条例》的规定，环境行政处分的权限因处分对象的不同而授予不同的行政主体。对环境行政主体的所属人员给予处分，由任免机关或者监察机关决定；对经全国人民代表大会及其常务委员会决定任命的国务院组成人员给予处分，由国务院决定；对经地方各级人民代表大会及其常务委员会选举或者决定任命的地方各级人民政府领导人员给予处分，由上一级人民政府决定；对地方各级人民政府工作部门正职领导人员给予处分，由本级人民政府决定。《行政机关公务员处分条例》和《环境保护违法违纪行为处分暂行规定》(2006年)对环境行政处分的权限、行为和程序作了具体规定。

课堂讨论

陕西省旬阳县环境监管失职罪③

由于环保部门执法不力、严重失职，在陕西省旬阳县汉江边先后批准建立了13

---

① 参见《行政机关公务员处分条例》第3、4条。

② 参见《企业职工奖惩条例》(1982年)第3条。

③ 请参看《陕西省旬阳县环境监管失职罪》，载于王树义主编：《环境与自然资源法学案例教程》，知识产权出版社2004年版，第20页。

家铅锌选矿企业，超标准排放大量的有毒废水，严重污染了汉江水域。这起污染事件引起了党中央、国务院的高度重视。2001年7月27日，由国家环保总局、国家经贸委、财政部、水利部组成的国务院调查组，逐个检查了旬阳县的13个选矿厂。截至8月8日下午18时，旬阳县13家铅锌选矿企业，除银联选矿厂按国务院调查组要求正在实施整改外，其余12家铅锌选矿企业所有证照全部被吊销，生产用电被切断，可移动的机械设备全部被拆除，同时，拆除厂房30余间。8月10日安康市委作出决定，责成旬阳县政府向市政府写出深刻书面检查；给予旬阳县政府副县长肖文彦行政警告处分；撤销白建友旬阳县环保局副局长职务；撤销张海彬旬阳县庙坪乡企业办主任职务；给予旬阳县水电局副局长周登平行政警告处分；截至8月20日，陕西省针对环境违法行为共行政处理16人，拘留6人。

讨论题：1. 结合上述案例，讨论环境行政处分的对象和种类有哪些。
2. 环境行政处分与环境行政处罚有何区别？

第三节 环境行政处罚

我国有关行政处罚的法规主要有《行政处罚法》(1996年)、《环境保护行政处罚办法》(1999年颁布，2003年修正)等。

一、环境行政处罚的概念和特征

环境行政处罚，是指环境行政主体为了保护公民、法人或其他组织的合法环境权益，维护公共利益和社会秩序，依法对违反环境行政法律规范的行政相对人予以法律制裁的行政行为。

环境行政处罚的特征如下。

(1) 环境行政处罚的主体是环境行政主体。依据《环境保护法》的规定，我国负有环境保护职责的行政主体有：县级以上环境保护主管部门、国家海洋行政主管部门、港务监督、渔政渔港监督、军队环境保护部门和各级公安、交通、铁道、民航管理部门、县级以上人民政府的土地、矿产、林业、农业、水利行政主管部门。环境行政主体必须依据法定权限予以环境行政处罚，超越法定权限无效。

(2) 环境行政处罚的对象是违反环境行政法律规范的行政相对人。这区别于环境行政处分，环境行政处分的对象是环境行政主体的公务人员或与企事业单位有行政隶属关系的人员。

(3) 环境行政处罚具有制裁性。环境行政处罚是对违反环境行政法律规范的行政相对人的人身自由、财产、名誉或其他权益的限制或剥夺，或者对其科以新的义务，具有典型的制裁性。

二、环境行政处罚的原则

(一) 处罚法定原则

(1) 环境行政处罚的设定是法定的。依据《行政处罚法》，只有法律、行政法规、地方性法规、国务院部、委员会制定的规章,以及省、自治区、直辖市人民政府和省、自治区人民政府所在地的市人民政府以及经国务院批准的较大的市人民政府制定的规章,可以设定行政处罚。

(2) 环境行政处罚的主体及其职权是法定的。只有法律、法规、规章规定的环境行政主体有环境行政处罚权,并且必须在法定权限范围内实施环境行政处罚。另外,法律、法规授权的具有环境公共事务管理职能的组织,在授权范围内也可以实施环境行政处罚。

(3) 环境行政处罚的种类、内容和程序是法定的。环境行政处罚必须在实体和程序方面都依据法律规范的规定,没有依照法律规范规定的种类、内容和程序的,环境行政处罚无效。环境保护行政处罚的种类有:警告,罚款,没收违法所得,责令停止生产或者使用,吊销许可证或者其他具有许可性质的证书,环境保护法律、法规规定的其他种类的行政处罚。环境行政处罚的程序包括一般程序、简易程序和听证程序。

(二) 环境行政处罚公正、公开原则

该原则要求,设定和实施环境行政处罚必须以事实为依据,与违法行为的事实、性质、情节以及社会危害程度相当。不能同等情况给予不同的处罚,也不能不同情况给予相同的处罚。对违法行为给予环境行政处罚的规定必须公布;未经公布的,不得作为行政处罚的依据。在环境行政相对方依法提出申请的情况下,环境行政处罚的实施过程也要公开,应通过听证会等方式给予相对方陈词抗辩的机会,确保处罚过程的公示性和透明度①。

(三) 环境行政处罚与教育相结合原则

实施环境行政处罚,纠正违法行为,应当坚持处罚与教育相结合,教育公民、法人或者其他组织自觉守法。一方面处罚不是最终目的,而是教育相对人和社会公众遵纪守法、自觉履行法定义务的一种有效手段;另一方面,教育也不能替代行政处罚,如果不通过处罚的方式给违法者以深刻的教训,教育的功能也很难有效地发挥。

(四) 一事不再罚原则

一事不再罚原则,即对同一违法行为依据同一事实和同一理由,不得处以两次以上的环境行政处罚。《环境保护行政处罚办法》第6条规定,对同一环境违法行为,不得给予两次以上罚款的行政处罚。在实际生活中,应注意把握好以下几点:(1) 行为人的一个行为,同时违反了两个以上法律、法规的规定,可以给予两次以上的处罚。(2) 行为人的一个行为违反一个法律、法规规定,但该法律、法规同时规定行政机关可以给予不同种类的处罚的,行政机关可以依法并处。(3) 对同一个违法行为,罚款这种行政处罚只能适用一次。也就是说,在一个行政机关已经对违法者处以罚款的情况下,其他行政机关即使有法定的罚款依据,也不得再对该违法者施以罚款。但可以依法给予其他种类的行政处罚。(4) 违法行为构成犯罪的,行政机关必须将案件移送司法机关处理,依法追究刑事责任,行政机关不再予以处罚。(5) 在认定违法行为构成犯罪之前,行政机关已经给予罚款、拘留的行政处罚的,则行政拘

① 参见关保英主编:《行政法与行政诉讼法》,中国政法大学出版社2004年版,第356页。

留的时间和罚款的数额可以在法院判处的刑罚(有期徒刑或罚金)范围内作相应的折抵①。

(五)职能分离原则

职能分离原则要求:环境行政处罚实行调查取证与决定处罚分开;作出罚款决定的行政机关应当与收缴罚款的机构分离。除依照《行政处罚法》、《环境保护行政处罚办法》的规定当场收缴的罚款外,作出行政处罚决定的行政机关及其执法人员不得自行收缴罚款。当事人应当自收到行政处罚决定书之日起15日内,到指定的银行缴纳罚款。

三、环境行政处罚的程序

环境行政处罚的程序包括简易程序、一般程序和听证程序。

(一)简易程序

环境保护行政主管部门对违法事实确凿、情节轻微并有法定依据,对公民处以50元以下、对法人或者其他组织处以1 000元以下罚款或者警告的行政处罚,可以当场作出行政处罚决定。

(二)一般程序

除了可以适用简易程序当场作出决定的行政处罚外,环境保护行政主管部门实施的其他行政处罚均应遵守一般程序:(1)立案。(2)调查取证。(3)审查。(4)处理决定。环境保护行政处罚案件自立案之日起,应当在3个月内作出处理决定。特殊情况需要延长时间的,环境保护行政主管部门应当书面告知案件当事人,并说明理由。(5)送达与执行。

环境保护行政处罚决定依法作出后,当事人应当在处罚决定书确定的期限内,履行处罚决定。申请行政复议或者提起行政诉讼的,不停止行政处罚决定的执行。如果当事人逾期不申请行政复议、不提起行政诉讼,又不履行处罚决定,由作出处罚决定的环境保护行政主管部门申请人民法院强制执行。另外,当事人到期不缴纳罚款的,作出处罚决定的环境保护行政主管部门可以依照《行政处罚法》的规定,对当事人每日按罚款数额的3%加处罚款。

(三)听证程序

听证程序不是所有行政处罚的必经程序,只适用于当行政机关作出责令停止生产或使用、吊销许可证或者较大数额罚款等重大行政处罚决定之前的情况。听证程序的参加人包括:当事人、调查人员、证人以及与本案处理结果有直接利害关系的第三人。听证主持人由环境保护行政主管部门的法制工作机构的非本案调查人员担任。当事人有权申请听证主持人回避,并说明理由。其回避申请由主持人报本部门负责人决定是否接受,并告知理由。组织听证的环境保护行政主管部门,对听证必须安排笔录。听证结束后,听证笔录应交当事人审核无误后签字或者盖章。听证终结后,主持人应及时将听证结果报告本部门负责人。

---

① 参见关保英主编:《行政法与行政诉讼法》,中国政法大学出版社2004年版,第357页。

案情简介

黄栽不服厦门市环境保护局集美分局环保行政处罚决定案①

黄栽系集美区双合盛饮食店负责人，领有个体工商户营业执照。2004年7月，集美环保局接群众关于饮食店油烟排放严重的投诉后，对其经营行为进行了检查，并于2004年7月5日立案调查。同月12日，集美环保局向双合盛饮食店送达了行政处罚事先告知书，并告知其有权提出陈述、申辩和要求听证。双合盛饮食店据此提出听证申请，并由黄栽出具委托书，授权张小军代理听证事项。同月23日，集美环保局就双合盛饮食店环境违法一案举行听证。同年10月9日，集美环保局作出并送达行政处罚决定书，认定双合盛饮食店存在"未报批环境影响评价文件、需要配套的环境保护设施未建成即正式投产餐饮项目"等环境违法行为，并依据《建设项目环境保护管理条例》第28条第1款之规定，责令双合盛饮食店停止生产，并罚款2万元。

双合盛饮食店对上述行政处罚不服，于10月25日向厦门市人民政府提出行政复议，厦门市人民政府于2004年12月8日维持了集美环保局的行政处罚决定。

双合盛饮食店对上述行政复议决定不服，向厦门市集美区人民法院提起行政诉讼，其主要理由是：集美环保局的处罚决定书未体现两人执法的程序，亦未按相关的制作规定列明处罚机关的详细信息，要式行为违法；集美环保局举行听证时未通知原告本人，侵害了原告的知情权；依据《国务院关于环境保护若干问题的决定》有关"三同时"的规定，工商营业执照的颁发是在环保项目的审批之后，而双合盛饮食店仅52平方米，又已领取了工商营业执照，无须办理报批手续或配套环保设施；集美环保局适用法规错误，且语言表达不规范；周边店面繁多，仅针对双合盛饮食店处罚不公；双合盛饮食店多次就环保报表填写一事向集美环保局提出请求，被告均不予答复，系行政不作为。遂请求法院撤销该处罚决定并责令被告集美环保局纠正行政不作为行为。被告集美环保局辩称：原告黄栽并非本案的行政相对人，诉讼主体不适格；原告两项诉讼请求反映不同的法律关系，不能在同一案件中提出；且双合盛饮食店从未向被告报批或报验收，"不作为"无从谈起；饮食店已取得工商营业执照的事实不能免除其应承担的环境保护的法律义务；对不同违法行为的追究不具有可比性，原告提出处罚不公的说法不能成立；被告所作出的行政处罚决定事实清楚，证据确凿，适用法律正确，程序合法。

集美区人民法院经公开审理，于2005年3月作出如下判决：(1) 维持被告厦门市环保局集美分局作出的厦环罚(集)字第(2004)18号行政处罚决定。(2) 驳回原告黄栽的其他诉讼请求。案件受理费100元，由原告黄栽负担。

---

① 《黄栽不服厦门市环境保护局集美分局环保行政处罚决定案》，福建省厦门市集美区人民法院行政判决书(2005)集行初字第1号，北大法律信息网 http://vip.chinalawinfo.com/Case/displaycontent.asp?gid=117527087。

案例评析

在该案中，黄栽是集美区双合盛饮食店负责人，领有个体工商户营业执照，依据《民事诉讼法》的规定，个体工商户以营业执照上登记的业主为当事人，所以黄栽是适格的原告。被告对双合盛饮食店“未报批环境影响评价文件”和“需要配套的环境保护设施未建成即正式投产餐饮项目”两项违法行为进行行政处罚合法。法院作维持被告集美环保局作出的环境行政处罚决定正确，其理由如下。

第一，被告集美区环保局具有法定的行政处罚权。《环境保护行政处罚办法》规定，县级以上环境保护行政主管部门在法定职权范围内实施环境保护行政处罚。《环境影响评价法》第31条规定，建设单位未依法报批建设项目环境影响评价文件，擅自开工建设的，由有权审批该项目环境影响评价文件的环境保护行政主管部门责令停止建设，限期补办手续；逾期不补办手续的，可以处5万元以上20万元以下的罚款。《建设项目环境保护管理条例》第28条规定，建设项目需要配套建设的环境保护设施未建成、未经验收或者经验收不合格，主体工程正式投入生产或者使用的，由审批该建设项目环境影响报告书、环境影响报告表或者环境影响登记表的环境保护行政主管部门责令停止生产或者使用，可以处10万元以下的罚款。

第二，被告集美区环保局认定事实清楚，适用法律正确。被告向法庭提交的关于原告黄栽所经营的双合盛饮食店存在环境违法行为事实方面的证据，包括联名投诉书、调查询问笔录及照片等；原告除对照片的真实性无法确认外，对其余证据均不持异议。在本案中，被告集美环保局的工作人员在接到举报后，遂展开调查，发现原告存在“未报批环境影响评价文件”和“需要配套的环境保护设施未建成，餐饮建设项目即投入生产使用”两项违法行为后，要求原告自行整改。但是，原告未按期整改。集美环保局即作出处罚决定，责令双合盛饮食店停止生产并罚款2万元。为证明该处罚行为有事实根据，以便在行政诉讼中提出有力的证据，被告集美环保局对原告经营饮食店的情况及召开行政处罚听证会的情况进行了现场拍照，形成视听资料这种证据形式，该视听资料具有证明效力。原告提出依据《国务院关于环境保护若干问题的决定》有关“三同时”的规定，工商营业执照的颁发是在环保项目的审批之后，而双合盛饮食店仅52平方米，又已领取了工商营业执照，无须办理报批手续或配套环保设施，被告适用法规错误。该理由不成立，因为原告领取了工商营业执照并不能免除其办理报批手续和建设配套环保设施的义务，被告依据《建设项目环境保护管理条例》第28条作出处罚是正确的。

第三，被告集美区环保局行政处罚的程序合法。2004年7月被告集美环保局接到群众关于饮食店油烟排放严重的投诉后，对其经营行为进行了检查，并于同月12日向双合盛饮食店送达了行政处罚事先告知书，并告知其有权提出陈述、申辩和要求听证。被告依法履行了处罚前告知、举行听证会、送达相关法律文书的法定义务，保证了行政相对人的知情权、陈述权及申辩权等权利。被告行政处罚的程序合法有证据证明，包括执法证、环境违法行为立案登记表、案件处理审判报告表、行政处罚事先告知书、听证申请书、行政处罚听证通知书、委托书及身份证复印件、听证笔录、案件听证情况处理审批表、行政处罚决定书及送达回执。原告提出该处罚决定书未体现两人执法的程序，亦未按相关的制作规定列明处罚机关的详细信息，要式行为违法，被告举行听证时未通知原告本人，侵害了原告的知情权，但未提交任何证据证明，应承担举证不能的责任。

课堂讨论

1. 结合上述案例，讨论环境行政处罚应遵循哪些原则。
2. 试述环境行政处罚的程序。

第四节　环境行政复议

我国有关环境行政复议的法规主要有《行政复议法》(1999 年)、《环境行政复议与行政应诉办法》(2006 年)等。

一、环境行政复议的概念和基市原则

环境行政复议，是指环境行政相对人认为环境行政主体的具体行政行为侵犯其合法权益，依法向环境行政复议机关提出复查申请，受理申请的环境行政复议机关对被申请的具体行政行为的合法性与适当性进行审查，并作出环境行政复议决定的法律制度。

环境行政复议的基本原则包括：(1) 合法原则。(2) 公正原则。(3) 公开原则。(4) 及时原则。环境行政复议机关应该在法定的期限内作出裁决，并且应当要求环境行政复议当事人遵守法定的期限。(5) 便民原则。环境行政复议机关应当尽可能为申请人提供便利条件，简化不必要的手续，减轻申请人的负担，并尊重申请人的合法自主选择权。

二、环境行政复议机关及其职责

(一) 环境亍政复议机关的概念及种类

环境行政复议机关，是指有权受理环境行政复议申请，依法对被申请的具体行政行为的合法性与适当性进行审查并作出行政复议决定的行政机关。

依据《行政复议法》(1999 年)的规定，环境行政复议机关的种类主要有：(1) 作出原具体行政行为的环境行政机关的上一级行政机关和本级人民政府。对县级以上地方各级人民政府工作部门的具体行政行为不服的，由申请人选择，可以向该部门的本级人民政府申请行政复议，也可以向上一级主管部门申请行政复议。(2) 地方各级人民政府的上一级人民政府。对地方各级人民政府的具体行政行为不服的，向上一级地方人民政府申请行政复议。(3) 作出原具体行政行为的环境行政机关自身。对国务院部门或者省、自治区、直辖市人民政府的具体行政行为不服的，向作出该具体行政行为的国务院部门或者省、自治区、直辖市

人民政府申请行政复议。

另外,《行政复议法》对派出机关、派出机构、授权组织等特殊情形实施的具体行政行为的行政复议作了专门规定:(1)对县级以上地方人民政府依法设立的派出机关的具体行政行为不服的,向设立该派出机关的人民政府申请行政复议。(2)对政府工作部门依法设立的派出机构依照法律、法规或者规章规定,以自己的名义作出的具体行政行为不服的,向设立该派出机构的部门或者该部门的本级地方人民政府申请行政复议。(3)对法律、法规授权的组织的具体行政行为不服的,分别向直接管理该组织的地方人民政府、地方人民政府工作部门或者国务院部门申请行政复议。(4)对两个或者两个以上行政机关以共同的名义作出的具体行政行为不服的,向其共同上一级行政机关申请行政复议。(5)对被撤销的行政机关在撤销前所作出的具体行政行为不服的,向继续行使其职权的行政机关的上一级行政机关申请行政复议。

(二)环境行政复议机关的职责

环境行政复议机关负责法制工作的机构,具体办理行政复议事项,其职责包括:(1)受理行政复议申请;(2)向有关组织和人员调查取证,查阅文件和资料;(3)组织审查行政复议案件,提出审查建议,拟订行政复议决定;(4)处理或转送本办法第16条规定的审查申请;(5)送达行政复议法律文书;(6)对被申请人违反《行政复议法》及本办法的行为提出处理建议;(7)办理因不服行政复议决定提起行政诉讼的应诉事项;(8)对下级环境保护行政主管部门的行政复议工作进行指导、监督和检查;(9)法律、法规和规章规定的其他职责。

三、环境行政复议的受案范围和程序

依据《环境行政复议与行政应诉办法》(2006年),环境行政复议的受案范围包括:(1)对环境保护行政主管部门作出的警告、罚款、没收违法所得、责令停止生产或者使用,暂扣、吊销许可证等行政处罚决定不服的;(2)认为符合法定条件,申请环境保护行政主管部门颁发许可证、资质证、资格证等证书,或者申请审批、登记等有关事项,环境保护行政主管部门没有依法办理的;(3)对环境保护行政主管部门有关许可证、资质证、资格证等证书的变更、中止、撤销、注销决定不服的;(4)认为环境保护行政主管部门违法征收排污费或者违法要求履行其他义务的;(5)申请环境保护行政主管部门履行法定职责,环境保护行政主管部门没有依法履行的;(6)认为环境保护行政主管部门的其他具体行政行为侵犯其合法权益的。

环境行政复议的程序分为四个阶段:(1)申请;(2)受理;(3)审理;(4)决定。行政复议机关应当自受理行政复议申请之日起60日内作出行政复议决定,制作《行政复议决定书》。行政复议的处理决定有以下几种情形:(1)维持原来的具体行政行为。具体行政行为认定事实清楚,证据确凿,适用依据正确,程序合法,内容适当的,决定维持。(2)要求被申请人履行法定职责。被申请人不履行法定职责的,决定其在一定期限内履行。(3)撤销、变更或者确认该具体行政行为违法。另外,撤销或者确认该具体行政行为违法的,可以责令被申请人在一定期限内重新作出具体行政行为。此决定适用于下列情况:主要事实不清、证据不足;适用依据错误;违反法定程序;超越或者滥用职权;具体行政行为明显不当。

案情简介

孔祥仁等诉国家环境保护局行政复议纠纷案①

温州经济技术开发区滨海园区于2000年4月经浙江省人民政府批准设立。同年温州市龙湾区永兴围垦养殖示范园区建立。2000年、2001年养殖池塘偶尔发生水产品死亡的污染事件。2001年4月10日，浙江省环保局对温州经济技术开发区滨海新区的环境影响报告书提出了审查意见，明确提出，滨海园区相邻海域的海水养殖等功能，建议作相应的调整，请温州市政府作相应的协调。2003年下半年至2004年3月，孔祥仁等82人养殖户承包的养殖池塘发生水产品大量死亡事件，温州市和龙湾区人民政府进行了调查和处理，但养殖纠纷问题没彻底解决。

2005年6月15日，孔祥仁等82人养殖户向浙江省环保局提出投诉，要求对温州市经济技术开发区没有落实环境保护措施，以及滨海园区项目投入使用之前环境保护措施没有经过验收等违法行为进行查处。6月17日，浙江省环保局收到投诉书后，按信访办理程序交温州市环保局调查处理。温州市环境监察支队对温州市经济技术开发区进行了调查，并于2005年7月4日书面答复申请人。

2005年8月29日，孔祥仁等82人养殖户向国家环境保护总局提出复议申请，请求其责令浙江省环保局依法作出处理决定。9月16日国家环境保护总局作出《不予受理行政复议申请决定书》。

孔祥仁等82人不服被告国家环境保护总局作出的不予受理行政复议申请决定，于2005年9月27日向北京市第一中级人民法院提起行政诉讼，请求人民法院依法撤销被诉决定，判令被告限期受理原告复议申请并作出复议决定。该院受理后，依法组成合议庭，于2006年4月3日公开开庭审理了本案。法院经过审理认为，孔祥仁等人要求浙江省环保局对温州经济技术开发区违法行为进行查处，是为了维护自己的财产权，但现无证据证明浙江省环保局针对孔祥仁等人的《投诉书》作出过答复并已告知孔祥仁等人。因此，孔祥仁等人针对浙江省环保局的不作为行为提出的行政复议申请属于行政复议的受理范围，国家环保总局对孔祥仁等人的复议申请不予受理缺乏法律依据，判决撤销国家环保总局的不予受理决定。

国家环境保护总局于2006年6月16日重新受理了申请人的复议申请，于2006年11月15日，作出复议决定如下：(1) 责令被申请人于收到本复议决定书之日起60日内，对温州经济技术开发区落实《关于温州经济技术开发区滨海新区环境影响

① 本案例主要参考李京华：《"民告官"审视部委行政》，《新华月报(天下)》2007年第6期，新华网2007年5月2日，http://news.xinhuanet.com/legal/2007-05/02/content_6054079.htm；《孔祥仁等82人的行政复议决定书》，国家环保总局2006年11月15日，载于中律网2008年4月7日，http://www.148com.com/html/3800/403613.html，2009年2月14日查；《孔祥仁等诉国家环境保护局行政复议纠纷案》，北京市第一中级人民法院行政判决书(2006)一中行初字第374号，载于北大法律信息网 http://law.chinalawinfo.com/newlaw2002/SLC/slc.asp?db=fnl&gid=117520055，2009年2月14日查。

报告书审查意见的复函》所提环保要求的情况再次进行监督检查，将检查结果向社会公开，并对申请人2005年6月17日《投诉书》作出书面答复；(2) 责令被申请人对其负责审批的环境影响评价文件的建设项目环保措施的落实情况进行跟踪检查，对发现的违法行为依法予以查处；同时进一步加强对温州经济技术开发区环境保护工作的监督检查，督促其落实有关环境保护措施和要求；(3) 申请人要求被申请人依据《建设项目环境保护管理条例》第28条规定对温州经济技术开发区未经验收即投入使用进行处罚的请求，缺乏法律依据，不予支持。对温州经济技术开发区滨海园区相邻海域水环境功能区划存在的问题和养殖户的纠纷问题，请被申请人向浙江省人民政府报告，并建议浙江省人民政府督促温州市人民政府及温州市有关部门，对该区域水环境功能区划进行调整，彻底解决工业园区与水产养殖间的矛盾。

案例评析

2006年孔祥仁等82人诉国家环保总局一案影响较大，全社会都很关注。判决前，承办此案的法官与国家环保总局多次沟通，分析被诉存在的问题，国家环保总局认可了法院的意见。北京市第一中级人民法院作出撤销国家环保总局不予受理决定的判决后，原告和被告都对判决结果表示理解和接受。国家环保总局也因此案而对作出复议决定的程序进行了明确和规范①，避免了此类行政纠纷的再发生。

本案的争议焦点为被告作出不予受理的复议决定是否符合《行政复议法》的有关规定。依据《行政复议法》的规定，被告国家环保总局作出不予受理的行政复议决定违法。理由如下。

第一，被告违反了《行政复议法》的受案范围规定。原告认为，温州经济技术开发区没有落实《温州市经济技术开发区环境影响报告书》和浙江省环保局在审批意见中提出的环保措施，尤其是没有对滨海新区相邻海域的海水养殖等功能作相应调整，以及滨海园区投入使用之前，环境影响报告书和审批意见中的环境保护设施没有经过验收等是违法行为，这些违法行为造成了严重污染，侵害了原告的财产权，浙江省环保局对温州经济技术开发区的环保违法行为进行查处是其法定职责，原告要求浙江省环保局对温州经济技术开发区违法行为进行查处，是为了维护自己的财产权；浙江省环保局没有证据证明其针对原告的《投诉书》作出过答复并已告知原告。依据《行政复议法》第6条规定的第9项，申请行政机关履行保护人身权利、财产权利、受教育权利的法定职责，行政机关没有依法履行的，公民、法人或者其他组织可以依照本法申请行政复议。因此，原告针对浙江省环保局的不作为行为提出的行政复议申请属于《行政复议法》第6条规定的复议受理范围。被告对原告的复议申请不予受理缺乏法律依据。

第二，被告违反了行政复议程序规定。被告于2005年9月1日收到原告提交的《行政复议

① 《环境行政复议与行政应诉办法》于2006年12月19日国家环境保护总局2006年第七次局务会议通过，自2007年2月1日起施行。该规章就是为了杜绝类似孔祥仁事件的再次发生，同时，也是为了防止和纠正违法或者不当的具体行政行为，规范环保部门的行政复议与行政应诉工作，保护公民、法人和其他组织的合法权益。

申请书》,至 2005 年 9 月 16 日被告作出被诉决定,对原告复议申请不予受理。依据《行政复议法》第 17 条规定:“行政复议机关收到行政复议申请后,应当在 5 日内进行审查,对不符合本法规定的行政复议申请,决定不予受理,并书面告知申请人”。由于被告作出是否受理的决定已经超出了法定的审查期限,所以被诉决定作出程序违反了法律规定。因此,法院应当撤销被告国家环境保护总局作出的不予受理行政复议申请决定,责令被告对原告孔祥仁等 82 人提出的复议申请重新作出决定。

课堂讨论

1. 结合上述案例,讨论环境行政复议机关的职责和行政复议的受案范围。
2. 试述环境行政复议机关的种类。

第五节 环境行政诉讼

我国有关环境行政诉讼的法规主要有《行政诉讼法》(1989 年)、《最高人民法院关于执行〈中华人民共和国行政诉讼法〉若干问题的解释》(2000 年)和《环境行政复议与行政应诉办法》(2006 年)等。

一、环境行政诉讼的概念和基本原则

环境行政诉讼是指,环境行政相对人认为环境行政主体的行政行为侵犯其合法权益,依法向人民法院提起诉讼,人民法院依据法定的程序审查被诉行政行为的合法性并作出裁判的活动。

环境行政诉讼与环境民事诉讼、环境刑事诉讼同属于诉讼活动,有共同的原则,如人民法院依法独立行使审判权的原则;以事实为根据、以法律为准绳的原则;合议、回避、公开审判和两审终审的原则;使用本民族通用语言文字诉讼的原则;法律监督的原则等。但是,环境行政诉讼还有区别于环境民事诉讼、环境刑事诉讼特有的原则,具体包括以下原则。

(一) 具体行政行为合法性审查原则

在环境行政诉讼中,法院审查的对象不是民事行为或犯罪行为,而是行政行为;审查标准主要是行政行为合法与否,而不是合理与否。

(二) 行政复议前置[①]为例外,当事人选择为原则

依据《行政诉讼法》(1989 年)第 37 条的规定,原则上由当事人自由选择救济的手段。当

① 行政复议前置,是指复议是当事人起诉的必经程序,未经复议的行政案件不能起诉,起诉了法院不予受理;放弃了行政复议,也意味着放弃行政诉讼的权利。对专利、商标、治安处罚等专业性、技术性强的行政争议案件,法律多规定为行政复议前置,因为专门行政机关在解决此类争议的能力上比法院略胜一筹。

事人可以先向行政复议机关申请行政复议,对行政复议决定不服的,再向人民法院提起行政诉讼。在复议机关受理后行政复议决定作出之前,当事人同时提起行政诉讼的,人民法院不予受理。另外,当事人也可以不经行政复议直接提起行政诉讼,不服法院裁判的,不能再申请行政复议。

(三) 诉讼期间不停止具体行政行为执行的原则

按照行政行为的公定力原理,行政行为一经作出,在未经法定程序予以撤销前被推定为有效,即使起诉也不产生停止被诉行政行为继续执行的效力。有三种例外情形:一是被告认为需要停止执行的;二是原告申请停止执行,人民法院认为该具体行政行为的执行会造成难以弥补的损失,并且停止执行不损害公共利益的;三是法律、法规规定停止执行的。

(四) 被告负举证责任的原则

被告依法应当对于所作的具体行政行为合法性的有关事实承担举证责任,对不作为具有合法理由的事实、对认为原告超过起诉期限的事实承担举证责任,否则将承担败诉的不利后果。当然,原告也有一定的举证责任:一是证明起诉符合条件,但被告认为原告起诉超过起诉期限的除外;二是在起诉被告不作为的案件中,证明其提出申请的事实;三是在一并提起的行政赔偿诉讼中,证明因受被诉行政行为侵害而造成损失的事实;四是其他应当由原告负举证责任的事项①。

(五) 不适用调解的原则

对于被诉具体行政行为合法与否的问题不适用调解,但是依据《国家赔偿法》,在确认被诉具体行政行为违法的前提下,对于赔偿的数额可以适用调解。

(六) 司法变更权有限的原则

人民法院不得变更原具体行政行为,只有认为被诉行政处罚行为显失公正的情况下,才具有变更的权力,可以直接变更原行政处罚的种类或幅度②。

二、环境行政诉讼的受案范围

《行政诉讼法》与《最高人民法院关于执行〈中华人民共和国行政诉讼法〉若干问题的解释》(2000 年)对行政诉讼的受案范围作了明确规定,同样适用于环境行政诉讼。

环境行政诉讼的受案范围包括:对拘留、罚款、吊销许可证和执照、责令停产停业、没收财物等行政处罚不服的;对限制人身自由或者对财产的查封、扣押、冻结等行政强制措施不服的;认为行政机关侵犯法律规定的经营自主权的;认为符合法定条件申请行政机关颁发许可证和执照,行政机关拒绝颁发或者不予答复的;申请行政机关履行保护人身权、财产权的

---

① 参见《最高人民法院关于执行〈中华人民共和国行政诉讼法〉若干问题的解释》(2000 年)第 27 条。
② 参见关保英主编:《行政法与行政诉讼法》,中国政法大学出版社 2004 年版,第 534~540 页。

法定职责,行政机关拒绝履行或者不予答复的;认为行政机关没有依法发给抚恤金的;认为行政机关违法要求履行义务的;认为行政机关侵犯其他人身权、财产权的;法律、法规规定可以提起诉讼的其他行政案件。

不予受理的情形包括:国防、外交等国家行为;行政法规、规章或者行政机关制定、发布的具有普遍约束力的决定、命令;行政机关对行政机关工作人员的奖惩、任免等决定;法律规定由行政机关最终裁决的具体行政行为;公安、国家安全等机关依照刑事诉讼法的明确授权实施的行为;调解行为以及法律规定的仲裁行为;不具有强制力的行政指导行为;驳回当事人对行政行为提起申诉的重复处理行为;对公民、法人或者其他组织权利义务不产生实际影响的行为。

三、环境行政诉讼的当事人

环境行政诉讼的当事人有广义和狭义之分。广义的当事人包括原告、被告、共同诉讼人和第三人;狭义的当事人仅指原告和被告。

所谓原告,即认为环境行政主体及其工作人员的具体行政行为侵犯其合法权益,依法向人民法院提起诉讼的个人和组织。依据我国《行政诉讼法》第 24 条的规定,原告必须是认为具体行政行为侵犯其合法权益的行政相对人。

所谓被告,即实施被诉具体行政行为,由人民法院通知应诉的环境行政主体。依据《行政诉讼法》第 25 条确定的被告具体有五种情形:(1) 公民、法人或者其他组织直接向人民法院提起诉讼的,作出具体行政行为的行政机关是被告;(2) 经复议的案件,复议机关决定维持原具体行政行为的,作出原具体行政行为的行政机关是被告,复议机关改变原具体行政行为的,复议机关是被告;(3) 两个以上行政机关作出同一具体行政行为的,共同作出具体行政行为的行政机关是共同被告;(4) 由法律、法规授权的组织所作的具体行政行为,该组织是被告,由行政机关委托的组织所作的具体行政行为,委托的行政机关是被告;(5) 行政机关被撤销的,继续行使其职权的行政机关是被告。

四、环境行政诉讼的特殊期限规定

环境行政诉讼的特殊期限规定体现在直接起诉期限与经过复议程序后的起诉期限两个方面。《行政诉讼法》的第 38 条规定:"申请人不服复议决定的,可以在收到复议决定书之日起十五日内向人民法院提起诉讼。复议机关逾期不作决定的,申请人可以在复议期满之日起十五日内向人民法院提起诉讼。法律另有规定的除外。"第 39 条规定:"公民、法人或者其他组织直接向人民法院提起诉讼的,应当在知道作出具体行政行为之日起三个月内提出。法律另有规定的除外。"《行政诉讼法》对直接起诉期限与经过复议程序后的起诉期限的规定分别是三个月和十五日,而《环境保护法》及其单行法对此作了不同的规定,依据特别法优于普通法的适用规则,应适用《环境保护法》及其单行法的规定。例如,在直接起诉期限方面,《环境保护法》第 40 条、《野生动物保护法》第 44 条、《水法》第 48 条、《土地管理法》第 83 条等规定,对环境行政处罚不服的,直接起诉的期限为十五日,自当事人接到处罚通知之日起算。

案情简介

吴邦英要求崇明县环境保护局履行法定职责上诉案①

吴邦英于2000年3月3日写信给崇明县环境保护局(以下简称崇明环保局),认为距离其家10多米处的上海隧桥特种橡胶厂(以下简称隧桥橡胶厂)产生的三废,尤其是噪声严重影响了自己及家人的生活和身心健康,要求崇明环保局制止隧桥橡胶厂污染环境的行为尤其是噪声污染行为。因未见崇明县环境保护局答复,吴邦英遂向上海市崇明县人民法院提起诉讼,要求崇明县环境保护局履行职责。

崇明县人民法院认为,崇明环保局是本县环境监测的管理部门,有权对辖区内的环境监测行使处理权,查处隧桥橡胶厂噪声污染等污染环境行为是崇明环保局的法定职责。崇明环保局在收到吴邦英2000年3月3日的来信申请后,已依法作了调查处理,结论为噪声值符合国家标准,无再行测试必要;并委托五滧乡工业办公室主任陈志超将此处理结果告知吴邦英。虽然当事人双方在崇明环保局是否将处理结果告知吴邦英这一事实上存在争议,但不影响崇明环保局收到信件后已作调查处理这一客观事实的存在,所以吴邦英起诉崇明环保局不作为的理由不能成立。该法院于2000年9月8日作出判决,驳回原告吴邦英的诉讼请求。

吴邦英对此判决不服,向上海市第二中级人民法院提起上诉。上诉人吴邦英认为,1998年5月12日县环境监测站曾对隧桥橡胶厂进行固定源噪声测试,结论为噪声值超过国家标准。隧桥橡胶厂对该测试报告提出异议,1998年6月6日被上诉人崇明环保局以该测试报告声源时间分布违法、测试日期有误为由,撤销了1998年5月12日的测试报告,并于1998年11月25日重新测试,结论为噪声值不超标。但1998年11月25日的测试不真实,机器里面没有加料,是空转,测试结论不科学。其于2000年3月3日写信要求崇明环保局制止隧桥橡胶厂的噪声等污染环境行为,但一直未得到答复,故请求撤销原审判决,判令被上诉人履行查处隧桥橡胶厂污染环境行为的法定职责。被上诉人辩称,其收到上诉人来信后,已作了调查处理,履行了其法定职责,原审判决认定事实清楚,证据充分,请求维持原审判决。

二审庭审中,双方当事人对于查处隧桥橡胶厂污染环境行为是被上诉人崇明环保局的法定职责及上诉人吴邦英已向崇明环保局提出申请的事实均无异议。

被上诉人崇明环保局就其已履行查处隧桥橡胶厂污染环境行为的法定职责提供如下证据:(1)1998年6月6日崇明环保局作出的“关于撤销上海隧桥特种橡胶厂固定源噪声测试报告的决定”以证明被上诉人据以主张隧桥橡胶厂噪声值超过国

① 本案参考资料:《吴邦英要求崇明县环境保护局履行法定职责上诉案》,上海市第二中级人民法院2000年行政判决书([2000]沪二中行终字第197号),载于北大法律信息网 http://vip.chinalawinfo.com/Case/displaycontent.asp? Gid=117443790&Keyword=吴邦英,2009年2月14日查。

家标准的测试报告已被撤销。(2) 1998年11月25日上海市固定源噪声测试报告，以证明经过重新测试，隧桥橡胶厂的噪声值未超过国家标准。(3) 编号为00-083的人民来信、来电、来访处理单及2000年5月9日崇明县五滧乡人民政府的说明，以证明被上诉人在收到上诉人来信后，已派员对信中反映的隧桥橡胶厂噪声污染行为一事作了调查，且并不存在噪声超过国家标准问题。(4) 2000年7月21日对崇明县五滧乡工业办公室主任陈志超的调查笔录，以证明被上诉人委托陈志超将上诉人来信反映情况的调查结果转告上诉人，陈志超已将该调查结果告知上诉人。(5) 1999年崇民初字第2783号民事裁定书及1999年7月19日上诉人亲笔所写的收条，以证明上诉人与隧桥橡胶厂为噪声污染一事进行过民事诉讼。后双方达成协议，隧桥橡胶厂一次性补偿上诉人人民币2 000元，双方不再为上述事宜发生争执，纠纷已经解决。(6) 崇明县环境监测站2000年5月24日对隧桥橡胶厂的烟气测试报告，以证明被上诉人收到上诉人来信后，已对隧桥橡胶厂的大气状况进行了测试，结论为烟气数值符合国家标准。

以上证据经庭审质证，上诉人异议如下：对于证据(1)、(2)，认为1998年5月12日的测试报告正确，隧桥橡胶厂噪声值超过国家标准，被上诉人违法将其撤销，1998年11月25日的测试情况不真实，机器处于空转状态；对于证据(3)、(4)，认为被上诉人未对其请求进行答复，陈志超从未告知被上诉人对此事的处理结果；对于证据(5)，认为申请撤诉非自己的真实意思，是因不懂所致；对于证据(6)认为该测试结论被上诉人从未告知过。

2000年12月25日，上海市第二中级人民法院判决如下：(1) 撤销崇明县人民法院(2000)崇行初字第19号行政判决；(2) 判令被上诉人崇明县环境保护局自本判决书生效之日起3个月内履行查处上海隧桥特种橡胶厂污染环境行为的法定职责。一、二审案件受理费人民币200元，由被上诉人崇明县环境保护局负担。本判决为终审判决。

案例评析

本案一审法院驳回原告吴邦英的诉讼请求不正确，其认为崇明县环境保护局依法履行了查处污染环境的法定职责，证据不充分，认定事实不清楚。从调查的事实情况来看，崇明县环境保护局没有依法履行查处污染环境的法定职责。首先，崇明县环保局没有对隧桥橡胶厂的噪声污染行为进行依法认定。该局认为1998年11月25日崇明县环境监测站曾对隧桥橡胶厂进行过噪声测试，结论为噪声值符合《中华人民共和国工业企业厂界噪声标准》的规定，因近年来隧桥橡胶厂未增加有噪声的机器设备，且生产任务又不足，故无再行测试的必要。但是，1998年5月12日县环境监测站曾对隧桥橡胶厂进行固定源噪声测试，结论为噪声值超过国家标准。在隧桥橡胶厂提出异议后，崇明县环境保护局撤销了崇明县环境监测站的测试报告决定。该撤销行为没有法律依据。依据《上海市环境保护条例》第26条的规定，当事人对监测报告有异议的,可以在规定的期限内向上一级环保局的环境监测机构申请复核确定。隧桥橡胶厂对崇明县环境监测站的测试报告有异议,应该由当事人向上一级环保局的环境监测机构申请复核,崇明县环境保护局没有撤销的权力。而且,上诉人指出测试的机器里面没有加料,是空转,测试结论的科学性应受到质疑。因此,崇明县撤销原来的测试报告决定,以重新测试的报告,证明隧桥橡胶厂的噪声值未超过国家标准,是不成立的,不能作为其已履行查处污染环境职责的证据。其次,崇明县环保局没有依照法定的程序及时通知上诉人。尽管其以崇明县五滧乡工业办公室主任陈志超的调查笔录证明其已告知上诉人,但是其委托代理人在诉讼过程中自行调查搜集的证据,并不能充分证明陈志超将处理结果告知了上诉人,是无效证据。因此,可以认定崇明县环境保护局没有履行告知义务,违反了法定的程序。

依据《行政诉讼法》第 61 条第 3 项的规定,原判决认定事实不清,证据不足,应该予以撤销,并判令崇明县环境保护局在法定期限内履行查处橡胶厂污染环境行为的法定职责。

课堂讨论

1. 结合上述案例,讨论环境行政诉讼应该遵循什么原则。
2. 试述环境行政诉讼的受案范围。

第10章

环境民事责任与环境民事纠纷的解决

本章要求掌握：环境侵权的特征和环境民事责任的特点；环境民事责任构成要件、归责原则和免责事由，重点是掌握因果关系推定和无过错责任的含义和作用；赔偿损失、排除危害等环境民事责任的承担方式；处理环境民事纠纷的主要方式，重点是掌握举证责任倒置等环境民事诉讼的特点。

第一节 环境民事责任概述

环境民事责任是从传统民事责任中独立出来的责任类型，也是环境法律责任体系中最早产生的责任形式。在环境法产生的初期，大都采用传统的民事责任体制处理环境民事责任问题，没有提出或形成环境民事责任体制的概念。

从20世纪60年代至80年代，随着人类工业经济规模不断发展，环境污染成为损害人民健康和社会稳定的重要问题，引起各国的关注。由于环境侵权具有的特殊性，很多环境污染案件往往是排污者滥用其所有权、经营权和意思自治的产物，传统民法的所有权绝对、契约自由和过错责任等三大基本原则在解决环境侵权的民事责任中显得捉襟见肘，无法应对现实的挑战。此时，一些工业发达国家开始扩大民事责任的适用范围、放宽起诉资格、引入无过错责任、简化因果关系等；一些国家(如日本)在举证责任、因果关系论证(如“优势证据说”、“因果关系盖然性说”、“疫学因果说”等)、承担责任方式等方面有不少创新和成就。虽然在这个时期新的环境民事责任体制逐步发展，但传统的民事责任体制在处理环境民事责任问题时仍然占据着主流地位，有些所谓的环境民事责任实际上仍然是传统的民事责任。

20世纪80年代以后，在一系列新型理念的指导下，在各国民事立法中，环境保护逐渐得到重视，一股“民法典绿化”的大潮开始涌动，一些国家通过修订民法典而将环境保护的理念纳入其中。其中影响最大的是《德国民法典》的修订，作为大陆法系的典范代表，以逻辑严密著称的《德国民法典》在其第90条规定：“动物不是物，其保护适用特殊规定。”为了实施环境法中有关民事责任的条款，有些国家制定了专门的有关处理环境民事责任纠纷的法律、法规和政策文件，如美国的《1980年综合环境反应补偿与责任法》、瑞典的《环境损害赔偿法》(1986年制定)、德国的《环境责任法》(1990年)等。目前，不同于传统民事责任体制的新型的环境民事责任体制发展很快，这种体制将环境民事责任与环境法规定的保护目标、环境法的原则、环境法的实施、环境经济手段的应用等结合起来，在责任性质、责任范围、责任方式等方面已经初步形成轮廓。我国的民法典也正在制定之中，在全国人大常委会提出的《民法典(草案)》第八编侵权责任法中，已明确将“环境污染责任”作为单独一章，对环境侵权的几个重大问题作出了明确的规定。另外，我国已经将《环境损害赔偿法》列入立法规划，相信在21世纪的中国民事立法方面，环境民事责任将得到更进一步的发展。

一、环境侵权的特征

民事责任，是指民事法律关系主体在侵犯民事权利或违反民事义务的情况下依照民法所应承担的民法上的不利后果。民事责任包括两种，违约责任及侵权责任。环境违约责任适用普通民事责任制度。环境侵权责任是指环境法律关系主体因不履行环境保护义务而侵害了他人的环境权益所应承担的否定性法律后果，本书的环境民事责任主要指环境侵权责任，在大部分情况下是指环境污染侵权的民事责任。环境污染侵权的民事责任，其在责任构成要件、责任形式及纠纷解决程序方面都不同于一般民事责任，其特殊性主要是由于环境侵权的特殊性决定的。

二、环境民事责任的特点

(一)环境民事责任构成要件具有特殊性

由于环境侵权具有不同于一般侵权的特殊性，加上囿于技术与信息上的限制，受害者往往难以准确证明侵权行为与损害结果之间的因果关系；因此，在因果关系认定上，环境民事责任不同于一般民事责任。另外，传统民事责任以过错责任原则为基本归责原则，而环境民事责任则主要适用无过错责任原则。下节将详细介绍这部分内容。

(二)环境民事责任的权利依据具有特殊性

一般民事责任的权利依据是人身权和财产权，我国《民法通则》第106条规定：“公民、法人由于过错侵害国家的、集体的财产，侵害他人财产、人身的，应当承担民事责任。”而环境民事责任的权利依据则除此之外，还包括环境权，如采光权、通风权、安宁权、清洁空气权和清洁水权等。虽然目前我国法律体系中尚未明确规定环境权，也没有对环境损害的民事责任规定，但由于传统的人身权和财产权并没有将舒适、安全的环境作为保护的对象，对此类权益的保护只能以民法中关于一般人格权的条款以及民法原则为依据。因此，承认环境权，保护环境权是环境民事责任制度的发展趋势，也是环境民事责任不同于其他民事责任的一个重要特征。

(三)环境民事责任的功能具有特殊性

环境侵权具有双重价值性决定了环境民事责任的惩罚和谴责功能弱于一般民事责任,也使其不同于环境法律责任体系中的行政责任与刑事责任。环境民事责任具有补偿受害者损失、预防损害发生和分散风险的功能。首先,环境民事责任的主要目的在于对已经造成的权利损害和财产损失给予补偿,力求恢复原状。其次,由于环境侵权行为一旦发生损害后果,往往很难完全恢复生态环境的原状,特别是人身生命健康的损害,根据环境法的预防为主原则,环境民事责任也相应地具有预防功能。另外,民事责任中无过错责任的规定减轻了受害人的举证责任,简化了他们索赔的程序,使加害人更容易承担法律责任,但这种弱惩罚性的责任制度设计使受害人无形中承担了环境污染的一部分成本。因此,从这个意义上说,环境民事责任制度的设计具有使环境污染风险分散化的目的。

案情简介

东京大气污染诉讼案

东京是国际化的大都市,是日本政治、经济、文化、金融中心,它由23区1 200万人口所组成。为了给城市居民提供便利的交通,日本各级政府除了修建各种铁路外,还修建了多种立体式道路,整个东京都的交通线路宛如一个蜘蛛网。在东京,都级以上的道路就达104条,其中日本政府修建了13条,首都高速道路公司修建了19条,东京都自治政府修建了72条。另外,还有难以数计的区级道路。由于城市人口、汽车数量的激增,汽车排放出来的废气已成为一大社会公害。许多居民因此染上了疾病,部分严重的患者陆续死亡。为了使各级政府高度重视并及时解决这一环境问题,东京居民多次上访反映情况。因各级政府相互推诿,长时间没有解决问题,愤怒的国民便开始寻求法律保护。1996年5月31日,居住或工作在东京都内23区多条道路两侧50米以内且患有支气管炎、哮喘、肺气肿等方面疾病的患者或因上述疾病而死亡的患者家属共计102人,共同推举西田顺作为原告诉讼团团长,以日本政府、东京都自治政府、日本首都高速道路公司以及丰田、日产、日产狄赛尔、三菱、五十铃、日野、马自达等7家汽车制造公司为被告,向东京地方法院提起了民事诉讼。要求上述被告立即停止向东京都23区排放污染物质,并赔偿受害人各种损失(身体健康上的损害、家庭生活上的损害以及精神生活上的损害等)共计223 850万日元①。

2002年10月29日,日本东京地方法院根据日本《公害健康被害赔偿法》,判决日本政府、东京都政府和首都高速道路公司向原告支付总计7 920万日元的赔偿。同时,判决驳回了原告对丰田、日产、三菱、日野、五十铃、日产柴油工业、马自达7家汽车制造商的赔偿请求以及原告要求停止排放污染物的诉讼请求。2007年6月22日,日本东京高等法院22日向原被告双方提出正式调解方案,建议被告方七大汽车制造商赔偿原告共计12亿日元(约合970万美元),以达成和解。

① 冷罗生:《东京大气污染诉讼案》,《中国审判》2006年第4期。

案例评析

日本是环境法比较发达的国家。在20世纪六七十年代，日本由于工业化的迅速发展，使得环境问题爆发式的产生并出现了一些非常严重的环境污染案件，有些甚至至今仍然有危害，如著名的“八大公害事件”中，有四个就发生在日本(分别为日本熊本水俣病事件、日本四日市哮喘事件、日本爱知米糠油事件和日本富山骨痛病事件)，因此，那个时代的日本有个别称叫做“公害列岛”，这也促使日本的环境法得到迅速的发展。环境法的发达也是本案原告最终能够胜诉的原因之一。

同一般民事侵权相比，本案例体现了环境侵权的如下特征。

第一，环境侵权一般为间接侵权。一般侵权大多直接作用于受害人的财产或人身，较容易确认。而环境侵权则往往通过环境介质如空气、水等作用于人身及公私财产，产生损害后果。因此，往往环境污染受害者是由于呼吸受污染的空气或饮用受污染的水而导致受损，并非由于污染者的行为直接受损。本案中原告的疾病产生正是由于所有被告的汽车制造、交通规划、道路管制等行为复杂作用下的大气污染；但是，环境侵权的间接性使得环境损害发生后，因果关系和加害人的确定比一般民事侵权要困难得多。

第二，环境侵权行为具有双重价值性。本案中被告的行为如制造和销售汽车、建设道路等都是合法行为，也是社会经济正常发展的必要内容，环境污染则是这一合法行为的副产品。因此，该侵权行为并不像被法律所明确禁止的一般侵权行为那样具有法律上的违法性和道德上的可谴责性。环境侵权行为的特殊性在于，其不仅仅具有污染环境和损害人身及财产的负面价值，同时也是为人类正常的生产、生活所必需的行为，如企业排放污染物，是企业的正常生产的必然结果，而且在今后很长一段时间，还很难做到污染物的零排放。企业的生产行为不仅为人们提供生活和生产所必需的产品，还提供具有正外部性的就业及税收等。因此，环境侵权一般都具有双重价值性，这就使得环境侵权行为在构成要件和承担责任方面都与其他侵权行为不同。

第三，环境侵权法律关系主体具有不易确定性。这里的不确定性既包括侵权主体的不易确定，也包括受害人的不易确定。一般侵权行为所造成的损害后果，都在损害发生时或者发生后不久即显现出来，但环境污染致人损害则不尽然。只有部分环境污染(如突发环境污染事故等)致人损害的后果较快显现，而大多数环境污染致人损害的后果，尤其是损害他人健康的后果要经过较长的潜伏期才显现出来。而在这一过程中，想要确知谁是加害人，其具体侵权行为何时发生，均非常困难。因此，环境侵权的加害人往往难以确定，这也造成许多环境污染损害纠纷无法得到有效解决，环境污染者推脱责任的现象时有发生。另一方面，环境侵权的受害人具有不易确定性。多数环境污染致人损害的案件，其受污染地域、受害对象、受害的民事权益都十分广泛。另外，在人身健康损害方面，还有潜在的受害者。因此，受害者的范围也难以确定。

总之，相对于传统的民事侵权，环境侵权是一种新型的侵权行为，相对于一般民事侵权，环境侵权是一种特殊的侵权行为。因此，环境侵权民事责任也相应地具有不同于一般民事责任的特殊性。

课堂讨论

1. 结合上述案例,讨论环境侵权的特征。
2. 环境民事责任有何特点?

第二节 环境民事责任构成要件与归责原则

关于一般民事责任的构成要件,主要有四要件说和三要件说。四要件说认为,民事责任的构成要件应包括过错、行为违法性、损害事实、因果关系,这种学说将行为违法性独立作为一种构成要件,德国、瑞士、奥地利、日本和前苏联等都采纳该学说。三要件说认为,民事责任的构成要件应包括损害事实、因果关系、过错,其中过错包括了行为的违法性,法国、意大利、拉丁美洲等法国法系国家大都采纳该学说。按目前流行的"客观过错说"的主张,过错就是对义务的违反,违反义务包含了违反法律,在没有过错的情况下,往往也意味着行为不违法。在工业社会,人们的行为更多地受到标准,特别是强制性标准的约束。违反了强制性标准就是违法,符合标准的行为就不违法。但是没有违反标准造成损害的情况也很常见,特别是在环境污染方面。所以,不违法的行为同样会产生损害后果。为了及时救助受害人,不必过多地纠缠于违法的确认方面①。

关于归责原则,纵观在侵权法的历史上曾经历了一个从同态复仇到结果责任并逐渐过渡到过错责任的过程。结果责任(一个人只要被确认为是造成损害的人,就足以成为其承担责任的充分理由)是古老的归责原则,代表性的法律有《汉谟拉比法典》。这种归责原则规定只要存在因加害行为产生的损害事实,行为人就要承担责任,而不问行为人主观有无过错。过错责任原则最早出现在古罗马法,资本主义的兴起使其成为近代民法的基本原则。这种归责原则既考虑客观情况,即损害事实和因果关系,又考虑主观情况,即行为人的心理状态,实际上是一种主客观结合的归责原则。作为过错责任原则的特殊形态,过错推定原则调整部分特殊侵权行为,如我国《民法通则》第121条规定的国家赔偿责任、第125条规定的地下物致害责任、第126条规定的建筑物及其他设施致害责任、第133条规定的法定代理人的侵权责任以及法人侵权、雇主责任和事故责任。作为过错责任原则的一种补充,公平责任原则调整的是造成损害双方当事人都无过错的情况。随着科学技术的进步和机器大工业的发展,社会经济生活中出现了一些新型的侵权行为,典型体现在高科技和高度危险行业

① 李挚萍:《再论环境污染侵权无过错责任原则》,中国环境法网2006年12月1日。

方面，这些领域或是受害者囿于科学技术知识的限制无法对加害人的主观过错进行举证，或是由于加害人所应承担的注意义务超过一般行为人，其民事责任承担如果沿用过错责任原则，就会造成受害人难以达成求偿权的实现和合法权益的保护。作为过错责任的进一步发展，无过错责任开始产生。

一、环境民事责任的构成要件

一般认为，环境污染损害民事责任的构成要件有三个：一是致害嫌疑方实施了排污行为，二是受害方有遭受或可能损害的事实，三是该排污行为与损害事实之间存在因果关系。当对环境污染损害民事责任适用无过错责任原则和实行举证时，受害方应举出其遭受或可能遭受损害的事实和致害嫌疑方有排污的行为，致害嫌疑方则负责有关其排污行为与损害事实之间存在或不存在因果关系的证明。在诉讼实践中，构成要件主要指后两者，即损害事实(后果)和因果关系。

(一) 损害结果

损害结果，在《民法通则》中表述为"损害"，我国学者一般谓之损害事实，即一定的行为致使人身权利、财产权利以及其他利益受到的侵害，并造成财产利益和非财产利益的减少或灭失的客观事实。我国《民法通则》规定："公民、法人由于过错侵害国家的、集体的财产，侵害他人财产、人身的应当承担民事责任"(第106条第2款)；"违反国家保护环境防止污染的规定，污染环境造成他人损害的，应当依法承担民事责任"(第124条)。侵害与损害，前者不仅描述了损害产生的现象，还包含了"过错"，因此一般适用于过错责任场合，后者则强调"依法承担民事责任"。

"损害结果"这一要件在《环境保护法》中表述为"危害"，该法第41条规定："造成环境污染危害的，有责任排除危害，并对直接受到损害的单位或者个人赔偿损失。""危害"的表述包括了损害后果和损害危险，这两者都构成环境民事责任的损害结果要件。可见立法者也认为损害不足以包括环境污染造成的后果，即不仅有污染实际发生造成的损害，还有污染有可能发生所形成的危害。由于环境污染损害一旦造成则损失非常巨大，恢复成本相当高①，特别是人身健康的损害往往难以恢复原状，因此，根据环境法的预防为主原则，环境民事责任的最佳效果就是避免损害事实的发生。根据《环境保护法》的规定，只要有足够的证据证明危险确实存在，排污者就有义务排除危害，这样的制度设计可以"防患于未然"，避免损失的发生。

损害结果一般可以分为三种。

(1) 人身损害。人身损害包括人格利益损害和身份利益损害，而环境污染侵权对人身权的损害仅限于自然人的人格权，一般不涉及身份权。环境污染侵权的人身损害主要包括生命健康权的损害和一般人格权的损害。对生命健康权的损害，包括污染剥夺他人生命

---

① 如英国的泰晤士河，在19世纪曾被称为死河，河水发黑，鱼虾绝迹，甚至导致1849年霍乱流行，后经过治理，到20世纪50年代才慢慢恢复元气，重现生机，恢复费用300亿英镑。又如我国的滇池已经投入46亿元仍未取得理想效果。

和损害他人健康。其中严重的环境污染事故可以直接导致死亡，如印度的博帕尔农药厂毒气泄漏事件，直接导致3 000多人死亡。这是一般侵害行为所不可能具有的广泛性和严重性。环境人格权的损害，如对权利人日照权、眺望权、宁静权、清洁水权、清洁空气权等的损害，对这一类型权利的保护，目前可依民法一般人格权条款进行。

(2) 财产损害。可分为直接财产损害和间接财产损害。直接财产损害是指现有财产的减损，即既得利益的丧失。间接财产损害是指未来财产的减损，即可得利益的丧失。如养殖场的鱼苗被上游工厂的超标污水毒死，则养殖户的损失包括鱼苗的现有价值丧失，也包括鱼苗长成后的成鱼价值的损失，当然要扣除正常养殖期间的合理投入。

(3) 环境损害。环境或生态是一种"公共物品"，不仅为某一个人或某个特定主体所享用，而且为不特定多数人或不特定多数主体所享用，如空气、阳光等被视为"无主财产"；这种公共物品的价值不仅具有经济价值，更重要的是生态价值，而后者由于很难进入市场，往往难以货币化。由于环境损害难以量化，则很难确定地证明加害人的行为造成的人身、财产损害之外的环境污染损害用金钱如何衡量；或者在环境、生态已经遭到污染的情况下，很难确定侵权行为发生时间先后不同的加害人在损害后果中的贡献。但是，目前已经出现了一些评估环境损害的办法如恢复成本法、市场评估法、复原和替代成本法、意愿调查价值评估法、旅游成本评估法、内涵价格法和抽象评估法等①。对于环境损害的救济，发达国家的某些做法值得我们借鉴，如欧盟于2004年3月10日在布鲁塞尔正式通过了《预防和补救环境损害的环境责任指令》，目的是贯彻符合可持续发展的"污染者付费"原则，以实现预防和补救环境损害。

值得注意的是，排污行为或环境污染往往是难以避免的，所以确定污染损害事实还应该运用忍受限度理论，即在可容忍的限度内的环境污染应该免除加害人的赔偿责任。如法国、日本等国家在环境损害的认定中形成了忍受限度理论。忍受限度论起源于法国，在日本得到了进一步的发展。根据这一理论，人们可以忍受某种污染，如果那些污染超过了忍受的限度，受害者可以采取法律行动。忍受限度论认为，超出人们的忍受限度的生活妨碍，是一种权利侵害，具有违法性，构成侵权行为；反之，则不构成侵权行为。判断污染侵害是否为过度时，主要考虑纷争的地域性与时间性、被害的程度、损害回避的可能性等因素。

(二) 因果关系

因果关系是指客观事物、现象之间的前因后果的关联性。在环境诉讼中，由于适用无过错责任原则，免责事由由法律规定；因此，打破、否认因果关系是胜诉的重点。第一，由于环境侵权一般具有间接性，通过环境介质传播，且往往要经过一段很长的时间才会显现出损害结果，因此，环境侵权的因果关系具有复杂性、长期潜伏性，证据也易灭失。第二，由于人力、物力和科学技术的局限，要查明环境违法行为与危害后果之间的关系尚非力所能及。由于环境污染侵权的双方当事人一般处于实力不对等的状态，加害人是拥有高科技的工业企业，技术和财力都非常雄厚，受害人是普通的民众，要想准确证明加害人的加害行为与损害事实之间的客观联系，实属不易。如果处理该类环境案件仍要求有严密科学的因果关系的证明，

---

① 马中：《环境损害与效益的价值评估方法》，http://envi.ruc.edu.cn\classic\neirong\chap8.pdf。

要求受害人提供明确无误的证据，并按通常的诉讼程序去查证因果关系，就会拖延诉讼时间，使受害人无法得到及时的赔偿，甚至可能承担败诉的风险，使加害人逃脱法律的制裁。第三，在确定因果关系时，多因一果的现象经常出现，如数家工厂向同一河流排污，河水被污染致使饮用该河水的居民感染疾病。在这种情况下，受害人很难或根本无法证明谁是致害人。为平衡双方当事人实质上的不平等，法律在环境污染侵权行为与损害结果的因果关系认定上，采用了推定的方法，即在确定污染行为与损害结果之间的因果关系时，如果无因果关系的直接证据，可以通过间接证据推定其因果关系。

环境民事责任构成要件中的因果关系推定已经为世界各国所普遍接受。如德国 1990 年《环境责任法》规定，工厂的操作者有义务为其造成的损害提供赔偿，同时应考虑该法第 6 条有关因果推定的规定，如果一个工厂有可能在特定情况下对环境造成损害，则该厂被推定为造成了污染。根据该法，严格责任将取代过错责任，不管工厂的运营者是否有过错，只要其生产活动造成了损害，他就必须对其造成的环境损害承担责任；严格责任适应的具体行业，根据工厂运行的危险性确定；对现行法律的遵守并不免除工厂的严格责任；不再要求严格的因果关系证明，只要设施的运行可能产生某种损害，则推定该损害由其产生，该设施的运营者可提出证据反驳上述推定。

在因果关系推定的认定标准上，学者们提出了各种不同的见解，其中影响较大的有以下几种。

(1) 优势证据说。只要有一方当事人所提出的证据达到了比另一方当事人所提出的证据更为优越的程度，即已达到了法律上所要求证明程度，而不需要以严密的科学方法来证明因果关系。这实际上减轻了原告的举证责任，即由双方承担举证责任，然后比较双方的证明度，较高的一方胜诉。

(2) 盖然性说。在环境侵权诉讼中，因果关系存在与否的举证，无须以严密的科学方法证明，只要达到盖然性的程度即可。所谓盖然性，是指在侵权行为与损害结果或不良状态之间只要有“如无该行为，就不会发生此结果”的某种程度的盖然性(可能性)，即可认为有因果关系存在。至于作为被告的企业方面，除非可以举出反证，否则无法免除责任。

(3) 疫学原理说。疫学原理又称流行病学原理，其主要内容是运用流行病统计学的方法来证明侵权行为与损害结果之间的因果关系。具体做法是以四个条件作为标准：其一，该因素在该疾病产生前已在该区域内存在，在发病前曾发生作用；其二，该因素作用的提高与发病率的上升之间有关系；其三，该因素作用的降低与发病率的下降之间有关系；其四，该因素可能导致该疾病发生的结论与科学和医学规律不存在矛盾，即该因素作为某流行疾病的致病原因，其机理基本上能与生物学上的说明相一致。日本法院在审理四大公害案件时，都是以该学说作为因果关系判定标准的。

(4) 间接反证说。其适用范围比以上几种标准更广泛，可适用于所有环境侵权案件。通常只要考虑以下几个要素：被害原因物质，该物质的传播途径，企业的排放行为；如果前面两个要素被证明，则后面的要素推定成立。

二、环境民事责任的归责原则和免责事由

侵权行为法的归责原则实际上是归责的规则，是确定行为人的侵权民事责任之根据和标准。

无过错责任原则是指不以行为人的过错，而是以已发生的损害后果为承担民事责任的判断依据的归责原则。该原则兴起于19世纪末，其价值取向是保障受害者得到及时、有效的救济和补偿，以实现社会公平。这一归责原则在工业事故、环境污染、产品责任等方面被广泛采用，并产生了深远的影响。无过错责任原则不以加害人过错为侵权行为的构成要件，加害人不得以证明自己无过错为免责要件，而必须以证明存在法定免责事由为免责条件。从表面上看，要件只有损害事实、因果关系，也有人说其是现代的结果责任原则。其强调的是，在环境污染领域，在加害人是否有足够的谨慎与勤勉不易判断时，不以加害人是否有过错的心理状态为要件。

法律设定无过错责任，主要在保护受害者的利益。因为环境污染一般由生产者制造，而且作用过程较复杂，再加上受害人一般为普通民众，与污染企业相比，实力相差过于悬殊，且环境侵权行为又多是间接侵权，加害人过错无法证明。我国《民法通则》第122条规定的产品侵权责任、第123条规定的高度危险作业致害责任、第124条规定的环境污染致害责任和第127条规定的动物致害责任都适用无过错责任原则。因此，无过错责任原则已经成为环境侵权民事责任的归责原则。

但是，我国环境民事责任中的无过错责任原则并不是绝对的无过错责任或严格的结果责任，而是有例外情况的或有免责事由的无过错责任。环境民事责任的免责事由又称抗辩事由，是指在符合侵权行为构成要件的条件下，可以免除或者减轻行为人赔偿责任的正当事由。各国环境法律大都规定了环境民事责任的免责事由，允许污染者在符合法定的条件之下，可以主张免于承担民事责任。根据相关法律规定，环境民事责任的免责事由包括以下四种。

(1) 不可抗拒的自然灾害。我国《环境保护法》第41条第3款规定："完全由于不可抗拒的自然灾害，并经及时采取合理措施，仍然不能避免造成环境污染损害的，免予承担责任。"由于《环境保护法》的基本法地位，因此，这一规定适用于所有的环境民事责任。由于一些国际环境条约规定了核材料水上运输的绝对无过错责任，即核污染损害是由不可抗力引起时，有关主体也要承担民事赔偿责任。因此，在《水污染防治法》关于不可抗力免责的条文中同时规定了"法律另有规定的除外"的限制条件。

(2) 第三人过错。第三人过错又称第三者过错，是指除受害人和加害人之外的第三人，对损害的发生或扩大具有过错。我国原《水污染防治法》第55条第3款规定："水污染损失由第三者故意或者过失引起的，第三者应当承担责任。"但由于水污染致害的第三人往往没有能力赔偿，或难以确定第三人，为了尽快地保护污染受害者的利益，2008年修改的《水污染防治法》第85条规定："水污染损害是由第三人造成的，排污方承担赔偿责任后，有权向第三人追偿。"由于污染物质始终是排污者所生产的，因此，虽然是由于第三人的过错，但是往往与排污者的管理制度缺陷、内部监督缺位有关，所以排污者也不能完全免责，从某种意义上讲，这种规定加重了排污者的责任。《海洋环境保护法》第90条第1款规定："完全是由于第三者的故意或者过失，造成海洋环境污染损害的，由第三者排除危害，并承担赔偿责任。"我国海洋环境保护法等法律规定，完全是由于第三者的故意或者过失造成的污染损害，由第三者承担赔偿责任，但被告亦应对第三人的过错举证。

(3) 受害人故意。关于这一免责事由,在我国环境立法上有一个发展的过程。我国原《水污染防治法》规定:"污染损失由受害者自身的责任引起的,排污单位不承担责任"。其中的受害者责任主要指由于受害人自身的过错而导致环境污染事故的发生。2008年修改的《水污染防治法》第85条规定:"水污染损害是由受害人故意造成的,排污方不承担赔偿责任。水污染损害是由受害人重大过失造成的,可以减轻排污方的赔偿责任。"根据这一规定,水污染侵权责任的免责事由包括受害人故意和受害人重大过失两种情况。

(4) 战争。我国《海洋环境保护法》第43条规定,战争行为是海洋污染造成损害的免责条件。

案情简介

中国环境民事诉讼第一案①

1978年7月1日晚,青岛市化工厂的电器设备因遭雷击毁坏,不能正常工作,从而造成该厂大量氯气外溢,致使该厂附近居民10余人因吸入氯气中毒,当晚送医院抢救。其中青岛房产局机具厂女工王娟,因家住距本次氯气外溢事故发生地附近约100米处,中毒症状较重,在医院住院观察及治疗共计384天。其间花费住院费、医疗费及误工费、生活补贴等全部由青岛市化工厂承担,两者之间并无纠纷。

王娟中毒病情好转之后办理出院,医院在为其办理出院检查时诊断王娟还患有"过敏性支气管哮喘",建议其出院后继续服药治疗。但青岛市化工厂则拒绝为王娟的继续服药治疗承担相关费用。其理由是,王娟的"过敏性支气管哮喘"与氯气中毒无关,与氯气中毒无关也就是与该厂的氯气外溢事故无关。

无奈之下,王娟于1980年5月13日以青岛市化工厂为被告,向青岛市中级人民法院提起诉讼,请求判令化工厂赔偿其因受氯气污染患过敏性支气管哮喘疾病而受到的各种损失。

青岛市中级人民法院依法受理了此案。法院在审理该案的过程中调查了王娟的病史,走访了有关的医疗卫生部门并收集了大量的医学旁证。经审理查明:(1) 王娟在此次患病以前从未患过过敏性支气管哮喘,并且其本人无此类疾病之家族病史;(2) 医学证明氯气中毒可致人患过敏性支气管哮喘疾病;(3) 王娟患过敏性支气管哮喘疾病的时间正是在青岛市化工厂发生氯气外溢污染事故以后。

据此,青岛市中级人民法院认定,王娟患病系化工厂氯气外溢污染事故所致,故青岛市化工厂应对王娟因患病所遭受的各种财产损失负赔偿责任。在法庭调解之下,经充分协商,化工厂与女工王娟之间达成赔偿协议如下:化工厂赔偿王娟人民币500元(包括出院后至1980年底40%的工资)。

---

① 本案主要参考资料:《遭雷击氯气外溢,无过失赔偿损害》,载于曾昭度主编的《环境纠纷案件实例》,武汉大学出版社1989年版;张一粟:《环境立法不能承受之重:中国环境民事诉讼第一案的启示》,《绿叶》2006年第11期。

案例评析

该案是《环境保护法》(试行)实施后最高人民法院公布的第一个环境民事诉讼案件,同时也是我国最早一起在环境民事诉讼中实行无过错责任(结果责任)、采用推定方法认定污染损害行为与污染损害结果之间的因果关系的环境污染损害赔偿案件。根据现行环境法律,环境侵权作为特殊侵权的一种,实行无过错责任原则,关键在于确定污染行为与损害后果之间的因果联系;与环境侵权实行无过错责任并行的是在举证责任上实行倒置,由被告对其存在法律规定的免责事由及其行为与损害结果之间不存在因果关系承担举证责任;体现在该案中,便是确定王娟患病与化工厂氯气外泄之间有无因果联系。

但是,在1980年,中国的司法机关刚刚恢复重建,《民法通则》(1986年)尚未颁布,法律依据匮乏,环境法治理念还不够普及,处理环境污染损害赔偿纠纷案件还存在很多法律难题,当时法院不可能根据现行法律判案。该案承办法官凭借公平与正义的信念,在审理此案时所体现的环境法律思维以及先进的环境法治司法理念尤为值得我们钦佩。他们仅仅基于当时"弱者保护"和"司法为民"的司法理念,即顺理成章地适用了后来才产生的环境侵权无过错责任理念。

分析该案发现,该案采用的是排除了不可抗力(即自然灾害)的无过错责任原则,而且举证责任分配上也未运用责任倒置原则。在无过错责任中,世界各国包括我国现行法律规定均将不可抗力作为环境侵权责任的法定免责事由,而本案中因雷击而造成的氯气外泄显然是不可预见并不可避免的,属于典型的不可抗力;按现行法律规定,化工厂最多是基于道义责任给予王娟适当的补偿。另外,该案在确定加害行为与损害后果之间的因果联系时,并未适用由被告亦即化工厂承担证明的责任,或者按照一般侵权由原告来承担举证责任,而是由主审法官通过调查解决了因果关系证明问题。而根据现行《民事诉讼法》第64条之规定,只有诉讼当事人及其代理人因客观原因不能收集的证据或者人民法院认为需要时,才应当由法院来收集,而本案中原被告双方在这方面均未承担任何举证责任。值得注意的是,在因果关系的认定上,法官也并未实施司法实践直到现在仍秉持的必然因果关系说,而在无意地适用了起源于日本、到目前在很大程度上仍停留在学说层面的"疫学原理"。

如果用今天法律的条条框框来看,本案还存在种种不合法的地方,甚至原告根本就不可能胜诉。但我们并不能因此否认该案的价值,该案中某些方式如因果关系推定的方式甚至可以说是未来环境侵权发展的方向。在那个刚刚走出"砸烂公检法"的年代,在法律人才匮乏的年代,法官能作出这样的判决,其中的不易尤为值得我们深深的思考。

该案在当时判案依据缺乏的情况下能够得到妥善的处理,法官发挥了高超的"自由裁量权",这种自由裁量权在当今环境立法急剧增加的情形下反而难以实现。改革开放以来,环境立法可以说是发展最快的一个部门,基本上涵盖了环境保护的方方面面,不可否认由于过度追求经济发展,环境立法在某些层面上还存在种种不足。但事实上,最关键的问题并不仅仅在于立法,更重要的在于执法和司法。如果现行环境立法都能够得到有效执行,环境保护将大大改善。

目前有很多执法者和研究者,遇到新型环境事件时往往不去仔细查询已有环境立法,或者不从整个立法体系上去把握,动辄声称立法不完善,立法空白,需要制定若干新的法律来予以规制。但事实上,从国际条约到国内立法,均可找到依据对该事件予以处理。在环境保护方面,我们最需要的不仅仅是立法,执法和司法的完善也许才是我们更应该重视的事情。

案情简介

养殖场诉造纸厂污染案

A 市甲养殖场承包了水库的 600 亩水面养殖淡水鱼。乙造纸厂位于距水库 2 000 米处,自投产后每年都有一定数量的污水沿河道排入水库。甲养殖场共向水库投放鱼苗 10 万尾,投资 8 万元。2008 年 10 月,甲养殖场工作人员发现水面上漂浮了很多死鱼,经打捞共有 1 000 余条。养殖场当即通知乙造纸厂,并要求赔偿损失。乙造纸厂认为其排放水量未超过国家规定的标准,且已交排污费,拒不承担赔偿责任。环保局调查后认定鱼死的原因是造纸厂排污所致,但造纸厂排污确实合乎国家规定的标准。养殖场多次找环保局要求解决,但始终没有结果,于是向人民法院起诉。法院判决造纸厂向养殖场赔偿损失。

案例评析

此案因果关系非常清晰,造纸厂的排污行为导致了养殖场的损失。造纸厂应否承担民事责任取决于法律对于环境侵权构成要件的规定,根据现行法律规定,工厂是否超标排污是环境保护部门进行行政管理的重要依据,但不是排污单位是否承担民事赔偿责任的依据;无论工厂是否超标排污,只要造成了损失,且在工厂排污与损害事实之间存在因果关系,则工厂应该承担赔偿责任。

课堂讨论

1. 结合中国环境民事诉讼第一案,讨论在确定环境民事责任时实行无过错责任原则的必要性和意义。
2. 结合养殖场诉造纸厂污染案,讨论环境民事责任的构成要件。
3. 分析我国法律对环境民事责任的免责事由的规定。

第三节 环境民事责任的承担方式

环境民事责任的承担方式是指应当承担环境民事责任的人承担责任的具体方式,又称环境民事责任形式。我国《民法通则》第 134 条规定了十种民事责任承担方式,环境民事责任的承担方式主要包括赔偿损失和排除危害两大类。

一、赔偿损失

赔偿损失是民事责任中最基本的一种财产责任形式，也是环境民事责任补偿功能的最重要体现。由于环境侵权的损害结果包括人身损害、财产损害和环境损害，因此，环境民事责任赔偿损失的范围也包括人身损害、财产损失和环境损害。

（一）财产损害

应该对直接损失和间接损失都进行赔偿，直接损失是指现有财产的减损，而间接损失则是指可得财产的灭失。财产损害赔偿一般有两种形式：一是实物赔偿，二是折价赔偿。对直接损失，既可以实物赔偿，也可以折价赔偿；对间接损失，一般只进行折价赔偿。

（二）人身损害

人身损害是指侵权行为对受害人的生命权、健康权和身体权的侵害，对于人身损害的赔偿，包括因人身损害造成的财产损失和精神损害。因人身损害引起的财产损失，主要包括医疗费、误工费、抚养费、抚恤金、丧葬费等。根据2001年3月11日起施行的《最高人民法院关于确定民事侵权精神损害赔偿责任的若干问题的解释》，对生命权、健康权、身体权、人格尊严权、人身自由权等权利的侵害以及违反社会公共利益、社会公德侵害他人隐私或者其他人格利益的情形，应该赔偿精神损害；即环境污染损害人身生命健康的，不仅要赔偿由此所产生的财产损失，还要赔偿精神损害。

（三）环境损害的赔偿

由于我国现行民事法律对环境、生态损害缺乏明确的规定，加之民法学界对环境、生态这类“公共物品”的民事赔偿理论还存在重大分歧，目前我国还没有一个公认的环境损害的赔偿范围和标准。这使得污染者在承担环境民事责任时，仅仅承担因污染环境而造成的财产损失，而未承担恢复环境、生态原状的责任。但可喜的是，目前正在我国发展的环境公益诉讼正在解决这方面的问题，有关理论和案例可参看本书第8章中环境公益诉讼部分以及第5章中“塔斯曼海”油轮海洋环境污染案。

（四）共同侵权赔偿责任的承担

环境共同侵权是一种特殊的环境侵权行为，也是一种特殊的共同侵权。

共同侵权行为是指两个以上的行为人各自的独立行为造成损害后果的发生。共同侵权为连带责任，受害人可以对共同侵权行为人中任何一个提出全部赔偿请求。共同侵权的责任设计意在使受害人处于优势地位，保障其求偿权的实现。《民法通则》第130条规定：“二人以上共同侵权造成他人损害的，应当承担连带责任。”

环境共同侵权是指两个或两个以上企业的排污行为致人身、财产和环境权益受到同一的不可分割的损害。只需证明分别存在时间、地域和致害物质的同一性，则可成立共同侵权行为的推定。这种推定允许被告提出反证，即如果任何一个被告能够证明自己未在同一时间、地点排污，或排污为另一物质，则不承担共同侵权的责任。

在我国的司法实践当中，通常是依据各行为人的过错程度来确定各行为人的责任范围的，对于没有共同故意或过失的多个侵权人，最高法院《关于审理人身损害赔偿案件适用法律若干问题的解释》(2003年12月)第3条规定："二人以上没有共同故意或者共同过失，但其分别实施的数个行为间接结合发生同一损害后果的，应当根据过失大小或者原因力比例各自承担相应的赔偿责任。"即先把共同侵权行为人全部列为被告人，然后根据案情在各个行为人内部按其过错程度和行为的轻重，分别按比例分担赔偿数额。过错或原因力比例大的，按比例多分担；反之，则少分担。共同危险行为人对损害结果也承担连带责任，该《解释》第4条规定："二人以上共同实施危及他人人身安全的行为并造成损害后果，不能确定实际侵害行为人的，应当依照《民法通则》第130条规定承担连带责任。"

环境共同侵权的赔偿责任问题，没有在环境法中明确规定，应适用民法的一般规定；但环境侵权是无过错责任，无法依据过错的大小来分配责任，应按照承担共同侵权责任的致害人的排污量的比例来判断侵权人的责任份额，分别承担赔偿责任。如果无法查明，应平均分担。

二、排除危害

排除危害的民事责任类型包括停止侵害、排除妨碍和消除危险，这三种责任既可以单独适用，也可以与其他民事责任方式合并适用，其目的在于使已经发生或将要发生的损害归于消灭，既包括对已经发生的环境污染危害的排除，也包括对实际可能发生的环境危害的排除。这种民事责任的设计目的在于防止持续性侵害的继续与扩大，因为损害赔偿的民事责任只对现实发生的损害事实进行赔偿，而对将来还会反复发生或持续发生的侵权行为则无能为力。在环境民事责任中，排除危害还具有预防污染发生的功能，因为环境污染损害后果一旦产生，往往恢复成本相当高昂，甚至是一种不可逆的损害，尤其是人身健康的损害，无法获得同质性的赔偿，最好的责任形式就是请求加害方停止加害行为，消除可能发生的环境污染风险。

三、环境民事责任承担方式的新发展

由于环境污染一旦产生损害后果，影响都非常广泛和严重，对如此巨额的损害赔偿，加害人要承担全部赔偿责任，将生态环境恢复原状，对加害人而言，往往难以负荷如此沉重的负担，有些企业可能会因此一蹶不振甚至破产。这样不仅使受害人得不到及时有效的赔偿，反而会伤害社会的整体利益。因此，适用无过错责任原则的同时也伴随着责任保险或者责任分担制度，包括环境基金、环境责任保险和国家补偿等，而且通过这些制度实现无过错责任的承担也是环境民事责任分散风险的功能体现、是环境民事责任承担方式的发展趋势。

案情简介

京石高速公路噪声污染案①

1992年11月，王某与拆迁人北京市综合投资公司(下称投资公司)签订拆迁安置协议，约定安置其到丰台区六里桥10号院7号楼居住。1994年5月，王某入住后

① 参见范跃如：《全国首例噪声污染案评析》，中国法院网2002年5月21日。

发现该楼邻近京石高速公路,噪声污染十分严重,日常生活和学习受到严重干扰。王某多次要求解决噪声污染问题,均没有结果。为此,王某于2000年8月向法院提起诉讼,请求判令投资公司、北京市公路局(下称公路局)、北京市首都公路发展有限公司(下称发展公司)限期采取减轻噪声污染的措施,将住房内噪声值降低到标准值以下,赔偿从入住以来的噪声扰民补偿费每月60元,总计4 500元。

1997年11月3日晚22时,北京市丰台区环境保护监测站对六里桥10号院7号楼进行噪声监测,噪声值分别为78.4分贝、77.3分贝、69.2分贝。该区域适用国家《城市区域环境噪声标准》的4类标准,环境噪声最高限值昼间为70分贝、夜间为55分贝。

被告投资公司辩称,10号院的规划、设计、施工均履行了法定手续。房屋竣工后,经过了丰台区建设工程质量监督站的验收,符合交付使用条件。建设期间(1992年至1993年)京石高速公路已通车,当时的设计已考虑了高速公路的影响。但随着发展,京石高速公路的车流量增加了很多,而且北京市实行的交通管制又使大型载重汽车只能在夜间进城,这是规划设计时无法预见的。

被告公路局辩称,京石高速公路已于1999年10月1日前交发展公司管理和经营;京石高速公路赵辛店至六里桥段早在1987年即建成通车,而10号院是1994年建成的,交通噪声污染责任不能归咎于公路局。

被告发展公司辩称,原告住房的噪声污染问题完全是由于投资公司的过错造成的。理由是:(1)根据收费站的统计,京石高速公路的现流量还远未达到设计流量,并且公路局和我公司管理京石高速公路时也没有由于未尽管理义务而导致交通噪声加大的情形,对噪声污染的损害结果没有任何过错。(2)投资公司在已有的城市交通干线的一侧过近的地方建设噪声敏感建筑物,应当预见而未能预见可能给居民带来的噪声污染,未能采取有效措施防止噪声污染,应当承担本案的全部责任。

法院审理后认为,投资公司在开发建设7号楼时,京石高速公路已通车数年,该公司有关建楼规划手续虽符合当时规定,但并不能免除该公司对噪声污染进行治理的责任,故投资公司在治理和改善住户居住条件的问题上应承担主要责任。发展公司是目前京石高速公路的经营管理人和受益人,且此次纠纷所争议的噪声污染源主要来自京石高速公路,故发展公司在经营管理过程中有义务承担起治理和改善环境的责任。判决如下:(1)投资公司在2个月内为原告居住的住房南侧大间、门厅及阳台安装隔声窗(双层),将住房的室内噪声降到昼间60分贝以下,夜间45分贝以下;(2)投资公司、发展公司赔偿王某所受噪声污染损失每月60元,其中,投资公司负担50元,发展公司负担10元,自1994年5月起到住房安装隔声窗之月止。

案例评析

第一,本案是全国首例噪声污染赔偿诉讼,案中损害赔偿的依据不是人身权、财产权,而是王某安宁生活的权利——安宁权，对安宁权的侵害可以视为一种精神损害，被告承担民事责任的方式是赔偿原告的精神损失。随着社会的发展和文明的进步，人们越来越重视精神权利的价值，重视精神创伤和痛苦对人格利益的损害。公民人身权利遭受侵害，在造成财产上损失的同时，必然会造成精神上的创伤。对这种损害的平复和填补，是人身损害赔偿制度的必然延伸。在环境侵权中引入精神损害赔偿，还有一个特殊的原因，就是有不少权利的损害（如采光权、安宁权、通风权等）很难归类于财产损害或人身损害，而将其归于精神损害，有利于对受害人权益及时有效地保护。

第二，法院判决被告投资公司在原告居住的住房安装隔声窗，将住房的室内噪声降到昼间 60 分贝以下，这意味着被告承担了排除危害这种民事责任承担方式。

课堂讨论

1. 结合上述案例，讨论对精神损害赔偿损失的意义。
2. 环境民事责任的承担方式主要有几种？
3. 试述环境民事责任赔偿损失的范围。

第四节　环境民事纠纷解决方式

“近年来，环境问题日益突出，污染问题严重影响社会稳定。因环境问题引发的群体性事件以年均 29%的速度递增。2005 年，全国发生环境污染纠纷 5.1 万起。自松花江水污染事件发生以来，全国发生各类突发环境事件 76 起，平均每两天就发生一起。”①在日益增多的各种环境纠纷中，环境民事纠纷是最大量、频繁发生的一种纠纷。如何运用多种方式有效处理环境民事纠纷，对于促进“五型社会”具有重要的意义。

一、环境民事诉讼

环境民事诉讼是解决环境民事纠纷的最主要方式。环境民事诉讼，是指环境法主体在其环境民事权利受到或者可能受到损害时，为保护自己的合法权利依据民事诉讼的条件或程序，向人民法院对侵权行为人提起的诉讼。其目的通常是请求人民法院或确认原告之某种权利，或判明被告负有某种义务并应履行某种义务，或请求变动、消灭某些环境民事法律关系。环境民事诉讼是民事诉讼的一种，由于环境民事责任的构成要件的特殊性，以及环境法价值取向的不同，环境民事诉讼又具有鲜明的特征。主要包括：放宽起诉资格、实行因果

① 参看《环保工作要实现历史性转变——国家环保总局局长周生贤答本报记者问》，《学习时报》第 332 期（2007 年 4 月），新华网 4 月 26 日消息。

关系推定、举证责任倒置和适用较长的诉讼时效。

（一）起诉资格放宽

一般的民事诉讼，要求起诉人必是与案件有直接利害关系的人。如果不具备这个条件，就不能取得原告的资格，也就不能以原告的资格向法院提起诉讼。我国《民事诉讼法》第108条规定："原告是与本案有直接利害关系的公民、法人和其他组织。"其"直接利害关系"要求原告只能为了自己的直接有关的利益起诉，而不能为了只与自己有间接利害关系或者没有利害关系的社会、公众以及自然环境而起诉①。上述严格的原告资格限制不利于环境民事纠纷的解决，当环境污染受害者为不确定的多数人甚至包括未出生的下一代人时，当"公共物品"如空气、水流、海洋等环境要素受到污染时，公民个人、单位或社会团体很难作为直接利害关系人提起民事诉讼，从而导致很多环境污染受害人无法及时获得有效的损害赔偿。

我国《环境保护法》第6条规定："一切单位和个人都有保护环境的义务，并有权对污染和破坏环境的单位和个人进行检举和控告。"《大气污染防治法》、《水污染防治法》、《固体废物污染环境防治法》、《野生动物保护法》等法律都有类似规定。其中"检举和控告"当然应该包括提起民事诉讼，但是由于我国民事程序法尚未将其具体化，因此，公民尚不能依据《环境保护法》等法律的规定对与自身有"直接利害"关系但同时也对不特定多数人也有"直接利害"关系的侵权行为直接提起环境民事诉讼。

为了解决这一问题，保护公民参与环境保护的权利和鼓励公民积极地参与环境管理活动，许多国家通过立法放宽了对环境民事诉讼起诉资格的限制，规定任何人都可以对损害环境公益（如污染或破坏环境）的行为向法院提起诉讼。如美国的《清洁水法》和《清洁大气法》规定任何人都可以向环境污染、破坏者提起诉讼，为了减轻原告的起诉成本，在诉讼费和律师费的负担上还作出了有利于起诉人的规定。从世界各国的环境立法与司法实践看，放宽民事诉讼的起诉资格是大势所趋。

（二）举证责任倒置

举证责任，亦称证明责任，是指司法机关或者当事人对其诉讼主张承担提供证据，加以证明的责任。民事诉讼中的举证责任，就是指民事诉讼的当事人对自己的诉讼主张提供证据，加以证明的责任。根据我国《民事诉讼法》的有关规定，民事诉讼举证责任分担的基本原则是"谁主张，谁举证"即谁提出主张，谁就负有举证证明的责任，无论是原告、被告、还是参加诉讼的第三人对自己的诉讼都负有举证的责任，否则可能导致不利于自己（即败诉）的法律后果。在一般的民事诉讼中，通常都要求受害人（原告）对自己的诉讼主张提供相应的证据。在侵权损害赔偿诉讼案件中，原告需就侵权的构成要件分别加以举证，包括提供关于加害人实施具有违法性的损害行为、受害人受到损害的事实、加害人的损害行为与受害人的损

---

① 上述"直接利益"将"具有公益性个人权益"排除在外的"法律解释"是片面的，因为在当代社会生活中，有些利益既是个人的直接利益，也是公众的直接利益，例如，当大气受到污染时，公民个人可以直接感受其个人利益的损害；但同时，其他不特定多数人也会感到其直接利益受到了损害。

害事实之间具有因果关系及加害人主观上具有过错等证据。

由于环境污染侵权的加害人与受害人在技术与经济实力上都存在非常大的差距，再加上环境侵权的间接性等特点，使得环境侵权的因果关系比较难以证明。传统民事诉讼对举证责任的这种规定如果适用在环境民事诉讼中，如果按照“谁主张，谁举证”的要求，原告必须要证明被告的行为与自身损害结果之间的因果关系，这就意味着原告必须掌握相应的技术和科学知识，并了解被告的生产工艺流程，和有关的化学物质特性及反应后果是否造成人身或财产的损害等知识和技术；这对原告而言，是不可能完成的任务，而被告也往往以商业秘密等为由拒绝原告的调查。这种举证的困难往往会导致环境污染受害者“畏讼”心态的产生，即使提起诉讼也难以获得满意的赔偿。

实质上的不平等必须在程序上得到矫正，为此，应该在环境民事诉讼中实行举证责任倒置，即将由原告承担的举证责任改为由被告承担，原告只需提供损害事实的证据，如果被告否认应承担的民事责任，则需要提出反证，证明自己的行为与损害结果没有因果关系。许多国家在环境保护法律中都采纳了这一制度。美国密执安州《环境保护法》第3条规定：“原告只需举出简单的证据，证明被告已经或可能污染水、空气等自然资源和公共委托在其中的财产，请求便可成立，被告若要不承担责任，则需举出相反的证明。”我国也已经在环境民事诉讼领域采纳了举证责任倒置制度，1992年最高人民法院在《关于适用〈民事诉讼法〉若干问题的意见》(1992年7月14日)第74条中明确规定，在因环境污染引起的损害赔偿诉讼中，对原告提出的侵权事实，被告否认的，由被告负责举证。最高人民法院于2002年发布的《关于民事诉讼证据的若干规定》第4条第3款规定：“因环境污染引起的损害赔偿诉讼，由加害人就法律规定的免责事由及其行为与损害结果之间不存在因果关系承担举证责任。”2008年修改的《水污染防治法》第87条进一步明确规定：“因水污染引起的损害赔偿诉讼，由排污方就法律规定的免责事由及其行为与损害结果之间不存在因果关系承担举证责任。”这一规定标志着，环境民事诉讼中的举证责任倒置原则已在我国不断得到完善。

案情简介

工厂污染甲鱼养殖案①

原告甲公司是以甲鱼养殖为龙头的企业，年产值为1 000万元，1996年，该公司年前投放的百万多鱼苗大量病死，血本无归，于1997年起诉被告(一厂家)环境污染(硫酸铜致损)，索赔2 158万元。被告的代理词内容为：(1) 甲鱼养殖对含铜量没有特别要求，有权威刊物和专家证词。(2) 1995年产值达1 000万元时厂家排污就在池塘，而后来，厂家排至闽江，甲厂引另一条河水时，却出现了甲鱼死亡。说明排污程度下降并没有使损害减少。(3) 被告相隔10米的另一甲鱼养殖场成活率为80%，且排出废水中有大量的鱼虾生存，证明排污程度显著与患病并无联系。后被告胜诉。

① 参见谷辽海、董服民主编：《大案名案法庭论辩实录》，群众出版社2000版，第262页。

案例评析

该案的焦点在于被告排污行为与原告的经济损失之间是否存在因果关系。

该案例中实行举证责任倒置,由被告负责证明其排污行为与原告的损害结果没有因果关系。从被告的抗辩中,我们可以看出疫学原理说得到了采用。其主要论点说明了以下问题:原告的主张与生物学学说发生矛盾;被告排污行为因素作用的降低与发病率的下降之间没有关系;被告排污行为因素作用的上升与发病率的上升之间没有关系。这几个证据基本上打破了因果关系,可以认定被告的排污行为与原告的损害结果之间没有因果关系。该案是依据疫学原理说确定因果关系是否存在的典型案例。

(三) 诉讼时效延长

诉讼时效是指权利人通过诉讼程序请求人民法院保护其民事权利的有效期限。诉讼时效期满,当事人丧失胜诉权。诉讼时效是民法规定的时效中的消灭时效。普通民事诉讼的诉讼时效为二年,其中有几种为一年。我国《民法通则》第135条规定:“向人民法院请求保护民事权利的诉讼时效期间为二年,法律另有规定的除外。”最长诉讼时效为二十年,从权利遭到侵害之时起算。《民法通则》第137条:“诉讼时效期间从知道或者应当知道权利被侵害时起计算。但是,从权利被侵害之日起超过二十年的,人民法院不予保护。有特殊情况的,人民法院可以延长诉讼时效期间。”

环境民事诉讼的诉讼时效的设定仍然考虑到环境侵权的特殊性。环境侵权往往具有潜伏期长,因果关系难以确定的特点。如最早发生在日本九州岛熊本县水俣市的水俣病就是一种潜伏期长并很难确定病因的环境污染病。环境污染损害的这一根本特点决定了受害者可能难以像直接侵权案件那样很快的确定侵权者以及寻找证据。

为了弥补普通民事诉讼程序对于环境污染受害者保护的不足,我国《环境保护法》对环境民事诉讼案件设计了较长的诉讼时效。《环境保护法》第42条规定:“因环境污染损害赔偿提起诉讼的时效期间为三年,从当事人知道或应该知道受污染损害时计算。”我国环境法并未对环境民事诉讼的最长诉讼时效作出规定,因此,环境损害赔偿的最长诉讼时效应该统一适用《民法通则》第137条关于最长时效为二十年的规定。

二、行政处理

行政处理制度有以下几个特点:(1) 适用范围特定。只适用于环境污染引发的民事赔偿责任认定和赔偿金额的纠纷,即只适用于确定民事责任的承担和金钱赔偿的数额,对其他民事纠纷并不能采取这种方式。(2) 行政处理的主体特定。只能由环境保护行政主管部门或其他行使环境监督管理权的部门包括海洋行政主管部门、港务监督管理部门、军队环境保护部门、公安、交通、铁道、民航管理部门等处理,是一种由行政机关对平等当事人之间民事纠纷居中进行处理的活动。(3) 行政处理的法律效力特定。这个问题是理论界与实践界对行政处理争论的焦点。其主要分歧是人们对“行政处理、行政调解和行政裁决”有不同理解:有些人或有些部门认为,行政处理包括行政调解和行政裁决,行政调解不同于行政裁决;有的则认为，行政处理仅指行政调解，不包括行政裁决；有的甚至认为，行政处理是指行政调解，行政裁决也是指行政调解。本教材认为，行政调解不同于行政裁决，行政调解是基于当事人的自愿达成协议的一种行政处理方式，而行政裁决是行政机关在调解不成时单方面采取的行政处理方式。无论是行政调解还是行政裁决，其依法进行的处理结果都具有一定的法律效力。

由于行政处理的方法在程序上比在司法机关进行诉讼处理的方法简单易行，因此从当事人的角度看，通过行政手段来处理解决环境侵害纠纷也是当事人乐于接受的方式。另外，环保部门和其他拥有监督管理权的行政机关拥有具备专门知识的环境科学专家和技术人员，而且按照环境污染防治的行政法律法规建立了一系列的监督监测制度，对当前企事业单位的污染技术方法比较了解，因此，比未掌握专门科学知识的司法机关更能迅速有效地处理和解决纠纷。但是，由于现行法律或有关部门仅仅强调行政调解而完全否定和放弃了行政裁决，并且否认行政调解的法律效力，使得我国行政处理环境污染损害赔偿纠纷的作用没有得到很好的发挥。因此，如何更好地发挥行政处理的作用，特别是行政调解的作用，在强调行政调解为主的同时辅之以行政裁决，以便利用行政机关的人力与技术资源便捷有效地解决环境民事赔偿纠纷，仍然是我们需要研究和探讨的话题。

案情简介

A公司污染鱼塘案

A公司排放的污水污染了B鱼塘，导致B鱼塘的鱼大面积死亡，B鱼塘所有人请求当地环保局处理该纠纷。环保局在调解不成的情况下，不管纠纷当事人是否同意，就单方面作出了裁决，下达了行政处理决定。A公司不服该决定，以环保局为被告向当地人民法院提起行政诉讼，要求撤销环保局的处理决定。法院不予受理，认为此案不应以环保局为被告。最后B鱼塘所有人以原纠纷向当地人民法院提起民事诉讼，法院以判决结案。

案例评析

对该案有不同看法。一是认为法院对该案处理正确。即认为不管环保局对环境民事纠纷是采取行政调解，还是采取行政裁决，如当事人不服，都不能以环保局为被告提起行政诉讼。二是认为法院对该案处理不正确。即认为环保局在调解不成的情况下，单方面作出裁决，A公司认为环保局的行政裁决侵犯了其利益，可以以环保局为被告向法院提起行政诉讼。如果法院不予受理，而要求B鱼塘所有人以原纠纷提起民事诉讼，这就产生了一个对行政处理纠纷的效力和作用如何看待的问题；这实际上否定了环保局行政处理纠纷的效力和作用，间接地撤销了环保局的行政处理决定。本书认为，对环保局的行政调解和行政裁决应该区别对待：当事人不服环保局单方面作出的行政裁决，可以以环保局为被告提起行政诉讼，请求法院撤销该行政处理决定；一方当事人对环保局促成的调解协议反悔或不履行，另一方当事人应以其为被告提起民事诉讼,请求人民法院执行已经达成的调解协议,解决双方的纠纷。

三、自力救济及其他方式

在我国,处理环境民事纠纷的方式除了正式司法程序的环境民事诉讼和行政处理方式外,还可以采取法院内 ADR 方式处理、群众性自治组织处理、所在单位处理、当事人自行处理、自力救济和民间第三者处理等方式处理环境民事纠纷。

当事人自行自力救济是指权利人为保护合法权益,在情事紧迫而又不能及时请示国家机关公权力救助的情况下,对他人财产或者自由采取的扣押、拘束或者其他措施而为法律或公共道德所许可的行为。因此,自力救济是公力救济不能时的应急措施,不能超过必要的限度,而且一旦公力救济实现,自力救济则失去合法性。环境法中并没有明确规定环境侵权受害者的自力救济,现实中却多有此种案例发生。如某地环境污染相当严重,在多次向有关部门反映情况未果后,群众为保护自己的人身与财产安全,作出堵塞工厂排污口、打烂机器的行为,或者在突发环境污染事故发生的紧急情况下,不能及时要求国家机关公权力的救济,为了保护环境,保护自身人身及财产的安全,采取的一些对污染者财产的限制措施。这些行为的性质有人认为是合法的自卫行为,有人认为是破坏社会秩序及他人合法财产的违法行为。本书认为,由于法律的某些缺位和现实存在的环境违法行为,往往使公民的环境权益得不到有效保护,在这种情况下公民为保护自己的生产和生活环境可能采取某些过激行为,对这种行为应该具体分析、区别对待。重要的是,应该通过立法明确在何种情况下可以实施自救行为以及采取自救行为的合理限度。

案情简介

武汉港41码头两万多居民自力救济案①

武汉港41码头位于汉口江岸地区,1980年后该码头日卸煤达3 000吨。由于没有采取任何防尘措施,煤尘污染非常严重。附近两万多居民深受其害,曾多次向港务局反映,但一直没有解决。1982年7月,有成群的居民到码头阻止卸煤以保卫自己的生活环境,下午码头又在五级风的情况下作业,20米内看不见人。傍晚居民砸坏了部分生产设备,使码头停产一周,直接损失达一万多元。事件发生后,武汉市公安部门抓了为首闹事的三人。后经时任中共中央总书记的胡耀邦和时任国务院副总理的万里亲自批示,批评"长航党委官气太重,应写出检查报告",公安局放人、长航港务局采取治理污染措施和环保部门调解,才将此事平息下来。

① 本案主要参考资料:《煤尘污染危害群众无动于衷,"官"迫民"反"破坏输煤机》,载于曾昭度主编的《环境纠纷案件实例》,武汉大学出版社1989年版。

案例评析

该案属于受污染的群众迫于无奈而采取自力救济的案件。由于当时国家法律没有有关在防治环境污染方面公民自力救济的规定,因而在发生公安局抓人等错误做法后,往往依靠国家领导人出面解决纠纷。今后宜通过环境立法,明确公民在何种情况下可以实施自卫行为以及采取自卫行为的合理限度,正确处理因公民采取自力救济行为而产生的环境纠纷。

案情简介

村民诉坪塘乡水泥厂灰尘污染案①

2007 年年底,周某与十余名村民因受坪塘乡水泥厂灰尘污染,一起到该水泥厂索要"灰尘费"。因未找到工厂负责人,周某一怒打碎该厂一楼大厅内价值 3 600 元的花瓶。2008 年 3 月 24 日,周某被望城县公安局以涉嫌故意毁坏财物罪移送望城县人民检察院审查起诉。案发后,周某与工厂达成和解,工厂要求对周某从轻处理。4 月 28 日,望城县人民检察院依法对周某作出不起诉决定。但细心的办案检察官从这个案子中间发现环境污染问题,他们认为有提起公益诉讼的可能。后经望城县环境监测站监测,该厂生产水泥的噪声、振动、空气污染已超过相关环境标准的最高限值。5 月 21 日,望城县人民检察院以起诉机关(原告)的身份,就该水泥厂环境污染一案向望城县人民法院提起了环境污染侵权公益诉讼。在法院的主持和参与下,望城县人民检察院与坪塘水泥厂签订了和解协议书,被告按望城县环境保护局制定的环境污染补偿标准增加 10%后予以补偿,在协议生效后 15 日内补偿到位。最终,望城县坪塘镇花扎街村的 49 户村民,获得了坪塘水泥厂灰尘、振动、噪声污染补偿款共计 62 538 元/年。

案例评析

该案由望城县人民检察院作为原告,为望城县坪塘镇花扎街村的 49 户村民获得了 6 万多元的污染补偿,的确为民做了一件大好事。但是,该案被《长沙晚报》称为"首起检察机关以原告身份起诉的公益诉讼案",却值得商榷。该案虽然由检察院作原告,具有公益诉讼的某些特点,但从该案的判决结果看,此案主要是维护了特定人群(49 户村民)的利益,污染补偿也是为特定人群所有。因而从严格意义上讲,该案并不属于公益诉讼案件,而属于传统的集团民事诉讼案件。由于共同诉讼目前在我国困难重重,特定人群(如村民)的环境利益很难得到有效保护,所以该案的现实效果很好。如果采取环境公益诉讼附带民事诉讼的方式,可能从法理上讲较为合适。

---

① 本案参考黄中玮、何鸣、千灵:《长沙首起以检察机关为原告的公益诉讼案结案》,《长沙晚报》10 月 13 日。

案情简介

迁安市工业污水污染滩涂养殖场案①

地处渤海之滨滦河三角洲的河北省乐亭县，海岸线长 98 公里，滩涂面积 65 万亩，是全国滩涂贝类精养区之一，拥有北方地区最大的文蛤养殖场。1997 年以来，渔民孙有礼等 18 人，为发展海水养殖业，带动农民脱贫致富，经当地政府批准集资数百万元，在乐亭县金银滩浴场至二锅盖地段的滦河、大清河入海口滩涂合伙开办、经营 5 个贝类养殖场、一个鱼类养殖场，产品一部分出口日本。2000 年 10 月上旬，来自迁安市第一造纸厂、迁安书画纸厂、迁安市第四造纸厂等 11 个企业的工业污水，突然沿滦河河道和滦乐灌渠倾泻而下，大量排放到滦河口、大清河口海域，涌入原告孙有礼等 18 人的养殖场，致使即将成熟上市的文蛤、青蛤、毛蚶、蛏子以及梭鱼、鲈鱼等滩涂贝类成批死亡，大部分绝收。一场猝不及防的环境污染灾难降临到乐亭海域，滚滚而来的滦河污水给孙有礼等 6 家滩涂养殖场造成了约 2 000 万元的巨大损失，但是各被告均否认此次污染事故，是其排污所致。其中迁安市化工有限责任公司特别强调，自己是属于达标排放污水，并提交环保部门的企业达标排放许可证及相关文件证明。

案发后，经秦皇岛市引青工程水质检测中心取样检测，迁安市第一造纸厂等企业排污口、乐亭县沿海排水闸口、滩涂养殖场等处的水质，均不符合国家有关污水排放标准和渔业水质标准，COD、悬浮物、挥发酚等严重超标。河北省、县两级渔政部门邀请专家组成的联合调查小组认定：迁安市大量排放工业废水造成了乐亭县近海海域的 COD、悬浮物、挥发酚等在一定时间内严重超标，是导致孙有礼等 18 人的 5 家贝类养殖场 1 882 亩滩涂贝类和一个鱼类养殖场养殖 300 亩鱼类大量死亡、受损的唯一根源。经法院委托农业部渔业环境监测中心黄渤海区监测站认定，此次滩涂贝类和鱼类死亡事故系唐山市滦河沿岸造纸和化工企业排放未达标污水所致。调查小组同时根据农业部《水域污染事故渔业损失计算方法规定》，对这次污染事故所致损失进行了勘验核定，污水污染给孙有礼等 18 人的 6 家养殖场造成约 2 000 万元的巨大损失。迁安市第一造纸厂等 11 家企业不顾滦河下游人民的安危，任意排放工业污水，造成特大渔业污染事故，给孙有礼等 18 人带来了严重的灾难和打击，受害的渔民血本无归、面临绝境。为了维护渔民们的合法权益，保障渔业生产不受

① 本案参考资料：《鱼死了谁赔偿——河北省乐亭县特大污染赔偿案审理记》，《中国环境报》2001 年 12 月 30 日报道；《迁安第一造纸厂等与孙有礼等养殖损害赔偿上诉案》，天津市高级人民法院民事判决书，(2002)津高民四字第 008 号，北大法律信息网 http://law.chinalawinfo.com/newlaw2002/slc/SLC.asp?Db=fnl&Gid=117456718；温辉、夏军：《环境权的司法保护——乐亭渔业污染案评析》，载《人权》(法治天地版)，2003 年 5 月；《河北省乐亭县特大渔业污染赔偿案》，李艳芳、唐芳主编：《环境保护法典型案例》，中国人民大学出版社 2003 年 4 月版；王树义主编：《环境与自然资源法学案例教程》，知识产权出版社 2004 年版，第 86 页。

污染危害，孙有礼等18人作为原告在万般无奈的情况下被迫将迁安市第一造纸厂等11家企业告上了天津海事法院，要求11家排污企业排除污染危害，停止向滦河下游排放污水，消除其污染行为给水产养殖带来的危害，并向这11家排污企业起诉索赔。

经过两审终审，法院判决污染企业立即停止侵害，超标排污的八家企业连带赔偿655.325万元，达标排污的迁安市化工有限责任公司单独赔偿14万元。由于原告等人靠近企业排污的河道及入海口从事养殖业，具有一定的风险，应当自行承担由于对养殖环境估计不足的相应损失286.854万元。

案例评析

该案是通海水域的沿岸企业生产排污，造成水产养殖水域、滩涂污染损害赔偿纠纷案件。本案是一起涉案加害方较多，受害方也较多的共同诉讼，同时也是一起涉案标的金额巨大、案情复杂、法律关系难确定的新型案件。该案在审理与判决过程中，大量引用了环境民事责任的原理和特有的制度，如因果关系推定、无过错责任原则、环境共同侵权等内容，在民事诉讼实行举证责任倒置，是非常典型的环境民事诉讼。

第一，本案实行的是无过错责任原则。该案判决中认为："依据迁安市环境监测站的证明、河北省污染源监测报告和唐山市环境保护局证明可认定化工公司为达标排放。化工公司虽属达标排放，但并不意味着达标排放就不会造成环境污染的损害结果。国家规定的一定时期内的污染物排放标准，只是环境保护部门决定排污者是否需要缴纳超标排污费和进行环境管理的依据，而不是确定排污者是否承担民事赔偿责任的界限。"

第二，9名被告的排污行为与原告的损害结果之间具有直接必然的因果关系，已构成共同侵权行为。本案从宽认定了9名被告的共同侵权行为，将客观共同作为构成共同侵权的依据，克服了主观共同论的局限①。在责任分配时，判决对违法超标排污企业与合法达标排污企业有所区别，虽然法律条文中并未明确规定这一点，但可以根据民法原理作出判决。如果判决达标排污企业与超标排污企业负同等的连带赔偿责任，则对达标企业而言不公，也会打击企业达标排污的积极性。所以，二审判决认定9名被告中8名被告由于超标排放污染物承担共同侵权的责任即连带责任，而1名被告因为被当地环保部门确定为达标排污企业，在承担民事责任上与超标排放企业有所区别，单独承担赔偿责任，不承担连带责任。

第三，在该案中，非常明确地适用了因果关系推定原则。由于9家企业不能提供证据证明其排放的污水与本案孙有礼等养殖户的损害事实不存在因果关系，因此应对孙有礼等养殖户的损失承担赔偿责任。

---

① 按照传统的民法理论，认定共同侵权行为，要求各加害人之间在客观上和主观上都具有"关联共同"，具有共同故意或共同过失；而在环境污染案件中，要想证明不同行业、不同地域、不同排污情况的企业存在共同过错是很困难的。

第四，在本案的民事诉讼程序中，举证责任倒置也得到采用，损害结果与加害行为之间的因果关系，原告不负举证责任，而被告则负有证明其排放的污水与本案孙有礼等养殖户的损害事实不存在因果关系。

第五，该案的二审法院认为原告等在签订承包合同时应考虑到上述企业多年排污的历史原因，在靠近排污河道和入海口从事养殖业有一定的风险，应自行承担由于对养殖环境风险评估不足的相应损失。最后判决减轻了被告的损害赔偿责任，因而是混合责任在环境诉讼中的适用①。

课堂讨论

1. 结合上述案例，讨论追究环境民事责任的特点。

2. 结合工厂污染甲鱼养殖案，分析环境民事责任中的因果关系和举证责任倒置原则。

3. 结合A公司污染鱼塘案，讨论如何对待和处理“因对行政处理环境民事纠纷不服而引起的纠纷”。

4. 结合武汉港41码头两万多居民自力救济案和村民诉坪塘乡水泥厂灰尘污染案，讨论如何对待“因公民实施自力救济而产生的厂群冲突事件”。

① 混合责任，是指加害人和受害人对环境污染的损害均有过错，因此均应承担责任。其法律特征是：(1) 危害结果已经发生，受害人已经受到了损害；(2) 双方均有过错，即损害后果并非加害人一方的过错行为引起；(3) 双方的过错行为与受害人遭受损害之间存在因果关系。《民法通则》第131条规定，受害人对于损害的发生也有过错的，可以减轻侵害人的民事责任。

第11章 环境刑事责任

本章要求掌握：环境刑事责任的概念与特征，我国法律规定的环境犯罪类型，重点是掌握环境犯罪的构成要件；重大环境污染事故罪、与进口固体废物有关的犯罪构成要件；破坏自然资源的各种犯罪构成要件；环境监管失职罪的概念和特征。

第一节 环境刑事责任的概念与环境犯罪构成要件

环境刑事责任既是刑事责任的一种，又是环境法律责任的一个重要组成部分，是国家对环境违法行为的最严厉的制裁。我国《刑法》(2006年修订)和《环境保护法》等环境资源法律均有环境刑事责任的规定。

一、环境刑事责任的概念与特征

环境刑事责任是指行为人违反环境刑事法律规范，实施严重污染破坏环境的行为，或因此造成人身伤亡或公私财产损失或管理秩序破坏的严重后果，已构成环境犯罪而应承担刑事制裁的法律责任。

与其他环境责任相比，环境刑事责任具有以下特征。

(1) 环境刑事责任是一种最严厉的惩罚性环境法律责任。刑事责任是法律责任中制裁力度最大的责任形式。刑事处罚为国家最终之手段，追究环境刑事责任是对环境违法行为最为严厉的制裁。由于某些严重污染或者破坏环境的行为，会对环境质量造成大面积的、持续性的、难以逆转的危害，引发严重的人身财产损害，产生严重的社会危害性，因而现代各国大多倾向于用刑事责任这种最严厉的惩罚手段保护环境。

(2) 环境刑事责任的法律依据主要是刑法中有关环境保护方面的规定。追究环境刑事责任必须坚持罪刑法定基本原则，此处的“法”专指《中华人民共和国刑法》。我国1997年颁布的《刑法》设专章规定了“破坏环境资源罪”。其他章节亦有有关环境犯罪的规定。为进一步加强对环境资源的刑法保护，《刑法修正案》(二)(2001年8月31日)和《刑法修正案》(四)

(2002年12月28日)增加了环境犯罪的新罪状条款,对原有环境犯罪条款进行了罪状修改及法定刑补充。此外,最高人民法院下发了审理环境犯罪的司法解释,如《最高人民法院关于审理破坏林地资源刑事案件具体应用法律若干问题的解释》(2005年)和《最高人民法院关于审理环境污染刑事案件具体应用法律若干问题的解释》(2006年)等,这些规定为追究环境刑事责任提供了明确的依据。

(3) 承担环境刑事责任的环境犯罪行为必须包含造成或可能造成环境污染或者破坏的因素。尽管环境犯罪往往导致公、私财产及人身受到严重损害,但这种损害是以环境犯罪行为污染或者破坏的环境为介质间接引发的。如果行为侵害的对象仅仅是人身、财产或管理秩序,而不涉及造成或可能造成环境污染或者破坏的因素,那么,行为人承担的刑事责任就不是环境刑事责任,而是其他种类的刑事责任。

二、我国法律规定的环境犯罪类型

环境犯罪是行为人承担环境刑事责任的前提条件。我国《刑法》设立的环境犯罪主要是第6章"破坏环境资源保护罪"一节中规定的14种环境犯罪。此外,在"危害公共安全罪"、"走私罪"、"渎职罪"中亦有与环境犯罪有关的规定。"危害公共安全罪"中与环境犯罪有关的罪名有第114条的投毒罪(污染水源)、第136条的违反化学危险物品管理规定罪。"走私罪"中与环境犯罪有关的罪名有第152条第2款的走私废物罪。"渎职罪"中与环境犯罪有关的罪名有第407条的违法发放林木采伐许可证罪、第408条的环境监管失职罪①。

根据环境犯罪侵犯的对象不同,可将环境犯罪分为两大类,即污染环境犯罪与破坏生态和自然资源犯罪。根据环境犯罪主体不同,可将环境犯罪分为一般主体实施的环境犯罪和特定主体实施的环境犯罪。特定主体是指相关国家机关工作人员,如林业主管部门的工作人员、负有环境保护监督管理职责的国家机关工作人员。

三、环境犯罪的构成要件

按照犯罪构成理论及环境犯罪的特殊性,构成环境犯罪必须具备以下条件。

(一) 环境犯罪的客体

犯罪客体是指刑法所保护的为犯罪行为所侵害的法益。环境犯罪的客体究为何法益?环境法学界对此众说纷纭,如国家环境资源管理制度、公民的环境权、与环境有关的人身权和财产权等。从《刑法》章节安排来看,环境犯罪的主要犯罪类型——破坏环境资源保护罪被列在妨碍社会管理秩序罪章下,可推知立法者意图将环境管理秩序作为环境犯罪侵犯的客体。

(二) 环境犯罪的客观方面

环境犯罪的客观方面一般是指犯罪人所实施的危害环境行为、危害后果以及行为与后

---

① 根据最高人民法院《关于执行〈中华人民共和国刑法〉确定罪名的规定》(1997年),最高人民法院、最高人民检察院《关于执行〈中华人民共和国刑法〉确定罪名的补充规定》(2002年),最高人民法院、最高人民检察院《关于执行〈中华人民共和国刑法〉确定罪名的补充规定(二)》(2003年)。

果之间的因果关系。

危害环境行为包括污染环境行为、破坏自然资源行为及环境监管失职行为。依据我国刑法规定，污染环境行为主要表现为向环境排放、倾倒或者处置有毒有害物质造成重大环境污染事故的行为；非法进口固体废物行为等。破坏自然资源行为主要包括非法猎捕、杀害国家重点保护的珍贵、濒危野生动物的行为；采取破坏性开采方法开采矿产资源的行为；采用非法手段砍伐林木；在禁区、禁期或使用禁用工具、方法捕捞水产品情节严重的行为等。环境监管失职行为是指负有环境保护监督管理职责的国家机关工作人员严重不负责任，导致发生重大环境污染事故，致使公私财产遭受重大损失或造成人身伤亡严重后果的行为。

关于危害后果是否为环境犯罪的构成要件，以及危害后果的范围，依据我国《刑法》规定，应视具体罪名而定。如重大环境污染事故罪，只有其危害行为导致公私财产重大损失或者人身伤亡的严重后果时才能成立，若无此危害后果则不构成犯罪。再比如环境监管失职罪，也以发生重大环境污染事故，致使公司财产遭受重大损失或者人身伤亡的严重后果为构成要件。但对于非法倾倒、堆放、处置进口固体废物罪、非法收购、运输盗伐、滥伐林木罪等，其中的危害后果则有不同的含义。

与一般犯罪类似，环境犯罪亦要求环境危害行为与危害后果之间存在因果关系，但在因果关系认定方面，环境犯罪（尤其是污染环境类犯罪）因果关系的认定往往较一般犯罪因果关系的认定要困难和复杂得多。

（三）环境犯罪的主体

环境犯罪主体，是指实施刑法所禁止的污染或者破坏环境的行为，依法应当承担刑事责任的个人和单位。“个人”即自然人，是指达到刑事责任年龄、具有刑事责任能力的个人。“单位”包括公司、企业、事业单位、机关和社会团体。个人和单位都可成为环境犯罪的主体。个人既包括一般人员，也包括特定人员，如环境监管失职罪的主体是负有环境保护监管职责的国家机关工作人员。对单位犯环境罪的，我国《刑法》第 346 条作了单独的规定，单位构成犯罪的，对单位判处罚金，并对直接负责的主管人员和其他直接责任人员，依照各条的规定处罚。单位实施的环境犯罪行为，在环境污染和破坏中具有发案率高、情况复杂的特点。认定单位犯罪时要根据实际情况分析单位及其直接责任人在犯罪中的地位，既要考虑单位犯罪的整体意志性，也要考虑单位犯罪行为存在的依赖性，以及单位实施环境犯罪行为的功利性①。

（四）环境犯罪的主观方面

环境犯罪的主观方面，是指环境犯罪主体在实施环境犯罪行为时的主观心理状态，又称主观罪过，包括故意和过失两种形式。环境犯罪故意，是指犯罪行为人明知自己污染环境或者开发利用自然资源的行为会造成环境污染或者破坏的后果，仍希望或者放任这种结果发生的心理状态。环境犯罪过失，是指环境犯罪行为人应当知道自己污染环境或者开发利用

---

① 赵秉志等：《环境犯罪比较研究》，法律出版社 2004 年版，第 71 页。

自然资源的行为可能发生危害环境的结果，由于疏忽大意没有预见或者已经预见但轻信能够避免的心理状态。

任何犯罪都是在一定的犯罪心理支配下实施的，环境犯罪也不例外。如果危害环境的行为在客观上造成了损害结果，但不是出于故意或者过失，则其行为不构成环境犯罪。但是，有的国家也有无过错环境犯罪的法律规定。

依据我国刑法的规定，污染环境类犯罪多属于过失犯罪；破坏自然资源类犯罪，犯罪主观方面一般表现为故意心理状态，并且多有牟取非法经济利益的目的。如非法猎捕国家重点保护野生动物，盗伐、滥伐森林等犯罪。

案情简介

沱江特大水污染事故案①

2004 年年初，位于长江上游一级支流沱江附近的四川化工有限公司第二化肥厂（位于成都市清白江区），在未报经环保局试生产批复的情况下，擅自上马技术改造项目——1 000 吨合成氨及氨加工装置增产技术改造工程，并投料生产。2004 年 2 月 16 日，工人发现项目的环保装置给料泵损坏，致使没有经过完全处理的含氨氮的工艺冷凝液直接排放。汇报从车间主任传达到两位副厂长再到川化公司的副总经理、总经理。但是直到 3 月 2 日污染源被有关部门强制切断时，他们都没有作出应有的反应，使得从川化公司排出的废水中氨氮浓度高达每升两千多毫克，最高时甚至达到了 7 600 多毫克，超过国家标准每升 60 毫克的几十倍到一百多倍（川化公司工业废水中氨氮的含量应执行的国家标准为每升 60 毫克以内）。在 2 月至 3 月间，三个车间的环保设备未正常运转，导致高浓度氨氮废水直接外排，严重超标排污持续了近 20 天，从而演变成我国近年来最大的一起水污染事故，造成沱江干流水体重大环境污染事故，给沱江干流水域的工农业生产和人民生活造成了严重影响和经济损失，造成天然渔业资源经济损失 1 500 余万元，后果特别严重。

2004 年 2 月 23 日，成都市清白江区污水处理厂副厂长周安林电话告知时任清白江区环保局分管环境监测、环境监理、污染管理的副局长宋世英，污水中氨味很浓。2 月 27 日宋与时任清白江区环境监理所所长张山、时任清白江区环境监测站站长张明到清白江区污水处理厂检查工作，该厂反映污水中氨氮含量波动很大，并出示了当月 24 日至 26 日的监测数据。宋世英即安排张明进行数据监测，张山到川化

① 案例参考资料：《李俭重大环境污染事故案》，成都市锦江区人民法院刑事判决书(2005)锦江刑初字第 49 号，http://www.fsou.com/html/text/fnl/1175210/117521042.html。《宋世英环境监管失职案》，成都市锦江区人民法院刑事判决书(2005)锦江刑初字第 50 号，http://www.fsou.com/html/text/fnl/1175210/117521043.html。本案案情请参看本书第 3 章“四川沱江水污染案”。

公司进行检查。张明接受监测任务当天就安排监测站工作人员进行监测。28日监测人员将监测结果电话通知张明，张山也得知了这一情况。3月1日，张山到川化公司了解情况后，向区环保局局长赖建能及宋世英做了汇报，3月2日区环保局向川化公司下达限期整改通知书。

法院认为，川化公司总经理李俭、副总经理吴鑫、环保安全技术处处长何立光，未认真履行其工作职责，没有及时掌握、控制、汇报川化股份公司的排污情况，作为直接负责的主管人员和直接责任人员，其行为已构成重大环境污染事故罪，应对川化股份公司的排污行为承担刑事责任。宋世英、张明、张山三被告人身为负有环境保护监督管理职责的国家机关工作人员，违反相关的职责规定，在工作中严重不负责任，导致未能及时有效地预防、阻止重大环境污染事故的发生，致使公私财产遭受重大损失，其行为已构成环境监管失职罪。

9月9日，成都市锦江区人民法院对此案一审宣判，法院以重大环境污染事故罪分别判处被告人原川化股份公司总经理李俭、副总经理吴鑫、环保安全技术处处长何立光有期徒刑三年、缓刑三年，有期徒刑四年，有期徒刑五年，并分别处罚金2万元、3万元、4万元。以环境监管失职罪分别判处被告人原成都市清白江区环保局副局长宋世英、区环境监测站站长张明、区环境监理所所长张山有期徒刑二年六个月、二年六个月、一年六个月，缓刑二年。宣判后，除张山外，其他五名被告人不服判决提出上诉。四川省成都市中级人民法院经审理认定五名上诉人上诉理由不成立，裁定维持一审判决。

案例评析

本案是一起广受关注的重大环境污染刑事案件，涉及重大环境污染事故罪和环境监管失职罪两种环境犯罪。

(1) 李俭等人重大环境污染事故罪

重大环境责任事故罪是指违反国家规定，向土地、水体、大气排放、倾倒或者处置有放射性的废物、含传染病病原体的废物、有毒物质或者其他危险废物，造成重大环境污染事故，导致公私财产遭受重大损失或者人身伤亡的严重后果的行为。本罪侵犯的客体是国家对环境保护和污染防治的管理制度，本罪的行为表现为违反国家法律法规关于危险废物排放、倾倒或者处置的规定，将这些危险废物向土地、水体、大气排放、倾倒或者处置，造成重大环境污染事故，导致公私财产遭受重大损失或者人身伤亡。本罪的主体既可以是达到刑事责任年龄具有刑事责任能力的自然人，也可以是单位。单位构成该罪的，对单位判处罚金，并对直接负责的主管人员和其他直接责任人员依法进行处罚。本罪的主观方面是过失。从本案来看，四川化工有限公司第二化肥厂违反有关法律规定，擅自上马技术改造项目，并投料生产。在工人发现没有经过完全处理的含氨氮的工艺冷凝液被直接排放并逐级上报后，在半个月的时间里，三被告人作为川化股份有限公司的总经理、分管环保工作的副总经理和环安处处长，没有采取应有的措施。从被告担任的职务来看，被告担负环境保护的重要职责，应当预见到未认真履行其工作职责可能造成严重危害后果，但由于被告的过失，造成沱江干流水体重大环境污染事故，给沱江干流水域的工农业生产和人民生活造成了严重影响和经济损失，造成天然渔业资源经济损失 1 500 余万元，后果特别严重，其行为已构成重大环境污染事故罪。

本案在认定被告是否构成重大环境污染事故罪时，有两个值得关注的争议点。

第一，犯罪主体的认定。本案在审理过程中，被告的辩护律师指出，检方指控的排污事实都是川化公司的单位行为，根据法律规定，应在确定单位有罪后才能追究负责人的责任，三被告并未直接排放污水，检察院不指控川化公司有罪而指控三被告，存在主体错误。从本案来看，该次沱江干流特大水污染事故系川化股份有限公司违反法律规定超标排污造成的。但三被告人作为川化股份有限公司的总经理、分管环保工作的副总经理和环安处处长，未认真履行其工作职责，没有及时掌握、控制、汇报川化股份公司的排污情况，作为直接负责的主管人员和直接责任人员，其行为已构成重大环境污染事故罪，应对川化股份有限公司的排污行为承担刑事责任。单位犯罪一般采取双罚制，其目的一方面是要求单位应当为其所属人员的职务行为负责，避免单位通过责任转嫁逃脱刑事处罚，另一方面也是要求从事职务行为的直接负责的主管人员和其他直接责任人员应当为自己从事的犯罪行为负责，强化刑法的预防功能。但在司法实践中也有根据案件的实际情况，放弃对单位的追诉，只追究直接负责的主管人员和其他直接责任人员的刑事责任的。这样做主要是因为：犯罪虽然是以单位的形式实施的，但实际上社会危害性主要体现在个人的行为上，如果个人不实施具体的犯罪行为，也就不会产生这种危害的结果。结合本案，担负环境保护的重要职责的三被告，在半个月的时间里，没有采取应有的措施。由于被告的过失，造成沱江干流水体重大环境污染事故，给沱江干流水域的工农业生产和人民生活造成了严重影响和经济损失，造成天然渔业资源经济损失 1 500 余万元，后果特别严重，其行为已构成重大环境污染事故罪。所以，在公诉机关没有指控川化股份有限公司的情况下，法院只追究处罚单位中的直接负责的主管人员和直接责任人员并无不妥。

第二，危险品的认定。重大环境污染事故罪涉及的废物具有特定性和排他性，一般废物不能成为本罪，只有有放射性的废物、含传染病病原体废物、有毒物质等危险性废物才符合本罪构成要件。本案被告的辩护律师指出川化排放的氨氮并非法律规定的“有毒物质”，因此不属于刑法应追究刑事责任的范围。笔者认为，《刑法》在规定重大环境污染事故罪时采取了列举加概括的立法方式。列举的危险废物包括放射性废物、有毒物质。受认知和科技发展水平的限制，法律难以对“危险废物”进行逐一列举，因而在列举之后用了“其他危险废物”进行概括性规定。从川化排放的氨氮污水造成的严重后果看，将其纳入重大环境污染事故罪中的“其他危险废物”范畴并无不当。

(2) 宋世英等人环境监管失职罪

环境监管失职罪是指负有环境保护监督管理职责的国家机关工作人员严重不负责任，导致发生重大环境污染事故，致使公私财产遭受重大损失或造成人身伤亡的严重后果的行为。本罪侵犯的客体是国家保护环境的管理制度。客观方面表现为严重不负责任的行为及其严重后果。犯罪主体是依法负有环境保护监督管理职责的国家机关工作人员。犯罪主观方面表现为过失犯罪。

从本案来看,时任清白江区环保局分管环境监测、环境监理、污染管理的副局长宋世英,在得知污水中氨味很浓的情况后,未采取相应措施;在 2 月 27 日看了清白江污水处理厂的监测数据后虽然安排工作人员进行监测和检查,但未及时督促上报监测数据和检查结果,致使区环保局未能及时掌握川化公司严重超标排污的情况。宋世英在工作中违反了工作职责,严重不负责任。张明时任区环境监测站站长,按照规定负有对该辖区环境要素进行经常性检测,对区内排放污染物的单位进行定期或不定期的监测,完成环保局下达的临时性工作任务的工作职责,却未发现川化公司超标排污的事实,2 月 27 日其接受监测任务后虽然安排监测站工作人员进行监测,但其在 28 日、29 日得知污水中氨氮含量较高的情况后,并未将此重大情况汇报给安排其监测的清白江区环保局,在 3 月 1 日得到正式监测报告后,仍未立即将报告递交区环保局,其在履行职责中存有严重不负责任的行为。张山身为区环境监理所所长,负责监理所全面工作,负有依法对污染源实施监督管理,负责环境保护行政处罚,完成领导临时交办的工作任务的工作职责,张山在 27 日接受调查任务后,在 28 日、29 日得知监测数据较高的情况下,迟至 3 月 1 日才到川化公司了解情况。作为负有环境保护监督管理职责的国家机关工作人员,三被告应当预见到他们严重不负责任的行为可能导致造成严重危害后果,但由于被告的过失,导致重大环境污染事故,造成直接经济损失 2.19 亿元的严重后果。三被告人的行为已构成环境监管失职罪,应当承担相应的刑事责任。

课堂讨论

1. 结合沱江特大水污染事故案,讨论我国法律规定的环境犯罪类型。
2. 环境刑事责任有何特征?
3. 试分析环境犯罪的构成要件。

第二节 污染环境的犯罪

一、重大环境污染事故罪

重大环境污染事故罪,是指违反国家规定,向环境排放、倾倒或者处置有放射性的废物、含传染病原体的废物、有毒物质或者其他危险废物,造成重大环境污染事故,导致公私财产重大损失或者人身伤亡的严重后果的行为。构成重大环境污染事故罪的,处 3 年以下有期徒刑或者拘役,并处或者单处罚金;后果特别严重的,处 3 年以上 7 年以下有期徒刑,并处罚金。

本罪的主要特征包括:

(1) 犯罪客体是国家环境保护制度。

(2) 犯罪客观方面表现为行为人实施了非法排放、倾倒、处置危险废物的行为,造成重大环境污染事故,致使公私财产遭受重大损失或者人身伤亡。所谓"非法",是指违反环境法等相关法律的规定。"危险废物",是指具有放射性的废物、含传染病原体废物、有毒物质或者其他危险废物。"重大环境污染事故"的认定是依财产损失或者人身伤亡程度确定的。2006年6月《最高人民法院关于审理环境污染刑事案件具体应用法律若干问题的解释》对"公私财产重大损失"和"人身伤亡严重后果"进行了明确界定。本罪排放的废物具有特定性,只能是危险废物。

(3) 犯罪主体是一般主体,包括自然人和单位。

(4) 犯罪主观方面是过失。即行为人应当预见到自己非法排放、倾倒、处置危险废物的行为可能会造成重大环境污染事故,但因为疏忽大意而没有预见,或者虽然预见到了但轻信不会造成重大污染事故。若行为人不知道自己排放、倾倒、处置的是危险废物,则不构成本罪。

二、与进口固体废物有关的犯罪

越境转移固体废物是发达国家向发展中国家转嫁污染的主要途径,为了严格控制固体废物的越境转移,《刑法》规定了两个与之相关的罪名,其一为非法处置进口的固体废物罪(《刑法》第339条第1款);另一为擅自进口固体废物罪(《刑法》第339条第2款)。

非法处置进口的固体废物罪,是指行为人违反国家规定,将境外的固体废物进境倾倒、堆放、处置,依法构成犯罪的行为。构成非法处置进口的固体废物罪的,处5年以下有期徒刑或者拘役,并处罚金;造成重大环境污染事故,致使公私财产遭受重大损失或者严重危害人体健康的,处5年以上10年以下有期徒刑,并处罚金;后果特别严重的,处10年以上有期徒刑,并处罚金。

擅自进口固体废物罪是指行为人违反国家规定,未经国家有关主管部门许可,擅自进口固体废物用作原料,造成重大环境污染事故,致使公私财产遭受重大损失或者严重危害人体健康,依法构成犯罪的行为。构成擅自进口固体废物罪的,处5年以下有期徒刑或者拘役,并处罚金;后果特别严重的,处5年以上10年以下有期徒刑,并处罚金。

两罪的构成具有以下特征:

(1) 侵犯的客体是国家对固体废物污染环境的防治制度。

(2) 非法处置进口的固体废物罪的客观方面表现为违反国家规定,将中国境外的固体废物进境倾倒、堆放、处置。该犯罪属于行为犯。

擅自进口固体废物罪的客观方面表现为行为人实施了未经国家有关主管部门许可,擅自进口固体废物用作原料,造成重大环境污染事故,致使公司财产遭受重大损失或者严重危害人体健康的行为。该犯罪属于结果犯。我国对可以用做原料的固体废物实行分类管理制度,禁止进口列入禁止进口目录的固体废物。进口列入限制进口目录的固体废物,应当经国务院环境保护行政主管部门会同国务院对外贸易主管部门审查许可。进口列入自动许可进口目录的固体废物,应当依法办理自动许可手续。

两罪的犯罪对象仅限于中国境外的固体废物。

(3) 本罪的主体是一般主体,包括自然人和单位。

(4) 犯罪的主观方面是故意。对于擅自进口固体废物罪而言,行为人进口固体废物的目的是将固体废物作为原料加以利用以牟取非法利润。如果行为人以原料利用为名,进口不能用作原料的固体废物不构成本罪,而是以走私罪定罪。

除了上述罪名之外,《刑法》还在"危害公共安全罪"、"走私罪"中规定了与污染环境的有关的犯罪。

"危害公共安全罪"中与污染环境有关的犯罪主要有:《刑法》第114条的投毒罪(污染水源)、《刑法》第136条的危险物品肇事罪。

"走私罪"中与污染环境有关的犯罪主要有:《刑法》第152条第2款的走私废物罪。

案情简介

重大环境污染事故罪第一案
——杨军武重大环境污染事故案①

天马纸厂是被告人杨军武于1993年开办的独资企业,设立在利用黄河水灌溉农田和解决城市供水问题的引黄干渠附近。1997年10月上旬,天马纸厂的污水坑决口,大量污水流入与引黄干渠一闸之隔的壕沟里,将壕沟中的引黄支渠(当地人俗称斗渠)淹没。10月14日下午,被告人杨军武在明知壕沟里积存着大量污水的情况下,指派该厂工人郑某、杨某,以修理引黄干渠闸门启闭机上的传动齿轮为由,借故将闸门提起,致使壕沟里的部分污水流入引黄干渠。10月15日下午3时许,引黄管理局五级站开机通过引黄干渠向水库管委会管辖的樊村水库供水两个多小时,因大量污水同时进入水库,致使库存的41万方水被污染。由于引黄管理局在发现污水进入樊村水库后,未能及时将此情况通知水库管委会,因此水库管委会又将被污染的水供给供水公司,使该公司的供水系统被严重污染。为避免发生饮水事故,供水公司只得将北城区的供水中断三天。

事发后,山西省运城市人民检察院以被告人杨军武犯重大环境污染事故罪,向山西省运城市人民法院提起公诉,山西省运城地区尊村引黄灌溉管理局和山西省运城市北城供水公司同时提起附带民事诉讼。起诉书指控:被告人杨军武独资开办的运城市天马文化用纸厂(以下简称天马纸厂)将含有挥发酚等有毒有害物质的污水排入引黄干渠随干渠内的供水流入樊村水库,污染了水体,致使本市北城供水系统被污染,供水中断三天,公共财产遭受重大损失,其行为构成重大环境污染事故罪,请依法判处。附带民事诉讼原告人引黄管理局要求被告人杨军武赔偿该单位41万方水被污染造成的经济损失24.6万元;附带民事诉讼原告人水库管委会要求赔

① 参考资料:《最高人民法院公报》1999年第2期,第63~64页;王树义主编的《环境与自然资源法学案例教程》,知识产权出版社2004年版,第164页。

偿该单位为清除水体污染所遭受的经济损失，扣除杨军武已经赔偿的3万元，还应赔偿43 495元；附带民事诉讼原告人供水公司要求杨军武赔偿该单位的营业损失及清除污染费等共10.96万元。

运城市人民法院认为，被告人杨军武从事造纸业，应当清楚挥发酚是有毒物质。《水污染防治法》(1996年修改)第29条规定："禁止向水体排放油类、酸液、碱液或者剧毒废液。"《刑法》(1997年)第338条规定："对违反国家规定，向土体、大气排放、倾倒或者处置有放射性的废物、含传染病病原体的废物、有毒有害物质或者其他危险废物，造成重大环境污染事故，致使公私财产遭受重大损失或者人身伤亡严重后果的，处3年以下有期徒刑或者拘役，并处或者单处罚金；后果特别严重的，处3年以上7年以下有期徒刑，并处罚金。"庭审查证，流入樊村水库的有毒污染物源于天马纸厂积存污水的壕沟中。杨军武在刑法施行后，仍然违反国家关于水污染防治的法律规定，将含有有毒物质的污水排入引黄干渠，严重污染了水体，致使公共财产遭受重大损失，造成重大环境污染事故，其行为已构成重大环境污染事故罪，依法应负刑事责任。因杨军武的犯罪行为给引黄管理局和水库管委会造成的经济损失，杨军武应承担全部赔偿责任。供水公司要求杨军武赔偿的全部经济损失中，包含购置特种工具的2 000元费用，鉴于该特种工具是供水公司必备的工具，况且仍可正常使用，杨军武可以不予赔偿。供水公司的其他经济损失，主要原因系杨军武的犯罪行为所致，但是引黄管理局未能及时通知，亦有一定责任。《刑法》第36条规定："由于犯罪行为而使被害人遭受经济损失的，对犯罪分子除依法给予刑事处罚外，并应根据情况判处赔偿经济损失。"本案3家附带民事诉讼原告人所遭受的经济损失，都与杨军武的犯罪行为有因果关系。据此，运城市人民法院于1998年9月17日判决：被告人杨军武犯重大环境污染事故罪，判处有期徒刑2年，并处罚金5万元人民币。被告人杨军武赔偿附带民事诉讼原告人引黄管理局经济损失24.6万元(含已付的3万元)；赔偿水库管委会经济损失37 495元(含已付的3万元)；赔偿供水公司经济损失75 320元。

第一审宣判后，被告人杨军武不服，提出上诉。附带民事诉讼原告人水库管委会也以赔偿数额少为由，同时提出上诉。

山西省运城地区中级人民法院经审理认为，原判认定事实清楚，定罪准确，量刑适当，民事赔偿合理，审判程序合法。据此，运城地区中级人民法院于1998年12月7日裁定：驳回上诉，维持原判。

案例评析

长期以来，全国各地发生的重大环境污染事故的报道并不少，但最终以"重大环境污染事故罪"进入司法程序的案件则很少见。本案是1997年《刑法》实施后的首例环境犯罪案，曾引起广泛关注。据报，本案发生初期，环保及其他有关部门因事态严重而不知如何处理。但整体的趋向仍然以行政方式为主，包括杨本人、环保局及大部分市民少有想到诉诸刑事手段。直至市长介入，将此案污染行为定性为刑事罪行，刑事程序方才启动①。本案的意义在于，通过案件的判决，确定了非法排污造成严重后果为犯罪行为，须承担刑事责任，这对于排污行为人具有重要的教育和警示作用。

本案被告杨军武违反《水污染防治法》第 29 条的规定，自投产以来，一直没有配置污水处理设备，生产过程中产生的含有挥发酚等有毒物质的污水，被排放在工厂附近的坑里。在污水流入与引黄干渠一闸之隔的壕沟里时，被告在明知壕沟里积存着大量污水的情况下，指派该厂工人借故将闸门提起，致使壕沟里的部分污水流入引黄干渠。本案被告从事造纸业，应当清楚挥发酚是有毒物质，应当预见到排放的含有挥发酚等有毒物质的污水可能造成严重危害后果，但由于被告疏忽大意的过失行为，导致重大环境污染事故，造成经济损失 30 多万元，且因水库污染使当地经济、社会的正常活动受到严重影响。该后果是否构成"公私财产遭受重大损失"是被告人是否构成重大环境污染事故罪及其量刑的关键。当时《刑法》并未对"公私财产遭受重大损失"以及"后果特别严重"作出界定，案发之时亦无相应的司法解释。国家环保总局 1997 年 9 月 10 日发布的《报告环境污染破坏事故的暂行办法》中关于事故等级的规定，可以作为判定本罪情节轻重的参考。该《暂行办法》第 5 条将事故分为一般环境污染事故、较大环境污染事故、重大环境污染事故和特大环境污染事故四个等级，其中的重大和特大两种环境污染事故，可以作为重大环境污染事故罪的定罪和量刑的情节标准。重大环境污染事故包括：(1) 造成直接经济损失 5 万元以上不满 10 万元的；(2) 人员发生明显中毒症状、辐射伤害或可能导致伤残后果的；(3) 人群发生中毒症状的；(4) 因环境污染使社会安定受到影响的；(5) 对环境造成较大危害的；等等。特大环境污染事故包括：(1) 由于污染行为造成直接经济损失 10 万元以上的；(2) 人群发生明显中毒症状或辐射伤害的；(3) 人员中毒死亡的；(4) 因环境污染使当地经济、社会的正常活动受到严重影响的；(5) 对环境造成严重危害的；等等。比照本案定罪应无异议，但有期徒刑二年，并处罚金 5 万元人民币的量刑幅度，似有偏轻之嫌。但因《暂行办法》只是部门规章，其效力值得怀疑；且本案是《刑法》颁布以来的第一起重大环境污染事故罪案件，此量刑已有相当之警示作用②。

---

① 参见胡汝明：《天马》，《中国环境报》1998 年 11 月 7 日，第 3 版。

② 值得注意的是，为依法惩治有关环境污染犯罪行为，2006 年 6 月 26 日最高人民法院发布了《最高人民法院关于审理环境污染刑事案件具体应用法律若干问题的解释》，对"公私财产遭受重大损失"和"人身伤亡严重后果"进行界定。"公私财产遭受重大损失"的情形包括：(1) 致使公私财产损失 30 万元以上的；(2) 致使基本农田、防护林地、特种用途林地五亩以上，其他农用地 10 亩以上，其他土地 20 亩以上基本功能丧失或者遭受永久性破坏的；(3) 致使森林或者其他林木死亡 50 立方米以上，或者幼树死亡 2 500 株以上的。"人身伤亡的严重后果"的情形包括：(1) 致使 1 人以上死亡、3 人以上重伤、10 人以上轻伤，或者 1 人以上重伤并且 5 人以上轻伤的；(2) 致使传染病发生、流行或者人员中毒达到《国家突发公共卫生事件应急预案》中突发公共卫生事件分级Ⅲ级情形，严重危害人体健康的；(3) 其他致使"人身伤亡的严重后果"的情形。"后果特别严重"的情形包括：(1) 致使公私财产损失 100 万元以上的；(2) 致使水源污染、人员疏散转移达到《国家突发环境事件应急预案》中突发环境事件分级Ⅱ级以上情形的；(3) 致使基本农田、防护林地、特种用途林地 15 亩以上，其他农用地 30 亩以上，其他土地 60 亩以上基本功能丧失或者遭受永久性破坏的；(4) 致使森林或者其他林木死亡 150 立方米以上，或者幼树死亡 7 500 株以上的；(5) 致使 3 人以上死亡、10 人以上重伤、30 人以上轻伤，或者 3 人以上重伤并 10 人以上轻伤的；(6) 致使传染病发生、流行达到《国家突发公共卫生事件应急预案》中突发公共卫生事件分级Ⅱ级以上情形的；(7) 其他后果特别严重的情形。上述规定为重大环境污染事故罪的定罪、量刑确定了明确的标准。

课堂讨论

1. 结合上述案例，讨论重大环境污染事故罪的犯罪构成。
2. 何谓重大环境污染事故罪？

第三节　破坏自然资源的犯罪

一、与破坏水产资源有关的犯罪

《刑法》规定的与破坏水产资源有关的犯罪是非法捕捞水产品罪(《刑法》第 340 条)。

非法捕捞水产品罪，是指违反保护水产资源法规，在禁渔区、禁渔期或者使用禁用的工具、方法捕捞水产品，情节严重，依法构成犯罪的行为。构成非法捕捞水产品罪的，处 3 年以下有期徒刑、拘役、管制或者罚金。

构成本罪的特征如下：

(1) 本罪侵犯的客体是国家对水产资源的保护管理制度。

(2) 本罪在客观方面表现为实施了非法捕捞水产品的行为，且情节严重。所谓非法捕捞，必须是违反保护水产资源法律规范的“四条禁规”，表现为在禁渔区、禁渔期或者使用禁用的工具、方法捕捞水产品。非法捕捞的行为必须达到情节严重的程度，才构成本罪。情节严重，主要指：一是非法捕捞水产品数量较大的；二是为首组织或者聚众非法捕捞水产品的；三是经常非法捕捞水产品屡教不改的；四是非法捕捞重点保护的重要或名贵的水生动物的；五是以禁止使用的炸鱼、毒鱼、电网捕鱼等方法捕捞水产品，造成水产资源较大损失的；六是非法抗拒渔政管理、行凶殴打渔政管理人员的等。只要具备上述情节之一，即构成情节严重。

(3) 本罪的主体是一般主体，包括自然人和单位。

(4) 本罪在主观上须出自故意。行为目的不影响本罪的构成。

二、与破坏野生动物资源有关的犯罪

《刑法》规定的与破坏野生动物资源有关的犯罪有非法猎捕、杀害国家重点保护野生动物或者非法收购、运输、出售国家重点保护的野生动物及其制品罪(《刑法》第 341 条第1 款)、非法狩猎罪(《刑法》第 341 条第 2 款)。

非法猎捕、杀害国家重点保护野生动物或者非法收购、运输、出售国家重点保护的野生动物及其制品罪，是指非法猎捕、杀害国家重点保护的珍贵、濒危野生动物或者非法收购、运输、出售国家重点保护的珍贵、濒危野生动物及其制品，依法构成犯罪的行为。该罪包括两种具体的犯罪情形：非法猎捕、杀害国家重点保护的珍贵、濒危野生动物和非法收购、运输、出售国家重点保护的珍贵、濒危野生动物及其制品。本罪的刑事责任是处五年以下有期徒刑或者拘役，并处罚金；情节严重的，处五年以上十年以下有期徒刑，并处罚金；情节特别严

重的,处十年以上有期徒刑,并处罚金或者没收财产。

非法狩猎罪,是指行为人违反狩猎法规,在禁猎区、禁猎期或者使用禁用的工具、方法狩猎,破坏野生动物资源,情节严重,依法构成犯罪的行为。构成非法狩猎罪的,处三年以下有期徒刑、拘役、管制或者罚金。

两罪的特征主要有:

(1) 侵犯的客体是国家对野生动物的保护管理制度。

(2) 客观方面表现为行为人实施了破坏野生动物的行为。非法猎捕、杀害国家重点保护野生动物或者非法收购、运输、出售国家重点保护的野生动物及其制品罪的行为方式,是非法捕杀、收购、运输、出售珍贵、濒危野生动物及其制品。至于行为人在何时、何地、用何方法实施上述行为,对构成该罪没有影响。非法狩猎罪行为人的行为方式是违法在禁猎区、禁猎期或者使用禁用的工具、方法狩猎,破坏野生动物资源,且达到情节严重的程度。严重程度根据非法狩猎对象、狩猎次数、狩猎工具和方法等进行认定。最高人民法院 2000 年 11 月 17 日通过了《最高人民法院关于审理破坏野生动物资源刑事案件具体应用法律若干问题的解释》,具体界定了破坏野生动物资源犯罪的对象、行为方式及情节严重的表现形式。

(3) 两罪的主体为一般主体,包括自然人和单位。

(4) 两罪的主观方面是故意。构成非法猎捕、杀害国家重点保护野生动物或者非法收购、运输、出售国家重点保护的野生动物及其制品罪的必须是行为人明知所捕杀、收购、运输、出售的是国家重点保护的珍贵、濒危野生动物及其制品,但为了牟取暴利、食用或者其他目的仍违法实施这些行为。构成非法狩猎罪的必须是行为人在主观上知道自己的行为是违法的,会给野生动物造成危害,但为了牟取暴利、食用或者其他目的仍实施违法行为。

三、与破坏土地资源有关的犯罪

《刑法》规定的与破坏土地资源有关的犯罪是非法占用农用地罪(《刑法》第 342 条)。

非法占用农用地罪,是指行为人违反土地管理法规,非法占用耕地、林地等农用地,改变被占用土地用途,数量较大,造成耕地、林地等农用地大量毁坏的犯罪行为。其刑事责任为处五年以下有期徒刑或者拘役,并处或者单处罚金。

该罪的特征主要有:

(1) 侵犯的客体是国家的土地管理制度。

(2) 客观方面是行为人实施了非法侵占耕地、林地等农用地改作他用,且后果严重的行为。其行为一般表现为非法占用农用地建窑、建坟、建房、挖沙、采石、采矿、取土、堆放固体废弃物或者进行其他非农用建设。非法侵占一般表现为未经批准非法占用农用地,或者超过批准的用地数量占用农用地等。严重后果表现为占用改作他用的农用地数量较大,造成农用地大量毁坏。最高人民法院 2000 年 6 月 16 日和 2005 年 12 月 19 日通过的《最高人民法院关于审理破坏土地资源刑事案件具体应用法律若干问题的解释》和《最高人民法院关于审理破坏林地资源刑事案件具体应用法律若干问题的解释》分别对非法占用耕地和林地的严重后果进行了界定。

(3) 犯罪主体是一般主体,包括自然人和单位。

(4) 犯罪主观方面是故意。即行为人明知是农用地,但为建窑、建坟、建房、挖沙、采石、采矿、取土、堆放或排泄废弃物等,仍然予以非法占有改作他用。

四、与破坏矿产资源有关的犯罪

《刑法》规定的与破坏矿产资源有关的犯罪有两个:非法采矿罪(《刑法》第343条第1款)和破坏性采矿罪(《刑法》第343条第2款)。

非法采矿罪是指违反矿产资源法的规定,未取得采矿许可证擅自采矿的,擅自进入国家规划矿区、对国民经济具有重要价值的矿区和他人矿区范围采矿的,擅自开采国家规定实行保护性开采的特定矿种,经责令停止开采后拒不停止开采,造成矿产资源破坏的犯罪行为。构成非法采矿罪的,处三年以下有期徒刑、拘役或者管制,并处或者单处罚金。造成矿产资源严重破坏的,处三年以上七年以下有期徒刑,并处罚金。

破坏性采矿罪是指违反矿产资源法的规定,采取破坏性的开采方法开采矿产资源,造成矿产资源严重破坏的犯罪行为。构成破坏性采矿罪的,处五年以下有期徒刑或者拘役,并处罚金。

构成两罪的主要特征有:

(1) 侵犯的客体是国家对矿产资源的保护管理制度。

(2) 客观方面是行为人实施了破坏矿产资源的行为。非法采矿罪行为人的行为方式:一是未取得采矿许可证擅自采矿的;二是擅自进入国家规划矿区、对国民经济具有重要价值的矿区和他人矿区范围采矿的;三是擅自开采国家规定实行保护性开采的特定矿种,经责令停止开采后拒不停止开采,造成矿产资源破坏的。破坏性采矿罪行为人的行为方式是采取破坏性的开采方法开采矿产资源,造成矿产资源严重破坏的后果。最高人民法院2003年5月16日通过的《最高人民法院关于审理非法采矿、破坏性采矿刑事案件具体应用法律若干问题的解释》对破坏后果进行了明确的界定。

(3) 两罪的主体都是一般主体,包括自然人和单位。

(4) 两罪的主观方面都是故意。

五、与破坏森林资源有关的犯罪

《刑法》规定的与破坏森林资源有关的犯罪有,非法采伐、毁坏国家重点保护植物罪,非法收购、运输、加工、出售国家重点保护植物、国家重点保护植物制品罪(《刑法》第344条、《刑法修正案(四)》第6条),盗伐林木罪(《刑法》第345条第1款),滥伐林木罪(《刑法》第345条第2款)和非法收购、运输盗伐、滥伐的林木罪(《刑法》第345条第3款)。

非法采伐、毁坏国家重点保护植物罪和非法收购、运输、加工、出售国家重点保护植物、国家重点保护植物制品罪,是指违反国家规定,非法采伐、毁坏珍贵树木或者国家重点保护的其他植物的,或者非法收购、运输、加工、出售珍贵树木或者国家重点保护的其他植物及其制品的犯罪行为。构成非法采伐、毁坏国家重点保护植物罪,非法收购、运输、加工、出售国家重点保护植物、国家重点保护植物制品罪的,处三年以下有期徒刑、拘役或者管制,并处罚金;情节严重的,处三年以上七年以下有期徒刑,并处罚金。

盗伐林木罪,是指违反森林法的规定,采用秘密方式、以非法占有为目的砍伐国家、集体或者他人森林或者其他林木,数量较大的犯罪行为。构成盗伐林木罪的,处三年以下有期徒刑、拘役或者管制,并处或者单处罚金;数量巨大的,处三年以上七年以下有期徒刑,并处罚金;数量特别巨大的,处七年以上有期徒刑,并处罚金。

滥伐林木罪是指违反森林法的规定,无采伐许可证或者未按照采伐许可证规定的地点、数量、树种、方式而任意采伐单位所有或者管理,或者本人自留山上的森林或者其他林木,数量较大的犯罪行为。构成滥伐林木罪的,处三年以下有期徒刑、拘役或者管制,并处或者单处罚金;数量巨大的,处三年以上七年以下有期徒刑,并处罚金。

非法收购、运输盗伐、滥伐的林木罪,是指违反森林法的规定,收购、运输明知是盗伐、滥伐的林木,情节严重的犯罪行为。本罪为《刑法修正案》(四)第7条修正的新罪名,删除了原来的非法收购盗伐、滥伐林木罪中的"以牟利为目的"的犯罪主观方面的限定内容;取消了"在林区"的犯罪客观方面的活动范围的限制;增加了"非法运输"犯罪行为方式种类,将原罪名修订为非法收购、运输盗伐、滥伐林木罪。构成此罪,处三年以下有期徒刑、拘役或者管制,并处或者单处罚金;情节特别严重的,处三年以上七年以下有期徒刑,并处罚金。

上述犯罪的特征主要有:

(1) 侵犯的客体是国家的林业管理制度。

(2) 客观方面表现为行为人违法实施了破坏林木的行为。除非法采伐、毁坏国家重点保护植物罪,非法收购、运输、加工、出售国家重点保护植物、国家重点保护植物制品罪为行为犯之外,其他犯罪均要求情节严重。情节严重的依据《最高人民法院关于审理破坏森林资源刑事案件具体应用法律若干问题的解释》进行认定。

(3) 犯罪的主体为一般主体,包括自然人和单位。

(4) 犯罪的主观方面是故意。至于目的是否为非法牟利,不影响犯罪的成立。盗伐林木罪要求以非法占有为目的。

除了上述规定之外,《刑法》还在"危害公共安全罪"、"走私罪"中规定了与破坏自然资源的有关的犯罪。

"危害公共安全罪"中与破坏自然资源有关的犯罪主要有:《刑法》第114条有关放火罪(烧毁森林)。

"走私罪"中与破坏自然资源有关的犯罪主要有:《刑法》第151条走私珍贵动物及其制品罪。

案情简介

潘晓彪等人非法出售大熊猫皮案①

1998年被告人潘晓彪得知高泽军(在逃)有两张大熊猫皮,高并要潘为其寻找买主。潘晓彪即先后找到被告人杨子贵、林和余以及"长寿"(在逃)、郭胜州(在逃)等

① 案例及评析摘自最高人民法院中国应用法学研究所编:《人民法院案例选》(总第37辑),人民法院出版社2002年版,第57页。

人寻找买主。1999年4月4日，被告人林和余找到杨大爷(绰号)叫杨帮助找买主，后杨大爷称买主已找到，但要看货。被告人潘晓彪、林和余、杨子贵以及“长寿”带杨大爷到高泽军家里看了大熊猫皮。杨大爷在确认大熊猫皮是真的后，于4月9日告知林和余，说已经与买主联系好在都江堰市交货。4月10日，被告人潘晓彪与高泽军一起带上两张大熊猫皮到都江堰市茂源招待所。4月11日，本案其余人员也均赶到该招待所，并谈成两张大熊猫皮的售价为人民币35万元，大熊猫皮的“主人”拿8万元，余下的27万元由潘晓彪、林和余、杨子贵、高泽军、“长寿”、郭胜州六人均分，并约定于4月12日在郫县红光镇银丰园进行交易。当潘晓彪、林和余、杨子贵带上大熊猫皮在郫县犀浦镇国际大都会正准备交货时，被公安机关当场截获，从其乘坐的出租车上搜出两张大熊猫皮，还从潘晓彪的衣服包里搜出手枪一支，子弹4发。

四川省郫县人民检察院以被告人潘晓彪、林和余、杨子贵犯非法出售珍贵、濒危野生动物制品罪，潘晓彪还犯非法持有枪支、弹药罪，向郫县人民法院提起公诉。

被告人潘晓彪辩称，他没有参与预谋，只是知情不报，认定其行为构成非法出售珍贵、濒危野生动物制品罪不恰当。

被告人林和余辩称，他没有伙同他人预谋，也不知道熊猫皮是真的还是假的。其辩护人提出，林和余系初犯，又是本案的从犯，归案后能认罪伏法，有悔罪表现，应从轻处罚；且本案应属“情节严重”，而不属于“情节特别严重”。

被告人杨子贵对起诉书指控的犯罪事实供认不讳，没有提出辩解。其辩护人认为本案应属犯罪未遂，杨子贵是偶犯，又属本案的从犯，能认罪伏法，请求予以从轻处罚。

郫县人民法院经公开审理后认为，被告人潘晓彪、林和余、杨子贵为了牟取暴利，非法出售两张大熊猫皮，情节特别严重，其行为均已构成非法出售珍贵、濒危野生动物制品罪。被告人潘晓彪违反枪支管理规定，非法携带枪支、弹药，其行为又构成非法持有枪支、弹药罪。郫县人民检察院起诉指控被告人潘晓彪、林和余、杨子贵的犯罪事实成立，本院予以支持。对被告人潘晓彪提出其没有参与预谋，只是知情不报，认定其行为构成非法出售珍贵、濒危野生动物制品罪不恰当的辩护理由与本案查明的事实不符，本院不予采纳。对被告人林和余提出没有伙同他人预谋的辩护理由与本案查明的事实不符，本院不予采纳。对被告人林和余的辩护人提出被告人林和余在共同犯罪中起次要作用，是本案的从犯，且本案只应属情节严重的辩护理由与本案查明的事实不符，且无法律依据，本院不予采纳。对被告人杨子贵的辩护人提出被告人杨子贵在本案中起辅助作用，是本案的从犯以及本案应当是犯罪未遂的辩护理由与本案查明的事实不符，本院不予采纳。对被告人林和余、杨子贵的辩护人提出被告人林和余、杨子贵是初犯、偶犯，归案后能认罪伏法，有悔罪表现的辩护理由成立，本院予以采纳，量刑时予以酌情考虑。据此，该院依照《刑法》第341条第1款、第25条第1款、第69条、第52条、第53条的规定，于1999年9月9日作出(1999)成郫刑初字第134号刑事判决如下：(1) 被告人潘晓彪犯非法出售珍贵、濒危野生动物制品罪，判处有期徒刑十二年，并处罚金人民币2万元；犯非法持有枪支、弹药罪，判处有期徒刑一年六个月，决定执行有期徒刑十三年，并处罚金人民币2万元。(2) 被告人林和余犯非法出售珍贵、濒危野生动物制品罪，判处有期徒刑十年，并处罚金人民币2万元。(3) 被告人杨子贵犯非法出售珍贵、濒危野生动物制品罪，判处有期徒刑十年，并处罚金人民币2万元。

宣判后，被告人潘晓彪、林和余、杨子贵均不服，提出上诉。潘晓彪的上诉理由是：其行为不属情节特别严重，系犯罪未遂，在犯罪中仅起辅助作用，原判量刑过重。林和余的上诉理由是：他与同案被告人不认识，谈不上共谋，在犯罪中系从犯，不属情节特别严重。杨子贵的上诉理由是：他在犯罪中只起介绍联络作用，应是从犯，且属犯罪未遂，不属情节特别严重。

四川省成都市中级人民法院经过二审审理后认为，上诉人潘晓彪、林和余、杨子贵违反国家野生动物保护法规，积极参与联系和共同非法出售大熊猫皮的行为，均已构成非法出售珍贵、濒危野生动物制品罪，且属情节特别严重。上诉人潘晓彪违反枪支管理规定，非法携带枪支弹药的行为，已构成非法持有枪支、弹药罪。三上诉人在非法出售大熊猫皮尚未成交时即被公安人员截获，其行为属犯罪未遂，可以减轻处罚。三上诉人在非法出售大熊猫皮的过程中，积极参与联系买主、议价、计划、分赃和实施交易的行为，应属共同犯罪行为。三上诉人在共同犯罪过程中的作用相当，原审未分主从犯并无不当。各上诉人所持系犯罪未遂的理由成立，予以采纳。但辩称不属情节特别严重和从犯的理由，与查证的事实相悖，不能成立。原审认定事实清楚、适用法律部分正确，审判程序合法，但适用部分法律不当，导致量刑失当。据此，该院依照《中华人民共和国刑事诉讼法》第189条第2项和《中华人民共和国刑法》第341条第1款、第128条第1款、第25条第1款、第23条、第69条、第52条、第53条的规定，于1999年11月13日作出判决如下：(1) 撤销四川省郫县人民法院(1999)成郫刑初字第134号刑事判决中对上诉人潘晓彪、林和余、杨子贵的刑罚部分。(2) 上诉人潘晓彪犯非法出售珍贵、濒危野生动物制品罪，判处有期徒刑九年，并处罚金人民币2万元；犯非法持有枪支、弹药罪，判处有期徒刑一年六个月，决定执行有期徒刑十年，并处罚金人民币2万元。(3) 上诉人林和余犯非法出售珍贵、濒危野生动物制品罪，判处有期徒刑九年，并处罚金人民币2万元。(4) 上诉人杨子贵犯非法出售珍贵、濒危野生动物制品罪，判处有期徒刑九年，并处罚金人民币2万元。

案例评析

本案被告人作案对象是珍贵、濒危野生动物大熊猫皮。大熊猫是十分珍贵、稀有的动物，是我国的一级保护动物。因此，我国法律严禁猎杀大熊猫。在处理本案的过程中，主要涉及以下三个方面的问题。

其一，本案犯罪是犯罪未遂还是犯罪既遂？

所谓犯罪未遂是指已经着手实行犯罪，由于犯罪分子意志以外的原因而没有得逞的一种犯罪形态。本案被告人潘晓彪、林和余、杨子贵明知自己是在非法出售珍贵、濒危野生动物制品大熊猫皮，为牟取暴利而积极联络要将该制品出售。他们已将该制品携带至郫县国际大都会等待买主进行交易，表明他们已经着手实施了犯罪行为。但在尚未交易时即被截获，既未售出制品，也未收到现金，这又表明其出售珍贵、濒危野生动物制品的行为没有完成，共同追求的目的尚未达到。这种未得逞是犯罪分子意志以外的原因造成的。因此本案从犯罪形态上看完全符合犯罪未遂的要件，应认定为犯罪未遂。

一审法院认为本案的犯罪是行为犯，只要实施这一行为，不论犯罪结果是否发生就构成犯罪既遂从而认定本案构成犯罪既遂，这是不正确的。行为犯和结果犯是犯罪既遂的两种类型，但行为犯不同于结果犯。对行为犯来说，“行为的完成”是犯罪既遂的标志，即该种犯罪行为只有达到法律所要求的程度才能视为完成，否则，应属于犯罪未遂。非法出售濒危野生动物制品罪的法律要求是已非法公开售出或已非法秘密售出才能视为“行为的完成”。本案被告人尚未将大熊猫皮售出即被抓获，即其行为未达到法律所要求的程度，应认定为犯罪未遂。

其二，本案应否区分主犯和从犯？

共同犯罪是指二人以上共同故意犯罪。本案潘晓彪、林和余、杨子贵三人明知出售珍贵、濒危野生动物制品是犯罪，但为获取暴利，他们共同预谋并积极联络买主，完全符合共同犯罪的特征。在共同犯罪中，由于各个犯罪人所处的地位、所起的作用以及对社会的危害程度不同，其应当承担的刑事责任也就有所不同。为了确定各共同犯罪人不同的刑事责任，正确量刑，一般应对共同犯罪人进行分类，即区分主犯、从犯或胁从犯。但本案三被告人在共同犯罪中均起介绍、联络作用，他们三人相互串通，其中的任何一人既不是卖主，也不是买主，只是从中积极联络，穿针引线，推动犯罪行为的完成。所以这三人的作用与买主卖主一样均是积极主动的，谁也不是处于被支配和从属的地位。也就是说三人所起的作用、所处的地位以及对社会的危害程度都大体相当。因此，可以对本案共同犯罪人不分主从。

其三，本案情节是否应定为特别严重？

本案对情节严重或情节特别严重的认定，对三被告人的量刑有较大影响。本案三被告人为出售珍贵、濒危野生动物制品大熊猫皮而从中介绍、联络，参照 1987 年《最高人民法院通知要求依法严惩猎杀大熊猫、倒卖、走私大熊猫皮的犯罪分子》的规定：“大熊猫是十分珍贵稀少的野生动物，倒卖、走私一张大熊猫皮，即应视为情节特别严重。”在 1997 年新刑法颁布实施后，法院在 1999 年审理本案时，尚无新标准出台，法院参照上述规定将出售两张大熊猫皮的行为认定为情节特别严重是正确的①。

---

① 值得注意的是，最高人民法院于 2000 年 11 月 27 日发布了《最高人民法院关于审理破坏野生动物资源刑事案件具体应用法律若干问题的解释》，规定了情节严重、情节特别严重的标准，但对于非法猎捕、杀害、收购、运输、出售大熊猫情节特别严重的标准没有发生大的变化。

案情简介

福布斯中国首富破坏森林案①

云关山森林公园是贵州省省级森林公园，园内大部分林木都已有上百年历史。作为贵州省林业厅下属的科研机构，被告贵州省林业科学研究院长期驻点在此进行科学研究。

2005年8月，《云关山省级森林公园总体规划》获得通过，贵州省林科院开始为规划中的210亩“生态休闲区”招商引资。2006年6月6日，贵州省林科院下属的贵州绿源园林科技工程有限公司（以下简称绿源公司）与北京福海福樱石新材料科技发展有限公司（以下简称福海公司）签订了《关于福海集团全国连锁（会员制）组装度假屋项目的合作协议》。该协议约定：绿源公司提供林科院拥有林权的云关山片区的2 000亩森林用地、福海公司投资3.2亿元共同建设福海生态园项目，福海公司修建1 200套度假别墅，每建完工一套组装别墅由福海公司提供给绿源公司两万元；福海生态园项目有管理经营收益后，福海公司占85%的利润回报，绿源公司占15%的利润回报。

福海公司与林科院的这一合作项目是在国有森林公园林地内修建别墅，双方约定的2 000亩土地不仅大大超出了生态休闲区210亩的范围，而且位于森林公园的核心景区，按规定不能在森林公园的核心景区建设与生态保护无关的项目的。双方知道按相关管理规定，合作项目无法获得审批。为了骗取相关部门的审批手续，实现其共同获取非法利益的目的，经协商，双方又于当年6月8日签订了一份《合作协议》，将“福海公司在2 000亩旅游森林用地内修建1 200套度假别墅”等真实内容隐去，改为“修建生态度假屋”，并将“每建完工一套组装别墅由福海公司提供给绿源公司两万元”的内容一并隐去，时间倒签为当年6月4日。由于此合同隐去了双方原合同中已约定的利益分配，双方又签订了一份《补充协议》，专门约定2006年6月4日的合同只用于报送相关部门办理手续之用，在办理完相关手续之后自然废止，双方仍按2006年6月6日的合同执行。福海公司董事长罗忠福、贵州省林科院原副院长、绿源公司法定代表人杨成华分别代表各自单位在倒签的合同及《补充协议》上签字。

真假3份合同签订后，贵州省林科院开始向相关部门报批手续。部分行政主管部门陆续发文，“原则同意”该项目开展前期工作。

2006年9月初，在还未办好规划、土地、建设、环保等相关手续的情况下，福海生态园项目开始启动，由罗忠福亲自指挥，组织人员进入树木园，开始进行地基平整、硬化土地、迁移坟墓等施工工作。林科院积极配合福海公司实施了这一系列的工作。直到2007年10月被贵阳市相关部门责令全面停工，一年的时间内，这个违法

① 此案例主要参考雷成：《“福海生态园”责任人被重判》，载《人民日报》2008年9月27日；《以生态之名毁林 贵阳重判前“首富”10年半》，新华网贵州频道2008年9月30日。

项目非法占用用材林地 7.79 亩，非法占用特种用途林地 10.03 亩，完成地基硬化 8 块，架空地块 16 处，建成办公楼 1 处，修建亭子 5 处。

福海公司为了修建生态园，需要在贵州省林科院实验林场场部工区、八里屯工区采伐林木修建道路。为了规避相关法律的规定，被告人于曙明（原林科院院长）提出以修建护林防火通道的名义来办理园区道路手续和林木采伐许可证，罗忠福随即安排人员联系贵州深港中天建筑设计有限公司为其规划设计园区道路。贵州省林业厅有关负责人明知林科院的这种行为是规避法律的行为，仍违法批复同意修建防火通道，并发放了林木采伐许可证。

贵州省林科院在违法获取贵州省林业厅的批复和林木采伐许可证后，即安排工作人员对福海公司的人员进行了简单的技术培训，由福海公司派人对树木进行砍伐，同时进行施工放线。在此过程中，罗忠福称设计图纸是用于报规划的，现场具体施工由其确定，拒绝按照设计人员的图纸设计来放线及砍伐树木，而是根据其修建别墅的需要，随意确定道路放线及砍伐树木范围。当于曙明知道福海公司滥伐林木的行为时，未采取任何措施进行阻止，也未向上级领导汇报，放任了福海公司的滥伐行为。经鉴定：采伐林木的立木蓄积总计 776 立方米。

为保证福海生态园项目施工的顺利进行，罗忠福之妻杨秀荣多次从澳门、珠海等地往返贵阳，到福海生态园项目现场视察，了解施工进度，并根据罗忠福的要求，利用其贵州省政协委员的身份，为福海生态园项目办理手续。在明知此项目未取得合法建设手续的情况下，杨秀荣仍根据罗忠福的要求，组织了大量资金，为福海生态园的违法施工提供资金帮助。在得知罗忠福被公安机关羁押后，杨秀荣为阻挠公安机关的侦查工作，阻碍公安机关向相关证人调取证言，以报销出差费等贿买方式，安排本案有关的重要证人漆某、何某及袁某某离开贵阳以逃避侦查。

福海公司副董事长雷洁，在福海生态园项目施工期间，根据罗忠福的安排，订购了一批用于修建组合式别墅的大型材料运到福海生态园工地。福海生态园项目原现场指挥周某离开后，雷洁参与到项目的建设、管理当中，负责材料的购买和项目财务工作。

8 月，贵州省清镇市检察院以福海公司和林科院两个单位为被告，以罗忠福、于曙明等 5 人为被告人，向清镇市法院提起公诉。

8 月 27 日，贵州省清镇市人民法院环保法庭依法公开开庭审理了福海公司、贵州省林科院单位和有关人员非法占用农用地、滥伐林木等罪一案。

法院认为，罗忠福、于曙明、雷洁、杨成华、杨秀荣为了牟取非法利益，采取欺骗手段，非法占用林地 17.82 亩，其行为均已构成非法占用农用地罪。罗忠福、于曙明违反法律规定，恶意串通国家林业主管部门工作人员，以虚假名义违法获得为修建园区道路而采伐树木所需的林木采伐许可证，在贵州省林科院防护林区滥伐林木 776 立方米，其行为已构成滥伐林木罪；被告人杨秀荣使用贿买等方法阻止他人作证，其行为构成妨害作证罪。

法院判决如下：(1) 被告单位北京福海公司犯非法占用农用地罪，判处罚金人民币50万元；犯滥伐林木罪，判处罚金人民币50万元，数罪并罚，决定执行罚金100万元；(2) 被告单位贵州省林科院犯非法占用农用地罪，判处罚金人民币50万元；犯滥伐林木罪，判处罚金人民币50万元，数罪并罚，决定执行罚金100万元；(3) 被告人罗忠福犯非法占用农用地罪，判处有期徒刑四年零六个月，并处罚金2万元；犯滥伐林木罪，判处有期徒刑六年零六个月，并处罚金3万元。总和刑期十一年，数罪并罚，决定执行有期徒刑十年零六个月，并处罚金5万元；(4) 被告人于曙明犯非法占用农用地罪，判处有期徒刑四年零六个月，并处罚金2万元；犯滥伐林木罪，判处有期徒刑六年零六个月，并处罚金3万元。总和刑期十一年，数罪并罚，决定执行有期徒刑十年零六个月，并处罚金5万元；(5) 被告人杨秀荣犯非法占用农用地罪，判处有期徒刑一年，并处罚金1万元；犯妨害作证罪，判处有期徒刑一年零六个月。总和刑期二年零六个月，数罪并罚，决定执行有期徒刑二年，并处罚金人民币1万元；(6) 被告人雷洁犯非法占用农用地罪，判处有期徒刑一年，并处罚金1万元；(7) 被告人杨成华犯非法占用农用地罪，判处有期徒刑一年，并处罚金1万元。

一审宣判后，二被告单位和五被告人不服判决，提出上诉。9月27、28、29日，贵州省贵阳市中级人民法院二审公开开庭审理北京福海福樱石新材料科技发展有限公司、贵州省林业科学研究院和其单位有关人员犯非法占用农用地、滥伐林木等罪一案，并当庭作出终审判决。二审法院认为，原判认定事实清楚，证据确凿充分，定罪准确，审判程序合法，对上诉人福海公司、林科院、罗忠福、杨秀荣的量刑适当，二审法院予以维持；但结合上诉人于曙明在滥伐林木犯罪中的地位、作用以及社会危害程度，原判对其量刑偏重，二审法院依法对其酌情从轻处罚；根据上诉人雷洁、杨成华在犯罪过程中的地位、作用以及社会危害程度，对其适用缓刑不致再危害社会，可依法对其宣告缓刑。据此判决：维持对上诉人福海公司、林科院、罗忠福、杨秀荣的一审判决；上诉人于曙明犯非法占用农用地罪、滥伐林木罪，数罪并罚，决定执行有期徒刑八年，并处罚金人民币5万元；上诉人雷洁犯非法占用农用地罪，判处有期徒刑一年，缓刑二年，并处罚金人民币1万元；上诉人杨成华犯非法占用农用地罪，判处有期徒刑一年，缓刑一年，并处罚金人民币1万元。

案例评析

该案曾得到广泛的关注，除贵州本地媒体外，《人民日报》、《中国青年报》、央视《中国法治报道》、《经济与法》及《焦点访谈》栏目等也给予了较为详尽的报道和评述。本案之所以备受瞩目，不仅因为被告人之一的罗忠福曾位居《福布斯》杂志“中国内地富豪排行榜”首富，还因为对被告罗忠福等破坏自然资源案件能不折不扣地适用量刑，使该案成为1997年修订刑法以来，全国目前最为严厉的刑事制裁破坏自然资源的犯罪案件，从而打破了我国环保执法一向偏软、偏轻的惯例，切实体现了法律的强制性和威慑力。

本案主要涉及非法占用农用地罪和滥伐林木罪两种破坏自然资源犯罪。

第一，非法占用农用地罪。

从定罪来看，非法占用农用地罪，是指行为人违反土地管理法规，非法占用耕地、林地等农用地，改变被占用土地用途，数量较大，造成耕地、林地等农用地大量毁坏的犯罪行为。本罪侵犯的客体是国家的土地管理制度。客观方面是行为人实施了非法侵占耕地、林地等农用地改作他用，且数量较大，造成农业用地大量毁坏的行为。根据 2005 年《最高人民法院关于审理破坏林地资源刑事案件具体应用法律若干问题的解释》的规定，对非法占用林地而言，属于“数量较大，造成林地大量毁坏”情形的包括，非法占用并毁坏防护林地、特种用途林地数量分别或者合计达到五亩以上；非法占用并毁坏其他林地数量达到十亩以上；非法占用并毁坏上述两项规定的林地，数量分别达到相应规定的数量标准的百分之五十以上；或其中一项数量达到相应规定的数量标准的百分之五十以上，且两项数量合计达到该项规定的数量标准。本罪犯罪主体包括自然人和单位。犯罪主观方面是故意。即行为人明知是农用地，但为建窑、建坟、建房、挖沙、采石、采矿、取土、堆放或排泄废弃物等，仍然予以非法占有改作他用。

该案贵州省云关山森林公园是在 1993 年 5 月 29 日，由贵州省林业厅批准省林科院建立的。2005 年，贵州省林业厅批准了《云关山省级森林公园总体规划》。依照我国《森林公园管理办法》(1994 年)，森林公园的设施和景点建设，必须按总体规划进行。贵州省林科院作为林业部门的专门研究机构，明知相关规定，但为获取非法利益，非法将 2 000 亩国有林地交由私人股份企业绿源公司进行经营，由绿源公司与福海公司签订了合作开发别墅的协议。双方约定的 2 000 亩土地不仅大大超出了生态休闲区 210 亩的范围，而且所确定的 2 000 亩林地均不属于《云关山省级森林公园总体规划》允许可以修建度假村的林地范围。福海公司、林科院明知项目违背总体规划及相关法律、法规规定，但为了获取非法高额利益，以签订阴阳合同的方式骗取了部分职能部门同意定点的批复，在未根据批复要求按规定办理林地征、占用手续，亦未办理林地转为建设用地的建设施工许可手续的情况下，福海公司即组织人员进场施工，而贵州省林科院积极配合福海公司施工，两单位客观上均实施了非法占用林地的行为，其行为的主观方面表现为故意，行为后果为非法占用林地 17.82 亩，非法占用特种用途林地 10.03 亩。由此可见，林科院和福海公司的行为均已构成非法占用农用地罪。

在上述单位犯罪过程中，罗忠福作为福海公司的法人代表、董事长，直接起到决策、组织、指挥作用，是福海公司单位犯罪的直接责任人员。雷洁作为福海公司的副董事长，明知福海生态园项目无任何林地占用手续及施工许可证，仍按罗忠福的要求，积极参与非法占用林地的现场施工，掌管工程材料的购买及相关财务工作，是单位犯罪的其他责任人员。

于曙明作为林科院的法人代表、院长，为了使单位能够获取高额利润，置国家法律法规于不顾，决定与福海公司合作在森林公园林地内开发别墅。在无任何占用林地手续的情况下，积极组织工作人员进行移树迁坟、为福海公司建造度假别墅腾空林地，并组织制作《树木园改造规划》，掩盖非法占用林地的真实目的，系单位犯罪的直接责任人员。杨成华作为林科院的副院长、福海生态园项目副组长、绿源公司法定代表人，明知该项目无任何林地占用审批手续，放弃原则，代表绿源公司与福海公司签订合作协议，积极进行树木园改造规划的制作,系林科院单位犯罪的其他责任人员。

上述单位犯罪的直接责任人员和其他责任人员均应承担相应的刑事责任。从本案的量刑来看,根据《刑法》第342条和第346条的规定,构成非法占用农用地罪的,对单位判处罚金,并对其直接负责的主管人员和其他直接责任人员,处五年以下有期徒刑或者拘役,并处或者单处罚金。法院判处两单位罚金人民币各50万元,分别判处罗忠福等两单位直接责任人员和其他责任人员最高刑罚有期徒刑四年零六个月,最低刑罚有期徒刑一年,缓刑一年,并分处罚金1万至2万元。上述量刑均在法律规定的范围之内。

第二,滥伐林木罪。

从定罪来看,滥伐林木罪是指违反森林法的规定,无采伐许可证或者未按照采伐许可证规定的地点、数量、树种、方式而任意采伐单位所有或者管理,或者本人自留山上的森林或者其他林木,数量较大的犯罪行为。本罪侵犯的客体是国家的林业管理制度。客观方面表现为行为人实施了违反森林法的规定,无采伐许可证或者未按照采伐许可证规定的地点、数量、树种、方式而任意采伐单位所有或者管理,或者本人自留山上的森林或者其他林木,且数量较大的行为。依据《最高人民法院关于审理破坏森林资源刑事案件具体应用法律若干问题的解释》,滥伐林木"数量较大",以十至二十立方米或者幼树五百至一千株为起点。本罪的犯罪的主体为一般主体,包括自然人和单位。犯罪的主观方面是故意。

在该案中,福海公司与林科院为福海生态园修建旅游观光通道,故意规避相关法律法规,由林科院按福海公司旅游观光通道设计图设计防火通道采伐作业设计图,并向省林业厅申报办理林木采伐相关手续。在林业厅明知该防火通道设计的真实目的仍违法发放采伐许可证后,福海公司出钱出人,直接实施违法采伐行为。滥伐林木总面积达43.86亩,立木蓄积总计775.4910立方米,远远超过了"数量较大"的客观方面要件。两单位构成滥伐林木罪。林科院的上述行为,均系于曙明直接组织、安排实施。在采伐林木、修建旅游观光通道过程中,罗忠福直接指挥林木采伐的放线工作,组织人员实施了滥伐行为。罗忠福、于曙明系福海公司、林科院滥伐林木单位犯罪的直接负责的主管人员,应对单位犯罪承担刑事责任。

从该案量刑来看,根据《刑法》第345条第2款和第346条的规定,构成滥伐林木罪的,对单位判处罚金,并对其直接负责的主管人员和其他直接责任人员,处三年以下有期徒刑、拘役或者管制,并处或者单处罚金;数量巨大的,处三年以上七年以下有期徒刑,并处罚金;数量特别巨大的,处七年以上有期徒刑,并处罚金。依据《最高人民法院关于审理破坏森林资源刑事案件具体应用法律若干问题的解释》,滥伐林木"数量巨大",以五十至一百立方米或者幼树二千五百至五千株为起点。法院认定福海公司、林科院及罗忠福、于曙明滥伐林木总面积达43.86亩,立木蓄积总计775.4910立方米,已构成数量巨大。法院判处两单位罚金各50万,判处罗忠福、于曙明六年零六个月,并处罚金3万元。上述量刑均在法律规定的范围之内。

由于该案福海公司、林科院同时触犯非法占用农用地罪和滥伐林木罪两种破坏自然资源罪,加之对两单位犯罪的直接负责人员的量刑均接近上限,数罪并罚的结果使该案中曾一度名列《福布斯》中国内地富豪排行榜首富的罗忠福,成为自1997年刑法规定破坏自然资源犯罪以来,目前全国因此类犯罪服刑最长的犯罪人。本案法院用重刑惩处破坏自然资源犯罪,主要是基于对贵阳市建设生态文明城市的市情及其案件的社会影响等因素的考量。正如一、二审法院所言保护环境是落实科学发展观的重要举措，建设生态文明城市是贵阳市明确的施政方针，因此必须更加注重环境保护。

课堂讨论

1. 结合上述案例，讨论非法收购、运输、出售国家重点保护的野生动物及其制品罪的犯罪构成。

2. 分析与破坏野生动物资源有关的犯罪的特征。

3. 结合福布斯中国首富破坏森林案，分析非法占用农用地罪和滥伐林木罪的犯罪特征。

第四节 环境监管失职罪

环境监管失职罪是指负有环境保护监督管理职责的国家机关工作人员严重不负责任，不履行或者不认真履行环境保护监管职责，导致发生重大环境污染事故，致使公私财产遭受重大损失或者造成人身伤亡的严重后果的行为。

保护环境不仅是一切企事业单位和每个公民应尽的义务，更是环境保护监管部门及其工作人员的职责。环境保护监管部门的工作人员，因严重不履行职责，造成重大环境污染事故，导致公司财物重大损失或者人员伤亡的，是一种严重的失职行为，直接危害环境保护监管部门的正常监管活动，削弱环境监管的防范职能。近几年来，重大环境污染事故屡有发生，与某些环境监管工作人员失职有直接关系，因此，必须依法对环境监管失职予以刑事制裁。

环境监管失职罪具有以下特征：

(1) 犯罪客体是国家保护环境的管理制度。

(2) 客观方面表现为严重不负责任的行为及其严重后果。其中，严重不负责任，是指依法负有环境保护监管职责的国家工作人员不履行或者不认真履行环境保护监管职责，工作极不负责。实践中严重不负责任的表现主要有：对管辖范围内排污单位的排污状况不进行现场检查；对因发生事故或者其他突发性事件，造成或者可能造成污染事故的单位，不立即采取措施处理；对可能发生重大污染事故的单位，不采取防范措施；对污染严重的单位不坚决进行整治；对引进不符合我国环境保护要求的技术和设备，不坚决予以禁止；对不应拆除的防治污染设备随意批准其拆除等。严重后果是发生重大环境污染事故，致使公私财产重大损失或者造成人员伤亡。《最高人民法院关于审理环境污染刑事案件具体应用法律若干问题的解释》(2006年)对公私财产重大损失及人员伤亡严重后果作出了明确界定。《最高人民检察院关于读职侵权犯罪案件立案标准的规定》(2006年)也对环境监管失职案立案标准作出了明确规定。

(3) 犯罪主体是依法负有环境保护监督管理职责的国家机关工作人员。包括依据《环境保护法》及其他环境单行法负有环境保护监督管理职责的相关国家机关工作人员。如环境保护行政主管部门、海洋行政主管部门、港务监督、渔政渔港监督、军队环境保护部门、各级公安、交通、铁道、民航等管理部门的相关国家工作人员。

（4）犯罪主观方面表现为过失犯罪。

案情简介

我国首例涉嫌环境监管失职案
——王华楚环境监管失职案①

1997年6月至9月，武汉市洪山区环保局先后3次从武汉某化工制品公司，回收装有化工废弃物（含有毒物质多氯酚、苯酚）的铁桶共197个，存放于该局所属的洪山废弃物交换中心花山仓库。

1999年3月，区环保局责成刚从副局长调任助理调研员的王华楚负责处理这批化工废料，洪山废弃物中心执行具体工作。此后，王收到中心主任朱某的请示，准许将这批化工废料交给汉阳区无业人员方国强、何利华等人处理。王表示需要先看化验结果后才能作决定，朱某遂安排该中心业务员徐某去处理化验工作。徐某贪图省事，拿了一份某啤酒厂的泥土化验报告单制成一份未盖公章的“武汉市化学研究所检验报告单”，标明这批化工废料无毒、无害。王意识到此检验报告有假，但未明确指出，仅委婉提出需要加盖公章的正式化验单。其后，当得知方、何等人在1999年4月上旬先后3次拖走这批铁桶，王也未予以制止。4月11日，方、何等人将其中82桶化工废弃物随意倾倒于武汉市汉阳区永丰乡锅顶山半山腰，然后将空桶以每个5元至7元的价格卖给了废物收购站。4月13日，王奉局长之命前往锅顶山现场监督处理废弃物，但在方国强等人劝阻下半路折返而没有去实地查看。当地在以后数天连降暴雨，雨水将锅顶山半山腰上没有被妥善处置的化工废料冲下山，流入下游的仙山村和龙阳湖，导致土壤、水中苯酚含量严重超标，村民鱼池、菜地、藕田和湖水遭受污染。经有关部门鉴定，此次污染事故造成直接经济损失共计199.7万元。

2004年2月19日上午，王因被检察机关控以环境监管失职罪在汉阳区人民法院受审。王提出自己只是环保局非领导职务的助理调研员，不应成为该环境污染事故的责任人，责任人应是洪山区环保局担任领导实职且比被告职位更高的官员。法院驳回了被告的主张，认定王华楚身为负有环境保护监督管理职责的国家机关工作人员，严重不负责任，不认真履行环境保护监督管理职责，导致发生重大环境污染事故，致使公私财产遭受重大损失的严重后果，其行为已构成环境监管失职罪。由于其认罪态度较好，有悔罪表现，故对其从轻判处，判处王有期徒刑半年，缓刑一年。

---

① 此案例参阅鄢祖海：《湖北公审首例环境监管失职案》，载《中国环境报》2004年2月26日，第1版；涂莉、冯明：《我国首例涉嫌环境监管失职案宣判》，中国法院网2004年3月5日。

案例评析

此案是自1997年《刑法》规定环境监管失职罪后，首个环保官员因环境监管失职受到刑事处罚的案例，是一个颇受瞩目和争议的刑事案件，曾被广泛报道。此案争议之处在于被告身份的认定。被告辩称自己只是环保局非领导职务的助理调研员，不应成为环境污染事故的责任人，责任人应是担任领导实职且比被告职位更高的官员。环境监管失职罪的主体是负有环境保护监督管理职责的国家机关工作人员。此案关键在于如何界定"国家机关工作人员"及"负有环境保护监督管理职责"。法院接受了检察机关提出的应对"国家机关工作人员"作广义解释的主张，即"国家机关工作人员"包括行政单位及事业单位的公务员及非公务员的人员。该主张与2005年12月《最高人民检察院关于渎职侵权犯罪案件立案标准的规定》对"国家机关工作人员"的界定基本相符。《最高人民检察院关于渎职侵权犯罪案件立案标准的规定》认定"国家机关工作人员"，是指在国家机关中从事公务的人员，包括在各级国家权力机关、行政机关、司法机关和军事机关中从事公务的人员。在依照法律、法规规定行使国家行政管理职权的组织中从事公务的人员，或者在受国家机关委托代表国家行使职权的组织中从事公务的人员，或者虽未列入国家机关人员编制但在国家机关中从事公务的人员，在代表国家机关行使职权时，视为国家机关工作人员。在乡(镇)以上中国共产党机关、人民政协机关中从事公务的人员，视为国家机关工作人员。据此，被告作为环保局的助理调研员显然属于国家机关工作人员，应无争议。接下来的问题在于助理调研员是否"负有环境保护监督管理职责"。一般而言，助理调研员不是负责行政职务的人员。但就此案而论，武汉市洪山区环境保护局通过局长办公会责成被告负责涉案化工废料处理的监管工作，被告对此并没有反对，于是被告在废料处理监管工作中承担了领导职责，而且，被告曾担任环保局副局长，也有能力履行这份职责。被告的失职在于未到处理现场进行监管，导致重大环境污染事故的发生。由此可见，被告对于涉案废物的处置负有监督管理职责，符合环境监管失职罪的主体要件。

课堂讨论

结合王华楚环境监管失职案，讨论环境监管失职罪的犯罪特征。

第12章

国际环境法

本章要求掌握：国际环境法的概念和发展概况；可持续发展原则、共同但有区别的责任原则、国家环境主权和不损害国家管辖或控制范围以外环境的责任原则；国际环境法的体系框架，重点掌握《气候变化框架公约》、《控制危险废物越境转移及处置巴塞尔公约》和《生物多样性公约》的主要内容；与国际贸易和国际环境保护相关的主要国际协议，重点是掌握绿色贸易壁垒的概念和法律依据以及发展中国家应对绿色贸易壁垒的办法。

第一节 国际环境法的概念和发展概况

国际环境法是国际法的一个分支。国际环境法的产生可上溯到19世纪下半叶，但其主要是20世纪60年代后发展起来的。1968年12月3日，联合国大会通过了召开人类环境会议的决议；1972年6月5日，在瑞典斯德哥尔摩召开了联合国人类环境会议这一具有重大历史意义的全球性环境保护会议，它是一个里程碑，标志着现代意义的国际环境法正式诞生。

一、国际环境法的概念

一般认为，国际环境法是国际法主体，其中主要是国家在因开发、利用、保护和改善环境而发生的国际交往中形成的，体现它们之间的协调意志的，调整国际环境关系的法律规范的总体。“国际环境法可能是国际法的最具活力、演进最快的分支之一”①，它直接将环境保护理念快速推进到世界各国和地区。

国际环境法的主要渊源是国际环境条约和国际环境习惯，具有法律约束力。其辅助性渊源包括有关的一般法律原则、司法判例、国际法学说和国际组织的宣言和决议等，一般不具有

① 联合国环境规划署执行主任伊丽莎白·多德斯维尔女士在第二届北方政策高级研讨会上的讲话，哥本哈根，1994年10月27日。转引自联合国环境规划署：《环境法教程》，王曦主编译，法律出版社2002年版，第13～14页。

法律约束力(国际组织根据条约作出的决定除外),但国际组织的宣言和决议等被称为“软法”的法律文件在推进国际环境保护理念和提高国际环境保护意识等方面发挥着十分重要的作用。

二、国际环境法的发展概况

考察国际环境法的发展历史,可将其大致分为三个发展时期。

(一) 19世纪后半叶至1972年联合国人类环境会议前

从19世纪后半叶至1972年人类环境会议召开之前,国际环境法处于萌芽并缓慢发展的阶段。

从19世纪后半叶开始,为解决生物资源的分享与保护问题,有关国家订立了一些保护生物资源的条约,如,1867年《英法渔业公约》,1902年《关于保护和利用多瑙河渔业资源的公约》,1902年《保护农业益鸟公约》,1900年《保护生活于非洲自然中的有益于人类的各类野生动物的公约》,1940年《西半球自然和野生生物保护公约》等。

进入20世纪,跨国污染问题逐渐出现,促使国际社会订立了一些防治污染的条约,防治污染的国际条约将防治范围从陆地、海洋扩展到了外太空。例如,1900年《莱茵河沿岸国关于腐蚀性和有毒物质运输管理的公约》,1909年《美加边境水域条约》;1954年《国际防止油类物质污染海洋的伦敦公约》;1963年《禁止在大气层、外层空间和水下进行核试验的莫斯科条约》;1967年《关于各国探索和利用包括月球和其他天体在内外层空间活动的原则条约》。

随着国际环境组织和国际保护活动的兴起,专门制定了建立国际环境保护组织的协议,或者在有些国际条约中赋予某些国际组织从事国际环境保护的责任。例如,1913年17个国家在瑞士的伯尔尼签署一项协议,决定成立一个国际自然保护顾问委员会。1945年后,联合国及其专门机构相继成立,如联合国粮农组织(FAO)、教科文组织(UNESCO)于1945年成立。1948年,国际自然保护同盟(IUPN－IUCN)在联合国教科文组织(UNESCO)的支持下成立。

该时期特别值得关注的趋势是“二战”后国际区域环境保护条约的发展。例如,1961年订立了《关于建立国际委员会以防止莫塞尔河污染的议定书》(巴黎);1963年订立了《关于建立国际委员会以防止莱茵河污染的协定》;在1968年,欧洲理事会部长委员会通过了《控制大气污染宣言》和《欧洲水宪章》;非洲国家缔结了《非洲保护自然界和自然资源公约》。

该时期产生了几个影响深远的司法案例,例如英美两国的太平洋海豹仲裁案(Pacific Fur Seal, 1893年)是一个保护动物资源的著名案例,该案裁决书确认对公海上的海豹在猎捕的同时应采取适当的保护措施①。在国际环境法发展初期的四大著名案例中,有三项就是在这个时期产生的。

(二) 1972年联合国人类环境会议至1992年联合国环境与发展会议前

1972年人类环境会议召开之后到1992年里约环境与发展大会召开之前,是国际环境法

① 详见本章第二节第一部分(二)。

成型、演变为国际法的一个新分支的关键时期。

根据1968年联合国大会的2398-XXIII号决议,人类环境会议于1972年6月5日至16日在瑞典的斯德哥尔摩召开。共有6 000名代表参加大会,其中包括113个国家的代表、所有重要国际组织的代表、400多个非政府国际组织派出的700名观察家、以个人名义与会的代表和大约1 500名记者。此次大会的召开,开创了国际环境保护的新纪元。

大会的重要成果是三项不具约束力的文件:《人类环境宣言》、《环境行动计划》、《关于机构和资金安排的决议》。大会还决定建议设立联合国环境规划署①。

1982年《世界自然宪章》的产生标志着国际环境保护力量格局的重大转折。扎伊尔总统在国际自然保护同盟第十二次会议上提出制定该宪章的建议,得到非洲统一组织的支持,由国际自然保护同盟起草,经审议的文本由扎伊尔提交联合国,10月28日联合国大会以压倒性多数通过该文件②。这一文件的通过,标志着发展中国家开始在国际环境保护中扮演积极的角色,其中有些国家甚至起到发动机的作用,如扎伊尔、肯尼亚、印度、印度尼西亚等③,而有些发达国家则开始后退,这是1972年以来国际环境保护力量的一个重大变化,是发展中国家在国际环境保护活动中维护自身权益的一次重大胜利。

1987年,联合国大会通过《我们共同的未来》这一报告,确定了可持续发展战略和理论,明确提出实现世代间的公平。报告的主要结论认为,现在的发展趋势恶化了自然环境,加剧了贫富差距,贫困成为国际环境问题的主要原因,同时也是环境恶化的结果。必须对环境与发展进行整体的研究和改善,可持续发展是当代人类和子孙后代所必要的。可持续发展战略的提出,为协调发达国家与发展中国家在环境保护上的立场提供了良好的基础,并为国际环境法进入新的发展阶段作了理论上的准备。

这一时期发生了一系列重大污染事故,对国际环境法的发展产生重大影响。如:第一,1978年美国标准石油公司的子公司所属超级油轮阿莫科卡迪兹号在法国布列坦尼海岸附近遇暴风雨,触礁搁浅泄漏22万吨原油,造成史无前例的海洋石油污染。第二,1986年4月26日苏联乌克兰的切尔诺贝利(Chernobyl)核电站爆炸事故④。

这一时期的重要法律文件,除上面涉及的以外还有:

其一,全球多边性条约有:1972年《伦敦倾倒公约》、1973年《国际防止船舶污染公约》及其1978年议定书、1973年《保护世界文化和自然遗产公约》、1973年《濒危野生动植物物种国际贸易公约》、1980年《保护南极海洋生物资源公约》、1982年《联合国海洋法公约》、1985年《保护臭氧层维也纳公约》及其1987年《蒙特利尔议定书》和1989年《控制危险废物越境转移及处置巴塞尔公约》。

其二,区域性多边公约有:在联合国环境规划署主持或协助下制定的一批区域性海洋环境保护公约,1979年的《长程越界空气污染公约》及其系列议定书,联合国欧洲经济委员会主持制定的1991年《跨界环境影响评价公约》,1992年《工业事故越界影响公约》和1992

---

① 该机构于1973年正式设立。
② 表决结果是:111票赞成,18票弃权,1票反对,美国是唯一投反对票的国家。
③ 〔法〕亚历山大·基斯:《国际环境法》,张若思编译,法律出版社2000年版,第42页。
④ 请参看本书第5章“切尔诺贝利核电站核污染事故”。

年《跨界水道和国际湖泊保护和利用公约》。

(三) 1992 年联合国环境与发展会议以后

1992 年里约环境与发展会议召开之后,可持续发展目标得以正式确立,国际环境法进入新的快速发展时期。

1992 年联合国环境与发展大会的召开是国际环境法发展史上的又一个重要里程碑。根据 1989 年联合国第 44/228 号决议,大会于 1992 年 6 月 3 日至 14 日在巴西里约热内卢举行。出席会议的有 172 个国家、3 000 多个非政府组织的 10 000 多名代表,其中包括 116 位国家或政府首脑,因此,它也被称为“地球首脑会议”(Earth Summit)。此外有 9 000 名记者参与报道。这是人类历史上规模最大的一次国际盛会。

此次大会的主要成果是:通过了 5 个文件,即《里约环境与发展宣言》、《21 世纪议程》、《联合国气候变化框架公约》、《生物多样性公约》、《关于森林问题的原则声明》;进行了组织建设,决定设立联合国可持续发展委员会。

《联合国气候变化框架公约》于 1994 年 3 月 21 日生效,至今公约的缔约国已达 176 个。缔约方大会年年召开,到今年已经举办 12 次会议。其中第三届缔约方大会于 1997 年 12 月在日本京都召开,通过《京都议定书》,对发达国家缔约国规定了强制性减排温室气体义务,2008 年至 2012 年为第一承诺期。历经曲折,该文件于 2005 年 2 月 16 日正式生效,在气候变化控制方面将产生重大影响。

2002 年 8 月 25 日至 9 月 5 日世界可持续发展首脑会议(World Summit on Sustainable Development)在南非约翰内斯堡召开,有 192 个政府代表团、104 位国家或政府首脑出席。会议的主要成果是《约翰内斯堡宣言》、《执行计划》(Plan of Implementation),在多个具体层面上推进可持续发展战略。

除上面提及的文件以外,还订立了一些新条约或对一些已生效多年的条约增订议定书。如,1992 年 9 月的《东北大西洋海洋环境保护公约》,取代 1972 年的《防止船舶和飞机倾弃废物污染海洋公约》和 1974 年《巴黎陆源污染公约》;1994 年 7 月 17 日《联合国防治荒漠化公约》;1994 年国际原子能机构制定了《核安全公约》;1993 年欧洲理事会制定《危害环境的活动所致损害的民事责任公约》,等等。

案情简介

国际环境法发展初期的四大著名案例

1. 1941 年特雷尔冶炼厂仲裁案(Trall Smalter Case, 1938—1941)①

特雷尔冶炼厂仲裁案,又译为崔尔冶炼厂仲裁案。此案由位于美国、加拿大边

---

① 参看欧阳鑫:《国际环境法四大著名案例述评》,载于《环境法》1984 年第 2 期;黄惠康、黄进编著:《国际公法国际私法成案选》,第 224～227 页。

境加拿大一侧的特雷尔冶炼厂排放过量的二氧化硫污染美国境内的庄稼、牧场和林木而引起。由美国、加拿大和比利时各派代表一人组成的仲裁法庭于1941年作出了如下著名裁决:“根据国际法原则,任何国家无权使用或允许使用其领土,以在他国领土内或者对着他国领土或其中的财产及国民施放烟雾这样的方式造成损害,如果这种气体造成的后果是严重的且损害能够被确凿的证据证实的话。”

许多学者认为,此案是国际法历史上第一起跨境损害环境责任案件,产生了一个确立国家对私人公司造成越境污染承担国家责任的原则,该原则为传统的国际法处理当代环境污染纠纷开辟了新的途径。这一原则被后来很多国际环境文件所采纳,成为一项公认的国际环境法基本原则。如1972年联合国人类环境会议通过的《人类环境宣言》的原则21、22首次在国际环境法律文件中确立了这一原则:“按照联合国宪章和国际法原则,各国有按自己的环境政策开发自己资源的主权;并且有责任保证在他们管辖或控制之内的活动,不致损害其他国家的或在国家管辖范围以外地区的环境。”“各国应进行合作,以进一步发展有关他们管辖或控制之内的活动对他们管辖以外的环境造成的污染和其他环境损害的受害者承担责任和赔偿问题的国际法。”

2. 1949年科孚海峡案(Corfu Channel Case)①

1946年5月15日,两艘英国军舰在通过科孚海峡时遭到阿尔巴尼亚炮火轰击;10月22日,英国一舰队通过该海峡时,有两艘军舰触雷死伤82人;11月12日和13日,英国舰队强行到科孚海峡阿尔巴亚领水内扫雷发现22枚水雷。阿尔巴亚认为英国海军的行为侵犯了其主权,要求赔偿;英国认为阿尔巴亚对其在科孚海峡的损失负有责任。联合国安理会建议两国将争端提交国际法院解决。国际法院于1949年4月4日作出判决,认为阿尔巴亚应对在其领海内发生的爆炸及所造成的损失负责,1946年10月22日英国军舰的行动没有侵犯阿尔巴亚的主权。阿尔巴亚没有执行国际法院的上述判决。

该案例虽然不是关于环境纠纷的专门案例,但该判决中的如下内容对于处理国际环境纠纷具有重要意义:“任何国家有义务不得知情地允许利用其领土以侵犯其他国家的权利。”

3. 1956年拉努湖案(Lake Lanoux Case)②

“拉努湖”案,又译为兰诺克斯湖案。此案属于因国际河流改道而引起的纠纷。拉努湖位于法国境内,其湖水流入卡罗尔河与流经西班牙境内的塞格雷河汇合。法

① 参看欧阳鑫:《国际环境法四大著名案例述评》,载于《环境法》1984年第2期;黄惠康、黄进编著:《国际公法国际私法成案选》,第1~5页。

② 同上。

国计划将位于其境内的拉努湖水改道用于发电，西班牙认为这种改道会损害其利益。1956年11月两国政府达成的仲裁协议，包含如下重要内容："根据善意原则，上游国有义务对所涉及各方的利益都给予考虑，它有义务使它对自己利益的谋求与满足上述各方面的每一项利益相容，在这一问题上，它也有义务表明：它真诚地关心使其他沿岸国的利益与自己的利益得到协调。"该裁决公布后不到9年时间(1997—1966)，国际社会便制定出著名的《赫尔辛基国际河流使用规则》，明确规定了对国际河流的"对等使用原则"。

不少专家认为，拉努湖争端的裁决对赫尔辛基原则(即国际河流的沿岸国一方面享有使用河水的主权权利，另一方面负有顾及其他沿岸国的同样权利的义务)的形成有非常重要的启示。

4. 1974年的核试验案(Nuclear Test Case)①

1966年至1972年间，法国在以波利尼西亚的穆鲁罗瓦环形珊瑚岛为中心的太平洋实验中心，进行了一系列大气层核试验，并准备于1973年进一步开展试验。离法国太平洋实验中心约6 000公里的澳大利亚和新西兰认为，核试验产生的放射性散落物是对其领土主权的侵犯，要求法国停止试验。1973年5月9日两国分别向国际法院对法国提起诉讼。国际法院于1973年6月22日发出"临时保护措施令"，要求法国政府应当避免导致新西兰和澳大利亚领土放射性物质降落沉积的核试验。法国政府在公开声明中向全世界表明，它计划在1974年进行的大气核试验将是最后的这种试验。1974年12月20日，国际法院以9票对6票作出裁决，没有就法国核试验是否对澳大利亚和新西兰的主权构成侵犯等实质性问题发表意见，但裁定澳大利亚和新西兰的起诉已不存在任何目标，法国已承担不再在南太平洋上空进行新的大气核试验的义务，两起诉国的目标实际上已经实现，法院不必对此作出进一步的判决。

显然，该判例对防止核试验污染具有潜在的、深远的影响。

课堂讨论

1. 上述四大案例主要解决了国际环境法中的什么重大问题？
2. 简述国际环境法的概念和渊源。
3. 试述国家环境法的发展概况。

---

① 该案发生于1974年，属于国际环境法发展第二个时期的案例。参看欧阳鑫：《国际环境法四大著名案例述评》，载于《环境法》1984年第2期。

第二节 国际环境法的基本原则

国际环境法的基本原则,又称国际环境法的一般原则,是指被各国公认和接受的、在国际环境法领域里具有普遍指导意义的根本准则。

一、可持续发展原则

可持续发展原则指"既满足当代人的需要,又不对后代人满足其需要的能力构成危害的发展。它包括两个重要的概念:'需要'的概念,尤其是世界贫困人民的基本需要,应将此放在特别优先的地位来考虑;'限制'的概念,技术状况和社会组织对环境满足眼前和将来的需要的能力施加的限制"。其主要内容包含代际公平、代内公平、可持续利用和环境与发展一体化四个核心要素①。

该原则具有十分重大的意义:其一,有利于实现当代人的发展权,又不损害后代人的利益;其二,有利于人类处理好环境与发展的关系,确保人与自然和谐相处;其三,有利于实现人类社会的永续发展,并促成人类的长久和平与繁荣。

该原则主要形成于20世纪八九十年代。1987年,"布伦特兰委员会"发表著名的题为《我们共同的未来》的研究报告,明确提出了"可持续发展"概念。该报告于同年为第四十二届联合国大会所接受,这为可持续发展在国际社会的接纳奠定了思想基础。1992年召开的联合国里约环境与发展大会,通过了《里约环境与发展宣言》,其中心任务是推行可持续发展战略,不仅明确要求各国推行可持续发展,而且提出了多种实现的办法。一同在该会上通过的《21世纪议程》,则为各国实现可持续发展提供了具体的计划。特别具有意义的是,《生物多样性公约》与《联合国气候变化框架公约》在会上开放签署,它们都写上了有关可持续发展的条文。标志着可持续发展原则在国际环境法上正式确立的,是1997年国际法院就匈牙利和斯洛伐克之间的盖巴斯科夫—拉基玛洛大坝一案②所作的判决。

二、共同但有区别的责任原则

共同但有区别的责任原则指的是由于地球生态系统的整体性和导致全球环境问题的各种不同因素,各国对保护全球环境负有共同的但是又有区别的责任。也就是说,不论发达国家还是发展中国家,对保护全球环境都负有责任,但是,由于造成环境问题的历史情况不同,发达国家与发展中国家所应承担的责任又有差别。它包含两方面的内容:第一,所有国家都有共同的责任。共同的责任,就是都有责任,不论是发达国家还是发展中国家,不管是富国还是穷国,也不分大国还是小国都负有责任;但共同的责任不是相同责任。第二,不同国家承担有差别的责任。有差别的责任是对共同责任的限定,指的是在各国之间,主要是发展

---

① 〔英〕菲力普·桑兹:《国际环境法原理》(第2版)(英文版),剑桥大学出版社2003年版,第252~266页。转引自王曦:《国际环境法》(第二版),法律出版社2005年版,第102页。

② 参看本书第3章"盖巴斯科夫—拉基玛洛大坝案"。

中国家与发达国家之间，这个责任的分担不是平均的，而是与它们的社会在历史上和当前对地球环境造成的破坏和压力成正比的①。

该原则的意义在于：其一，有利于从历史和现实出发，明确不同国际环境法主体在造成全球环境问题以及在全球环境保护中应承担的责任；其二，有利于调动发展中国家参与全球环境保护的积极性，维护其合法环境权益；其三，有利于促使发达国家承担起它们应负的保护国际环境的责任。

该原则初步确立于1992年的联合国环境与发展大会上，在此次会议上开放签署的《联合国气候变化框架公约》和《生物多样性公约》同时对该原则作出了规定。

三、国际环境合作原则

国际环境合作原则是国际法上的国际合作原则在全球环境保护领域的体现。《联合国宪章》的序言宣布各成员国为促成社会进步和改善民主，要"力行容恕，彼此以善邻之道，和睦相处"。《联合国宪章》第一条规定联合国的宗旨为"促成国际合作，以解决国际间属于经济、社会、文化及人类福利性质之国际问题"。1992年《里约环境与发展宣言》宣告要"建立一种新的、公平的全球伙伴关系"，将国际合作原则提升到了一个新高度。《保护臭氧层维也纳公约》等国际环境公约使该原则不断措施化或制度化。

国际环境合作原则就是，在解决环境问题、环境纠纷等环境领域，国际社会的所有成员应当采取合作而非对抗的方式协调一致行动，以保护和改善地球环境②。

该原则具有重大意义：首先，国际社会由在政治、经济、科技、文化、历史等方面存在巨大差异的不同国家所组成，而该原则有利于各国求同存异，在全球环境保护中采取共同的立场，使人类团结成为一个整体；其次，有利于全面发现国际环境问题并最终在全体人类的参与下彻底解决它们。

四、损害预防原则和风险预防原则

关于损害预防原则和风险预防原则的概念和内容请参看本书第3章第二节。国际环境法特别强调风险预防原则。风险预防原则指的是，"为了保护环境，各国应按照本国的能力，广泛适用预防措施。遇有严重或不可逆转损害的威胁时，不得以缺乏科学充分确实证据为理由，延迟采取符合成本效益的措施防止环境恶化。"③也就是说，如果对某种人类活动可能导致对环境有害的后果存在着很大的怀疑，最好在该后果发生之前不太迟的时候采取行动，而不是等到获得不容置疑的显示因果关系的科学证据之后再采取行动④。其核心是，不确定性不能成为不行动或延迟行动的理由之一⑤。

该原则的意义在于：其一，有利于推进预防环境问题的意识，以较低成本防范环境损

---

① 参见王曦：《国际环境法》(第二版)，法律出版社2005年版，第108页。
② 蔡守秋、常纪文：《国际环境法学》，法律出版社2004年版，第91页。
③ 《里约环境与发展宣言》的原则15。
④ 蔡守秋、常纪文：《国际环境法学》，法律出版社2004年版，第91页。
⑤ 唐双娥：《环境法风险防范原则研究——法律与科学的对话》，高等教育出版社2004年版，第140页。

害;其二,有利于确保生态安全,保证人类社会的可持续发展。

五、国家环境主权和不损害国家管辖或控制范围以外环境的责任原则

国家环境主权和不损害国家管辖或控制范围以外环境的责任原则指的是各国有按自己的环境、资源与发展政策开发自己资源的主权权利,并且有责任保证在其管辖或控制之内的活动,不致损害其他国家或在国家管辖范围以外地区的环境①。它包含相互联系的两方面内容:第一,各国拥有按照本国的环境、资源与发展政策开发本国自然资源的主权权利,即国家资源开发主权权利。第二,不损害国外环境的责任。不损害国外环境的责任是对国家资源开发主权权利的限制,两者结合起来才构成一条完整的国际环境法原则。

该原则的意义是:其一,有利于维护国家主权,对取得了政治独立的发展中国家维护经济独立和保护环境来说是一个非常有力的法律武器;其二,有利于实现在环境资源开发利用和保护方面的国际公平,特别是代内公平。

这一原则已经被公认为一条国际习惯法规则,其发展经历了"对国家的自然资源的永久主权的承认和确立阶段"、"将国家对自然资源的永久主权与环境问题联系起来的阶段"这两个阶段。1972年的《人类环境宣言》规定"各国有按自己的环境政策开发自己资源的主权",发展和丰富了国家对自然资源的永久主权的原则,同时,还提出与这项权利相对应的国家义务,即国家有责任保证在其管辖或控制之内的活动不损害他国的或国家管辖范围之外的环境。1974年,联合国大会通过《各国经济权利和义务宪章》,一方面重申"每个国家对其全部财富、自然资源和经济活动享有充分和永久主权,包括拥有权、使用权和处置权在内,并得自由行使此项主权",另一方面重申"为了今代和后世而保护、维护和改善环境,是所有国家的责任。……所有国家有责任保证,在其管辖和控制范围内的任何活动不对别国的环境或本国管辖范围以外地区的环境造成损害"。

第三节 国际环境法的体系

一、全球气候保护的主要国际法律文件及主要内容

目前,保护全球气候的具有法律约束力的国际法文件主要有两个:《联合国气候变化框架公约》及其《京都议定书》。

(一) 1992年《联合国气候变化框架公约》

该公约于1992年6月开放签署,1994年3月21日生效。

公约的最终目标是"将大气中温室气体的浓度稳定在防止气候系统受到危险的人为干扰的水平上"。为实现这一目标,公约规定了五项原则。第一,代际公平和共同但有区别的责任原则。要求为人类当代和未来世代的利益保护气候系统,并要求发达国家缔约方率先

---

① 参见《人类环境宣言》的原则21;《里约环境与发展宣言》的原则2。

采取行动对付气候变化及其不利影响。第二,充分考虑发展中国家的愿望和要求的原则。第三,风险预防原则和成本效益原则。第四,可持续发展原则。第五,国际合作原则。它强调这种合作的目的是促进建立有利于各国特别是发展中国家的可持续经济增长的国际经济体系。

为实现公约的目的,缔约国作出一系列承诺,包括一般性承诺和具体承诺。一般性承诺是所有缔约国都必须履行的承诺,不论其为发展中国家还是发达国家。具体承诺是特定类型的缔约国的承诺。两种不同承诺体现了共同但有区别的责任原则。

(二) 1997年《京都议定书》

该文件的全称是《联合国气候变化框架公约京都议定书》,于1997年12月在日本京都订立,2005年2月16日生效。

议定书对气候变化框架公约附件一"国家"①的温室气体排放量规定了定量减排目标:附件一"国家"的温室气体的排放总量在2008—2012年的第一承诺期削减到1990年水平之下5%。这是具有法律约束力的限制。其对发展中国家则未规定强制性减排要求。

为了便于实现减排目标,在发达国家的坚持下,议定书规定了三个灵活履约机制,又称"京都三机制":一是公约附件一缔约方之间的联合履约机制,二是附件一缔约方与非附件一缔约方之间的清洁发展机制,三是附件一缔约方之间的排放贸易机制。

除以上三个机制以外,议定书允许附件一"国家"以森林等产生的温室气体清除量抵消其承诺的温室气体的减排量。这样,如果附件一"国家"通过植树造林扩大森林面积,可折算为减排量。

目前国际社会已就2012年《京都议定书》效力终止后减排温室气体的新协议展开磋商。

二、有害废物国际管制的主要国际法律文件及主要内容

(一)《控制危险废物越境转移及处置巴塞尔公约》

该公约于1989年3月22日订于瑞士巴塞尔,1989年5月24日生效。该公约的目的就是控制危险的越境转移,规定了缔约国的一般义务,如:各缔约国应采取措施,保证将其国内生产的危险废物和其他废物减至最低限度;各缔约国应将危险废物或其他废物的非法运输规定为犯罪行为;缔约国应定期审查是否可能把输往其他国家尤其是发展中国家的危险废物和其他废物的数量和(或)污染潜力减低;等等。

对于缔约国之间废物越境转移,该公约规定了事先知情同意程序,即:废物出口国的主管当局应以书面要求废物产生者或出口者将拟议的危险废物或其他废物的越境转移书面通知有关国家的主管当局;废物进口国应在收到通知60日内以书面答复通知者,表示无条件或有条件同意转移、不允许转移或要求进一步资料,并将该答复的副本送交有关缔约国的主管当局;出口缔约国除非得到书面材料证实,通知人已得到进口国的书面同意,并且通知人已得到进口国的证明证实存在一份出口者与处置者之间的关于对有关废物的环境无害管理办法的协议,才能允许废物产生者或者出口者开始废物的越境转移。

---

① 该公约附件一"国家"包括美、英、德、法、日、意等发达国家以及俄罗斯、保加利亚等正在朝市场经济过渡的国家。

关于废物的非法运输①,该公约将其定义为下列行为,即没有依照公约规定向所有有关国家发出通知,或没有依照公约规定得到有关国家的同意,或通过伪造、谎报或欺诈而取得有关国家的同意,或与文件有重大出入,或违反本公约以及国际法的一般原则,造成危险废物或其他废物的蓄意处置(如倾卸)的行为。

(二) 1999 年《危险废物越境转移及其处置所造成损害的责任和赔偿问题议定书》

该议定书是在 1999 年 12 月在瑞士巴塞尔举行的公约缔约国大会第五次会议上通过的。议定书表明缔约国"意识到人类健康、财产和环境面临着因危险废物和其他废物及其越境转移和处置而遭受损害的风险",应当"就第三方赔偿责任和环境赔偿责任作出规定",确定目标为"建立一套综合赔偿制度,迅速充分赔偿因危险废物和其他废物越境转移及其处置包括此类废物的非法运输所造成的损害"。

三、海洋环境保护的主要国际法律文件及主要内容

保护海洋环境的国际条约相当多,主要为控制海洋污染的国际法文件, 1982 年订立的《联合国海洋法公约》是一个综合性的海洋环境保护国际法文件。

(一) 1972 年《防止倾弃废物及其他物资污染海洋公约》

该公约建立了关于控制海洋倾倒物质的黑灰名单制。它有三个附件,列举了三大类受管制的物资。公约禁止向海洋倾弃附件一黑色名单所列举物资。附件二灰色名单所列举物资的倾倒须事先获得特别许可。附件三所列举物资的倾倒须事先获得一般许可证。

(二) 1998 年《保护东北大西洋海洋环境公约》

1998 年《保护东北大西洋海洋环境公约》生效后取代了 1974 年《防止陆源海洋污染公约》。它将陆源界定为陆上点源、散源或海岸,包括通过隧道、管道或其他同陆地相连的海底设施和通过位于缔约国管辖权之下的海洋区域的人造结构故意处置污染物质的各个源。公约要求缔约国控制陆源污染的计划和措施对点源应用最佳可得技术,对点源和散源要求应用最佳环境惯例。

(三) 1982 年《联合国海洋法公约》

为了签订该公约,在联合国主持下,从 1973 年召开第一期会议开始,到 1982 年 12 月 9 日通过公约,共举行 11 期会议,历时 9 年,其影响深刻,是《联合国宪章》颁布后最重要的国际法文件。

该公约作为综合性海洋环境保护公约,规定:"各国有保护和保全海洋环境的义务","各国应采取一切必要措施,确保在其管辖或控制下的活动的进行不致使其他国家及其环境遭受污染的损害,并确保在其管辖或控制范围内的事件或活动所造成的污染不致扩大到其按照本公约行使主权权利的区域之外",要求在海洋环境的保护和保全方面开展全球性和区域

---

① 该公约缔约国大会第四次会议(1998 年 2 月 23 日至 27 日在马来西亚沙捞越州古晋举行)通过第 IV/12 号决定,确认非法运输可以有多种形式、多种规模,从假造文件到有组织地进行大规模活动。

性合作，各国应在维护国际社会整体利益的基础上，为保护和保全海洋环境制订符合本公约的规则、标准，建议适当的办法和程序；各国应直接或通过主管国际组织进行合作，促进制订和实施科学研究方案，并鼓励交换取得的关于海洋环境污染的情报和资料，特别是为发展中国家提供技术和财政方面的援助；针对造成海洋污染的不同污染源规定了控制措施。

四、生物资源国际保护的主要国际法律文件及主要内容

（一）1992年《生物多样性公约》

该公约在1992年联合国环境与发展大会上通过，于1993年12月29日生效。《生物多样性公约》为生物资源和生物多样性的全面保护和持续利用建立了一个法律框架。其目标是“按照本公约有关条款从事保护生物多样性、持久使用其组成部分以及公平合理分享由利用遗传资源而产生的惠益；实现手段包括遗传资源的适当取得及有关技术的适当转让，但需顾及对这些资源和技术的一切权利，以及提供适当资金”。这一目标包含三个有机联系的部分：一是保护生物多样性，二是持续利用生物多样性组成部分，三是公平分享利用遗传资源产生的利益，它们反映了在保护、持续利用和分享利益三者之间的平衡。

公约规定了关于保护和持续利用生物资源和生物多样性的基本措施。这些措施主要有：第一，制定有关保护和持续利用生物多样性的国家战略、计划或方案；第二，查明并监测对保护和持久使用生物多样性至关重要的生物多样性组成部分，并查明和检测对保护和持久使用生物多样性产生或可能产生重大不利影响的过程和活动种类；第三，就地保护，其中包括建立保护区系统和为就地保护向发展中国家提供财务和其他资助，其中特别注意保护野生动植物的“生境”（指生物体或生物群体自然分布的地方或地点）；第四，移地保护并就移地保护向发展中国家提供其他资助；第五，关于生物多样性组成部分的持久使用的措施，包括在国家决策过程中考虑到生物资源的保护和持久使用、避免和尽量减少对生物多样性的不利影响的措施、保障和鼓励符合保护或持久使用要求的生物资源习惯使用方式等；第六，在查明、保护和持久使用生物多样性及其组成部分的措施方面建立科技教育和培训方案；第七，宣传和公众教育；第八，对可能对生物多样性产生严重不利影响的拟议项目进行环境影响评价；第九，便利一切有关公众可得信息的交流；第十，缔约国之间应促进技术和科学合作；第十一，发达国家缔约国提供新的额外资金，以使发展中国家缔约国能支付他们因执行那些履行本公约义务的措施而承担所议定的全部增加费用。

（二）2000年《卡特赫纳生物安全议定书》

该议定书是《生物多样性公约》的一个后续法律文件，其目标是依循《关于环境与发展的里约宣言》原则15所订立的预先防范办法，协助确保在安全转移、处理和使用凭借现代生物技术获得的、可能对生物多样性的保护和可持续利用产生不利影响的改性活生物体领域内采取充分的保护措施，同时顾及对人类健康所构成的风险并特别侧重越境转移问题。

为实现这一目标，一个重要的制度是设立“事先知情同意程序”。该程序应在拟有意向进口缔约方的环境中引入改性活生物体的首次有意越境转移之前予以适用。议定书要求出口缔约方

应在首次有意越境转移改性活生物体之前,通知或要求出口者确保以书面形式通知进口缔约方的国家主管部门,进口缔约方应于收到通知后 90 天内以书面形式向发出通知者确认已收到通知。

(三) 1973 年《濒危野生动植物物种国际贸易公约》

该公约于 1973 年 3 月 3 日签订于华盛顿,1975 年 7 月 1 日生效, 1981 年 4 月 8 日对中国生效。该公约有三个附录,其中附录一所列物种为"所有受到和可能受到贸易的影响而有灭绝危险的物种"。公约规定了出口许可证、进口许可证、再出口许可证和其他有关的证明书。附录一中所列物种的任何标本的出口必须事先获得并交验出口许可证。该许可证的颁发应当符合以下严格条件: 出口国的科学机构认为,此项出口不致危害该物种的生存;出口国的管理机构确认,该标本的获得并不违反本国现行保护野生动植物的法律;出口国的管理机构确认,任一出口的活标本会得到妥善装运、尽量减少伤亡、疾病或虐待;出口国的管理机构确认,该标本的进口许可证已经颁发。公约对附录二、附录三所列物种任何标本的出口都要求事先获得并交验出口许可证。

案情简介

第 22 届世界法律大会模拟法庭案件(国际跨界空气污染案)①

2005 年 9 月 6 日下午,第 22 届世界法律大会模拟法庭"庭审"活动在我国人民大会堂小礼堂举行,庭审内容为一起虚拟的国际空气传播污染案件。

此次豪华的审判阵容由英格兰和威尔士首席大法官沃尔夫勋爵任首席法官,由莫桑比克最高法院院长马里奥・曼加泽、尼日利亚最高法院院长乌瓦斯、德国联邦法院院长君特・赫尔施、前南国际刑事法庭法官刘大群等 6 人组成合议庭,三方当事人的 5 名代理律师也是从参加本届世界法律大会的代表中推选出的精英。

审判主席加里・亨特首先宣布了案情: A 国主要利用煤粉发电厂生产电力,但生产过程中易产生硫酸和氮氧化物等污染物。D 国是距 A 国几千英里的高度发达国家,D 国的发电原材料大部分为进口油。专家在对 D 国广泛调查后认为,A 国的煤粉发电厂不仅污染了自己国家,也污染了 D 国的空气、湖泊和溪流。故 D 国请求国际法庭判令 A 国关闭其煤粉发电厂并向 D 国赔偿净化空气的费用。B 国是与 A 国接壤的一个不发达小国,B 国大部分电力都要靠 A 国提供,两国达成 A 国以优惠价格向 B 国提供电力的长期协议。B 国向国际法院提起对 A 国的诉讼称,如果 A 国关闭发电厂,即违反了 A 国和 B 国达成的协议,A 国应向 B 国赔偿从其他渠道购买电力需支付的差价。

---

① 本案例参考张俊:《一场模拟但具现实意义的跨国污染审判——第 22 届世界法律大会模拟法庭庭审侧记》,《中国环境报》2005 年 9 月 8 日;《第 22 届世界法律大会的重头戏——模拟法庭在人民大会堂小礼堂举办》,《北京晚报》2005 年 9 月 8 日报道;孙晓光:《解决跨境环境污染纠纷的积极探索——专家解读世界法律大会模拟法庭案件》,《人民法院报》2005 年 9 月 10 日;别涛:《国际跨界空气污染案的处理及其启示——第 22 届世界法律大会模拟法庭案件及其评析》,《中国环境报》2005 年 9 月 19 日。

三国代理律师首先陈述了各自的观点。D国代理律师维德·南达及陈子若认为，国际公约要求，没有国家有权利用其领地给其他国家领地财产造成损害。己所不欲，勿施于人。A国未采取措施制止其污染排放造成他国的生命财产损失，就应对此负责并停止其错误行为。A国代理律师宋迎跃和邹灿基认为，世界上大部分国家都使用的是煤粉发电技术，而造成污染的因素又是多方面的，且D国距A国上千英里之遥，故A国的发电厂并非造成D国污染的唯一或重要途径。A国代理律师同时强调，发展中国家面临严峻的污染挑战，这也是发达国家在数十年前所经历和面对的，现在需要发达国家和发展中国家共同努力以改变环境恶化状况、减轻污染。B国律师罗纳德·格林博格认为，法庭应考虑各方利益，A、B两国都需要电，但不管法庭作出何种决定，A国都应该履行其原有合同。

随后，在法官的主持下，三国律师展开了激烈的辩论。D国律师强调，发展的权利并不意味着给其他国家造成污染，D国愿意向发展中国家提供援助，但不能接受有的国家用无知和贫穷作为理由制造污染。A国律师认为，各国对具体行业所定的污染标准并不相同，而环境保护是一种建立在可持续性发展基础上的保护，如果关闭所有的煤粉发电厂就是将发展中国家的发展给完全切断，当然就没有可持续而言了。B国律师认为，煤粉发电本身并不是非法行为，国际法院不该以法律的名义令其全部关停。

法官们在充分听取三方辩论并与三方交流后，宣布休庭进行合议。30分钟后，英格兰和威尔士首席大法官沃尔夫勋爵宣布了判决结果。沃尔夫勋爵说，睦邻友好与和谐原则是国际关系中的重要原则，此原则应在法律中予以遵守。此案件的特点是两个国家之间缺乏平衡。D国多年来都是发达国家，而A国是欠发达国家，正努力实现其现代化和工业化，且其电力对B国非常重要，A国有义务根据原有协议对B国提供电力。D国有先进的污染治理技术、丰富的资源，其合理的使用能帮助A国最大限度地减轻污染。法庭建议D国向A国提供专业技术、资金和资源等，与A国制订出相关减少污染计划，同时，通过此计划保护自己的公民和财产。虽然此次法庭并不对A国发出禁止令，但A国不能以其不发达为借口进一步破坏环境和国际法的原则。如果D国采取行动后仍不能摆脱困境，可决定是否再进行诉讼。

案例评析

目前，跨界大气污染、越境河流水事纠纷、危险废物越境转移、濒危野生动物的非法贸易等跨界环境问题时有发生，因此这个国际跨界大气污染案例的选择具有很强的现实性。国际法院的裁判结果也是公正的，不仅保障了A国和B国的发展权益，同时兼顾了D国对环境的关注；既避免了当事各国间的冲突，也促进了国际环境合作。因此，可以说这是一项富有创意的环境与发展相协调的“多赢”方案，它也留给我们诸多启示。

第一，要重视对国际环境法的研究。

根据《国际法院规约》的规定，国际案件的裁判依据依次包括：国际条约；国际习惯；一般法律原则；司法判例及权威法学家学说。在本案中，法院不仅引用了1972年斯德哥尔摩《人类环境宣言》和1992年里约《环境与发展宣言》中关于国家资源主权、共同但有区别的责任、鼓励国际环境合作等规定，而且反复援引了经典国际环境案例。如美加两国间1941年的特雷尔冶炼厂仲裁案裁决指出："任何国家没有权利利用或允许利用其领土，致其烟雾在他国领土或对他国领土或该领土上的财产和生命造成损害。"1949年科孚海峡案判决指出："一国不得允许其领土被用于损害他国权利的行为。"由于这些案例适用了"不损害国家管辖或控制范围以外环境的责任原则"的基本原则，因而对类似案件具有指导性。

目前，跨界环境污染的国际法律机制尚不完善，因而除适用条约外，必然要适用国际习惯、一般法律原则和判例。因此，我们既要重视国际条约、协定等"硬法"的研究，也要重视有关国际环境习惯、原则和国际环境司法判例等"软法"的研究。

第二，重视环境损害赔偿法律机制的完善。

《环境与发展宣言》原则13明确规定："各国应制定关于污染和其他环境损害的责任和赔偿受害者的国家法律。各国还应迅速并且更坚决地进行合作，进一步制定关于在其管辖或控制范围内的活动对在其管辖外的地区造成的环境损害的不利影响的责任和赔偿的国际法律。"原则10也规定："各国应通过广泛提供资料来便利及鼓励公众的认识和参与。应让人人都能有效地使用司法和行政程序，包括补偿和补救程序。"据此，中国应当积极制定和完善关于环境损害赔偿的国内法律，并参与制定相关的国际法律。

第三，重视国内开发活动的跨界环境影响。

国内开发建设行为可能产生跨越国界的环境影响，已经成为各国不容回避的现实。国际社会为此正在努力建立法律机制，并已经形成若干全球性和地区性条约。如《长程越界空气污染公约》(1979年)、《跨界环境影响评价公约》(1991年)及其《战略环境评价议定书》(2003年)、《工业事故跨界影响公约》(1992年)、《跨界水道和国际湖泊保护和利用公约》(1992年)、《国际水道的非航行利用法公约》(1997年)、《跨界烟尘污染协定》(2002年)等。

我国的邻国众多，妥善处理跨界环境影响也是我国面临的环境问题之一。国际环境保护实践表明，跨界环境影响评价制度是应对跨界环境损害问题的有效手段，不仅对有效保护我国的环境具有积极作用，对建立和维护我国与周边国家良好的环境合作关系，贯彻落实我国睦邻友好的外交政策，具有同样重要意义。

第四，重视私人企业的国家责任。

一国管辖或控制下的活动可能会影响到别国的环境；同样，一国国内的环境也容易受到别国管辖或控制下的活动的影响。《人类环境宣言》和《环境与发展宣言》都表明：各国"负有确保在其管辖范围内或在其控制下的活动不致损害其他国家或在各国管辖范围以外地区的环境的责任"。通过国际司法判例、条约和国际组织的决议等法律文件的一再确认，不损害国外环境的责任已成为国际习惯法的一部分。根据该原则，一国管辖和控制之下的私人企业的活动如果给他国环境造成损害，该国将可能对他国承担相应的国家责任。为了预防和减少不必要的国际环境纠纷，任何国家都应当加强对本国管辖和控制下的企业行为的监督管理。

第五，在审理国际环境污染纠纷案件时，以调解和妥协的方法解决争端比较好。

环境问题无国界，它的影响力遍及国际社会和全球；只有以实现经济的可持续发展和建立和谐的国际社会秩序的理念认识和解决跨境环境污染纠纷，综合平衡各方的利益需要，才能妥善处理矛盾。该案例告诉我们：(1) 不宜将环境问题政治化，更不能诉诸暴力或暴力威胁，应加强国家之间的沟通和协调，争取采用谈判和协商的手段解决纠纷。(2) 所有国家都不能以牺牲环境为代价发展经济，这样会损害本国和其他国家的环境，降低人民的生活质量，不仅会破坏本国经济可持续发展的基础，而且也对相关国家造成环境有害影响。(3) 发达国家不能片面地将自己的环境标准强加给发展中国家，要理解发展中国家的现实情况和为保护环境所作的努力。跨国污染往往牵涉的不会是一个国家，也还会有别的因素，污染问题已经构成一个社会性问题了，不能拿一个单纯的、国内法规或标准来适用或解决国际环境纠纷。(4) 充分发挥国际组织的作用，缔结保护环境的国际公约。(5) 重视国际法院等国际司法机构在解决跨境环境污染纠纷中的建设性作用，法官要超越各自的政治文化背景，根据公平、正义和有利于和谐的精神处理跨境环境污染案件。

课堂讨论

1. 结合本案例，讨论在处理跨界环境污染纠纷时应该注意哪些问题。
2. 试述国际环境法的体系框架。
3. 简述 1997 年《京都议定书》的主要内容，什么是“京都三机制”？

第四节　贸易环境协议与绿色壁垒

当代国际社会发展的一个明显趋势是经济全球化、贸易自由化与社会生态化，贸易与环境的冲突问题日益明显。特别是随着 1992 年联合国环境与发展大会在巴西的举行，以及 1993 年成立的世界贸易组织中专门研究贸易与环境保护的机构——贸易与环境委员会的设立，使对这一问题的关注进入了新阶段。

一、与国际贸易和国际环境保护相关的国际协议

正因为国际贸易和国际环境保护有着如此密切的联系，国际协议常常会把这两者结合起来，成为密不可分的整体规范。

(一) 含有国际贸易内容的环境协议

根据联合国环境规划署的统计，目前全球约有 200 多项有关环境问题的协议，其中有 20 多个协议含有贸易条款。这些环境协议大致可以分为三类：(1) 控制跨边界污染转移或保

护全球生态环境利益方面的环境协议，例如，1985年《保护臭氧层维也纳公约》。(2) 保护濒危物种、候鸟、动物、鱼类和其他海洋动物方面的环境协议，如1950年《国际鸟类保护巴黎公约》。(3) 控制危险物品、物质生产和贸易方面的环境协议，如1989年《关于控制有害废物越境转移及处置的巴塞尔公约》。

(二) 含有环境保护内容的国际贸易协议

国际贸易协议中，有很多包含了环境保护的条款，其中影响最大的就是WTO体系下的环境措施。具体来说，有关环境的贸易条款主要体现在以下几个文件中：《1994年关税与贸易总协定》(《GATT1994》)；《马拉喀什建立世界贸易组织协定》(1994《WTO协定》)；《贸易的技术壁垒协定》(1994年，又译为《贸易的技术壁垒协定》，简称TBT协定)；《补贴与反补贴措施协定》(1994年，简称SCM协定)；《农业协定》(1994年，或《农产品协定》)；《服务贸易总协定》(1994年，GATS协定)；《与贸易有关的知识产权协定》。目前已引发争端并由GATT/WTO解决的与贸易有关的环保措施的种类有：(1) 征收环境进口附加税；(2) 为进口产品确定环保硬性指标，对达不到该标准者限制进口或禁止进口；(3) 环境标志制度；(4) 推行国内加工和生产方法，即PPM标准，否则采取贸易限制措施。

二、国际贸易绿色贸易壁垒问题

(一) 绿色贸易壁垒的概念

所谓"绿色壁垒"或"绿色贸易壁垒"，是指以保护人类、动植物及环境的健康和安全为理由，而采取的限制甚至禁止某些进出口贸易的法律、法规、标准、标志和措施。绿色壁垒就是指有关国际法和国内法中的"环境限制条款"、"环境例外条款"、"环境措施"、"环保性技术性措施"，就是指对贸易施加影响、限制、管理、调整的环境保护措施。绿色壁垒是针对贸易的限制性环境要求。绿色壁垒可以分为两种：一是合理的、符合WTO基本原则和多边国际环境条约的绿色壁垒；二是不合理的、不符合WTO基本原则和多边国际环境条约的绿色壁垒。但无论是哪种性质的绿色壁垒，都对国际贸易起一定的影响、限制、管理和调节作用。关税与贸易总协定在东京回合和乌拉圭回合谈判中认可了"绿色壁垒"的合法性，当前国际上的绿色贸易法规体系主要由国际公约、技术法规(包括法律、法规、规章和标准)、商品检疫和检验规定、包装和标签要求、内在化要求等5个体系构成；WTO法规规定"绿色壁垒"的目标主要是保护人类、动物或植物的健康或安全，保护生态环境；"绿色壁垒"必须遵循贸易影响最小、科学上证明合理、国民待遇和非歧视、统一性、透明度、发展中国家特殊和差别待遇等原则。当对某个绿色壁垒"是否合理、是否符合WTO规则、是否应该取消"产生争执或纠纷时，在实践上不是由进口成员(国)或出口成员(国)单方面说了算，而是由WTO的争端处理机制说了算；在理论上不是仅仅由自由贸易专家说了算，而应该同时听取环境专家的意见①。

---

① 蔡守秋：《生态安全、环境与贸易法律问题研究》，中信出版社2005年版，第413～414页。

（二）绿色贸易壁垒的法律依据

(1)《1994年关税与贸易总协定》(《GATT1994》)第20条规定(简称一般例外条款)规定:“本协定的规定不得解释为禁止缔约国采用或加强以下措施,但对情况相同的各国,实施的措施不得构成武断或不合理的差别待遇,或构成对国际贸易的变相限制……(B) 为保障人民、动植物的生命或健康所必须的措施……(G) 与国内限制生产的消费的措施相结合,为有效保护可能用竭的天然资源的有关措施……”如果WTO成员采取上述一般例外条款,可以不受WTO规则及该成员承诺的约束,但应遵守非歧视原则。

(2) 1994年《技术性贸易壁垒协议》在序言中阐明:“不应阻止任何国家在其认为适当的程度内采取必要的措施,以保护人类、动物或植物的生命或健康,保护环境。”显而易见,该协议赋予了各成员国为保护环境而采取措施的合法性。

(3) 1944年《实施卫生与植物卫生措施协定》是目前设置和处理资源型产品、农产品绿色壁垒特别是检疫检验技术壁垒的主要法律依据。该协定的序言强调,“重申不应阻止各成员为保护人类、动物或植物的生命或健康而采用或实施必需的措施,但是这些措施的实施方式不得构成在情形相同的成员之间进行任意或不合理歧视的手段,或构成对国际贸易的变相限制”。该协定第2条明确规定:“各成员有权采取为保护人类、动物或植物的生命或健康所必需的卫生与植物卫生措施,只要此类措施与本协定的规定不相抵触。”

另外,《农业协定》、《与贸易有关的投资措施协定》、《补贴与反补贴措施协议》、《进口许可程序协定》、《装运前检验协定》、《原产地规则协定》、《保障措施协定》、《服务贸易总协定》等WTO法规均有关于绿色壁垒的规定。

三、发展中国家应对绿色贸易壁垒的办法

发达国家滥用各种技术标准或是绿色检疫制度等构成的绿色贸易壁垒对发展中国家的国际贸易造成了严重的限制,由此引发了频繁的贸易摩擦。我国在应对绿色贸易壁垒时,可以从如下几个方面入手①。

（一）积极参加与环境贸易有关的国际活动

发展中国家应当充分利用国际公约中环境保护与经济发展的有关规定,坚持国际环境法的基本原则,如“共同但有区别的责任原则”,争取发达国家与发展中国家的平衡,实现广泛的国际合作,以得到多方面的支持,积极维护广大发展中国家的利益。

（二）加强环境与贸易关系领域的环境管理和法制建设

为了冲破绿色贸易壁垒,我国应调整现有的与该发展趋势不相符合的贸易与环境保护

---

① 参看“中国应对绿色壁垒的法律和政策”,载于蔡守秋:《生态安全、环境与贸易法律问题研究》,中信出版社2005年版,第554～583页。

政策，大力推行清洁生产，鼓励发展绿色经济，刺激开发和生产绿色产品，特别是那些能够大规模地替代资源消耗型产品的产品，为我国企业的产品和服务冲破绿色贸易壁垒，顺利进入国际市场或发达国家的国内市场创造条件。

另外，还应当加强对国外绿色壁垒的监视与处理，设置、建设和管理好本国的绿色壁垒。

案情简介

四国诉美国海虾案（WTO争端解决机构案件）①

1998年海虾和海龟之诉由印度、马来西亚、巴基斯坦、泰国针对美国禁止进口某些海虾及其制品提出，1998年审理结果被采纳。

为了保护濒临灭绝的动物，1973年美国通过《濒危物种法》，将在美国海域出现的海龟列为保护对象。后来，美国科学家研制出"海龟驱赶装置(Turtle Excluder Device)"，配有这种装置的渔网可有效地阻止海龟入网，并增加捕虾的效率。鉴于海龟的迁徙性，美国积极向世界推广该装置。为此，美国国会于1989年修正其1973年制定的《濒危物种法》，增加了609条款，即所谓"海虾/海龟法"，要求美国的海虾捕捞船使用海龟隔离装置。1991年，美国把该立法适用到非洲，1995年适用于所有国家。美国国务院于1996年4月颁布新版609条款实施指导细则，要求所有国家在有海龟栖息的水域中捕捞的海虾，必须获得美国国务院的证明，表明在捕虾拖网船上安装了"海龟驱赶装置"，只有满足这一条件方能向美国出口，即禁止在捕虾时没有安装和使用海龟隔离器的捕虾船所捕捞的鱼虾进入美国。1996年5月，美国以印度、巴基斯坦和马来西亚部分国内出口商未采用"海龟驱赶装置"为由，禁止从这三个国家进口海虾。1997年1月，印度、马来西亚、巴基斯坦和泰国等四国向WTO争端解决机构提出申诉，指控美国的第609条款中的禁止进口规定违背了1994年《关税与贸易总协定》旨在削减非关税壁垒的条款，这些条款不允许区别对待来自不同国家的相同产品；要求WTO争端解决机构成立专家小组，判定美国以609条款为由禁止海虾进口违反了WTO的规定。美国辩称，其实施第609条款既是出于保障动植物生命的必要措施，又采取了平等适用于国际国内的实施方式，未构成对各国的差别待遇，因而是符合1994年《关税与贸易总协定》第20条"一般例外"条款的。国际环保组织也向WTO争端解决机构表达意见，认为1994年《关税与贸易总协定》第20条"一般例外"的b、g两项实际已授权缔约方为保护动植物和可耗竭资源的目的可采取一定形式的单方措施。

专家组对该案仍持传统的谨慎立场，认为环保固然重要，但国际贸易协议的重

① 本案例参考：WTO案件第58号和第61号；那力、何志鹏编著：《WTO与环境保护》，吉林人民出版社2002年版，第126～132页；肖爱、文同爱：《积极应对国际贸易与环境新形势——两个案例的启示》，《广西政法管理干部学院学报》2003年第5期，第57～58页；"海虾和海龟之诉"，载于蔡守秋：《生态安全、环境与贸易法律问题研究》，中信出版社2005年版，第487～491页。

要目标仍然是通过开展不受限制的贸易促进各国的经济发展;因此,为保护海龟,争端各方应该采取一种符合世界贸易组织的有效措施,而其最佳措施是多边合作。1998年5月15日作出的专家组报告认为,美国禁止虾及其制品进口的措施违反了CATT1994第11条第1款,不能被认为是CATT第20条中的例外,美国对海虾及其制品的进口禁令“很明显构成了对多边贸易体制的威胁”。

1998年7月13日,美国对专家组意见提出上诉。上诉机构于1998年10月12日作出终审裁决,推翻了专家组关于美国保护海龟的措施不包括在CATT1994第20条范围的意见,认为美国被诉措施符合第20条G款的要求,但没有满足《GATT1994》第20条序言中的要求;即认定美国的“海虾/海龟法”及其贸易措施“在遵守关于此类措施的实施不在情形相同的国家之间构成任意或不合理歧视的手段或构成对国际贸易的变相限制的要求前提下”,构成了“专横的、不可论证为正当的歧视”。上诉复审机构引用以下事实证明美国在609条款的实施过程中实行了“不合理的差别待遇”:(1)一律要求各出口国均装备“海龟驱赶装置”(TED),而不考虑各国实际情况,美国无法确保其政策是适当的。(2)美国没有认真试图通过达成多边协议的方式解决该争议。美国曾经成功地推动1996年《美洲间海龟保护公约》的签订,证明多边合作是可实现的,但美国同争端四国之间却从未有过通过签署多边协议寻求争议解决的类似努力。(3)在实施609条款过程中,美国给予大加勒比及西大西洋地区的14个出口国以3年的过渡期,却仅给予包括提出申请的四国在内的其他出口国4个多月的准备时间,这实际构成了对WTO不同缔约方之间的歧视(即不是一视同仁,而是不合理的差别待遇)。(4)美国在“海龟驱赶装置”(TED)技术转让过程中同样存在不公平的歧视。另外,上诉机构指出,美国在实施609条款过程中,无论是接受或是拒绝进口,均无书面的、经过论述的正式文件,并且也没有为被拒绝的出口国提供辩解、寻求继续救济的正式渠道。

2000年1月27日,美国宣布,经过1年多的国内程序,已经完成对实施“海虾/海龟法”的指南修改,旨在:(1)在考虑外国项目与美国项目的可比性方面给予更大的灵活性;(2)详细描述许可决定的时间表与程序,并表示继续努力与印度洋地区各国政府就保护该区域内的海龟进行谈判,并愿意继续为任何外国政府提供使用避免误捕海龟的特殊技术培训。

案例评析

WTO上诉机构对海虾案的处理,表明世界贸易组织在协调环境与贸易问题上迈出了一大步,取得了突破性进展。

第一,上诉机构在处理海虾案中显得很娴熟,在如潮的多派利益和观念的冲击下,既不为环境优先论所迷惑,又不为贸易优先论所误导,而是立足案情联系现实情况,根据国际法精神深入剖析条文含义,既保持原则性又兼具高度的灵活性,兼顾各方利益,绕开国际贸易与环境保护之间的直接冲突，承认美国措施合法性的一面，但又证明美国实施政策的不合理性和武断性的一面，使美国能在最终输了官司的情况下，接受裁决并立即承诺加以贯彻。海虾案上诉机构的报告作为第一个由 WTO 作出的证明环境措施可以同贸易规划相调和的裁定，为以后 WTO 解决贸易与环境争端提供了富有成效的范例。

全面地看，该裁决认定美国为保护海龟而制订的 609 条款属于《GATT 1994》第 20 条(G)款项下的例外，即首先确认了环境保护对于缔约方的重要性和旨在保护环境、拯救濒危物种的 609 条款依据《GATT 1994》第 20 条所取得的合法性；但是，上诉机构最终认定美国国务院作为执行机构在贯彻实施 609 条款的过程中存在失当，违背了关贸总协定的有关精神，无法满足《GATT 1994》第 20 条序言所规定的要求，因而不能得到最终支持。美国在该案中不成功的基本原因是，美国在实施以环保为目的的贸易限制即绿色壁垒时，未能做到对所有其他成员“一视同仁”，而对特定国家给予歧视性待遇，从而背离了最惠国待遇这一非歧视性原则。这一案例裁决表明，WTO 的争端解决机构在认定某一个绿色壁垒具体措施的合法性时，对其适用的限制条件实际上给予了充分的考虑，即如果实施的措施构成了对情况相同的各国之间的武断的或不合理的差别待遇，那么这一措施就无法满足《GATT 1994》第 20 条引言所规定的要求，从而无法得到支持。这一点无疑有利于遏制“环保例外权”的滥用，防止贸易主义者实施不正当的绿色壁垒。

第二，上诉机构的裁决确认，只要符合贸易原则并满足若干保障条件，缔约方可将其国内环境措施延伸于其他缔约方。为 WTO 的原则体系与国际环境公约的衔接提供了法律依据。这从法律上承认了国家政策有条件地干预国际自由贸易的合理性。1998 年世界贸易组织作出的关于海虾和海龟之诉的终审裁决，其意义在于：这是第一次向环境保护倾斜，而不是向自由贸易倾斜的裁决。在此之前，在 GATT/WTO 贸易与环境问题争端解决案件的标题下共有 8 个案件，这些案件都有要求将环保措施作为自由贸易的例外的申诉，但都被 WTO 专家组否定了。此案之所以在国际社会引起广泛关注和强烈反响是因为，它并没有裁定申诉人(印度、马来西亚、巴基斯坦和泰国等四国)败诉和被诉人(美国)胜诉，裁决的理由也不是基于美国对海龟的保护是否可以成为贸易自由的例外，而是美国在歧视基础上采取的措施不一致。上诉机构的报告指出：“我们没有认定环境保护对 WTO 缔约方不重要，显然它很重要；我们没有认定环境贸易组织的缔约方没有制定保护诸如海龟等濒危物种有效措施的权利，显然他们能够，并且应该有这样的权利；我们也没有认定主权国家不能通过双边或多边行动，在 WTO 或其他国际组织中保护濒危物种或是保护环境，显然他们不仅应该而且要立即去做。”此案的突破性意义在于它提出，在 WTO 体制下，各国政府完全有权利保护人类、动植物生命和健康，采取措施保护可以用竭的自然资源，并扩大解释了“可用竭自然资源”的范围包括海龟等濒危物种；各国政府不需要经过 WTO 的允许而采取环境保护措施，WTO 也不必允许。有些人将此案件的裁决称为 WTO 处理环境与贸易问题的制度性突破，认为最终裁决实际上承认了缔约方在一定条件下可将其国内的环境管制措施延伸适用于其他缔约方有关活动领域，即承认国内环保措施的“域外效力”①。也有

① 参看张若思：《世贸组织关于环境措施的争端解决实践》，《国际贸易问题》2000 年第 9 期；那英、李海英：《WTO 中的 PPMs 问题》，人大复印资料《国际法学》2001 年第 4 期。

人认为，海虾和海龟案的上诉机构并没有承认第20条B款和G款的域外效力，虽然使用了"域外"(extraterritorial)这一术语，但没有出现"域外管辖"(extrajurisdictional)这个术语①。而另一些人则将此称为是给以要求环保措施为借口的贸易保护主义开绿灯。

第三，该案的另一个值得注意的问题是，该案在专家组审理期间曾拒绝非政府组织参加，但在上诉复审程序中，WTO上诉机构推翻了专家组的解释，第一次允许接受非政府组织(NGO)直接递交的"法庭之友"(amicus curiae)书面意见②。尽管人们对这种做法是否符合DSB第13条关于专家组"寻求信息权"的规定颇有争议，但上诉机构在"美国对某些原产于英国的热轧铅与铋碳钢制品征收反补贴税"案中，仍然再次肯定了这种做法③。该案完善了争端解决机制，正式确认专家组在争端解决审理过程中可以直接接受案外非政府组织提出的书面材料，这也就承认非政府组织在国际贸易争端中的地位和作用，为社会团体的介入提供渠道，这对增强世贸组织的透明度无疑起到很大促进作用，有利于在解决国际贸易争议中不忽视对公众利益的保护。

课堂讨论

1. 结合本案，讨论在处理环境与贸易关系及绿色贸易纠纷时，应该注意哪些问题。
2. 与国际贸易和国际环境保护相关的国际协议有哪些？
3. 设立绿色贸易壁垒有哪些法律依据？
4. 我国应该如何应对绿色贸易壁垒？

---

① 参看朱晓勤：《从GATT/WTO争端解决实践看海洋生物资源保护单边措施的域外效力问题》，引自《水资源、水环境与水法制建设问题研究(2003年中国环境资源法学研讨会论文集)》。

② United State — Import Prohibition of Certain Shrimp and Shrimp Products (WT/DS58).

③ United State — Imposition of Countervailing Duties on Certain Hot-rolled Lead and Bismuth Ctabon Steel Products Originating in the United Kingdom(WT/DS138/1).

附录一

主要环境资源法律

一、以防治环境污染为主要内容的法律

1. 中华人民共和国环境保护法,1989 年 12 月 26 日通过。

2. 中华人民共和国海洋环境保护法,1982 年 8 月 23 日通过,1999 年 12 月 25 日修订。

3. 中华人民共和国大气污染防治法,1987 年 9 月 5 日通过,1995 年 8 月 29 日修订,2000 年 4 月 29 日修订。

4. 中华人民共和国固体废物污染环境防治法,1995 年 10 月 30 日通过,2004 年 12 月 29 日修订。

5. 中华人民共和国水污染防治法,1984 年 5 月 11 日通过,1996 年 5 月 15 日修订,2008 年 2 月 28 日修订。

6. 中华人民共和国环境噪声污染防治法,1996 年 10 月 29 日通过。

7. 中华人民共和国清洁生产促进法,2002 年 6 月 29 日通过。

8. 中华人民共和国环境影响评价法,2002 年 10 月 28 日通过。

9. 中华人民共和国放射性污染防治法,2003 年 6 月 28 日通过。

10. 中华人民共和国循环经济促进法,2008 年 8 月 29 日通过。

二、以自然资源能源管理和合理使用为主要内容的法律

1. 中华人民共和国森林法,1984 年 9 月 20 日通过,1998 年 4 月 29 日修订。

2. 中华人民共和国草原法,1985 年 6 月 18 日通过,2002 年 12 月 28 日修订。

3. 中华人民共和国渔业法,1986 年 1 月 20 日通过,2000 年 10 月 31 日修订,2004 年 8 月 28 日修订。

4. 中华人民共和国矿产资源法,1986 年 3 月 19 日通过,1996 年 8 月 29 日修订。

5. 中华人民共和国土地管理法,1986 年 6 月 25 日通过,1988 年 12 月 29 日修订,1998 年 8 月 29 日修订,2004 年 8 月 23 日修订。

6. 中华人民共和国水法,1988 年 1 月 21 日通过,2002 年 8 月 29 日修订。

7. 中华人民共和国电力法,1995 年 12 月 28 日通过。

8. 中华人民共和国煤炭法,1996 年 8 月 29 日通过。

9. 中华人民共和国节约能源法,1997 年 11 月 1 日通过,2007 年 10 月 28 日修订。

10. 中华人民共和国城市房地产管理法,1994 年 7 月 5 日通过,2007 年 8 月 30 日通过修订。

11. 中华人民共和国海域使用管理法, 2001 年 10 月 27 日通过。

12. 中华人民共和国农村土地承包法,2002 年 8 月 29 日通过。

13. 中华人民共和国可再生能源法,2005 年 2 月 28 日通过。

三、以自然保护、生态建设、防止生态破坏和防止自然灾害为主要内容的法律

1. 中华人民共和国文物保护法,1982 年 11 月 19 日通过,1991 年 6 月 29 日修订,2002 年 10 月 28 日修订,2007 年 12 月 29 日修订。

2. 中华人民共和国水土保持法,1991 年 6 月 29 日通过。

3. 中华人民共和国野生动物保护法,1988 年 11 月 8 日通过,2004 年 8 月 28 日修订。

4. 中华人民共和国进出境动植物检疫法,1991 年 10 月 30 日通过。

5. 中华人民共和国动物防疫法,1997 年 7 月 3 日通过,2007 年 8 月 30 日通过修订。

6. 中华人民共和国防洪法,1997 年 8 月 29 日通过。

7. 中华人民共和国防震减灾法,1997 年 12 月 29 日通过,2008 年 12 月 27 日修订。

8. 中华人民共和国气象法,1999 年 10 月 31 日通过。

9. 中华人民共和国防沙治沙法,2001 年 8 月 31 日通过。

10. 中华人民共和国城乡规划法,2007 年 10 月 28 日通过,同时废止 1989 年 12 月 26 日通过的《中华人民共和国城市规划法》。

11. 中华人民共和国突发事件应对法,2007 年 8 月 30 日通过。

四、与环境资源法相关的法律

第一类

1. 中华人民共和国宪法,1982 年 12 月 4 日通过,1988 年 4 月 12 日、1993 年 3 月 29 日、1999 年 3 月 15 日、2004 年 3 月 14 日修订。

2. 中华人民共和国刑法,1979 年 7 月 1 日通过,1997 年 3 月 14 日修订,后经多次修正和解释。

3. 中华人民共和国刑事诉讼法,1979 年 7 月 1 日通过,1996 年 3 月 17 日修订。

4. 中华人民共和国治安管理处罚法,2005 年 8 月 28 日通过。

5. 中华人民共和国行政诉讼法,1989 年 4 月 4 日通过。

6. 中华人民共和国民法通则,1986 年 4 月 12 日通过。

7. 中华人民共和国民事诉讼法,1991 年 4 月 9 日通过,2007 年 10 月 28 日通过修订。

8. 中华人民共和国赔偿法,1994 年 5 月 12 日通过。

9. 中华人民共和国行政处罚法,1996 年 3 月 17 日通过。

10. 中华人民共和国行政监察法,1997 年 5 月 9 日通过。

11. 中华人民共和国行政复议法,1999 年 4 月 29 日通过。

12. 中华人民共和国立法法,2000 年 3 月 15 日通过。

13. 中华人民共和国行政许可法,2003 年 8 月 27 日通过。

14. 中华人民共和国公务员法,2005 年 4 月 27 日通过。

15. 中华人民共和国物权法,2007 年 3 月 16 日通过。

16. 中华人民共和国仲裁法,1994 年 8 月 31 日通过。

第二类

1. 中华人民共和国标准化法,1988 年 12 月 29 日通过。

2. 中华人民共和国海商法,1992 年 11 月 7 日通过。

3. 中华人民共和国矿山安全法,1992 年 11 月 7 日通过。

4. 中华人民共和国科技进步法,1993 年 7 月 2 日通过。

5. 中华人民共和国农业技术推广法,1993 年 7 月 2 日通过。

6. 中华人民共和国农业法,1993 年 7 月 2 日通过,2002 年 12 月 28 日修订。

7. 中华人民共和国劳动法,1994 年 7 月 5 日通过。

8. 中华人民共和国食品安全法,2009 年 2 月 28 日通过,同时废止 1995 年 10 月 30 日通过的《中华人民共和国食品卫生法》。

9. 中华人民共和国乡镇企业法,1996 年 10 月 29 日通过。

10. 中华人民共和国建筑法,1997 年 11 月 1 日通过。

11. 中华人民共和国商标法,1982 年 9 月 23 日通过,1993 年 2 月 22 日、2001 年 10 月 27 日修订。

12. 中华人民共和国职业病防治法,2001 年 10 月 27 日通过。

13. 中华人民共和国测绘法,2002 年 8 月 29 日通过。

14. 中华人民共和国政府采购法,2002 年 6 月 29 日通过。

15. 中华人民共和国港口法,2003 年 6 月 28 通过。

16. 中华人民共和国种子法,2000 年 7 月 8 日通过,2004 年 8 月 28 日通过修改。

17. 中华人民共和国畜牧法,2005 年 12 月 29 日通过,自 2006 年 7 月 1 日起施行。

附录二

中国参加的国际环境资源条约

(一) 危险废物的控制

1. 控制危险废物越境转移及其处置巴塞尔公约(1989 年 3 月 22 日)
2. 控制危险废物越境转移及其处置巴塞尔公约修正案(1995 年 9 月 22 日)

(二) 危险化学品国际贸易的事先知情同意程序

1. 关于化学品国际贸易资料交换的伦敦准则(1987 年 6 月 17 日)
2. 关于在国际贸易中对某些危险化学品和农药采用事先知情同意程序的鹿特丹公约(1998 年 9 月 11 日)
3. 关于持久性有机污染物的斯德哥尔摩公约(2000 年 12 月 19 日)

(三) 化学品的安全使用和环境管理

1. 建筑业安全卫生公约(1988 年 6 月 20 日)
2. 作业场所安全使用化学品公约(1990 年 6 月 25 日)
3. 化学制品在工作中的使用安全公约(1990 年 6 月 25 日)
4. 化学制品在工作中的使用安全建议书(1990 年 6 月 25 日)
5. 农药销售和使用国际行为准则(1985 年 11 月 19 日通过)
6. 职业安全和卫生及工作环境公约(1981 年 6 月 22 日通过)

(四) 臭氧层保护

1. 保护臭氧层维也纳公约(1985 年 3 月 22 日)
2. 经修正的《关于消耗臭氧层物质的蒙特利尔议定书》(1987 年 9 月 16 日)

(五) 气候变化

1. 联合国气候变化框架公约(1992 年 6 月 11 日)
2. 《联合国气候变化框架公约》京都议定书(1997 年 12 月 10 日)

（六）生物多样性保护

1. 生物多样性公约(1992 年 6 月 5 日)
2. 国际植物新品种保护公约(1978 年 10 月 23 日)
3. 国际遗传工程和生物技术中心章程(1983 年 9 月 13 日)
4.《生物多样性公约》的卡塔赫纳生物安全议定书(2001 年 1 月 28 日通过)
5. 粮食和农业植物基因资源国际条约(2001 年 11 月 3 日通过)

（七）湿地保护、荒漠化防治

1. 关于特别是作为水禽栖息地的国际重要湿地公约(1971 年 2 月 2 日)
2. 联合国防治荒漠化公约(1994 年 6 月 7 日)

（八）物种国际贸易

1. 濒危野生动植物物种国际贸易公约(1973 年 3 月 3 日)
2.《濒危野生动植物种国际贸易公约》第 21 条的修正案(1983 年 4 月30 日)
3. 1983 年国际热带木材协定(1983 年 11 月 18 日)
4. 1994 年国际热带木材协定(1994 年 1 月 26 日)

（九）海洋环境资源保护

[海洋综合类]

1. 联合国海洋法公约(1982 年 12 月 10 日)

[油污民事责任类]

2. 国际油污损害民事责任公约(1969 年 11 月 29 日)
3. 国际油污损害民事责任公约的议定书(1976 年 11 月 19 日)

[油污事故干预类]

4. 国际干预公海油污事故公约(1969 年 11 月 29 日)
5. 干预公海非油类物质污染议定书(1973 年 11 月 2 日)

[油污事故应急反应类]

6. 国际油污防备、反应和合作公约(1990 年 11 月 30 日)

[防止海洋倾废类]

7. 防止倾倒废物及其他物质污染海洋公约(1972 年 12 月 29 日)，包括 1978 年修正案(1979 年 3 月 11 日生效)、1980 年修正案(1981 年 3 月 11 日生效)、1989 年修正案(1990 年 5 月 19 日生效)
8. 关于逐步停止工业废弃物的海上处置问题的决议(1993 年 11 月 12 日)
9. 关于海上焚烧问题的决议(1993 年 11 月 12 日)
10. 关于海上处置放射性废物的决议(1993 年 11 月 12 日)
11. 防止倾倒废物及其他物质污染海洋公约的 1996 年议定书(1996 年 11 月7 日)

[防止船舶污染类]

12. 国际防止船舶造成污染公约(1973 年 11 月 2 日)

13. 关于 1973 年国际防止船舶造成污染公约的 1978 年议定书(1978 年 2 月 17 日)

(十) [海洋渔业资源保护]

1. 国际捕鲸管制公约(1946 年 12 月 2 日)
2. 养护大西洋金枪鱼国际公约(1966 年 5 月 14 日)
3. 中白令海峡鳕养护与管理公约(1994 年 2 月 11 日)
4. 跨界鱼类种群和高度洄游鱼类种群的养护与管理协定(1995 年 12 月 4 日)
5. 亚洲——太平洋水产养殖中心网协议(1988 年 1 月 8 日)

(十一) 核污染防治

1. 及早通报核事故公约(1986 年 9 月 26 日)
2. 核事故或辐射紧急援助公约(1986 年 9 月 26 日)
3. 核安全公约(1994 年 6 月 17 日)
4. 核材料实物保护公约(1980 年 3 月 3 日)
5. 乏燃料管理安全和放射性废物管理安全联合公约(2001 年 6 月 18 日)

(十二) 南极保护

1. 南极条约(1959 年 12 月 1 日)
2. 南极矿产资源活动管理公约(1988 年 6 月 2 日)
3. 关于环境保护的南极条约议定书(1991 年 6 月 23 日)

(十三) 自然和文化遗产保护

1. 保护世界文化和自然遗产公约(1972 年 11 月 23 日)
2. 关于禁止和防止非法进出口文化财产和非法转让其所有权的方法的公约(1970 年 11 月 17 日)
3. 关于被盗或者非法出口文物的公约(1995 年 6 月)

(十四) 环境权的国际法规定

1. 经济、社会和文化权利国际公约(1966 年 12 月 9 日)
2. 公民权利和政治权利国际公约(1966 年 12 月 9 日)

(十五) 其他国际条约中关于环境保护的规定

1. 关于各国探索和利用包括月球和其他天体在内外层空间活动的原则条约(1967 年 1 月27 日)
2. 外空物体所造成损害之国际责任公约(1972 年 3 月 29 日)

图书在版编目(CIP)数据

环境法案例教程/蔡守秋主编. —上海:复旦大学出版社,2009.7
(复旦博学·法学系列)
ISBN 978-7-309-06677-7

Ⅰ. 环…　Ⅱ. 蔡…　Ⅲ. 环境保护法-案例-中国-高等学校-教材
Ⅳ. D922.685

中国版本图书馆 CIP 数据核字(2009)第 087060 号

环境法案例教程
蔡守秋　主编

出版发行　复旦大学出版社　上海市国权路 579 号　邮编 200433
86-21-65642857(门市零售)
86-21-65100562(团体订购)　86-21-65109143(外埠邮购)
fupnet@fudanpress.com　http://www.fudanpress.com

责任编辑　张　炼
出 品 人　贺圣遂

印　刷　浙江省临安市曙光印务有限公司
开　本　787×960　1/16
印　张　18.75
字　数　432 千
版　次　2009 年 7 月第一版第一次印刷
印　数　1—5 100

书　号　ISBN 978-7-309-06677-7/D·416
定　价　35.00 元